Claudia Rose
Der Staat als Kunde und Förderer

Reihe
Gesellschaftspolitik und Staatstätigkeit

Herausgegeben von

Bernhard Blanke
Roland Czada
Hubert Heinelt
Adrienne Héritier
Gerhard Lehmbruch

Band 7

Claudia Rose

Der Staat als Kunde und Förderer

Ein deutsch-französischer Vergleich

Springer Fachmedien Wiesbaden GmbH 1995

ISBN 978-3-663-09631-3   ISBN 978-3-663-09630-6 (eBook)
DOI 10.1007/978-3-663-09630-6

© 1995 by Springer Fachmedien Wiesbaden
Ursprünglich erschienen bei Leske + Budrich, Opladen 1995

Das Werk einschließlich aller seiner Teile ist urheberrechtlich geschützt. Jede Verwertung außerhalb der engen Grenzen des Urheberrechtsgesetzes ist ohne Zustimmung des Verlages unzulässig und strafbar. Das gilt insbesondere für Vervielfältigungen, Übersetzungen, Mikroverfilmungen und die Einspeicherung und Verarbeitung in elektronischen Systemen.

Inhalt

Einleitung 1

1. Fragestellung 1
2. Vorgehensweise 6
   2.1. Die Auswahl des Sektors 6
   2.2. Die Auswahl der Untersuchungsländer 6
   2.3. Aufbau und Methoden der Untersuchung 16

Teil I: Der Telekommunikationssektor 17

A. Grundbegriffe der Telekommunikation 19

B. Die geruhsame Welt des Fernmeldewesens 21

1. Die Entwicklung der Nachrichtentechnik 21
2. Die Fernmeldemonopole 22
3. Die Märkte für Telekommunikationseinrichtungen 23
4. Fernmeldeverwaltungen und Herstellerindustrie 25

C. Der Telekommunikationssektor im Umbruch 27

1. Der technologische Wandel 27
2. Die Dynamisierung der Dienstemärkte 30
   2.1. Die Veränderung der Nachfrage 30
   2.2. Die Diskussion um die Telematik 31
   2.3. Ordnungspolitische Reformen 32
   2.4. Die Politik der Europäischen Gemeinschaft 33
   2.5. Intensivierung und Internationalisierung der Konkurrenz 35
3. Die Märkte für Telekommunikationseinrichtungen 38
   3.1. Intensivierung und Internationalisierung der Konkurrenz 38
   3.2. Die 'Sektorenrichtlinie' der Europäischen Gemeinschaft 43
4. Neue Spielregeln auf den Fernmeldemärkten 45

Teil II: Bundesrepublik Deutschland 49

A. Die Bundespost und ihre Partner   **49**

1. Die Deutsche Bundespost   49
   1.1. Organisation und Rechtsstellung   49
   1.2. Der Aufbau des Telefonnetzes   51
   1.3. Beschaffungspolitik unter dem 'Primat des Betriebs'   54
      1.3.1. Das Fernmeldetechnische Zentralamt (FTZ)   54
      1.3.2. Beschaffungspolitische Ziele und Strategien   55
2. Die bundesdeutsche Herstellerindustrie   57
3. Historische Weichenstellungen   59
4. Forschung und Entwicklung unter Führung von Siemens   64
5. Angebotsmacht und Nachfragemacht   66
   5.1. Einheitstechnik und Marktstrukturen   66
   5.2. Einkauf auf abgeschotteten Märkten   68
6. Die infrastrukturpolitische und industrielle Bilanz   71

B. Etablierte Kooperationsformen unter Druck   **75**

1. Die Bundespost als technologiepolitischer Akteur?   75
   1.1. Die Initiativen des BMFT   75
   1.2. Die Kommission für den Ausbau des technischen
         Kommunikationssystems   76
   1.3. Neue Dienste in bestehenden Netzen   77
   1.4. Das Programm Technische Kommunikation   78
2. Erste Angriffe auf das Fernmeldemonopol   85
3. Die beschaffungspolitische Wende der Bundespost   88
   3.1. Das Scheitern des EWS-Projekts   89
   3.2. Neue Strategien für die Beschaffung   93
      3.2.1. Der Einkauf digitaler Vermittlungstechnik   93
      3.2.2. Einkauf auf dem Weltmarkt   98
4. Die Modernisierung der Telekommunikationsnetze   101
   4.1. Infrastrukturplanung im Sog der Medienpolitik   101
   4.2. Politische Rückendeckung für eine bedarfsorientierte
         Netzmodernisierungspolitik   104

C. Liberalisierung und Internationalisierung   **109**

1. Die Reform von Post- und Fernmeldewesen   109
2. DBP Telekom: Von der Verwaltung zum Unternehmen   116
   2.1. Die Anpassung der Angebotspolitik   116

2.2. Der Aufbau des Telekommunikationsnetzes in den neuen Bundesländern	121
2.3. Die DBP Telekom in Finanznot	125
2.4. Ausblick: Telekom AG	131
3. Wettbewerb auf den Beschaffungsmärkten	133
3.1. Beschaffungspolitische Strategien	133
3.2. Neue Wege bei Forschung und Entwicklung	137
4. Die bundesdeutsche Herstellerindustrie in den achtziger Jahren: Umstrukturierung und Internationalisierung	142
5. Herstellerindustrie und DBP Telekom	147

Teil III: Frankreich   151

A. Die Politik des Arsenals   153

1. Die Direction Générale des Télécommunications	153
1.1. Organisation und Rechtsstellung	153
1.2. Der Aufbau des Telefonnetzes	154
1.3. Die Beschaffungspolitik der DGT	156
1.3.1. Das Centre National d´Etudes des Télécommunications	156
1.3.2. Beschaffungspolitische Ziele und Strategien	156
2. Die französische Herstellerindustrie	157
3. Historische Weichenstellungen	158
4. Forschung und Entwicklung unter Führung des CNET	161
5. 'Marktorganisation' durch das CNET	164
6. Die industriepolitische Bilanz der 'Politik des Arsenals'	169

B. Gesteuerte Konkurrenz   171

1. "Telefon für alle"	171
1.1. Die 'Crise du téléphone' wird zum Politikum	171
1.2. Erste Reformen der PTT	172
1.3. Das Programm zur Modernisierung der Infrastruktur	173
2. Neue beschaffungspolitische Strategien	176
2.1. Die Entmachtung des CNET	176
2.2. Die 'Frankonisierung' der Herstellerindustrie	177
2.3. Gesteuerte Konkurrenz	182
3. Die Bilanz des Netzmodernisierungsprogramms	185
3.1. Die infrastrukturpolitischen Erfolge	185
3.2. Der politische Aufstieg der DGT	187
4. Der Aufbruch in die Telematik	189

C. **DGT und Herstellerindustrie unter den Sozialisten:
Neue Kräfteverhältnisse** **194**
1. Nationalisierung der Herstellerindustrie und 'Aktionsprogramm
Produktionskette Elektronik' 194
2. Der Plan câble: Ein neues Grand Programme 199
3. 'Téléphone de France' 202
4. Beschaffungspolitik unter dem Diktat staatlicher Industriepolitik 206
5. Die DGT als 'Dukatenesel' des Finanzministers 208
6. Das Scheitern des Plan câble 211

D. **Internationalisierung und Liberalisierung** **216**
1. Die Internationalisierung der Herstellerindustrie 216
   1.1. Alcatel auf Expansionskurs 216
   1.2. Die 'Schlacht' um die CGCT 220
   1.3. Fortschreitende Internationalisierung 221
2. Die Reform von Post- und Fernmeldewesen 224
   2.1. Die liberalen Reformpläne 224
   2.2. Die sozialistische Reformpolitik 231
3. France Télécom auf dem Weg zum
   wettbewerbsorientierten Dienstleistungsunternehmen 239
4. "Buy the Best from the Best" 244
   4.1. Die Neuorientierung der Beschaffungspolitik 244
   4.2. Die Neuorientierung der Forschungs- und Entwicklungspolitik 247
5. Die neue Lage auf den Beschaffungsmärkten 252

Vergleich und Fazit 255

Quellennachweis 265

Tabellenverzeichnis

Tabelle I-1:	Der Weltmarkt für Telekommunikationseinrichtungen in den späten siebziger Jahren	24
Tabelle I-2:	Weltrangliste der größten Netzbetreiber, 1990	38
Tabelle I-3:	Die führenden Hersteller auf dem Markt für öffentliche Telekommunikationsnetze, 1991	41
Tabelle II-1:	Umsätze der deutschen Herstellerunternehmen, 1978	58
Tabelle II-2:	Strukturen der bundesdeutschen Fernmeldemärkte, siebziger Jahre	67
Tabelle II-3:	Vergleich der Fernsprechversorgung, 1974	72
Tabelle II-4:	Marktanteile für digitale Vermittlungstechnik in der Bundesrepublik, 1987 und 1990	147
Tabelle III-1:	Vergleich der größten Herstellerfirmen der Welt und der größten französischen, 1968	168
Tabelle III-2:	Umsätze der wichtigsten französischen Herstellerfirmen, 1974 und 1978	187
Tabelle III-3:	Jahresergebnisse der nationalisierten Elektronikunternehmen, 1980 bis 1984	196
Tabelle III-4:	Staatliche Kapitalzuschüsse für die nationalisierten Elektronikunternehmen, 1982 bis 1986	198
Tabelle III-5:	Entwicklung der Ablieferungsbelastungen der DGT, 1982 bis 1987	209
Tabelle III-6:	Relation Schulden/Umsatz und Schuldendienst/Umsatz bei ausgewählten Netzbetreibern, 1985	210
Tabelle III-7:	Umsätze von Alcatel NV, 1990	222

Verzeichnis der Schaubilder

Schaubild II-1:	Warteliste für den Telefondienst im Bereich der Deutschen Bundespost, 1960 bis 1983	51
Schaubild II-2:	Fernmeldeinvestitionen der DBP, 1948 bis 1979	53
Schaubild II-3:	Umsätze und Exporte der bundesdeutschen Fernmeldeindustrie, 1958 bis 1978	73
Schaubild II-4:	Fernmeldeinvestitionen der DBP, achtziger Jahre	127
Schaubild III-1:	Warteliste für den Telefondienst in Frankreich, 1958 bis 1985	174
Schaubild III-2:	Entwicklung des DGT-Budgets für externe FuE, siebziger Jahre	184
Schaubild III-3:	Investitionen der DGT in den siebziger Jahren	186
Schaubild III-4:	Budget der DGT für externe FuE sowie Investitionsbudget, achtziger Jahre	251

Abkürzungsverzeichnis

AIT	Association des ingénieurs des télécommunications
AOIP	Association des Ouvriers en Instruments de Précision
AT&T	American Telephone and Telegraph Company
BDI	Bundesverband der Deutschen Industrie
BMFT	Bundesministerium für Forschung und Technologie
BMPF	Bundesministerium für das Post- und Fernmeldewesen
BMPT	Bundesministerium für Post und Telekommunikation
BMWi	Bundesministerium für Wirtschaft
Btx	Bildschirmtext
CCITT	Comité Consultatif International pour Téléphone et Télégraphe
CDC	Caisse des Dépôts et Consignations
CEPT	Conference of European Post and Telecommunications Administrations
CGCT	Compagnie Générale de Construction Téléphonique
CGE	Compagnie Générale d'Electricité
CIT	Compagnie Industrielle des Téléphones
CNET	Centre National d' Etudes des Télécommunications
DAI(I)	Direction des Affaires Industrielles (et Internationales)
DBP	Deutsche Bundespost
DGP	Direction Générale de la Poste
DGT	Direction Générale des Télécommunications
DIHT	Deutscher Industrie- und Handelstag
DP	Deutsche Post
DPG	Deutsche Postgewerkschaft
ECU	European Currency Unit
EMD	Edelmetall-Motor-Drehwähler
ESPRIT	European Strategic Programme for Research on Information Technology
ETSI	European Telecommunications Standards Institute
EWS	Elektronisch Gesteuertes Wählsystem
FAG	Fernmeldeanlagengesetz
FAZ	Frankfurter Allgemeine Zeitung
FCC	Federal Communications Commission
FF	Französische Francs
FI	Forschungsinstitut der Deutschen Bundespost beim Fernmeldetechnischen Zentralamt
FTZ	Fernmeldetechnisches Zentralamt der Deutschen Bundespost
FuE	Forschung und Entwicklung

GATT	General Agreement on Tariffs and Trade
GEC	General Electric Company
GTE	General Telephone and Electric
ISDN	Integrated Services Digital Network
ITT	International Telephone and Telegraph Corporation
ITU	International Telecommunications Union
KtK	Kommission für den Ausbau des technischen Kommunikationssystems
LMT	Le Materiél Téléphonique
LTT	Lignes Télégraphiques et Téléphoniques
MCI	Microwave Communications Inc.
MET	Matra-Ericsson-Télécommunications
NEC	Nippon Electric Company
NTT	Nippon Telephone and Telegraph
ntz	Nachrichtentechnische Zeitschrift
OECD	Organization for Economic Co-operation and Development
OPD	Oberpostdirektion
PKI	Philips Kommunikations-Industrie
PostStruktG	Poststrukturgesetz
PostVerfG	Postverfassungsgesetz
PostVwG	Postverwaltungsgesetz
RACE	Research on Advanced Communications for Europe
SAT	Société Anonyme des Télécommunications
SEL	Standard Elektrik Lorenz AG
SFT Ericsson	Société Française des Téléphones Ericsson
SLE	Société Lanionnaise d' Électronique
Socotel	Société d'économie mixte pour le développement de la technique de la commutation dans le domaine des télécommunications
Sotelec	Société mixte pour le développement de la technique des télécommunications sur câbles
TDF	Télédiffusion de France
TuN	Telefonbau und Normalzeit
VDMA	Verband Deutscher Maschinen- und Anlagenbau
VdP	Verband der Postnutzer
ZPF	Zeitschrift für das Post- und Fernmeldewesen
ZVEI	Zentralverband der Elektrotechnischen Industrie

Vorbemerkung

Die vorliegende Arbeit ist im Herbst 1994 von der Fakultät für Verwaltungswissenschaft der Universität Konstanz als Dissertation angenommen worden. Für die Veröffentlichung wurde das Manuskript überarbeitet und aktualisiert. Die Arbeit ist im Rahmen des Projekts "Administrative Interessenvermittlung" entstanden, das von der Deutschen Forschungsgemeinschaft finanziert und von Professor Dr. Gerhard Lehmbruch geleitet wurde. Die Fragestellung geht auf seine Anregungen zurück, er hat den Entstehungsprozeß der Arbeit mit vielen wertvollen Hinweisen unterstützt. Professor Dr. Wolfgang Fach, Universität Leipzig, hat das Zweitgutachten übernommen.

Dr. Edgar Grande, Max-Planck-Institut für Gesellschaftsforschung, Köln, war mir insbesondere in der Anfangsphase eine große Hilfe. Danken möchte ich auch meinen Gesprächspartnern aus Verwaltung und Wirtschaft für ihre Auskunftsbereitschaft, allen voran Herrn Roggenkamp und Herrn Käferle vom Fernmeldetechnischen Zentralamt der DBP Telekom, Herrn Klumpp, Alcatel SEL, und M. Roland Grima, France Télécom. M. Pierre Musso hat mir einen Aufenthalt am Forschungsinstitut von France Télécom ermöglicht. Professor Bruno Jobert, Professor Elie Cohen und Mme Edith Brénac haben mich bei meinen Recherchen in Frankreich unterstützt. Bei der Auswertung der Presse und der Beschaffung von Literatur hat mir Petra Renner geholfen. Mein besonderer Dank gilt Dr. Holger Wartmann, Universität Leipzig, der das Rohmanuskript gelesen und mir zahlreiche Anregungen für die Überarbeitung gegeben hat. Last, but not least, danke ich Professor Dr. Claus Offe, Universität Bremen.

Ich widme die Arbeit meinen Eltern.

Stuttgart, im November 1994   Claudia Rose

Einleitung

1. Fragestellung

Die Förderung sogenannter Zukunftsindustrien nimmt seit der Strukturkrise der siebziger Jahre einen zentralen Stellenwert im wirtschaftspolitischen Zielkatalog der westlichen Industrieländer ein. Zu diesen Branchen zählt die Telekommunikationsindustrie. Sie verdankt die Position der Dynamik ihrer wirtschaftlichen und technischen Entwicklung: die Märkte für nachrichtentechnische Systeme und Geräte weisen überdurchschnittliche Wachstumsraten auf; die Nachrichtentechnik ist mit dem Eindringen der Mikroelektronik zu einer Hochtechnologie avanciert, in der sich die 'alten' Industrieländer Wettbewerbsvorteile auf dem Weltmarkt versprechen. Die Handlungsbedingungen für die Firmen haben sich im Zuge dieser Entwicklung allerdings grundlegend verändert. Ein rapider technologischer Wandel stellt erhebliche Anforderungen an die Innovationsfähigkeit einer Branche, die über Jahrzehnte auf der Grundlage gleichbleibender Technologien operierte. Zudem müssen sich die Firmen an neue ökonomische Prämissen anpassen. Noch Ende der siebziger Jahre produzierten die Unternehmen für den spezifischen Bedarf der heimischen Post- und Fernmeldeverwaltungen. Die Märkte für Telekommunikationseinrichtungen waren nationale Märkte. In den achtziger Jahren hat sich ein Weltmarkt herausgebildet, auf dem ein harter Verdrängungswettbewerb stattfindet.

Auf der Nachfrageseite spielen in meisten westlichen Industrieländern staatliche Akteure nach wie vor eine überragende Rolle: Die Post- und Fernmeldeverwaltungen sind als Betreiber der öffentlichen Telekommunikationsnetze die wichtigsten Kunden der Herstellerindustrie. Zur Förderung des Wachstums heimischer Produzenten und ihrer internationalen Konkurrenzfähigkeit steht damit ein wirkungsvolles Instrument zur Verfügung: die öffentliche Beschaffungspolitik.

Die *beschaffungspolitischen Strategien* der Fernmeldeverwaltungen in Frankreich und der Bundesrepublik - Strategie verstanden als die Definition von langfristigen politischen Zielen und die Auswahl der Mittel zur Erreichung dieser Ziele - sind Gegenstand der vorliegenden Untersuchung. Grundsätzlich stehen den Verwaltungen drei strategische Optionen für ihren Umgang mit der nationalen Telekommunikationsindustrie zur Verfügung (vgl. Zysman 1983: 91f.).

- *Erstens* kann im Rahmen eines *etatistischen* Modells der *staatlich geleiteten* Entwicklung die öffentliche Beschaffungspolitik gezielt dazu eingesetzt werden, die ökonomische und technologische Leistungsfähigkeit einzelner Produzenten zu erhöhen. "The state seeks to select the terms on which sectors and companies confront the market, either by explicitly providing resources to favored groups or by creating conditions that will force the recalcitrant to adjust" (Zysman 1983: 91).

- Eine *zweite* Möglichkeit besteht darin, daß die Fernmeldeverwaltungen und ein ausgewählter Kreis von Unternehmen im Rahmen eines *korporatistischen* Modells Zielsetzungen und Modalitäten öffentlicher Beschaffungspolitik miteinander *aushandeln*, "(this) involves an explicit and continuing negotiation of the terms of industrial change by the predominant social partners" (Zysman 1983: 92).

- Demgegenüber impliziert ein *drittes, liberales* Modell der *marktgeleiteten* Entwicklung übertragen auf die Beschaffungspolitik der Fernmeldeverwaltungen, daß sich diese im Umgang mit den heimischen Herstellern allein an ihren Interessen als Nachfrager - der sachlich und zeitlich richtigen Deckung ihres Bedarfs zu möglichst günstigen Preisen - orientieren. Die Anpassung an die Anforderungen des Marktes und veränderte Marktbedingungen wird allein den Firmen überlassen, die öffentlichen Nachfrager beschränken sich darauf, faire Spielregeln für die Konkurrenz unter den Anbietern zu definieren. "(B)asic choices are made by individual firms without outside interference... In this model the state does regulate and compensate but, fundamentally, the costs and gains of change are allocated through the market. Above all, the government does not have a view of the long-run development of the economy and industry" (Zysman 1983: 92).

Die Ausgestaltung staatlicher und gesellschaftlicher Strukturen innerhalb eines Landes ist Autoren wie Katzenstein (1978a, 1978b), Zysman (1983) und Hall (1986) zufolge ausschlaggebend dafür, welche der drei alternativ in Frage kommenden Strategien eingeschlagen wird: **Nationale Unterschiede** in der Organisation von Politik und Verwaltung einerseits und des Systems gesellschaftlicher Interessenvermittlung andererseits bedingen, daß die staatlichen Strategien im Umgang mit der Industrie von Land zu Land variieren. Ähnliche Problemstellungen haben demnach unterschiedliche und jeweils national-typische Reaktionsmuster der staatlichen Politik zur Folge. Die drei alternativ in Frage kommenden Strategien sind, so Zysman, jeweils typisch für einzelne Staaten: "we find that Japan and France can readily be categorized as state-led promotional types whereas the United States is a company-led regulatory type. Germany has many characteristics of the tripartite-bargaining type" (Zysman 1983: 93).

Einleitung 3

Anknüpfend an die Arbeiten von Gerschenkron (1962) und Shonfield (1965) werden die im internationalen Vergleich auftretenden Unterschiede von Staats- und Wirtschaftsstrukturen sowie der sie verknüpfenden Institutionen (wie beispielsweise das Kreditsystem) auf historische Prozesse zurückgeführt. "The institutional arrangements of the modern economy and administration are... the products of past conflict forcing us to undertake a kind of political archaeology in order to disentangle these developments" (Zysman 1983: 307). Die Strukturen von Staat und Gesellschaft und die Muster der Konfliktaustragung und Konsensbildung, die sich im Laufe von Staatenbildung und Industrialisierungsprozeß entwickelt haben, wirken bis in die Gegenwart fort. Neue Probleme werden im Rahmen von eingespielten institutionellen Arrangements bearbeitet. "The consistency of the patterns of institutions were originally created to achieve particular purposes but once in place institutions are not infinitely malleable and will continue to shape political struggles that follow" (Zysman 1983: 307).

Die neuere international vergleichende Forschung zu Staat-Industrie-Beziehungen hat sich einer anderen Untersuchungsebene zugewandt. Die für die oben genannten Autoren charakteristische Beschränkung der Betrachtung auf nationale Konfigurationen und daraus abgeleitete globale Aussagen über zentralstaatliche Strategien (bzw. Steuerungspotentiale) erschienen angesichts der in allen Industrieländern zu beobachtenden Ausdifferenzierung von ökonomischen sowie staatlichen Strukturen nicht mehr wirklichkeitsgerecht. In den Vordergrund ist statt dessen der **Sektor** als Analyseeinheit gerückt. Der Begriff wird meist als Synonym für 'Industriezweig' verwendet: "the universe of all firms producing one or more out of a list of 'similar' products" (Schmitter/Streeck 1981: 241, vgl. auch Cawson 1986: 109). In einer weiten Definition wird Sektor auch mit 'Politikfeld' gleichgesetzt (vgl. Cawson 1986: 108).

Die Aufmerksamkeit der Forschung lag zunächst auf internationalen und intersektoralen Varianzen in der Struktur von *Interessenverbänden* (vgl. Schmitter/Streeck 1981). Vergleichende Studien haben dabei gezeigt, daß nicht nur die Struktur von Verbänden, sondern auch ihre Relevanz als Mechanismen der Interessenvermittlung von Sektor zu Sektor variiert. Die Koordination wirtschaftlicher Aktivitäten innerhalb einer Volkswirtschaft, so das Ergebnis des Ansatzes der "governance of industries" (vgl. Hollingsworth/Lindberg 1985, Campbell et al. (eds.) 1991, Hollingsworth 1991), erfolgt nicht nach einem einheitlichen Muster. Ausgehend von der Analyse einzelner Sektoren der amerikanischen Industrie wird eine komplexe Typologie unterschiedlicher 'Steuerungstypen' (governance arrangements) entwickelt; "the governance of economy occurs *via* a variety of mechanisms: markets, hierarchies, the clan or community and associations. Of course, each of these mechanism despite common elements, operates according to a different logic" (Hollingsworth/Lindberg 1985: 222).

Daß auch die *staatlichen Strategien* im Umgang mit der Industrie von Sektor zu Sektor variieren, hat die Meso-Korporatismusforschung deutlich gemacht. Unterschiedliche technisch-ökonomische Merkmale von Sektoren und demnach unterschiedliche Aufgabenprofile der Politik bedingen, daß innerhalb eines Landes ein breites Spektrum staatlicher Strategien und Strukturen der Staat-Industrie-Beziehungen anzutreffen ist (vgl. Lehmbruch 1985, 1987 und 1991, Cawson 1986, Wilks/Wright (eds.) 1987, Atkinson/Coleman 1989). "In studying the relationship between interests, interest organisation and the state system, we can begin to see how *different structural characteristics of different sectors are likely to give rise to rather distinct forms of organization and action"* (Cawson 1986: 110; Hervorhebung cr).

Unterschiedliche technisch-ökonomische Eigenschaften von Sektoren führen demnach innerhalb eines Landes zu intersektoralen Variationen im Umgang von Staat und Industrie. Zugleich weisen die Merkmale einzelner Sektoren und die jeweiligen Anforderungen, mit denen staatliche Politik konfrontiert ist, über Ländergrenzen hinweg große Gemeinsamkeiten auf. Hieraus ist gefolgert worden, daß im internationalen Vergleich Ähnlichkeiten in den sektorspezifischen Strategien und Strukturen der Staat-Industrie-Beziehungen anzutreffen sind. "The policy sector approach", so postuliert Freeman, "predicts *differentiation* within individual countries and *convergence* across nations within sectors" (Freeman 1985: 486).

International vergleichende Untersuchungen zur Umweltpolitik (Vogel 1986), zur Regulierung der Pharmaindustrie (Baumheier 1992), zur Sicherheitsregulierung im Nuklearsektor (Czada 1992) und zu den Beziehungen zwischen Staat und Ärzteverbänden (Hassenteufel 1994) kommen indessen zum gegenteiligen Befund. Ähnliche sektorale Problemlagen sind diesen Autoren zufolge in einzelnen Ländern verschieden bearbeitet worden. Dies wird darauf zurückgeführt, daß sich auch auf der Ebene des Sektors im Rahmen historischer Entwicklungsprozesse von Land zu Land variierende Strukturen der Repräsentation gesellschaftlicher Interessen und der korrespondierenden Staatsorganisationen herausgebildet haben, die wiederum in sektorübergreifende, nationale Konfigurationen von Staat und Ökonomie eingebunden sind. Diese historisch-gewachsenen Strukturen der Staats- und Interessenorganisation und verfestigten Modi der Konfliktaustragung und Konsensbildung haben in den untersuchten Fällen den Spielraum für neue Optionen der Problembewältigung eingeschränkt. Zu einem vergleichbaren Ergebnis gelangen auch Atkinson/Coleman: "macro-level phenomena provide one set of constraints, which, in combination with the economic organization of a sector and the institutional legacy of state agencies and interest organizations, combine to favour the dominance of a particular sectoral policy network. Meso-level phenomema cannot be explained in isolation from broader political institutions" (Atkinson/Coleman 1989: 67).

Einleitung

Die Ergebnisse dieser Studien können jedoch nicht ohne weiteres generalisiert werden, denn sie beziehen sich auf Sektoren, die noch heute national abgeschottet sind und einen hohen Grad an staatlicher Regulierung aufweisen. Offen bleibt insbesondere, ob ihre Befunde ohne weiteres auf Sektoren übertragbar sind, in denen die Handlungsbedingungen für die Akteure zunehmend von den Zwängen des internationalen Wettbewerbs aufgegeben werden. Mit der Verlagerung der Konkurrenz vom nationalen Markt auf den Weltmarkt sehen sich die etablierten Akteure vor neue Anforderungen gestellt; die neuen Rahmenbedingungen verändern die Kalküle, die ihrem Handeln zugrunde liegen, und eröffnen zugleich neue strategische Optionen des Handelns. Damit liegt die Vermutung nahe, daß auch verfestigte sektorale Arrangements der Interessenvermittlung in Bewegung geraten können.

Die Frage, wie staatliche Akteure auf derartig tiefgreifende Veränderungen der ökonomischen Rahmenbedingungen innerhalb eines Sektors reagieren, steht im Mittelpunkt der vorliegenden Arbeit. Sie soll anhand eines Zwei-Länder-Vergleichs staatlicher Strategien in einem Industriesektor behandelt werden, der von einer rasch fortschreitenden Internationalisierung der Konkurrenz gekennzeichnet ist. Legt man die bisherigen Annahmen der international vergleichenden Forschung zu Staat-Industrie-Beziehungen zugrunde, so lassen sich überspitzt zwei alternative **Hypothesen** formulieren:

- *Erstens:* Analog zu den Beobachtungen in hochregulierten und national abgeschotteten Sektoren werden hergebrachte Formen des Umgangs von Staat und Industrie auch im Zuge einer fortschreitenden weltwirtschaftlichen Verflechtung beibehalten. Nationale Eigentümlichkeiten in den staatlichen Strategien und den Strukturen von Staat-Industrie-Beziehungen bestehen fort.

- *Zweitens:* Neue ökonomische Rahmenbedingungen veranlassen die staatlichen (wie die privaten) Akteure zu einer Revision tradierter Rollen- und Strategiedefinitionen. Unter dem Einfluß des internationalen Wettbewerbs verlieren nationale Eigentümlichkeiten des Umgangs von Staat und Industrie an Bedeutung. Es kommt im internationalen Vergleich zu einer stärkeren Konvergenz der sektoralen staatlichen Strategien und der Strukturen von Staat-Industrie-Beziehungen.

2. Vorgehensweise

2.1. Die Auswahl des Sektors

Als Gegenstand der Analyse bieten sich die Strategien öffentlicher Beschaffungspolitik im Telekommunikationssektor aus zwei Gründen an. *Erstens* war der Sektor bis in die jüngste Vergangenheit von *stabilen technischökonomischen Rahmenbedingungen* geprägt. Die zugrundeliegende Technik wies niedrige Innovationsraten auf. Das Angebot von Telekommunikationsdiensten lag noch zu Beginn der achtziger Jahre in Händen von nationalen Monopolen, die die Telekommunikationsnetze errichteten und betrieben. Die nationalen Märkte für Telekommunikationseinrichtungen waren voneinander abgeschottet, die Wettbewerbsintensität zwischen den Herstellerunternehmen war gering. Seit den zwanziger Jahren d. Jh. hatten sich hier feste Strukturen der Zusammenarbeit zwischen den Fernmeldeverwaltungen als Nachfragern und den heimischen Herstellerunternehmen als Anbietern von Telekommunikationseinrichtungen etabliert. *Zweitens* haben sich die ökonomischen Rahmenbedingungen für die Firmen wie für die Fernmeldeverwaltungen in den letzten beiden Jahrzehnten grundlegend verändert. Nach einer langen Phase der Stabilität hat in den siebziger Jahren ein rapider technologischer *Wandel* eingesetzt; er hat zu einer Liberalisierung und Internationalisierung der bis dahin abgeschotteten nationalen Märkte für Telekommunikationseinrichtungen geführt. Liberalisierung und Internationalisierung kennzeichnen gleichermaßen die Entwicklung auf den Märkten für Telekommunikationsdienste. Im Zuge dieses strukturellen Wandels der Telekommunikationsmärkte sind auch die eingespielten beschaffungspolitischen Strategien der Fernmeldeverwaltungen unter Anpassungsdruck geraten.

2.2. Die Auswahl der Untersuchungsländer

Mit Frankreich und Deutschland wurden zwei Untersuchungsländer ausgewählt, in denen sich - so das einhellige Ergebnis der Forschung - die staatlichen Strategien im Umgang mit der Industrie erheblich unterscheiden. Frankreich galt lange als Musterbeispiel eines 'starken' Staates, dessen zentralisierter bürokratischer Apparat eine Führungsrolle bei der wirtschaftlichen und industriellen Modernisierung für sich in Anspruch nimmt und über eine Fülle von Instrumenten zur direkten Intervention in die Ökonomie verfügt (vgl. z. B. Katzenstein 1978b: 329). Hier dominiert "ein staatlicher Voluntarismus, der den ökonomischen Rang der französischen Wirtschaft im Rahmen der internationalen Arbeitsteilung nicht ohne weiteres akzeptiert, sondern durch eine gezielte Industriepolitik verändern will" (Neumann/Uterwedde 1986: 24). Die Bundesrepublik wiederum steht für den fragmentierten, 'schwachen' Staat (Katzenstein 1987). Hier werden direkten sektoralen Interventionen horizontale Eingriffe vorgezogen, die auf eine Beeinflussung der Rahmenbedingungen wirtschaftlichen Handelns abzielen. Wenn auf sektoraler Ebene interveniert wird, erfolgt dies im Rahmen eines Modells der 'ausgehandelten Strukturanpassung' in enger Abstimmung mit den betroffenen Akteuren (vgl. Zysman 1983: 93).

In **Frankreich** hat der Staat nach dem Zweiten Weltkrieg die Rolle eines Motors der wirtschaftlichen und industriellen Entwicklung übernommen. Durch staatliches Eingreifen in wirtschaftliche Strukturen sollte der Entwicklungsrückstand des noch weitgehend agrarisch geprägten und wenig industrialisierten Landes überwunden werden. Die Modernisierung der Wirtschaft wurde nach 1945 zur großen nationalen Aufgabe erklärt; innerhalb dieses Modernisierungskonzepts nahm Industriepolitik, verstanden als Politik einer gezielten industriellen Entwicklung und einer gezielten Förderung von Schlüsselbranchen, einen zentralen Stellenwert ein (vgl. Neumann/Uterwedde 1986: 90). Formuliert und umgesetzt wurde dieses Modells einer staatlich-geleiteten Entwicklung von einer neuen politisch-administrativen Elite. Diese machte den 'liberalen Malthusianismus' der Dritten Republik mit seinem Leitbild einer stabilen, vorwiegend ruralen Gesellschaft und das offenkundige Versagen des privaten Unternehmertums dafür verantwortlich, daß Frankreich gegenüber Industriestaaten ins Hintertreffen geraten war (vgl. Hoffmann 1965, Cohen et al. 1986, Neumann/ Uterwedde 1986, Messerlin 1987).

Hall (1986: 164ff.) belegt die eigentümliche Beziehung zwischen Staat und Gesellschaft, die sich in Frankreich seit 1945 ausgeprägt hat, mit dem Begriff des 'Etatismus'. Dieser weist vier Dimensionen auf. Einer fragmentierten Gesellschaft steht erstens ein Staat gegenüber, der ein hohes Maß an innerer Kohärenz aufweist. Dies verdankt er neben seinen zentralistischen Strukturen einem hochprofessionalisierten Verwaltungapparat, dessen Spitzenkräfte in staatlichen Eliteschulen ('Grands Ecoles') ausgebildet werden und über die verbandsähnlichen Einrichtungen der 'Grands Corps' miteinander verbunden sind. "Perhaps no other political elite so enjoys the uniformity of shared perceptions that is characteristic of the French decision-making structure. The upper reaches of the French administration are populated by professional civil servants bound together by a powerful network of formal and informal ties" (Feigenbaum 1985: 101).[1] Zweites Merkmal des französischen Etatismus ist die Autonomie des Staates von den Einflüssen gesell-

---

[1] Zur Rolle der Grands Corps: Bloch-Lainé 1976, Grémion 1979, Suleiman 1974 und 1978, de Baecque/Quermonne (eds.) 1982, Kessler 1986.

schaftlicher Interessengruppen. Seine Fähigkeit, politische Ziele gegebenenfalls auch gegen den Widerstand gesellschaftlicher Kräfte durchzusetzen, sowie seine politische Autorität als einziger legitimer Vertreter des 'öffentlichen Interesses' sind weitere Dimensionen des französischen Etatismus. "Since the days of the Revolution, the state has usually been seen as the only institution capable of acting in the general interest of the nation, and as such, it alone has a monopoly over political virtue... A natural corollary to this view holds that aggregations of individuals and formal organizations outside the state cannot pretend to speak for the general interest" (Hall 1986: 165). Nach 1945 gab es kaum einen Bereich des gesellschaftlichen und wirtschaftlichen Lebens, in dem die politisch-administrative Elite nicht eine Führungsrolle für sich in Anpruch nahm. "Pendant toute cette periode, c'est l'élite administrative, à travers les organismes comme le Plan... ou simplement à travers l'affirmation sans partage de la légitimité de son expertise technique ou administrative, qui détermine la *grille des problèmes* pris en compte par les politiques publiques" (Muller 1992: 277).

Die von Hall herausgearbeiteten Dimensionen des Etatismus stimmen mit dem Politikmodell überein, das Muller herausgearbeitet hat und das er als charakteristisch für Frankreich bis in die jüngste Vergangenheit hinein bezeichnet: Ein von Gruppeneinflüssen losgelöster, zentralistischer Staatsapparat definiert die für die Gesellschaft maßgeblichen Entwicklungsziele - soziale und ökonomische Modernisierung - und setzt sie in eigener Verantwortung um (vgl. Muller 1992). Sektorale Politik folgt dabei einem typischen Muster. Ein staatlicher Akteur (in der Regel eines der Grands Corps d'Etat) übernimmt die Führungsrolle in einem Sektor und bestimmt Ziele und Formen der Entwicklung. "Dans chaque secteur d'intervention de l'Etat, et donc pour chaque politique sectorielle, on voit se mettre en place un acteur dominant qui va incarner la gestion du secteur par l'Etat" (Muller 1992: 279). Er baut hierbei exklusive Beziehungen zu einzelnen Vertretern der sektoralen Klientel auf.

Diese Form der Interessenvermittlung, die die Bedeutung des Staates als Motor der Modernisierung zementiert, haben Jobert und Muller als spezifisch französische Variante eines sektoralen Korporatismus bezeichnet (vgl. Jobert 1985, Jobert/Muller 1987, Muller 1992). "Le corporatisme à la française est donc un corporatisme sectoriel dont le principal effet est d'accroître de manière considérable le rôle de l'élite administrative dans la mise en cohérence des politiques publiques. A partir du moment où chaque groupe social cherche à obtenir l'exclusivité du dialogue avec les responsables administratifs concernés par le secteur, il est évident que le maintain d'un minimum de cohérence de l'action de l'Etat repose principalement sur la capacité de l'élite administrative à élaborer un référentiel global" (Muller 1992: 280).

Einleitung

Im Rahmen seiner Modernisierungsstrategie bediente sich der französische Staat unterschiedlicher *Instrumente*, die jeweils kennzeichnend für einzelne *Phasen* staatlicher Industriepolitik sind.

Die *Nationalisierungen* der Jahre *1944-46* schufen die Voraussetzungen für eine staatliche Modernisierungspolitik im Bereich der Primärenergien, im Verkehrswesen, der Automobilindustrie und der Flugzeugindustrie. Durch die Nationalisierung der größten Versicherungsgruppen und Depotbanken verschaffte sich der Staat die Kontrolle über das Kreditwesen (vgl. Neumann/Uterwedde 1986: 38). Zentrales industriepolitisches Instrument des *Jahrzehnts nach Kriegsende* war die 1946 von Jean Monnet ins Leben gerufene *Planification*. Dieses System der indikativen Planung leitete die staatlichen Ressourcen in ausgewählte 'Basissektoren', deren Entwicklung als grundlegend für die Modernisierung der Wirtschaft betrachtet wurde.[2] In der *gaullistischen Phase* der frühen Fünften Republik (1958-1973) verlor die Planification gegenüber Fördermaßnahmen für einzelne Branchen bzw. Unternehmen an Bedeutung. Im Mittelpunkt stand nun zum einen das Vorantreiben von Konzentrations- und Umgruppierungsprozessen im öffentlichen wie im privaten Sektor. Zum andern - und das war neben der Schaffung von nationalen Champions ("firms whose fate was thought to be identical with that of the nation" (Zysman 1983: 147)) das Markenzeichen der gaullistischer Phase - lancierte der französische Staat ehrgeizige technologische Großprojekte ('grands projects') in Sektoren, die als entscheidend für die nationale Unabhängigkeit angesehen wurden: Stahlindustrie, Raumfahrt, Luftfahrt, Computerindustrie und Schiffahrt. Die Interventionsinstrumente waren vielfältig: "Subventionen, um ein spezielles Investitionsprogramm zu verwirklichen oder Restrukturierungsmaßnahmen durchzuführen; Steuerentlastung oder Abschreibungserleichterungen, die etwa Fusionen begünstigen sollten; Forschungsgelder und Risikoprämien, um neue Produkte zu lancieren; Bürgschaften für Kredite oder Exporte; und, am weitesten gehend, die formelle bzw. faktische Abnahmegarantie für bestimmte Produkte. Alle diese und ähnliche Maßnahmen folgen einem Grundprinzip: Der Staat will bestimmte Produktionen (Erzeugnisse, Techniken), also sorgt er dafür: entweder indirekt so, daß seine Interventionen die private Herstellung profitabel machten...; oder direkt, durch die Herstellung in eigener Regie" (Dannebom et al. 1984: 33). Der Beginn der Präsidentschaft *Giscard d'Estaings* (1974-1981) stand im Zeichen der weltweiten Wirtschaftskrise, die das Ende einer langen Prosperitätsphase markierte. Mit Giscard veränderte sich die Zielsetzung staatlicher Wirtschafts- und Industriepolitik: Die Einbindung Frankreichs in den Weltmarkt wurde akzeptiert und das gaullistische Modell einer eigenständigen nationalen Wirtschaftsentwicklung aufgegeben. In den Mittelpunkt rückte die Anpassung der französischen Wirtschaft an die Erfordernisse der internationalen Konkurrenz ('rédeploiement industriel'),

---

[2] Zur Planification vgl. Cohen 1982, Hayward 1984, Hall 1986.

einerseits durch den Ausbau moderner, technologieintensiver Branchen, andererseits durch die Aufgabe nicht mehr konkurrenzfähiger Industriezweige. Giscard propagierte einen Rückzug des Staates: nicht staatlicher Lenkung, sondern privaten Unternehmensentscheidungen sollte der notwendige Strukturwandel überlassen bleiben (vgl. Berger 1981, Green 1984, Clerc 1987). Faktisch stellte die giscardistische Phase keinen Bruch mit der Tradition gaullistischer Industriepolitik dar. Ende der siebziger Jahre wurden sektorale Pläne zur Rettung besonders bedrohter Branchen aufgelegt (Eisen und Stahl, Werften, Textil, Holz etc.). Moderne, 'zukunftsträchtige' Industriezweige, in denen man sich für Frankreich Wettbewerbsvorteile auf dem Weltmarkt erhoffte, waren weiterhin Gegenstand staatlicher Intervention. In diesen 'strategischen Industrien' wurden neue technologische Großprojekte initiiert, Umgruppierungen zur Schaffung international konkurrenzfähiger 'nationaler Champions' vollzogen, Exporthilfen und Fördermittel für Forschung und Entwicklung vergeben. Die *Linksregierung* setzte zu Beginn der achtziger Jahre der marktwirtschaftlich-liberalen Rhetorik der Giscard-Periode das Konzept einer umfassenden, voluntaristischen Industriepolitik entgegen. Zentrale Bestandteile waren die Nationalisierung der führenden französischen Unternehmen sowie - wiederum - die Lancierung umfangreicher staatlicher Förderprogramme für 'strategische Industrien'. Dahinter stand ein spezifisches Konzept: die Produktionskette ('filière'). Ausgehend von den engen Interdependenzen zwischen den verschiedenen Stufen der Herstellung und der Vermarktung eines Produkts sollte eine Industriepolitik betrieben werden, die auf die Bereitstellung aller Elemente der Produktionskette durch einheimische Anbieter zielte: es sollten sowohl Produzenten miteinbezogen werden, die auf dem Weltmarkt nicht bestehen konnten, als auch diejenigen, die bereits international konkurrenzfähig waren. Gezielte staatliche Fördermaßnahmen würden schließlich zur Beherrschung einer gesamten Kette (beispielsweise 'filière électronique', 'filière automobile'...) durch die französische Industrie führen. Den nationalisierten Firmen wurde im Rahmen dieses Konzeptes eine Rolle als Speerspitze zudacht, sie sollten die Technologieentwicklung und die industrielle Umstrukturierung vorantreiben (vgl. Steinacker/Westphal 1985, Neumann/Uterwedde 1986).

In den letzten Jahren ist das Bild vom omnipotenten, in sich kohärenten französischen Staats zunehmend ins Wanken geraten. Auf die starke Fragmentierung des industrie- und wirtschaftspolitischen Interventionsapparats, die darauf zurückgeht, daß die Führungsrolle in einzelnen Sektoren von unterschiedlichen 'Corps d'Etat' mit ausgeprägtem Eigenleben übernommen wurde, hatte bereits Friedberg (1979) hingewiesen. Andere Studien zeigten, daß der Erfolg des französischen Modernisierungsmodells im wesentlichen auf Sektoren beschränkt blieb, in denen der Staat als wichtigster Nachfrager auftrat (vgl. Zysman 1975 und 1977, Smith 1989, Cohen 1992).

Einleitung

Folgt man neueren Untersuchungen, so sind Zweifel daran angebracht, ob das französische Modell der staatlich-geleiteten Entwicklung nach wie vor Gültigkeit hat (vgl. Cohen 1992, Muller 1992). Staatliche Ziele und Formen der Intervention haben sich demnach grundlegend gewandelt; es hat in den achtziger Jahren ein Umdenkungsprozeß stattgefunden, der von dem Scheitern des ambitiösen industriepolitischen Programms der Sozialisten lediglich angestoßen wurde. Der französische Staat hat seinen Anspruch und seine Rolle als Motor der Modernisierung aufgegeben. Der 'Markt' als alternativer Steuerungsmodus wurde wiederentdeckt: "In no sphere of French policy have recent developments been more significant than in the area of economic policy. Their thrust has been to reduce the role of the state in the economy and turn the allocation of resources more directly over to market mechanism" (Hall 1990: 171).

Mit dem Modell einer staatlich geleiteten Modernisierung haben die Grundsätze **bundesdeutscher Wirtschaftspolitik** wenig gemein: nicht dem Staat, sondern dem Markt sollte die Steuerung wirtschaftlicher Prozesse überlassen bleiben, dies galt auch für die Bewältigung wirtschaftlichen Strukturwandels. "Germany projects the image of a liberal market economy in which the most important decisions about the uses of the nation's economic resources are made by company managements driven by profit motivations and responding to price signals, not by bureaucrats following their plans or politicians following their voters" (Zysman 1983: 251).

Vom Idealbild einer liberalen Marktwirtschaft weicht die Bundesrepublik jedoch aus zwei Gründen ab. *Erstens* hat der bundesdeutsche Staat nicht darauf verzichtet, in wirtschaftliche Prozesse zu intervenieren. Anders als in Frankreich lag der programmatische Schwerpunkt dabei allerdings nicht auf direkten, firmen- oder sektorspezifischen Eingriffen, sondern auf horizontalen Maßnahmen, die auf eine Beeinflussung der Rahmenbedingungen wirtschaftlichen Handeln zielten. Im Unterschied zur expliziten französischen Industriepolitik sprechen Neumann/Uterwedde (1986: 25) hier von einer "impliziten". Wie der französische hat auch der deutsche Staat mit selektiven Hilfen interveniert, wenn Wirtschaftsbranchen Strukturanpassungsprobleme zu bewältigen hatten. "(P)ostwar Germany has never completely accepted the classical economic liberalism that condemns any tampering with the judgement of the market. The harsh prescriptions of liberalism are softened in Germany when the social disruptions caused by industrial change are judged to represent social or political costs that are simply unacceptable... Indeed, the Germans have made a principle out of this deviation from classical precept and have called this selected intervention intermingled with an elaborate welfare state 'a social-market' system" (Zysman 1983: 252).

Zweitens unterscheidet sich die Struktur der bundesdeutschen Wirtschaft vom liberalen Modell "with individual and selfcontained firms competing in market games umpired but not managed by government" (Zysman 1983: 252). Die deutsche Variante eines zentralisierten, 'organisierten Kapitalismus' zeichnet sich durch vier Merkmale aus. Einmal dominieren seit der Industrialisierungsphase des ausgehenden neunzehnten Jahrhunderts hochkonzentrierte, exportorientierte Industriekonzerne. Zweitens existiert eine Vielzahl von Kartellen und kartellähnlichen Arrangements, die vom Staat nicht nur toleriert, sondern oftmals auch gefördert wurden. "Organized arrangements between businesses were never viewed with automatic hostility, but were thought to provide elements of order in the unsteady world of market relations" (Zysman 1983: 253). Drittens sind Kapital und Arbeit in der Bundesrepublik in zentralisierten Verbänden organisiert, die ihrerseits in die staatliche Politikformulierung miteinbezogen sind. Viertes Merkmal des 'organisierten Kapitalismus' ist ein Bankensystem, das mit der Großindustrie über wechselseitige Kapitalbeteiligungen eng verflochten ist (vgl. Zysman 1983: 252ff.).

Einer der Schlüssel für die unterschiedlichen wirtschafts- und industriepolitischen Strategien, die die Bundesrepublik und Frankreich eingeschlagen haben, liegt in der jeweiligen Ausgangssituation nach dem Zweiten Weltkrieg. Frankreich hatte einen erheblichen industriellen Entwicklungsrückstand aufzuholen; die Bundesrepublik konnte während dessen an ein hohes industrielles Entwicklungsniveau anknüpfen und besaß trotz der kriegsbedingten Verluste eine günstige Ausgangsposition: neben der traditionellen Exportorientierung und der weit fortgeschrittenen Unternehmenskonzentration u. a. eine Industriestruktur, die bereits auf die Sektoren ausgerichtet war, die in der Nachkriegsphase einen Boom erlebten, wie Chemie, Elektrotechnik, Maschinenbau, Automobilindustrie (vgl. Neumann/Uterwedde 1986: 40ff.). Vor diesem Hintergrund ist die liberale Grundorientierung der bundesdeutschen Wirtschaftspolitik zu verstehen: "Liberalism is the child of favorable economic conditions and internationally competitive industry. Of all the fast-growth countries, Germany has required the least transformation of its industrial structure: its industries were well suited to the markets that began to emerge during the post-war boom" (Zysman 1983: 251f.).

Im Rahmen der ordoliberalen Marktwirtschaftskonzeption der fünfziger Jahre wurde insbesondere vom Bundeswirtschaftsministerium (BMWi) die Notwendigkeit von Struktur- bzw. Industriepolitik treu der Maxime, daß Ordnungspolitik die beste Strukturpolitik sei, gänzlich bestritten (vgl. Neumann/Uterwedde 1986: 96). Programmatik und politische Praxis klafften jedoch bereits damals auseinander. "Publicy-held non-interventionist doctrine and actual practise have by no means always been in accord. Firstly, the BMWi was not the only (state) actor in this field; secondly even the BMWi itself, even in the heyday of 'Soziale Marktwirtschaft' in the fifties, could not refrain from allocating money, directly or indirectly (i. e. via tax relief or investment subsidies), to specific 'bottleneck' or 'key' industries and from providing special incentives for investment in 'future' industries" (Abromeit 1990: 62).

Auf die Herausforderungen der ersten Wachstumskrise seit Kriegsende in den Jahren 1966/67 antwortete die bundesdeutsche Wirtschaftspolitik mit einer partiellen Neuorientierung: keynesianische Globalsteuerung und erste Ansätze einer strukturpolitischen Konzeption. Mit den 1966 beschlossenen "Grundsätzen der sektoralen Strukturpolitik" wurde der Versuch unternommen, die wachsende Zahl von punktuellen Interventionen in bedrohte Branchen - sowohl von Seiten der verschiedenen Ressorts des Bundes als auch von Seiten der Länder - in ein politisches Gesamtkonzept einzubinden (vgl. Horn 1987, Czada 1990). Es blieb jedoch bei der Darlegung abstrakter ordnungspolitischer Grundsatzpositionen. Faktisch wurde der neue Anspruch einer kohärenten strukturpolitischen Strategie durch die Interventionspraxis der ausgehenden sechziger Jahre - insbesondere einer erheblichen Zunahme von Erhaltungsmaßnahmen - konterkariert.

Erst die Krise der frühen siebziger Jahre löste eine breitere Diskussion über die Rolle des Staates bei der Bewältigung und der Gestaltung des wirtschaftlichen Strukturwandels aus. Innerhalb der sozial-liberalen Koalition wurde das Konzept einer "Modernisierung der Volkswirtschaft" (Hauff/Scharpf 1975) vom Bundesministerium für Forschung und Technologie entwickelt (vgl. Bruder/Dose 1986). Ausgehend von der Diagnose, daß sich die bundesdeutsche Wirtschaft bislang nur unzureichend an die Verschiebungen im System der internationalen Arbeitsteilung, namentlich die Verlagerung der Produktion von standardisierten Massengütern in Billiglohnländer, angepaßt habe, wurde die Forderung nach einer aktiven staatlichen Strukturpolitik erhoben (Hauff/Scharpf 1975: 34). Ziel dieses Modernisierungskonzepts war eine Konzentration der Produktionsstruktur auf moderne, technologieintensive und exportorientierte Wirtschaftszweige. In diesen Schlüsselindustrien versprach man sich Startvorteile im internationalen Wettbewerb, da "die forschungsintensive Entwicklung grundlegend neuer Produkte fast ausschließlich den technologisch am weitesten fortgeschrittenen Ländern vorbehalten" bleibe (Hauff/Scharpf 1975: 19). Zentrales strukturpolitisches Instrument innerhalb des Konzepts war eine selektive Forschungs- und Technologiepolitik, die ein "für die Marktwirtschaft charakteristische(s) Defizit an vorausschauender Technologieentwicklung" kompensieren sollte (Hauff/Scharpf 1975: 48f.).

Bereits unter der sozial-liberalen Koalition stellte dieses Konzept einer "Modernisierung der Volkswirtschaft" eher Programmatik als tatsächliche Praxis dar. Offenen Widerstand gegen die Forderungen nach einer staatlich gelenkten Strategie des Strukturwandels hatte insbesondere das von der FDP geführte Bundeswirtschaftsministerium geleistet. Die Abkehr von einer strukturpolitisch motivierten Direktförderung industrieller Innovationen in den späten siebziger Jahren erfolgte aber auch deswegen, weil sie vielleicht punktuelle, keinesfalls jedoch Breitenwirkung erzielen konnte und die Industrien nicht erreichte, die nicht zu den ausgewählten Schwerpunktbranchen zählten - wie Chemie, Pharmazie, Maschinenbau, Textil, Ernährung etc. (vgl. Neumann/Uterwedde 1990: 443, Patterson/Southern 1991: 231). Nach dem Regierungswechsel 1982 wurden Forschung, Entwicklung und Innovation auch programmatisch wieder als Aufgabe der Unternehmen betrachtet und der Schwerpunkt staatlicher Politik auf die Verbesserung der Rahmenbedingungen gelegt. Das bedeutete keineswegs einen Rückzug aus der selektiven Förderung von Hochtechnologien: staatliche Förderung, so die christlich-liberale Koalition, habe ihre Berechtigung im Bereich den Grundlagenforschung und für Aufgaben der Daseins- und Zukunftsvorsorge; im Bereich besonders risikoreicher, aufwendiger und die Privatwirtschaft überfordernder längerfristiger Projekte und schließlich im Bereich wichtiger branchenübergreifender Schlüsseltechnologien (vgl. Neumann/Uterwedde 1986: 85).

Insgesamt zeichnet sich die bundesdeutsche Industrie- bzw. Strukturpolitik durch ein *Nebeneinander von Einzelinterventionen ohne übergreifendes Konzept* aus. "Staatliche Strukturpolitik in der Bundesrepublik besteht im wesentlichen aus regionaler Wirtschaftsförderung, der Subvention von Krisensektoren (Landwirtschaft, Steinkohlebergbau, Bundesbahn, Werften), fallweisen Unternehmenshilfen und Technologiepolitik... Ein strukturpolitisches Gesamtkonzept, wie es dem auf Konzertierung ausgerichteten Begriff der Strukturpolitik entspräche, ist nicht erkennbar" (Czada 1990: 301). Eine wesentliche Ursache dafür ist die Pluralität von Entscheidungsträgern, die sich aus der Organisation und institutionellen Struktur des bundesdeutschen Staates ergibt. Auf *Bundesebene* gibt es kein eigenständiges 'Industrieministerium'. Die Zuständigkeiten sind auf verschiedene Ministerien verteilt, die im Rahmen ihrer Ressortautonomie eigene Strategien verfolgen, ohne daß hier eine nennenswerte interministerielle Koordination stattfinden würde. Die Federführung für den Bereich der Wirtschafts- und Strukturpolitik liegt beim Bundesministerium für Wirtschaft; für Forschungs- und Technologiepolitik ist das Ministerium für Forschung und Technologie (BMFT) zuständig. Das konzeptionelle Spannungsverhältnis zwischen "dem traditionell interventionsfeindlichen und branchenspezifische Industriepolitik ablehnenden Wirtschaftsministerium und dem durchaus strukturlenkenden, auf 'Zukunftsindustrien' setzenden BMFT ist ein charakteristisches Kennzeichen deutscher Industriepolitik" (Uterwedde/Neumann 1986: 111). Sektorale Teilpolitiken entwickeln zudem die Ministerien für Landwirtschaft, Verkehr, Bau und - über das Instrument der öffentlichen Auftragsvergabe - die Ministerien für Verteidigung und Post- und Fernmeldewesen.

Einleitung

Die Kompetenz für die regionale Strukturpolitik liegt bei den *Bundesländern* (vgl. Hesse/Benz 1992: 166ff.). Eine Beteiligung des Bundes wurde hier erst über die Einrichtung der Gemeinschaftsaufgabe "Verbesserung der regionalen Wirtschaftsstruktur" im Jahr 1969 in der Verfassung verankert. Dieses Instrument erwies sich als zu wenig flexibel und zu wenig selektiv: Fördermittel wurden nicht nach Problemlagen, sondern nach dem - konfliktvermeidenden - Kriterium einer Gleichbehandlung der Länder verteilt.

Angesichts der Komplexität politischer Konstellationen und Zuständigkeitsstrukturen ist Czada zufolge "eine konzentrierte Strukturpolitik... sowenig möglich, wie eine konsequente Deregulierungspolitik, die Rationalisierung des Subventionswesens sowenig wie seine Beseitigung" (Czada 1990: 289). Daß dennoch ex-post die "Strategie einer bestandsorientierten industriellen Modernisierung" sichtbar wird, führt er auf das *spezifische Verhältnis der staatlichen zu den gesellschaftlichen Trägern von Strukturpolitik* zurück (Czada 1990: 301). Charakteristisch für staatliche Interventionen in Wirtschaftsabläufe ist ein hohes Maß an Konzertierung mit den Betroffenen. "West German governments have always stressed the need for cooperation with industry and for achieving a broad consensus about any policy measures affecting industry" (Abromeit 1990: 77). Die Einbindung gesellschaftlicher Gruppen in Entscheidungsprozesse ist für Dyson ein durchgängiges Element der deutschen Politik. "A style of negotiation and consensus building is based on a conception of the interdependence of state and society and of the importance of consensus in policy... group power is legitimated; groups acquire officially recognized status and privileged access as useful and respectable bodies" (Dyson 1982: 18). Bei der Bewältigung wirtschaftlicher Anpassungsprozesse hält sich der bundesdeutsche Staat konzeptionell zurück und beschränkt sich auf die Rolle des Moderators bzw. des Financiers. Übereinstimmend mit Zysman kommt Czada zu dem Schluß, daß es sich hier um den Typus einer ausgehandelten Strukturanpassung handele: "Strategische Konzepte des Strukturwandels können weder von der Staatsadministration ('State-led'), noch aus der Firmenperspektive ('company-led') entwickelt werden, sondern entstehen im Geflecht intermediärer Organisationen" (Czada 1990: 304).

2.3. Aufbau und Methoden der Untersuchung

Die Untersuchung ist in drei Teile gegliedert. Im *ersten Teil* werden die strukturellen Eigenschaften des Telekommunikationssektors und die sich hieraus ergebenden Merkmale der Nachfrage-Angebots-Beziehungen auf den Märkten für Telekommunikationseinrichtungen herausgearbeitet. Im *zweiten* und *dritten Teil* wird die Entwicklung der Beschaffungspolitik der deutschen bzw. der französischen Fernmeldeverwaltung im Zeitablauf nachgezeichnet. Gefragt wird erstens nach den Strategien, die die Fernmeldeverwaltungen unter den Bedingungen langsamen technologischen Wandels, umfassender staatlicher Monopolrechte im Bereich der Telekommunikationsdienste und geschlossener nationaler Märkte für Telekommunikationseinrichtungen im Umgang mit der nationalen Herstellerindustrie anwandten. Zweitens wird untersucht, wie die Verwaltungen im Rahmen ihrer beschaffungspolitischen Strategien auf die Herausforderungen des technisch-ökonomischen Wandels im Telekommunikationssektor reagiert haben. Die Analyse beschränkt sich dabei nicht auf die Beschaffungs- und Industriepolitik der Verwaltungen. Miteinbezogen werden auch ihre Politik und ihre Position als Anbieter von Telekommunikationsdiensten: Angebots- und Beschaffungspolitik stehen in einem engen Wechselverhältnis.

Die Untersuchung ist diachron angelegt. Der Schwerpunkt der Analyse liegt auf der Entwicklung der Verwaltungs-Industrie-Beziehungen seit dem Zweiten Weltkrieg; historische Rückblicke liefern die Erklärung für die jeweilige nationale Ausgangssituation der Nachkriegszeit. Der Untersuchungszeitraum endet im Sommer 1993.

Die empirische Untersuchung basiert zum einen auf Sekundärliteratur. Für Frankreich konnte auf Studien zur Entwicklung der Telekommunikationsindustrie (Nouvion 1982, Le Diberder 1983, Le Bolloc'h 1986) und der sektoralen Industriepolitik (Bertho 1981, Barreau/Mouline 1987a, Cohen 1992) zurückgegriffen werden. Wichtige Hilfen für die Analyse des bundesdeutschen Falls waren die Untersuchungen von Scherer 1985, Grande 1989 und Werle 1990 sowie des Wissenschaftlichen Instituts für Telekommunikationsdienste, insbesondere die Arbeiten von Schnöring. Darüber hinaus stützt sich die Arbeit auf die Auswertung von amtlichen Quellen und Publikationen der Fernmeldeverwaltungen, von Verbandszeitschriften, der Fachpresse sowie von Tageszeitungen und Wochenzeitschriften. Weiteres Mittel zur Beschaffung von Informationen waren rund zwanzig Experteninterviews, die insbesondere mit Vertretern des Fernmeldetechnischen Zentralamts der Deutschen Bundespost und der Generaldirektion von France Télécom geführt wurden. Alle in den Text aufgenommenen Zitate aus französischen Primär- und Sekundärquellen wurden der besseren Lesbarkeit halber von mir übersetzt (sofern nicht anders ausgewiesen).

Teil I:
Der Telekommunikationssektor

A. Grundbegriffe der Telekommunikation

Telekommunikation wie Fernmeldewesen bezeichnen dasselbe, nämlich "jede Form der nachrichtentechnisch unterstützten Fernkommunikation" (Witte 1984: 332). Telekommunikation kommt nur mit Hilfe eines Nachrichtenübertragungssystems zustande, das die Nachrichten, die beim Teilnehmer in Form von menschlicher Sprache, Daten, Texten, Stand- oder Bewegtbildern vorliegen, in elektrische Signale umwandelt, transportiert und wieder zurückverwandelt. Im einfachsten Fall besteht es aus Sender, Übertragungskanal und Empfänger. Soll die Übertragung von Nachrichten zwischen Teilnehmern an vielen verschiedenen Orten stattfinden, so werden entsprechend viele Verbindungen benötigt: ein **Telekommunikationsnetz**.

Netze der Individualkommunikation - das wichtigste Beispiel ist das Telefonnetz - ermöglichen einen Dialog zwischen den Teilnehmern. Diese Netze weisen komplexe Strukturen auf.[1] Bei den Teilnehmern sind sowohl Sende- als auch Empfangseinrichtungen vorhanden. Da unmöglich alle Teilnehmer direkt miteinander verbunden werden können, sind innerhalb des Übertragungssystems *Vermittlungsstellen* eingefügt. Diese sorgen dafür, daß Verbindungswünsche, die von den Endeinrichtungen kommen, durch das Zusammenschalten von Leitungsabschnitten hergestellt und diese Schaltungen nach Beenden der Verbindung wieder aufgehoben werden.[2] Die *Übertragungseinrichtungen* transportieren die Signale zwischen den Endstellen beim Teilnehmer und den Vermittlungseinrichtungen bzw. übernehmen den Weitertransport zwischen den verschiedenen Vermittlungseinrichtungen im Fernnetz. Nach der Art des verwendeten Mediums kann zwischen leitergebundener Übertragung, d.h. mit Hilfe von Kabeln (Kupfer-, Kupferkoaxial- und Glasfaserkabel), und Übertragung durch Funkwellen (Richtfunk, Satellitenfunk) unterschieden werden. Die Übertragung von Signalen kann analog oder digital erfolgen. Analog heißt, daß elektrische Schwingungen übertragen werden, die akustisch erzeugten Schallwellen

---

[1] Massenkommunikation erfolgt dagegen monologisch vom Sender zum Empfänger ('einer zu vielen'). Massenkommunikationsnetze - beispielsweise Hörfunknetze - sind dementsprechend einfach strukturiert. Ein Sender ist mit vielen Empfängern verbunden, von dieser Quelle aus werden den Empfängern gleichzeitig die gleichen Informationen übermittelt ('Verteilnetze').

[2] Das deutsche Netz weist vier hierarchische Stufen auf. Die unterste bilden die Endvermittlungsstellen auf der Ebene der Ortsnetze mit denen jeder Teilnehmer direkt verbunden ist. Die Endvermittlungsstellen sind sternförmig mit Knotenvermittlungsstellen verbunden, diese wiederum mit Hauptvermittlungsstellen, die ihrerseits mit Zentralvermittlungsstellen, der höchsten nationalen Ebene, verknüpft sind. Ferngespräche werden entlang dieser Netzstufen mit Hilfe der Vorwahlziffern weitergeleitet (vgl. Albensöder 1990: 4f.).

entsprechen. Dagegen wird bei der digitalen Übertragung das Signal in Form von binären Codes (0 oder 1) transportiert. Die einzelnen Übertragungsmedien unterscheiden sich hinsichtlich ihrer Übertragungskapazität, sie können schmalbandig oder breitbandig sein. Die Übertragungskapazität eines Telekommunikationsnetzes entscheidet darüber, welche Dienste über dieses Netz abgewickelt werden können. Schmalbandige Dienste sind beispielsweise der Telefondienst und der Telexdienst. Für ihre Bereitstellung bis zum Teilnehmer genügen die herkömmlich in den Ortsnetzen eingesetzten Kupferkabel. Die Übertragung von Bewegtbildern erfordert hingegen höhere Übertragungskapazitäten, wie sie Kupferkoaxialkabel oder Glasfaserkabel aufweisen.[3] *Endeinrichtungen* sind die Geräte, mit denen der Teilnehmer an ein Fernmeldenetz angeschlossen ist.

Von den Telekommunikationsnetzen als physikalische Grundlage für den Nachrichtentransport lassen sich die Leistungen unterscheiden, die das Netz für die Teilnehmer erbringt. Diese **Telekommunikationsdienste** sind standardisierte Angebote für die Übertragung bestimmter Nachrichtenformen. Ein *Grunddienst* - wie z. B. Telefon und Telex - transportiert die Information von einem Ort zum anderen, ohne sie zu verändern. Die sogenannten *Mehrwertdienste* (Value Added Services) bieten "über die grundlegende Transportfunktion hinaus noch zusätzliche Funktionen an" (Kommission der Europäischen Gemeinschaften 1987: 36).

Voraussetzung für das Angebot und die Nutzung von Telekommunikationsdiensten sind **Standardisierungsleistungen**. "Es müssen Prozeduren vereinbart werden, wie, wann und mit welchen Mitteln man... in Verbindung tritt und wie der Kommunikationsprozeß ablaufen soll" (Elias 1977a: 45). Hierunter fallen zum Beispiel die Definition der Signalformen, in die Elemente einer Nachricht umgewandelt werden, die Festlegung der Übertragungsgeschwindigkeit und der Vermittlungsparameter. Schließlich müssen die Eigenschaften der Endgeräte definiert werden, damit sichergestellt ist, daß diese die Normen und technischen Standards erfüllen, nach denen das Netz ausgerichtet ist (d. h. sie müssen "kompatibel" sein).

Ausgehend von der Unterscheidung zwischen Netzen und Diensten lassen sich die Güter klassifizieren, die vom **Telekommunikationssektor** produziert werden: Telekommunikationsdienstleistungen einerseits und andererseits nachrichtentechnische Systeme und Geräte als die Einrichtungen, die für die Bereitstellung dieser Dienste und den Zugang zu ihnen erforderlich sind. "The telecommunications sector, broadly defined, is both a service activity and a manufacturing industry" (OECD 1988: 9).

---

[3] Die Bandbreite (= die Übertragungskapazität) von analogen Übertragungseinrichtungen wird in Hertz (Hz) als Maßeinheit für die Schwingungen pro Sekunde gemessen; diejenige digitaler Einrichtungen in bit/s.

B. Die geruhsame Welt des Fernmeldewesen

1. Die Entwicklung der Nachrichtentechnik

Nach grundlegenden Innovationen zu Beginn des Jahrhunderts hatte sich die Nachrichtentechnik nur langsam fortentwickelt. Wesentliche technische Veränderungen gab es Mitte der sechziger Jahre weder bei Übertragungs- und Vermittlungseinrichtungen noch im Endgerätebereich. Für fast hundert Jahre waren Fernmeldenetze nach den Gesetzen der Elektromechanik aufgebaut, das Fernmeldesystem galt als 'die größte Maschine der Welt'.

Auf dem Gebiet der *Übertragungstechnik* waren zunächst zwei Aufgaben zu lösen, die Abschwächung der übertragenen Signale nach wenigen Kilometern und die geringe Übertragungskapazität der Leitungen. Seit Anfang des Jahrhunderts wurden Pupin-Spulen eingesetzt, die über Selbstinduktion die Dämpfung verminderten - damit war der Bau von Fernleitungen möglich. Weitere Fortschritte brachte die Erfindung der Verstärkerröhre 1906. Nach dem Ersten Weltkrieg begann der Bau von Fernkabelsystemen. Mit der Entwicklung der Trägerfrequenztechnik Anfang der zwanziger Jahre konnte die Übertragungskapazität der Leitungen vergrößert werden. Ab 1937 wurden im Fernnetz breitbandige *Kupferkoaxialkabel* eingesetzt. In den fünfziger und sechziger Jahren bildeten Kabelsysteme noch die Grundlage des Nachrichtentransports.

Die ersten *Vermittlungsstellen* wurden von Hand bedient. Einen ersten Meilenstein stellte der Übergang von der Handvermittlung zur elektromechanischen Vermittlung im Ortsnetz dar. 1892 wurde in Chicago das erste automatische Wählamt der Welt eröffnet. Grundlegend war die Erfindung des Strowger-Wählers: ein mechanischer Arm führte zunächst eine vertikale, dann eine rotierende Bewegung aus, um so die Verbindung herzustellen. Auslöser für die Bewegung waren Impulse, die der Teilnehmer durch das Betätigen der Wählscheibe aussandte. In Deutschland wurde für die Automatisierung der Ortsnetze eine von Siemens stammende Weiterentwicklung des Strowger-Wählers, der Hebdrehwähler, verwendet. Der gleichen technischen Generation gehörten die von dem amerikanischen Unternehmen Western Electric entwickelten reinen Drehwähler (Rotary-Systeme) an. In den vierziger Jahren begann auf der Grundlage einer zweiten Generation elektromechanischer Vermittlungssysteme die Einführung der automatischen Fernwahl. Hier dominierten zwei Systemtypen, die - u.a. in Deutschland eingesetzten - Motordrehwähler und die in den USA entwickelten

Koordinatenschalter (Crossbar). Zwischen der Ablösung der Handvermittlung und der Einführung digitaler Vermittlungssysteme 1985 waren im Netz der Deutschen Bundespost nur zwei Systemgenerationen im Einsatz.

2. Die Fernmeldemonopole

Überall in der Welt haben die Staaten in das Fernmeldewesens eingegriffen.[4] Das Angebot von Fernmeldediensten und die Bereitstellung der Netzinfrastruktur galten als Aufgaben, die der Staat entweder selbst zu übernehmen oder für deren Erfüllung er zu sorgen hatte. Es haben sich zwei Arten staatlicher Regulierung herausgebildet. In Europa nahmen die Staaten umfangreiche Alleinrechte für sich in Anspruch, sie erstreckten sich auf die Errichtung, Betreibung und Wartung der Netze (Netzmonopol), das Angebot von Telekommunikationsdiensten (Dienstemonopol), die Bereitstellung von Endeinrichtungen (Endgerätemonopol) und ein Zulassungsmonopol. Träger waren Fernmeldeverwaltungen, die oftmals mit den Postverwaltungen organisatorisch vereinigt waren.[5] In den USA trat der Staat nicht selbst als Anbieter auf, hier beschränkte er sich auf die Regulierung von privaten Monopolunternehmen. *Die institutionellen Strukturen, die sich Ende des neunzehnten Jahrhunderts im Fernmeldewesen herausbildeten, hatten bis in die frühen achtziger Jahre des zwanzigsten Jahrhunderts Bestand.* Die Aktivitäten der privaten und staatlichen Monopolanbieter beschränkten sich auf die nationalen Märkte. Der internationale Telefonverkehr wurde im Rahmen von stabilen Regeln gemeinsam abgewickelt. Das Forum der Netzbetreiber war die Internationale Fernmeldeunion, eine Sonderorganisation der UNO.

Die tiefgreifende staatliche Intervention im Telekommunikationssektor ist *erstens* technisch-ökonomisch gerechtfertigt worden. Die Bereitstellung von Fernmeldediensten galt als ein Bereich, "in dem der Wettbewerb nicht funktionsfähig ist, und deshalb der Staat legitimiert ist, durch die Gewährung von Monopolrechten regulierend einzugreifen", weil hier ein *natürliches Monopol* vorliege (Monopolkommission 1981: 25). Ein solches besteht dann, wenn "die im Markt nachgefragte Menge von einem einzigen Anbieter zu niedrigeren Kosten produziert werden kann als von jeder größeren Zahl von Unternehmen" (Müller/Vogelsang 1979: 36). Die staatlichen Eingriffe sind *zweitens* damit begründet worden, daß es sich bei der Versorgung

---

[4] Zur Frühzeit von Telefon und Telegraf vgl. Libois 1983, Aurelle 1986, Bertho-Lavenir 1991 (ed.). Zur Entwicklung im Deutschen Reich vgl. Horstmann 1952, Herrmann 1986; zu Frankreich vgl. Bertho 1981, Libois 1983; zu den USA vgl. Wieland 1985, Temin 1987, Galambos 1988.

[5] Daher die Bezeichnung PTT: Post-, Telegrafen- und Telefonverwaltung.

mit Telekommunikationsdiensten um eine Infrastrukturaufgabe handelt, die dem Bereich der *staatlichen Daseinsvorsorge* zuzurechnen ist. Damit auch dort Dienste flächendeckend bereitgestellt würden, wo einzelwirtschaftliche Interessen dem entgegenständen, "müsse die Gewährleistung eines umfassenden Angebots durch entsprechende Befugnisse des Staates sichergestellt sein" (Monopolkommission 1981: 26).

Das Spektrum der Telekommunikationsdienste beschränkte sich bis in die späten sechziger Jahre auf Telefon, Telex und Telegramm. Am schnellsten schritt der Aufbau des Fernsprechnetzes in den USA voran. 1938 verfügten bereits 15 von hundert Einwohnern über einen Telefonanschluß, zehn Jahre später 24, 1960 schließlich 40. Die europäischen PTTs lagen demgegenüber weit zurück. Am Vorabend des Zweiten Weltkriegs betrug die Zahl der Telefonanschlüsse pro hundert Einwohner in Deutschland, Frankreich und Großbritannien durchschnittlich 5, zwanzig Jahre später durchschnittlich 10 (Aurelle 1986: 33). Eine der Ursachen für die langsame Verbreitung des Telefons waren die permanenten Probleme der PTTs, Investitionsmittel für den Netzaufbau zu beschaffen. In den meisten europäischen Staaten - eine Ausnahme stellte Skandinavien dar - wurde das Fernmeldewesen in der Nachkriegszeit als eine unter vielen infrastrukturpolitischen Aufgaben angesehen, der keine Priorität zukam. Ein rascher Anstieg der Telefondichte setzte hier erst in den siebziger Jahren ein.

3. Die Märkte für Telekommunikationseinrichtungen

Innerhalb des Marktes für Telekommunikationseinrichtungen ist die *Fernsprechvermittlungstechnik* "stets der bedeutendste Einzelmarkt" gewesen und gilt als der "Schlüsselmarkt für das Fernmeldewesen schlechthin" (Eggers 1980: 27). Als zentrale Knotenpunkte der Netze sind Vermittlungsstellen die komplexesten Telekommunikationseinrichtungen. Außerdem handelt es sich innerhalb der jeweiligen technischen Generation um relativ homogene Produkte. Innerhalb des Marktes für *Übertragungseinrichtungen* lassen sich die Produktbereiche Fernmeldekabel und Übertragungstechnik unterscheiden. Letzterer umfaßt "Geräte, die dem Senden, Empfangen und Verstärken der Nachrichtensignale sowie der wirtschaftlichen Ausnutzung der einzelnen Übertragungsmedien (Multiplexsysteme) dienen" (Kopp 1990: 2). Der Markt für *Endeinrichtungen* umfaßte in der Vergangenheit im wesentlichen Telefonapparate, Telexmaschinen und Nebenstellenanlagen (vgl. Tabelle I-1).

Tabelle I-1: Der Weltmarkt für Telekommunikationseinrichtungen nach Produkten in den späten siebziger Jahren

Marktsegment	Anteil am Gesamtmarkt
Vermittlungstechnik	56%
Übertragungstechnik ohne Kabel	18%
Telefonapparate	9%
Nebenstellenanlagen	12%
Telexgeräte	3%
Datenübertragungseinrichtungen	2%

Quelle: Dang Nguyen 1985: 93

Während die amerikanische Telefongesellschaft AT&T über ein eigenes Produktionsunternehmen, die Western Electric, verfügte, stellten die europäischen PTTs in der Regel keine Fernmeldeeinrichtungen her. Ihre Monopolrechte wirkten direkt auf die Strukturen der nationalen Märkte für Telekommunikationseinrichtungen zurück: Die PTTs waren mit Abstand die wichtigsten Kunden der Herstellerindustrie. Sie kauften ausschließlich auf ihren jeweiligen Heimatmärkten ein - der Anteil des Inlandseinkaufs lag in den Ländern der Europäischen Gemeinschaft noch 1980 bei 99,5 Prozent (Eggers 1980: 19). Die Angebotsseite war durchgängig hoch konzentriert. Der Anteil der vier größten Unternehmen an der inländischen Gesamtproduktion von Fernmeldeeinrichtungen belief sich in den wichtigsten Industriestaaten Ende der siebziger Jahre auf jeweils nahezu 90 Prozent (OECD 1983: 32). Die Wettbewerbsintensität zwischen den Herstellerfirmen war gering. Indikator hierfür war die außerordentliche Stabilität der Angebotsstrukturen in den einzelnen Ländern.

1982 wurden weltweit Telekommunikationseinrichtungen im Wert von 40 Mrd. Dollar produziert, 80 Prozent des Weltumsatzes verbuchten die zwölf größten Herstellerunternehmen (OECD 1983: 21). Der internationale Wettbewerb spielte eine sehr untergeordnete Rolle. Nur 10 Prozent der weltweiten Produktion wurden in den siebziger Jahren exportiert. Den Welthandel bestritten wenige Unternehmen: die amerikanische *ITT* (die im Gefolge eines Antitrust-Verfahrens gegen AT&T in den zwanziger Jahren deren internationale Tochterfirmen aufgekauft hatte), die schwedische *L.M. Ericsson* und *Siemens*. 1963 kamen 83 Prozent des weltweiten Exports aus Europa, 1976 immerhin noch 64 Prozent (Dang Nguyen 1985: 92). Die europäischen Länder, in denen sich aufgrund der zu geringen Nachfrage der PTTs keine nationale Industrie herausbilden konnte, waren die wichtigsten Exportmärkte. Der Erfolg im Ausland bedeutete nicht, daß es den Herstellern gelungen wäre, "auch auf der Ebene der Erzeugnisse die gegenseitige Abriegelung der Industriestaaten zu durchbrechen"; sie waren "vielmehr darauf angewiesen, sich im nationalstaatlichen Raum einzufügen und sich den jeweils herrschenden Bedingungen unterzuordnen" (Eggers 1980: 20). In den siebziger Jahren kamen als neue Absatzmärkte die OPEC-Staaten hinzu (OECD 1983: 55).

4. Fernmeldeverwaltungen und Herstellerindustrie

In der langen Phase der Stabilität im Telekommunikationssektor waren über die Ländergrenzen hinweg sehr ähnliche Muster der Beziehungen zwischen Netzbetreibern und Herstellern anzutreffen. Die großen nordamerikanischen Telefongesellschaften produzierten Telekommunikationseinrichtungen selbst (vertikale Integration). Die staatlichen Fernmeldeverwaltungen kauften bei einem kleinen, festen Kreis von inländischen Firmen ein. Die Herstellerfirmen richteten ihrerseits die Produktion auf den Bedarf der heimischen Verwaltungen aus, sie produzierten auf der Basis von nationalen technischen Standards und Produktspezifikationen. PTTs und Herstellerindustrie arbeiteten direkt - die Vermittlung von Verbänden spielte überall eine untergeordnete Rolle - und eng zusammen: Forschungs- und Entwicklungsarbeiten für neue Geräte und Systeme, die technische Gestaltung der Produkte (Standardisierung) sowie Abnahme- und Produktionsmengen wurden miteinander abgestimmt, Produktionsaufträge schließlich nach festen Quoten verteilt. Diese intensive und kontinuierliche Form der Kooperation wird in der Literatur mit dem Begriff "quasi-vertikale" Verflechtung belegt (OECD 1983: 48, Dang Nguyen 1985: 98, Müller/Foreman-Peck 1987: 3.24, Schnöring 1992: 5).

Die engen Verflechtungen zwischen den Fernmeldeverwaltungen und ihren 'Hoflieferanten' lagen in den hohen **Transaktionskosten** begründet, die bei der Produktion und Beschaffung von Telekommunikationseinrichtungen anfallen. Telekommunikationseinrichtungen sind hochkomplexe Systeme, die genau auf die Bedürfnisse der Netzbetreiber abgestimmt sein müssen (Kompatibilitätszwang). Ihre Entwicklung ist zeit- und kostenintensiv, bereits in dieser Phase muß ein spezifisches 'Systemwissen', die Kenntnis der technischen Erfordernisse der Netzumgebung, einfließen. Für ihre Produktion fallen hohe Fixkosten an, es müssen spezielle Fertigungsanlagen erstellt werden, die nicht zu anderen Zwecken eingesetzt werden können (hohe Marktaustrittskosten).

Der langsame technologische Wandel im Telekommunikationssektor und die entsprechend **langen Produktlebenszeiten** trugen zur Verfestigung der

Nachfrager-Anbieter-Beziehungen bei. Systemwechsel fanden in der Vermittlungstechnik alle zwanzig bis dreißig Jahre, in der Übertragungstechnik alle zehn bis zwanzig Jahre statt (Dang Nguyen 1985: 88). Die Entscheidung der Verwaltung für die Einführung eines neuen Systems schrieb den Kreis der Anbieter also für Jahrzehnte fest. Die historischen Weichenstellungen für die Struktur der Anbieterseite auf den nationalen Fernmeldemärkten hatten in den zwanziger Jahren stattgefunden. Zum damaligen Zeitpunkt begannen die Fernmeldeverwaltungen mit der Einführung automatischer Vermittlungstechnik und dem Aufbau von Fernkabelnetzen. "These technological choices influenced the relationship between... the PTTs... and the manufacturers for fifty years, in the sense that, given the long life of this equipment, the network operators were tied into these manufacturers' systems for a long period" (Dang Nguyen 1985: 90). Eine Chance zur Veränderung des Anbieterkreises bestand nur, wenn ein technischer Systemwechsel anstand.

Die Orientierung der Fernmeldeverwaltungen an Konzepten der **Einheitstechnik** bestimmte schließlich die Beziehungen der Anbieter untereinander. Die Fernmeldeverwaltungen präferierten aus betriebswirtschaftlichen Gründen - Kostenersparnisse bei Betrieb, Wartung und Lagerung der Einrichtungen sowie beim Personaleinsatz - eine weitgehende Vereinheitlichung der Geräte und Systeme, die im Netz zum Einsatz kamen. Damit war innerhalb einer Technologiegeneration Wettbewerb ausgeschlossen. Für die Hersteller blieb allein die Möglichkeit, über die Parameter Preise und Konditionen ihre Marktposition zu verbessern. Diese Strategie war risikoreich; die einzelnen Hersteller konnten über den Preiswettbewerb zwar ihre Marktanteile kurzfristig erhöhen, die Gegenreaktionen der Mitanbieter hätten aber letzten Endes zu einer generellen Senkung des Preisniveaus und damit der Gewinnspanne der gesamten Anbieterseite geführt. Dieser zirkulären Interdependenz ihrer Handlungen begegneten die Anbieter durch Kartellbildung. Sie trafen Absprachen über Preise, Konditionen und Lieferquoten.

Kartellierung der Anbieterseite und **Ausschaltung des Preiswettbewerbs** stellten aus der Perspektive der Fernmeldeverwaltungen das zentrale Problem des 'quasi-vertikalen' Interaktionsmodells dar. "(T)he quasi-vertical links which they had forced with manufacturers laid them to open 'opportunism'..., namely that the price of the equipment which they purchased was too high and the quality of the equipment too low" (Dang Nguyen 1985: 98).

C. Der Telekommunikationssektor im Umbruch

1. Der technologische Wandel

Die niedrigen Innovationsraten in Bereich der Nachrichtentechnik gehören mittlerweile der Vergangenheit an. Anfang der siebziger Jahre hat ein rasanter technologischer Wandel eingesetzt. Die Funktionsweise der Netze und ihrer einzelnen technischen Bestandteile haben sich seitdem vollständig verändert, es hat ein "Paradigmenwechsel" von der Elektromechanik zur Digitaltechnologie stattgefunden (Dang Nguyen 1989: 7). "Revolutioniert" worden ist die Nachrichtentechnik durch die **Mikroelektronik**, die Miniaturisierung von Schaltkreisen und ihre Zusammenfassung auf winzigen Siliciumkristallen (Mikrochips). Bereits in den späten siebziger Jahren sind *Endgeräte* entwickelt worden, mit deren Hilfe neue Telekommunikationsdienste realisiert werden konnten, ohne daß Veränderungen der Netzinfrastruktur notwendig waren. Beispiele sind Telefax, Electronic Mail und bestimmte Bildschirmtext-Systeme. Durch den Einsatz *digitaler Übertragungsverfahren* konnten Kapazität, Leistungsfähigkeit und Zuverlässigkeit der Übertragungssysteme erhöht werden, digitale Übertragungssysteme werden seit Mitte der siebziger Jahre in öffentlichen Netzen eingesetzt. Wesentliche Innovationsimpulse gingen von der Entwicklung von Systemen der *optischen Nachrichtenübertragung* seit den siebziger Jahren aus. Optische Übertragungssysteme sind den herkömmlichen Kupferkabeln weit überlegen. Ihre Übertragungskapazität kann nach oben hin nahezu unbegrenzt gesteigert werden. Zudem weisen sie bessere Dämpfungseigenschaften auf und sind wegen der geringeren Materialkosten erheblich billiger. Glasfasersysteme werden seit Anfang der achtziger Jahre im Weitverkehrsnetz eingesetzt und haben seitdem die herkömmliche Kupferkoaxialtechnik beim Neueinsatz verdrängt. Die ersten serienmäßigen Glasfasersysteme wiesen Übertragungsraten von 140 Mbit/s auf, das entspricht einer Kapazität für die Übertragung von ca. 2.000 Fernsprechkanälen. Mittlerweile werden Glasfasersysteme von 565 Mbit/s eingesetzt - sie können 30.000 Telefongespräche gleichzeitig abwickeln (Handelsblatt 15.7.1992: B2). Die Mikroelektronik ermöglichte auch die bessere Nutzung eines altbekannten Mediums für die Übertragung von Nachrichtensignalen: der Funkwellen. *Richtfunksysteme* sind bereits seit den fünfziger Jahren im Einsatz. Die Überwindung großer Entfernungen, die weltumspannende Telekommunikation ermöglichte die

Satellitentechnik. 1963 gelang die Stationierung des ersten Synchronsatelliten in der geostationären Umlaufbahn. Die Erschließung neuer Frequenzbereiche für die Übertragung von Signalen, neue Techniken des Netzmanagements und die komplementäre Entwicklung von leistungsfähigen Endgeräten im letzten Jahrzehnt waren die Basis für die Entwicklung von *Mobilfunksystemen*: das mobile Fernsprechen (Funktelefon) und den Funkruf (Übermittlung von kurzen Nachrichten zum Teilnehmer). In den frühen achtziger Jahren sind zunächst analoge Funktelefonlösungen entwickelt worden. Anfang der neunziger Jahre wurden die ersten digitalen Mobilfunknetze in Betrieb genommen, neben der gestiegenen technischen Leistungsfähigkeit - Angebot von Diensten über das Telefonieren hinaus - ist hier von Bedeutung, daß man sich europaweit auf einen einzigen Mobilfunkstandard geeinigt hat. In der Phase des Endausbaus werden die Teilnehmer in ganz Europa über eine einzige Telefonnummer erreichbar sein. Es gelang schon Anfang der sechziger Jahre, elektronische Lösungen für den informationsverarbeitenden Teil von *Vermittlungssystemen* zu entwickeln, d.h. für den Funktionsblock, der die Erkennung der Verbindungswünsche, die Aufnahme der Wahlinformation, die Festlegung des Übertragungsweges und die Gebührenzählung übernimmt. Die Durchschaltung der Sprechwege konnte jedoch lange Zeit nicht mit elektronischen Mitteln realisiert werden, hier blieb man auf mechanische Schaltkontakte (Wählerarme, Koordinatenschalter, Relaiskontakte etc.) angewiesen. 1965 wurde von AT&T erstmals ein *halbelektronisches* Vermittlungssystem für den öffentlichen Fernsprechverkehr in Betrieb genommen, es war für die Verarbeitung analoger Signale angelegt (SEL 1988: 216). 1970 gelang dem Forschungszentrum der französischen Fernmeldeverwaltung die Realisation des ersten *volldigitalen Vermittlungssystems*; 1972 stellten auch die Bell Laboratories einen Prototyp vor. International durchgesetzt hat sich die volldigitale, speicherprogrammierte Vermittlungstechnik Ende der siebziger Jahre. Die Ablösung der elektromechanischen Wählsysteme, die seit siebzig Jahren "im Grundsatz unverändert" eingesetzt worden waren, bedeutete zugleich die Abkehr von den grundlegenden Prinzipien der bisherigen Vermittlungstechnik; an die Stelle elektromechanischer Schaltungen traten Mikrochips - 'hardware' wurde weitgehend durch 'software' abgelöst (Elias 1977a : 36).

Mit der *Digitalisierung der Telekommunikationsnetze* hielt die Computertechnik Einzug in die Telekommunikationsnetze: Telekommunikationssysteme funktionieren heute nach den gleichen Prinzipien wie Datenverarbeitungsanlagen; jeder Computer wird damit zu einem potentiellen Telekommunikationsendgerät. Dieses Zusammenwachsen ist von Nora/Minc 1978 mit dem Neologismus "Telematik" (*télé*communication et infor*matique*) belegt worden.[6] Für die Netzbetreiber besitzt die Digitalisierung der Fernmeldenetze zunächst den Charakter einer Prozeßinnovation - die bekannten

---

[6] Zum Nora/Minc-Bericht siehe Teil III, B., Abschnitt 4.

Dienste können zu niedrigeren Kosten bereitgestellt werden.[7] Die Effekte der Digitalisierung gehen jedoch darüber hinaus. Durch den Einsatz der Digitaltechnologie werden die Fernmeldenetze *'intelligent'*. Während der Anwendungsbereich der herkömmlichen Vermittlungsanlagen auf die reine Sprachübertragung beschränkt war, sind digitale Vermittlungseinrichtungen in der Lage, Informationen zu speichern, auszulesen und zu verarbeiten. Die digitale Darstellung und Verarbeitung eignet sich für alle Arten von Zeichen. Eine Vielzahl neuer Dienste der Daten-, Text- und Festbildkommunikation kann über das Telefonnetz und die Telefonvermittlungsstellen angeboten werden. "Auf mittlere und lange Sicht werden alle modernen Fernmeldenetze zunehmend 'neutral', d.h. weitgehend unabhängig von dem Dienst, den sie transportieren, sein" (Kommission der Europäischen Gemeinschaften 1987: 34).

Der Übergang von der Analogtechnik zur Digitaltechnik im Bereich der Fernübertragung und der Vermittlungseinrichtungen ist in den Industriestaaten seit Mitte der siebziger Jahre in Gange. Mitte der achtziger Jahre planten die meisten Netzträger die Digitalisierung auch der Teilnehmeranschlußleitungen und damit die Schaffung eines *schmalbandigen diensteintegrierten digitalen Netzes* (ISDN), das sämtliche - bisher getrennt abgewickelten - schmalbandigen Dienste integriert.[8] Anfang der neunziger Jahre ist das im vergangenen Jahrzehnt viel diskutierte ISDN nur eine von vielen Netzmodernisierungsvarianten; es soll vielerorts nicht mehr flächendeckend - wie ursprünglich geplant -, sondern nach Bedarf angeboten werden. Das *'Intelligente Netz'* stellt eine Standard-Architektur für eine Vielzahl neuer Telekommunikationsdienste zur Verfügung. Dabei werden an einigen zentralen Punkten des Netzes spezialisierte Schalteinheiten und aufgerüstete Vermittlungsstellen eingesetzt, die der Transitebene des herkömmlichen Netzes überlagert sind. Auf diese Weise können neue Telekommunikationsdienste flexibel eingeführt werden, ohne daß die Erweiterung aller Vermittlungsstellen des Netzes, das sind in der Regel viele Tausend, erforderlich ist.[9] *Netzmanagementsysteme*, eine neue Generation übertragungstechnischer Systeme, ermöglichen die flexible Steuerung des Verkehrsablaufs bei der Signalübertragung und die bessere Ausnutzung vorhandener Leitungska-

---

[7] Es wird geschätzt, daß die Kosten eines digitalen Netzes nur etwa 50 Prozent der Kosten eines Netzes mit analoger Übertragung und Vermittlung ausmachen (Knieps 1985: 8).

[8] Zum ISDN vgl. Rosenbrock 1982, Neumann/Schnöring 1985, Schön 1986.

[9] Die heute meistdiskutierten Intelligent-Network-Dienste sind das Angebot, gebührenfrei bzw. zu Lasten des Angerufenen zu telefonieren ('Freephone', Service 130), die ortsunabhängige, einheitliche Telefonnummer im ganzen Land (Universelle Rufnummer), die Zählung von Massenanrufen bei Umfragen (Televotum), Informationsabrufdienste, Notrufdienste, Kreditkarten-Fernsprechen (Begleichung der Telefongebühren mit Kreditkarten), Privates Virtuelles Netz (im öffentlichen Netz wie in privaten Kommunikationsnetzen telefonieren mit eigenem Numerierungsplan) etc. (Jörn 1992: 44). Zur Technik des Intelligenten Netzes siehe Eske-Christensen et al. 1991. Zu den regulierungspolitischen Implikationen vgl. Zimmermann 1991.

pazität.[10] Eine Option für die zukünftige Entwicklung der Fernmeldenetze ist das *breitbandige diensteintegrierte digitale Netz* - das Breitband-ISDN: der Ersatz herkömmlicher Kupferadern im Ortsnetz durch Glasfaserkabel, was das Angebot von breitbandigen Diensten möglich machen wird (wie Bildtelefon, schnelle Datenübertragung aber auch die Fernsehübertragung). Die Grundlage ist ein neues Übertragungs- und Vermittlungsverfahren ATM (Asynchronous-Transfer-Modus), das sich allerdings erst im Anfangsstadium der Entwicklung befindet. Bereits in Feldversuchen erprobt wird dagegen der Einsatz der Glasfaser im Ortsnetz für die Übertragung von schmalbandigen Diensten.[11]

Die Steigerung der Leistungsfähigkeit von Telekommunikationsnetzen und Endgeräten ermöglichte eine enorme Erweiterung des Angebots von **Telekommunikationsdiensten**. Telefon und Telex sind bereits in den sechziger Jahren um Datenübertragungsdienste ergänzt worden, für die zunächst das Telefonnetz, seit Mitte der siebziger Jahre auch spezielle digitale Datennetze genutzt wurden. Eine weitere Kategorie von Diensten ist hinzugetreten: die Mehrwertdienste. Diese transportieren nicht allein Nachrichten, sondern fügen neue Leistungsmerkmale hinzu. Derartige Zusatzfunktionen sind beispielsweise Speicherung, Änderungen von Code oder Protokoll bei der Datenkommunikation oder der Zugriff auf gespeicherte Informationen.

2. Die Dynamisierung der Dienstemärkte

2.1. Die Veränderung der Nachfrage

Die Nachfrage nach Telekommunikationsdienstleistungen ist größer und differenzierter geworden. In Wirtschaft und Verwaltung wird zunehmend die elektronische *Datenverarbeitung* eingesetzt. Damit ist auch ein Bedarf nach Möglichkeiten der Datenübertragung entstanden. Die gestiegene Nachfrage ist zugleich eine Folge davon, daß die wirtschaftliche Bedeutung des informationsintensiven Dienstleistungssektors seit den sechziger Jahren kontinuierlich steigt. Während der Anteil des verarbeitenden Gewerbes an der Bruttowertschöpfung in der Europäischen Gemeinschaft von 33 Prozent im Jahre 1960 auf 26 Prozent im Jahre 1983 gefallen ist, hat sich derjenige des Dienstleistungssektors im gleichen Zeitraum von 47 Prozent auf 58 Prozent erhöht (Kommission der Europäischen Gemeinschaften 1987: 44).

---

[10] Einzelheiten siehe bei Allmis 1991.
[11] Zum Einsatz der Glasfaser im Ortsnetz siehe Tenzer 1991.

2.2. Die Diskussion um die Telematik

In den Industriestaaten nimmt die Telekommunikation seit den frühen siebziger Jahren einen zentralen Stellenwert im wirtschaftspolitischen Diskurs ein. Ausgangspunkt waren strukturpolitische Konzeptionen zur Erklärung der Wachstumskrise. Die Krise wurde nicht als konjunkturelles Phänomen, sondern als Ausdruck einer tiefgreifenden Strukturveränderung der Volkswirtschaften interpretiert: dem Übergang von der Industriegesellschaft, die von der Produktion, der Distribution und vom Konsum materieller Güter lebt, zur Informationsgesellschaft, in der ein Großteil der Arbeitskräfte mit der Produktion, Distribution und Verarbeitung der Ware 'Information' beschäftigt ist (Nora/Minc 1979: 11). Die Telekommunikation gewann eine neue ökonomische Bedeutung. Sie galt als einer der Schlüssel zur Überwindung der Wachstumskrise: Die Märkte für Telekommunikationsdienste und -geräte wiesen hohe Wachstumsraten auf; die Verfügbarkeit moderner Telekommunikationsdienste war zugleich ein entscheidender Standortfaktor.

Die Reaktion der Industriestaaten auf die neuen Rahmenbedingungen im Telekommunikationssektor sah unterschiedlich aus. In den *USA* setzte eine *schrittweise Liberalisierung* des Marktes ein. Die in den siebziger Jahren in *Europa* entwickelten Konzepte hielten dagegen am hergebrachten Monopol fest und räumten den *Fernmeldeverwaltungen* eine *zentrale Rolle* ein: Sie sollten über eine Modernisierung der Telekommunikationsinfrastrukturen und das Angebot von neuen Telekommunikationsdiensten die Basis für die kommende 'Informationsgesellschaft' schaffen. Die 'Informatisierung der Gesellschaft' wurde von den Fernmeldeverwaltungen durch das Angebot von 'Telematik'-Diensten für private Nutzer vorangetrieben - sei es aus wirtschafts- und industriepolitischen Motiven, sei es aus eigenen ökonomischen Erwägungen heraus (Diversifikation des Angebots angesichts der nahenden Sättigung der Nachfrage nach dem Telefondienst). Der Telematik-Politik lag die Idee zugrunde, die bereits im Rahmen des Telefondienstes verfolgt worden war - die Bereitstellung des 'Universal service': die flächendeckende Versorgung mit standardisierten Massendiensten, der gleiche Zugang für alle Nutzer zu gleichen Konditionen. Außerdem leiteten die Fernmeldeverwaltungen aus den populärwissenschaftlichen Trendhypothesen, die die Unaufhaltsamkeit der Informationsgesellschaft voraussagten, pauschale Annahmen über einen gesellschaftlichen Bedarf nach neuen Diensten ab. Kennzeichnend bei der Bereitstellung von Telematik-Diensten war die angebotsorientierte Herangehensweise: "the forecasting of demand for telecommunications services has tended to be overshadowed by projections based on the dynamics of supply. As a result, efforts have focussed on what was technologically possible rather than what is demonstrably needed" (Curien/Gensollen 1987: 142).

2.3. Ordnungspolitische Reformen

In den frühen achtziger Jahren sind hergebrachte Regulierungsstrukturen und Marktzutrittsverbote im Telekommunikationssektor immer stärker unter Druck geraten. Entscheidende Einflüsse auf Westeuropa gingen von der *Deregulierung des amerikanischen Telekommunikationssektors* und der Entflechtung der AT&T im Jahre 1982 aus. Der Deregulierungsprozeß hatte hier bereits in den fünfziger Jahre begonnen.[12] In einzelnen Etappen, die von wegweisenden Entscheidungen der Regulierungsbehörde FCC bzw. der für sie zuständigen Appelationsgerichte markiert waren, wurden die Monopolrechte der privaten Fernmeldeunternehmen sukzessive eingeschränkt und rechtliche Zutrittsbarrieren zu den Telekommunikationsmärkten - mit Ausnahme des Telefonortsverkehrs - vollständig aufgehoben. Auch *Japan* hat sein Telekommunikationssystem in den achtziger Jahren in schnellem Tempo liberalisiert. Das Telecommunications Business Law machte dem Monopol der Nippon Telegraph and Telephone Corporation (NTT) für nationale Telekommunikationsdienste ein Ende, öffnete den Netzbereich für Wettbewerb und hob das noch bestehende Angebotsmonopol der NTT für den ersten Telefonhauptanschluß auf. Das NTT Company Law bildete die Grundlage für die Privatisierung des bis dahin öffentlichen Unternehmens. Beide Gesetze traten am 1. April 1985 in Kraft.[13] Eine Vorreiterrolle hinsichtlich der Deregulierung des Fernmeldewesens in Westeuropa kam *Großbritannien* zu. Der Telecommunications Act von 1981 trennte Post- und Fernmeldewesen organisatorisch und liberalisierte den Endgerätesektor. Ein Jahr später erhielt die Mercury Communications Ltd. die Zulassung für Errichtung und Betrieb eines öffentlichen Telekommunikationsnetzes, außerdem wurde der Markt für Mehrwertdienste für private Anbieter geöffnet. Der Telecommunications Act von 1984 schuf die rechtliche Basis für die Privatisierung des öffentlichen Fernmeldeunternehmens British Telecom und die Einrichtung einer am amerikanischen Modell orientierten Regulierungsbehörde (Office of Telecommunications, OFTEL).[14]

Die ökonomische Theoriedebatte, die den Deregulierungsprozeß in den USA und Großbritannien begleitet hatte, lieferte das zentrale Argument für die Diskussion in anderen Industriestaaten: der technische Fortschritt im Sektor habe dazu geführt, daß das Fernmeldewesen seinen Charakter als natürliches Monopol - zumindest teilweise - eingebüßt habe und die rechtli-

---

[12] Vgl. die Darstellungen bei Knieps et al. 1981: 35ff., Scherer 1985: 205ff., Wieland 1985, The Economist 17.10.1987, Temin 1987, Noam 1988, Grande 1989: 104ff. Zur aktuellen Wettbewerbssituation auf den amerikanischen Fernmeldemärkten vgl. Funkschau 16/1991: 34f.

[13] Zur Liberalisierung der japanischen Telekommunikationsmärkte vgl. Borrus et al. 1985, Neumann 1987; eine erste Bilanz zieht die Funkschau 22/1992: 44ff.

[14] Zur britischen Telekommunikationspolitik vgl. Heuermann/Neumann 1985, Hills 1986, Grande 1989.

Der Telekommunikationssektor 33

chen Marktzutrittsschranken damit ökonomisch nicht mehr gerechtfertigt seien. Während für den Betrieb von Ortsnetzen weitgehend übereinstimmend davon ausgegangen wurde, daß Größen- und Verbundvorteile weiterbestehen, blieb dies im Fall des Fernverkehrs kontrovers. Einhellig wurde jedoch dem Angebot von neuen Telekommunikationsdiensten und von Endgeräten die Eigenschaft eines natürlichen Monopols abgestritten (vgl. OECD 1988: 51ff.).[15] Gerade in diesen Bereichen, wo ein starkes Innovations- und Wachstumspotential vorliege, seien "marktwirtschaftliche Prozesse" "zentralgesteuerten Prozessen" (Knieps et al. 1981: 142) überlegen. Die Argumentation der siebziger Jahre wurde umgekehrt: Nicht staatliche Modernisierungsstrategien, sondern der Markt würde zu einer vollen Ausschöpfung der Wachstumspotentiale des Telekommunikationsmarktes führen. "(T)here was an emerging consensus that greater competition and liberalization in telecommunications were necessary if a country wanted to compete in the international markets" (Dyson/Humphreys 1990: 5).

2.4. Die Politik der Europäischen Gemeinschaft

Die Europäische Gemeinschaft hat den Prozeß der Liberalisierung der Fernmeldemärkte in ihren Mitgliedstaaten seit Mitte der achtziger Jahre aktiv vorangetrieben.[16] Den Rahmen für die Politik der EG steckte das 'Grünbuch über die Entwicklung des gemeinsamen Marktes für Telekommunikationsdienstleistungen und Telekommunikationsendgeräte' vom Sommer 1987 ab. Für die Entwicklung des "Nervensystems" der modernen Gesellschaft müßten "optimale Bedingungen" (Kommission der Europäischen Gemeinschaften 1987: 1) geschaffen werden. Ziel der EG-Politik war mehr Wettbewerb im Telekommunikationssektor. "(I)n the interest of the European economy full use has to be made of developments in technology and in the marketplace, and ... for this there is no alternative to introducing more competition" (Narjes 1988: 197).
Am 30. Juni 1988 nahm der EG-Ministerrat eine Entschließung an, in der er die grundlegenden Ziele des Grünbuchs und die von der Kommission vorgeschlagenen Maßnahmen billigte.[17] Die Kommission hatte bereits im Mai 1988 eine Richtlinie erlassen, mit der sämtliche *Endgerätemonopole* in

---

[15] Zur ordnungspolitischen Diskussion vgl. Snow (ed.) 1986, Müller/Foreman-Peck 1987, OECD 1987 (ed.), OECD 1988, Lehmbruch et al. 1988.
[16] Zu den rechtlichen Grundlagen der EG-Telekommunikationspolitik vgl. Schulte-Braucks 1987, Rottmann 1987. Zur Telekommunikationspolitik der EG aus politikwissenschaftlicher Sicht vgl. Schneider/Werle 1990, Cawson et al. 1990, Sandholtz 1993.
[17] Entschließung des Rates 88/301/EWG vom 30. Juni 1988 über die Entwicklung des gemeinsamen Marktes für Telekommunikationsdienste und -geräte bis 1992, Abl. C 257 vom 4. Oktober 1988.

den Mitgliedstaaten beseitigt wurden, lediglich für den einfachen Telefonhauptanschluß räumte sie eine Übergangsfrist ein. Die *Dienstleistungsrichtlinie* der Kommission vom Juni 1990 liberalisierte den Markt für Telekommunikationsdienste mit Ausnahme des Sprach-Telefondienstes, sie verpflichtete die Mitgliedstaaten zur Einrichtung unabhängiger Instanzen für die Wahrnehmung hoheitlicher Funktionen im Telekommunikationssektor und damit zur *Reform der Organisation von Post- und Fernmeldeverwaltung*. Die Kommission kündigte gleichzeitig eine Überprüfung der Wirksamkeit der bis dahin getroffenen Liberalisierungsmaßnahmen für das Jahr 1992 an. Die Richtlinie des Rates über die *Einführung eines Offenen Netzzugangs* verpflichtete die Fernmeldeorganisationen der Mitgliedstaaten zur Harmonisierung von technischen Schnittstellen und Dienstemerkmalen, Benutzungsbedingungen, Gebührengestaltung sowie von Zulassungsverfahren, um die Bedingungen für den offenen Zugang für private Anbieter sowie das gemeinschaftsweite Angebot von Telekommunikationsdiensten und Endgeräten zu schaffen. Im April 1991 schuf der Rat die Voraussetzungen für die Einführung europaweiter Zulassungsverfahren von Endgeräten.

Flankiert wurden die ordnungspolitischen Maßnahmen von Initiativen zur koordinierten Einführung von neuen Diensten und Infrastrukturen sowie zur Harmonisierung von Standards. Bereits Ende 1986 hatte der Rat eine Empfehlung über die koordinierte Einführung des *ISDN* in den Mitgliedstaaten abgegeben, im Juni 1987 folgte eine Empfehlung für die koordinierte Einführung eines europaweiten öffentlichen *digitalen Mobilfunkdienstes*. Im März 1988 wurde im französischen Sophia-Antipolis das *Europäische Institut für Telekommunikationsstandards* (European Telecommunications Standards Institute, ETSI) gegründet. Aufgabe des ETSI ist die Erarbeitung verbindlicher europaweiter Standards. Es trat faktisch an die Stelle der Normungsorganisation der europäischen Post- und Fernmeldeverwaltungen CEPT. Im Unterschied zur CEPT steht die Mitarbeit im ETSI nicht nur den Netzbetreibern sondern auch Forschungsinstituten, Diensteanbietern, Herstellern und Anwendern offen.

Eine vollständige Liberalisierung der Telekommunikationsmärkte durch die Aufhebung des Monopols der Netzbetreiber auf den Telefondienst und die Netzinfrastruktur hatte die EG-Kommission im Grünbuch 1987 verworfen, eine Orientierung am amerikanischen Vorbild sei für Europa "weder wahrscheinlich noch wünschbar" (Ungerer 1987: 27). Durch die Beibehaltung des Netz- und Telefondienstmonopols sollte sichergestellt werden, daß die Fernmeldeverwaltungen ihrer Infrastrukturaufgabe weiter nachkommen konnten. Nach einer erneuten Evaluation der Lage auf den europäischen Dienstemärkten kam die Kommission im Frühjahr 1993 zu einem anderen Ergebnis. In einer Mitteilung an den Rat plädierte sie für die **Beseitigung der nationalen Monopole für den Sprach-Telefondienst** bis zum Jahr 1998 (Kommission der Europäischen Gemeinschaften 1993). Vorangegangen war ein umfangreiches Konsultationsverfahren, in dessen Rahmen Netzbetreiber, Diensteanbieter, Herstellerunternehmen, Gewerkschaften und Nutzerorganisationen zum Thema befragt wurden. Die Konsultation ergab für die Kommission, daß "nach allgemeiner Überzeugung eine weitere Liberalisierung der Märkte, bei Aufrechterhaltung eines universellen Dienstes, unumgänglich und notwendig" sei (Kommission der Europäischen Gemeinschaften 1993: 18). Als Gründe für die Liberalisierungsforderungen wurden genannt: die mangelnde Umsetzung der Gemeinschaftsrichtlinien in einzelnen Mitgliedstaaten; die nicht-kostengerechte Gebührengestaltung und insbesondere die im Vergleich zu den amerikanischen Verhältnissen exzessiv überhöhten Tarife;[18] die überzogenen Preise und die zögernde Bereitstellung geeigneter Mietleitungen für Diensteanbieter durch die Netzbetreiber; der damit einhergehende Mangel an innovativen Diensten. Zentrales Argument für die Liberalisierung waren *Wettbewerbsnachteile für die europäische Industrie* gegenüber der nordamerikanischen und japanischen Konkurrenz.

2.5. Intensivierung und Internationalisierung der Konkurrenz

Das Weltmarktvolumen für Telekommunikationsdienste stieg in den achtziger Jahren durchschnittlich um 10 Prozent. 1990 erreichte es 350 Mrd. Dollar, für das Jahr 2000 wird mit einer Verdoppelung gerechnet. Während für den Telefondienst jährliche Steigerungsraten von 6 Prozent zu erwarten sind, sind es bei Mehrwertdiensten 20, beim öffentlichen Mobilfunk gar 25 Prozent (Funkschau 19/1992: 58). Die Nachfrage hat sich diversifiziert. Wichtigstes und dynamischstes Nachfragesegment ist das der Geschäftskunden. Deren Kommunikationsbedürfnisse richten sich nicht auf standardisierte, auf den Massenbedarf zugeschnittene Angebote, sondern auf branchenspezifische bzw. individuell zugeschnittene Lösungen. Die Betreiber von öffentlichen Telekommunikationsnetzen sind auf den attraktivsten Märkten dem **Wettbewerb** ausgesetzt. Differenzierte Nutzeranforderungen stellen sie vor Anpassungsprobleme. Die wichtigste Strategie, um sich gegen die Konkurrenz auf dem Markt für *Mehrwertdienste* durchzusetzen,[19] ist eine

---

[18] Innerhalb der EG bestehen für Auslandsgespräche derzeit Preisunterschiede, die mehr als 100 Prozent betragen können. Netzbetreiber bieten bereits heute "Rückrufdienste" und "Durchwahldienste" im internationalen Fernsprechverkehr an, letztere ermöglichen es, mit Hilfe der Telefongesellschaft des Landes A Gespräche zwischen den beiden Ländern B und C zu führen und somit die teureren inländischen Tarife zu umgehen. So läßt sich zum Beispiel mit der AT&T billiger von Deutschland nach Amerika oder Kanada telefonieren als mit der DBP Telekom (Süddeutsche Zeitung 10.5.1993: 25).

[19] Aktuelle Übersichten über den Markt für Mehrwertdienste siehe bei Stoetzer 1991, Dowling 1991/1992.

Diversifikation des Angebots über standardisierte Massendienste hinaus und die Knüpfung von strategischen Allianzen mit Know-how-Trägern aus einzelnen Branchen, um anwendungsspezifisches Wissen zu akquirieren.[20] Auf dem wachstumsstärksten neuen Massenmarkt, dem öffentlichen *Mobilfunk*, konkurrieren heute öffentliche und private Betreiber. Die letzte Generation von analogen Netzen für das Funktelefon war in Europa - Ausnahme Frankreich und England - noch allein von den Fernmeldeverwaltungen errichtet und betrieben worden. Für die neueste Generation - den digitalen Mobilfunk - ist in allen Flächenstaaten Westeuropas neben den öffentlichen Netzbetreibern ein zweiter, privater Anbieter zugelassen worden. An den privaten Betreiberkonsortien haben sich vielerorts ausländische Betreiber öffentlicher Netze beteiligt - so France Télécom in Griechenland, die amerikanischen Bell Operating Companies in Deutschland, Frankreich und Portugal. Entsprechendes gilt für die liberalisierten Märkte für *Satellitenkommunikation*. In Deutschland ist über die Hälfte der privaten Anbieter von Satellitenkommunikationsdiensten heute vollständig oder teilweise in ausländischem Besitz; zu den ausländischen Anbietern zählen British Telecom, Swedish Telecom und andere europäische Netzbetreiber (Schnöring 1992: 9f.).

Damit zeichnet sich eine **Internationalisierung der Konkurrenz** zwischen den bis in die jüngste Vergangenheit auf ihre nationalen Märkte beschränkten Netzbetreibern ab. Mit der Liberalisierung des us-amerikanischen Marktes hat bereits Mitte der achtziger Jahre ein scharfer Wettbewerb im Bereich der *grenzüberschreitenden Telekommunikationsdienste* eingesetzt, einem mit jährlichen Steigerungsraten von 14 Prozent rasch wachsenden Markt (FAZ 22.10.1992: 17). Die amerikanischen Gesellschaften, gefolgt von British Telecom, unterboten die Auslandstarife europäischer Gesellschaften - diese mußten wiederum mit einer Senkung der eigenen Tarife reagieren. Die Netzträger konkurrieren heute um die Abwicklung des internationalen Telekommunikationsverkehrs von Großkunden. Hier zeichnet sich eine Tendenz zur Oligopolisierung ab, kennzeichnend ist die Konkurrenz von *Gemeinschaftsunternehmen*, die Netzbetreiber unterschiedlicher nationaler Herkunft miteinander verbinden.[21] "Die PTOs [Public Telecommunications

---

[20] Ein Beispiel ist die TeleCash, ein Gemeinschaftsunternehmen der IBM und der DBP Telekom, das einen elektronischen Zahlungsdienst (bargeldloses Zahlen an der Ladenkasse) anbietet. Eine gemeinsame Tochter von DBP Telekom, France Télécom, dem französischen Softwarehaus GSI Transport/Tourisme und führenden europäischen Reiseveranstaltern bietet einen elektronischen Reisekatalog an (DBP Telekom 1991a: 50f.).

[21] Die niederländische PTT Telecom, die schwedische Televerket und die amerikanische Gesellschaft Sprint schufen 1990 ein gemeinsames Tochterunternehmen zum weltweiten Angebot von Sprach- und Datenkommunikationsdiensten (Datacom 7/1990: 18). Die DBP Telekom und France Télécom gründeten 1992 das Joint-Venture Eunetcom, ein amerikanischer Partner soll gewonnen werden (Handelsblatt 29.3.1993: 18). Die bislang weitestgehende Kooperation gingen im Juni 1993 British Telecom und die amerikanische Fernverkehrsgesellschaft MCI Communications ein. Ein Gemeinschaftsunternehmen soll Kunden ein globales Netzwerk anbieten und die Fernsprech- und Datendienste beider Unternehmen miteinander kombinieren.

Operators, cr] folgen ihren Kunden ins Ausland, und sie reagieren auf diese Entwicklungen mit einer fast unüberschaubaren Vielzahl von Allianzen, Joint-Ventures, Beteiligungen und anderen Initiativen" (Schnöring 1992: 11). Die Internationalisierung der Konkurrenz wird vorangetrieben durch das direkte *Engagement als Netzbetreiber im Ausland*. Die spanische Telefonica übernahm 1990 die Betreibung des chilenischen und des südargentinischen Netzes. Im gleichen Jahr beteiligten sich France Télécom und die italienische STET an der nordargentinischen Telefongesellschaft Telecom Argentina; ein Konsortium aus den amerikanischen Bell Operating Companies Ameritec und Bell Atlantic kaufte die neuseeländische Telefongesellschaft auf; France Télécom, Southwestern Bell und eine Finanzgruppe beteiligten sich am mexikanischen Netzbetreiber Telmex; AT&T und GTE stiegen schließlich 1991 in Venezuela ein (Télécoms Magazine 17/1992: 35). Ähnliche Tendenzen zeichnen sich in Osteuropa ab: die großen amerikanischen und europäischen Netzbetreiber bieten ihre Investitionskraft und ihr Know-how in Sachen Netzaufbau und -management im Bereich der terrestrischen Netze, der Mobil- und der Satellitenkommunikation an. Die fortschreitende (Teil-) *Privatisierung* von Netzbetreibern - auch in Westeuropa - wird diesen Prozeß der Marktdurchdringung weiter befördern.[22]

Die fünfzig größten Netzbetreiber der Welt vereinten im Jahr 1990 einen Umsatz von mehr als 350 Mrd. FF auf sich, mehr als 70 Prozent gingen auf das Konto der fünfzehn umsatzstärksten (Télécoms Magazine 10/1991: 56, vgl. Tabelle I-2). Die gegenwärtige Größenverteilung bringt jedoch nur die Startposition für den internationalen Wettbewerb zum Ausdruck. Sie spiegelt in erster Linie die Größe der Heimatländer wider und gibt keine Auskunft über die zukünftige Wettbewerbsfähigkeit des jeweiligen Netzbetreibers. Welche Marktstrukturen sich zukünftig herausbilden und welche der großen Telefongesellschaften sich international erfolgreich durchsetzen werden, ist angesichts der hohen Dynamik und Komplexität der Marktentwicklung offen (Schnöring 1992: 6, Funkschau 3/1993: 52).

Gemeinsame Investitionen von über einer Milliarde Dollar sind geplant. Im Rahmen des Geschäfts übernimmt British Telecom 20 Prozent an MCI (Handelsblatt 3.6.1993: 20). Ende 1993 unterzeichneten DBP Telekom und France Télécom ein Memorandum of Understanding, das ihre bisherige Kooperation weiter vertiefte: in Zukunft wollen beide Netzbetreiber gemeinsam spezielle Dienste für Großkunden anbieten und später ihre Zusammenarbeit auf das Angebot von Massentelekommunikationsdiensten ausweiten: so sollen bspw. Telefongespräche über die Grenze nach den gleichen Gebühren berechnet werden wie inländische Ferngespräche (Der Spiegel 50/1993: 89ff.).

[22] Télécoms Magazine (17/1992: 33f.) schätzt, daß der Anteil der Telefonanschlüsse, die von privaten Gesellschaften betrieben werden, bis 1995 von gegenwärtig 50 auf 80 Prozent steigen wird. Ende 1992 hatte die Welle der Privatisierung öffentlicher Netzbetreiber den folgenden Stand erreicht: vollzogen in Argentinien, Australien, Kanada, Chile, Hong Kong, Malaysia, Mexiko, Neuseeland, Großbritannien, Venezuela; in der Durchführung in Ungarn, Israel, Japan, Panama, Portugal, Singapur, Uruguay; geplant in Brasilien, Südkorea, Costa Rica, Honduras, Indonesien, Irland, Kenia, Nigeria, Sudan, Schweden, Taiwan und in der BRD.

Tabelle I-2: Weltrangliste der größten Netzbetreiber, 1990

	Netzbetreiber	Land	Umsatz in Mrd. Dollar	Gewinn in Mrd. Dollar	Beschäftigte
1	NTT	Japan	44,2	1,7	265.000
2	DBP Telekom	BRD	25,1	0,8	212.000
3	AT&T	USA	25,1	2,7	274.000
4	British Telecom	GB	24,3	3,8	227.000
5	France Télécom	Frankreich	21,1	1	157.000
6	Bell South	USA	14,3	1,6	102.000
7	SIP	Italien	14	0,3	87.000
8	Nynex	USA	13,6	0,9	94.000
9	GTE	USA	12,8	1,5	154.000
10	Bell Atlantic	USA	12,3	1,3	62.000
11	Ameritec	USA	10,7	1,3	66.000
12	US West	USA	10	1,2	66.000
13	Pacific Telesis	USA	9,7	1	66.000
14	Southwest Bell	USA	9,1	1,1	67.000
15	Telefonica	Spanien	8,4	0,7	75.000

Quelle: Télécoms Magazine 10/1991: 57

3. Die Märkte für Telekommunikationseinrichtungen

3.1. Intensivierung und Internationalisierung der Konkurrenz

Die jährlichen Zuwachsraten des Weltmarkts für Telekommunikationseinrichtungen lagen in den achtziger Jahren zwischen 8 und 10 Prozent. 1987 belief sich das Weltmarktvolumen auf 70 bis 80 Mrd. Dollar, im Jahr 2000 wird es mehr als doppelt so hoch sein. Der *Anteil der einzelnen Produktsparten* hat sich in den letzten zehn Jahren verändert. Es ist eine bedeutende und dynamische Nachfrage für Endeinrichtungen entstanden. In den siebziger Jahren waren noch über 75 Prozent der abgesetzten Produkte dem Markt für öffentliche Kommunikationsnetze zuzurechnen; dieser Anteil ist heute auf etwa 50 bis 60 Prozent abgesunken (Dang Nguyen 1985: 93, OECD 1988: 70, Télécoms Magazine 24/1989: 26).[23]

---

[23] Eine Liberalisierung der Endgerätemärkte hatte regelmäßig einen Nachfrageboom ausgelöst. Wurden 1981 in den USA weniger als vier Millionen Telefonapparate verkauft, so schnellten die Absatzzahlen 1985 auf über 30 Mio., während sich die Preise halbierten (Wirtschaftswoche 18.11.1988: 230). Ohne ihre Endgerätemonopole völlig aufzugeben, hatten die europäischen PTTs vielfach darauf verzichtet, sie auf die Bereitstellung neuartiger Endeinrichtungen auszudehnen. Von der schrittweisen Aufhebung der Endgerätemonopole ist auch hier eine erhebliche Verstärkung der Nachfrage ausgegangen (Schmidt/Hilz 1989: 249).

Auf dem wachsenden Markt für Telekommunikationseinrichtungen ist die Herstellerindustrie mit **grundlegend veränderten Handlungsbedingungen** konfrontiert. Mit dem Übergang von der Elektromechanik zur Digitaltechnologie bzw. Optoelektronik sind die *Kosten für die Entwicklung nachrichtentechnischer Systeme und Geräte explosionsartig gestiegen*. Es kann von durchschnittlichen Steigerungen um den Faktor 10 ausgegangen werden (Adler 1988: 316). Besonders gravierend war der Anstieg der FuE-Kosten im Bereich der Vermittlungstechnik, dem mit einem Anteil von 30 Prozent am Absatzvolumen nach wie vor wichtigsten Einzelmarkt. So hatte der ITT-Konzern für die Forschungs- und Entwicklungsarbeiten an dem elektromechanischen System Pentaconta Anfang der sechziger Jahre zwischen dreißig und vierzig Mio. Dollar aufwenden müssen (OECD 1983: 54). Die FuE-Kosten für speicherprogrammierte Vermittlungsstellen variierten hingegen zwischen 0,5 Mrd. Dollar für das System AXE des schwedischen Herstellers Ericsson und 1,4 Mrd. Dollar für das britische System X (Télécoms Magazine 8/1987: 62). Daneben fallen jährlich Anpassungs- und Erweiterungskosten in zweistelliger Millionenhöhe an. Konnten in der Vergangenheit Forschungs- und Entwicklungskosten über einen Zeitraum von zwanzig bis dreißig Jahren amortisiert werden, so stehen heute bedeutend kürzere Zeiträume zur Verfügung (Fieten/Hahne 1992: 67).

Verkürzte Produktlaufzeiten, erhöhte FuE-Aufwendungen und verminderte Wertschöpfung führen dazu, daß die Hersteller höhere Erträge realisieren müssen, damit ihre Investitionen rentabel werden. 10 Prozent Weltmarktanteil müssen bei der digitalen Vermittlungstechnik erreicht werden, für die zukünftige Generation von Breitbandvermittlungsstellen wird dieser Wert auf 15 Prozent steigen. Für übertragungstechnische Systeme wird der erforderliche Weltmarktanteil auf 5 Prozent geschätzt (Fieten/Hahne 1992: 67). Für die Firmen bedeutet dies, daß sie ihre Investitionen in die Entwicklung neuer Geräte und Systeme auf ihren Heimatmärkten nicht mehr amortisieren können. Die Steigerung der Umsätze durch das Eindringen in andere Industriestaaten wird unter diesen Bedingungen "für viele Hersteller zur Existenzfrage auf den Fernmeldemärkten" (IFO 1983: 65). Ungünstige Perspektiven zeichnen sich vor allem für die europäischen Hersteller ab. Die größten Märkte in Europa - die Bundesrepublik, Frankreich und Großbritannien - stellen für sich allein genommen jeweils weniger als 6 Prozent des Weltmarktes dar (Ungerer 1989: 127).

Zwischen den weltweit führenden Herstellerunternehmen ist seit den frühen achtziger Jahren ein harter **Verdrängungswettbewerb** entbrannt. Hauptschauplätze sind die USA und Europa, die gemeinsam mehr als zwei Drittel des Weltabsatzmarktes für Telekommunikationseinrichtungen ausmachen. Die Telekommunikationskonzerne verfolgen ähnliche Überlebensstrategien. Sie versuchen, durch *Beteiligungen und Aufkäufe* ihre Umsätze zu steigern und in bislang verschlossene Auslandsmärkte einzudringen. Die folgende

Auflistung gibt nur die wichtigsten Transaktionen wieder (vgl. Grande 1989: 92, Dolata 1991: 185):

- Die amerikanische *AT&T* gründete Ende 1983 mit Philips das Unternehmen ATP (AT&T Philips Telecommunications) zur Entwicklung und Vermarktung von Vermittlungseinrichtungen außerhalb der USA. 1989 erwarb AT&T eine Beteiligung an der italienischen Italtel.

- 1986 übernahm *Siemens* die übertragungstechnischen Aktivitäten der amerikanischen General Telephone and Electric (GTE), Ende der siebziger Jahre hatte Siemens bereits ein Gemeinschaftsunternehmen mit der amerikanischen Corning Glass zur Produktion von Glasfaserkabeln gegründet. Gemeinsam mit der britischen GEC kaufte Siemens 1989 den britischen Hersteller Plessey auf.

- 1986 kaufte der kanadische Konzern *Northern Telecom* von ITT die Standard Telephones & Cables auf und drang damit in den britischen Markt für Übertragungstechnik ein. 1992 stieg Northern Telecom mit 20 Prozent beim französischen Matra-Konzern ein (Le Monde 4.7.1992: 19). Gegenwärtig wird eine Beteiligung Northern Telecoms an der deutschen ANT Nachrichtentechnik, einer Tochter des Bosch-Konzerns, verhandelt (Stuttgarter Zeitung 20.3.1993: 13).

- Ende 1986 übernahm die französische *Compagnie Générale d'Electricité* (CGE) die europäischen Telekommunikationsfilialen der ITT, unter anderem die Standard Elektrik Lorenz AG (SEL). Die neugeschaffene Alcatel NV rückte an die erste Stelle unter den europäischen Telekommunikationsherstellern. 1990 erfolgte die Übernahme der Fiat-Tochter Telettra. 1991 übernahm Alcatel NV die Übertragungstechnik der amerikanischen Rockwell International und stieg damit zum zweitgrößten Hersteller von Übertragungstechnik in den USA auf. 1991 kaufte Alcatel NV schließlich das Kabelgeschäft der deutschen AEG (L'Usine Nouvelle 12.3.1992: 5f.).

- 1987 erwarb die schwedische *Ericsson* eine Beteiligung an der französischen Compagnie Générale de Constructions Téléphonique (CGCT).

Folge dieses weltweiten Übernahmekarussells ist eine deutlich steigende **Konzentration** in der Telekommunikationsindustrie. Die zehn umsatzstärksten Herstellerunternehmen vereinten 1990 rund zwei Drittel des Umsatzes der gesamten Branche auf sich, die sechs führenden Unternehmen allein fast die Hälfte (Télécoms Magazine 10/1991: 46). Traditionelle Herstellerunternehmen sind bereits aus dem Markt ausgeschieden (wie die britische Plessey und die italienische Telettra) bzw. werden ausscheiden. Bis zur Jahrtausendwende - so die gängige Prognose - werden weltweit nur noch sechs oder sieben Systemfirmen überleben; die besten Chancen haben die AT&T,

Alcatel, Siemens, Northern Telecom, Ericsson und die japanische NEC (Funkschau 19/1987: 28, Fieten/Hahne 1992: 64, vgl. Tabelle I-3). Neben diesen 'Großen', die die gesamte Palette von Telekommunikationseinrichtungen und insbesondere öffentliche Vermittlungstechnik anbieten können, werden weiterhin kleinere und mittlere Hersteller fortbestehen. Voraussetzung hierfür ist allerdings die Differenzierung ihres Angebots: sei es durch die Konzentration auf einzelne Marktsegmente, sei es durch ein Angebot von Problemlösungen für Anwendungsnischen (Adler 1988: 317).

Tabelle I-3: Die führenden Hersteller auf dem Markt für öffentliche Telekommunikationsnetze (Umsätze in Mrd. Dollar), 1991

	Unternehmen	Umsatz in Mrd. $		Unternehmen	Umsatz in Mrd. $
1	AT&T	16,1*	7	Fujitsu	4,1
2	Alcatel NV	14,5**	8	Hitachi	1,7
3	Siemens	11,2***	9	Oki	1,7
4	Northern Telecom	7,8	10	Nokia	1,6
5	NEC	7,3	11	Pirelli	1,6
6	Ericsson	7,2	12	Bosch	1,2

* incl. Minderheitsbeteiligungen an AG (20%) und Italtel (49%)
**incl. Mehrheitsbeteiligung an Telettra (75%)
*** incl. Minderheitsbeteiligung an GPT 40%
Quelle: Siemens AG

Kooperationen und strategische Allianzen in Teilgebieten des Marktes kennzeichnen die zweite Strategie der Telekommunikationskonzerne. Ziel ist auch hier die Bündelung und Koordinierung von Forschungsressourcen, das Eindringen in ansonsten schwer zugängliche Auslandsmärkte, die wechselseitige Nutzung von Produktionsstätten und Vertriebswegen, der Erwerb länderspezifischen Know-hows (Dolata 1991: 186). "(J)eder kooperiert inzwischen fast mit jedem, selbst mit Wettbewerbern. Das weltweite Geflecht der gemeinsamen Entwicklungsvorhaben, der Vertriebskooperationen und Zulieferungsvereinbarungen ist fast unübersehbar" (Adler 1988: 317).[24] Kooperationsvorhaben zwischen Herstellern unterschiedlicher Leistungsstärke und unterschiedlicher nationaler Herkunft trifft man besonders häufig

---

[24] Hagedorn zählt für die Jahre 1985-89 insgesamt 247 strategische Allianzen zwischen Telekommunikationsunternehmen (gegenüber 121 für die Jahre 1980-84). An über der Hälfte dieser Kooperationen waren europäische Firmen beteiligt. Rund ein Viertel der in der zweiten Hälfte der achtziger Jahre geschlossenen strategischen Allianzen sind intereuropäische Kooperationen (gegenüber 14 Prozent im vorangegangenen Zeitraum), 30 Prozent europäisch-amerikanische, 5,3 Prozent europäisch-japanische, 15,8 Prozent interamerikanische, 7,3 Prozent amerikanisch-japanische und 4,9 Prozent interjapanische (Hagedorn 1991: 17).

in Bereichen, in denen internationale Standards vorliegen. Markantestes Beispiel ist der digitale Mobilfunk. Hier haben - Stand 1990 - die französische Alcatel, die deutsche AEG und die finnische Nokia ein Konsortium gebildet, das international als Bietergemeinschaft auftritt; Siemens und PKI (Philips) kooperieren ebenso wie die französische Matra und die schwedische Ericsson, PKI kooperiert außerdem mit der deutschen Bosch-Gruppe (ANT, Telenorma) (Mobilcom 1/1990: 20).

Der Trend zur Kooperation von Unternehmen in einzelnen technologischen Feldern wird in Europa von der **Europäischen Gemeinschaft** durch die Förderung transnationaler Forschungsprojekte aktiv vorangetrieben. Wichtigstes Projekt ist das 1987 gestartete RACE (Research on Advanced Communications Technology in Europe). Für das Projekt, dessen Laufzeit bis 1995 ausgedehnt wurde, stehen Mittel von insgesamt 2 Mrd. ECU zur Verfügung, je zur Hälfte getragen von der EG und den projektausführenden Organisationen (ntz 3/1992: 199). Europäische Forschungsprojekte im vorwettbewerblichen Bereich - also im Vorfeld von Normung und Standardisierung - sind Bausteine im Rahmen der Bemühungen der EG um die Schaffung eines gemeinsamen europäischen Marktes für Telekommunikation. "RACE vermeidet durch die Förderung der gemeinsamen Forschung auf dem Gebiet der integrierten Breitbandkommunikation die Duplizierung von Forschungsarbeiten und damit die Vergeudung von Ressourcen. Durch die Schaffung eines gemeinsamen Rahmens für integrierte Breitbandkommunikation bietet RACE die Möglichkeit, die Kompatibilität der zukünftigen Netzinfrastruktur in einem Maße zu sichern, wie dies nie zuvor in Europa möglich war" (Ungerer 1989: 175). An RACE waren Mitte 1992 dreizehn Hersteller aus ganz Europa und - über ihre europäischen Tochtergesellschaften - Nordamerika beteiligt, daneben eine Vielzahl von Netzbetreibern und Forschungsinstituten.[25]

Das **Welthandelsvolumen** von Telekommunikationseinrichtungen ist in den achtziger Jahren mit 13 Prozent noch stärker gestiegen als das Volumen des Weltabsatzes. Dies ist ein Indikator dafür, daß ein immer größerer Anteil der umgesetzten Menge auch international gehandelt wird (Neu 1988: 18). "Die Internationalisierung der vormals nationalen Telekommunikationsmärkte schreitet schnell voran. Es ist eine Angleichung an das 'normale' Muster zu beobachten" (Grupp/Schnöring 1991: 413). Die Importquote für Produkte der Drahtnachrichtentechnik - sie umfaßt u.a. Vermittlungseinrichtungen, drahtgebundene Übertragungstechnik und drahtgebundene Endgeräte - stieg in der Bundesrepublik zwischen 1981 und 1991 von 5 auf 25 Prozent, in den USA von 4 auf 27 Prozent, in Japan dagegen lediglich von 2 auf 6 Prozent (Schnöring 1992: 25).

---

[25] Es handelt sich dabei um Alcatel (F), Thomson (F), Philips (NL), General Electric Company (GB), Siemens (D), L.M. Ericsson (S), Stet (I), Ascom (CH), IBM (USA), Matra (F), Northern Telecom (CA), Bosch (D) und AT&T (USA) (Schnöring 1992: 20).

Der Telekommunikationssektor 43

Die **wechselseitige Marktdurchdringung** wird durch drei Faktoren erleichtert. Erstens hat der Übergang von der Elektromechanik zur Digitaltechnik dazu geführt, daß die Systeme leichter an die Kompatibilitätsanforderungen fremder Netzumgebungen anpaßbar geworden sind. Zugleich hat die weltweite Standardisierung von Schnittstellen und Leistungsmerkmalen - auch angetrieben von entsprechenden Initiativen der Europäischen Gemeinschaft - große Fortschritte gemacht.[26] Damit sind die *technischen Zutrittsbarrieren* für ausländische Märkte gesunken.[27] Zweitens wirken sich Deregulierung und *Liberalisierung der Märkte für Telekommunikationsdienste* auf das Nachfrageverhalten der Netzbetreiber aus. Es deutet sich eine Öffnung der öffentlichen Beschaffungsmärkte auch für ausländische Unternehmen an. In den USA hat dies bereits stattgefunden: nach der Entflechtung der AT&T kaufen die Bell Operating Companies Einrichtungen der Vermittlungs- und Übertragungstechnik vermehrt auf dem Weltmarkt ein. Bei Vermittlungseinrichtungen erhöhte sich der Auslandsanteil von 6 Prozent im Jahre 1983 auf 29 Prozent 1986; der Anteil der AT&T ist von 70 Prozent auf 46 Prozent gesunken, Hauptnutznießer war die kanadische Northern Telecom - ihr Anteil am US-Markt für Vermittlungstechnik stieg auf 40 Prozent (Noam 1988: 15). Schließlich drängt die *Europäische Gemeinschaft* mit dem Ziel, die Zersplitterung des europäischen Telekommunikationsmarktes zu überwinden und den europäischen Herstellerunternehmen zu Economies of scale zu verhelfen, auf eine *Öffnung der öffentlichen Beschaffungsmärkte* ihrer Mitgliedstaaten.

3.2. Die Sektorenrichtlinie der Europäischen Gemeinschaft

Aus den internationalen Vereinbarungen zur Regelung des öffentlichen Auftragswesens im Rahmen des Allgemeinen Zoll- und Handelsabkommens GATT und innerhalb der EG war das Fernmeldewesen zunächst ausgenommen. Dies wurde mit dem Vorherrschen nationaler Standards begründet, die einer rechtsverbindlichen Marktöffnung im Wege ständen. Einen ersten Schritt hin zu einer Öffnung der öffentlichen Beschaffungsmärkte innerhalb der Europäischen Gemeinschaft stellte die 'Fernmeldeempfehlung' des EG-Ministerrats vom November 1984 dar, in der die EG-weite Ausschreibung der Beschaffungen für alle neuen Telematik-Endgeräte und von mindestens

---

[26] Zur Internationalisierung der Standardisierung im Telekommunikationssektor vgl. Genschel/Werle 1992, Schmidt/Werle 1993; zum Stand in der Europäischen Gemeinschaft vgl. Kommission der Europäischen Gemeinschaften 1990.
[27] In der Vermittlungstechnik sind die Kosten für eine Anpassung an fremde Netzumgebungen nach wie vor hoch. Siemens gab für die Anpassung seines Digitalsystems an amerikanische Standards allein in der Einstiegsphase 400 Mio. DM aus (Wirtschaftswoche 5.2.1989).

10 Prozent des übrigen Bedarfs durch die Fernmeldeverwaltungen gefordert wurde.[28]

Die 'Sektorenrichtlinie' des Ministerrats vom September 1990[29] formulierte rechtsverbindliche Vorgaben für das Beschaffungsverhalten von Betreibern öffentlicher Telekommunikationsnetze bzw. Anbietern öffentlicher Telekommunikationsdienste. Die Richtlinie trat in allen EG-Staaten, mit Ausnahme Spaniens und Portugals, für die eine längere Übergangsfrist eingeräumt wurde, zum 1. Juli 1992 in Kraft.[30]

Im einzelnen enthält sie folgende Bestimmungen:

- Pflicht zur *Veröffentlichung* aller Lieferaufträge, die einen Wert von 600.000 ECU überschreiten im Supplement zum Amtsblatt der EG ("Aufruf zum Wettbewerb"); *Vorabveröffentlichung* aller Einkäufe über 750.000 ECU zu Beginn eines Haushaltsjahres.

- Pflicht zur *Anwendung internationaler Normen* und *Verbot der Diskriminierung von Lieferanten,* Übermittlung der technischen Spezifikationen an alle interessierten Unternehmen; Einführung von objektiven Prüfverfahren und Bekanntgabe der Auswahlkriterien.

- Pflicht zur Anwendung bestimmter *Vergabeverfahren* und *Zuschlagskriterien* und zur *Veröffentlichung von Wettbewerbsergebnissen.*

- "*Drittländerklausel*": Möglichkeit der Zurückweisung von Angeboten, die eine Produktion überwiegend in Nicht-EG-Staaten vorsehen; Pflicht zur nachrangigen Behandlung von Angeboten aus Nicht-EG-Staaten, wenn der Preis eines Anbieters aus der EG nicht mehr als 3% höher liegt.

---

[28] Empfehlung des Rates 84/550/EWG vom 12. November 1984 betreffend die erste Phase der Öffnung der öffentlichen Fernmeldemärkte, Abl. L 298 vom 16. November 1984.

[29] Richtlinie des Rates 90/531/EWG vom 17. September 1990 betreffend die Auftragsvergabe durch Auftraggeber im Bereich der Wasser-, Energie- und Verkehrsversorgung sowie im Telekommunikationssektor, Abl. L 297 vom 29. Oktober 1990.

[30] Im Februar 1992 verabschiedete der Rat zusätzlich eine Richtlinie zur Durchsetzung der Sektorenrichtlinie. Diese 'Rechtsmittel-Richtlinie' räumt Unternehmen, die sich benachteiligt fühlen, die Möglichkeit ein, eine Überprüfung des Vergabeverfahrens zu veranlassen (Richtlinie des Rates 92/13/EWG vom 25. Februar 1992 zur Koordinierung der Rechts- und Verwaltungsvorschriften für die Anwendung der Gemeinschaftsvorschriften über die Auftragsvergabe durch Auftraggeber im Bereich der Wasser-, Energie- und Verkehrsversorgung sowie im Telekommunikationssektor, Abl. L 76 vom 23. März 1992).

4. Neue Spielregeln auf den Fernmeldemärkten

Der Umbruch im Telekommunikationssektor hat zu einem Wandel in den Beziehungen zwischen den Betreibern öffentlicher Telekommunikationsnetze und der Herstellerindustrie geführt. Zwei Entwicklungen zeichnen sich ab. *Erstens* machen 'quasi-vertikale' Verflechtungsstrukturen, Kooperation und Abstimmung zwischen Netzbetreiber und einem privilegierten Lieferantenkartell **marktförmigen Beziehungen** Platz. Neue Anbieter - auch ausländische - erhalten Zutritt zu den Beschaffungsmärkten. Ein neues sektortypisches Muster der Beziehungen zwischen Netzbetreibern und Herstellerfirmen hat sich herausgebildet. "Tatsächlich kann man bei vielen... (Netzbetreibern) einen Trend zu Multivendor-Vermittlungs- und Übertragungstechnik und damit eine Auflockerung der alten quasi-vertikalen Verflechtungsstrukturen beobachten" (Schnöring 1992: 13). In Europa wird diese Entwicklung von der *Europäischen Gemeinschaft* aktiv vorangetrieben. Diese Initiativen für eine Öffnung der Beschaffungsmärkte sind aber *keineswegs ursächlich* für den beschaffungspolitischen Strategiewechsel der Netzbetreiber und die Lockerung der Beziehungen zu ihren 'Hoflieferanten'. Die Erosion der 'quasi-vertikalen' Verflechtungen hat schon weit im Vorfeld begonnen, den entscheidenden Wendepunkt stellt die Einführung digitaler Vermittlungstechnik dar.

Die Aufgabe hergebrachter beschaffungspolitischer Praktiken entspringt *eigenwirtschaftlichen* Motiven der Netzbetreiber. Sie reagieren damit auf die explosionsartig gestiegenen Forschungs- und Entwicklungskosten für neue Telekommunikationssysteme. Die Fernmeldeverwaltungen hatten in der Vergangenheit - das war fester Bestandteil der Arrangements mit der Herstellerseite - die Forschungs- und Entwicklungsaufwendungen für die von ihnen beschafften Systeme finanziert. Neue wettbewerbsorientierte Beschaffungsverfahren sollen gerade dies verhindern. Mit dem Übergang von der Elektromechanik zur Digitaltechnologie bzw. Optoelektronik ist kein Netzbetreiber, zumindest kein europäischer, mehr in der Lage, die gesamten FuE-Kosten für neue Telekommunikationssysteme über seine Einkaufspreise zu amortisieren. Die Einführung von Beschaffungswettbewerb dient noch einem weiteren Zweck: Konkurrenz soll die ständige Bereitschaft der Anbieter zur Innovation wachhalten. "(N)o national buyer will feel able to rely on a single supplier. Many PTTs feel that in this case the supplier will have a reduced incentive for cost and innovation efficiency... They will therefore want some amount of competitive second sourcing" (Foreman-Peck/Müller 1987: 13).

Erleichtert wird der Strategiewechsel durch tendenziell *sinkende Transaktionskosten* für die Beschaffung nachrichtentechnischer Systeme. Digitale Systeme sind flexibler an die Anforderungen der jeweiligen Netzumgebung anpaßbar. Die um Erfolge auf den Auslandsmärkten ringenden Herstellerfirmen konzipieren ihre Produkte mit Blick auf die Bedürfnisse mehrerer Nachfrager. Schließlich macht die internationale Standardisierung rasche Fortschritte, auch hier kommen wettbewerbspolitische Ambitionen der EG und unternehmerische Eigeninteressen der Netzbetreiber zur Deckung.

Die fortschreitende Liberalisierung der Dienstemärkte wird diesen Prozeß weiter vorantreiben. Die Fernmeldeverwaltungen, die bisher unter dem Schutz des Monopols agieren konnten, geraten selbst unter den Zwang zum effizienten Wirtschaften. Sie sind "stärker als früher gezwungen, kostenminimal zu produzieren, und sie müssen ihre Investitionen in neue Netze und Dienste stärker an der absehbaren kaufkräftigen Nachfrage ausrichten. Zur Kostensenkung werden sich die PTOs um eine Intensivierung des Wettbewerbs unter ihren Zulieferfirmen bemühen" (Schnöring 1992: 13).

Marktförmige Beziehungen kennzeichnen heute immer mehr die Strukturen auf den Beschaffungsmärkten der Netzbetreiber. Im Bereich **nachrichtentechnischer Grundlagenforschung** und der Erarbeitung von (internationalen) **Standards** bildet sich dagegen ein *zweites* Interaktionsmodell heraus. "Zur Finanzierung der enormen FuE-Aufwendungen neuer Systeme, zur Realisierung von Verbundvorteilen bei FuE und zur Schaffung gemeinsamer Standards kommt es zu vielfältigen Kooperationen von Netzbetreibern und Herstellern auf europäischer und internationaler Ebene" (Schnöring 1992: 18f.). Die Beteiligung der Netzbetreiber an gemeinsamen Projekten mit der Herstellerindustrie entspringt dabei nicht industriepolitischen Ambitionen, sondern unternehmerischen Interessen (Schnöring 1992: 18). Die hohen Innovationsraten in der Nachrichtentechnik zwingen alle Netzbetreiber, die beim technologischen Fortschritt mithalten und aktiv auf Produktgestaltung und Standardisierung Einfluß nehmen wollen, zum verstärkten Engagement im Bereich von Forschung und Entwicklung. Merkmal der Forschungskooperationen mit der Herstellerindustrie wie anderen Netzbetreibern ist, daß sie sich im vorwettbewerblichen und im vornormativen Bereich abspielen.

Schöring wählt zur Charakterisierung der neuen Form der Interaktion zwischen Netzträgern und Herstellerfirmen den Begriff der **'Koopkurrenz'**. Sie ist gekennzeichnet durch eine Mischung aus Kooperation bei Forschung und Entwicklung weit im Vorfeld der Marktreife von neuen Systemen einerseits und einem "intensiven Wettbewerb bei der Verwertung der FuE-Ergebnisse in Systemen, Geräten und Dienstleistungen" andererseits (Schnöring 1992: 18f.).

Teil II:
Bundesrepublik Deutschland

A. Die Bundespost und ihre Partner

1. Die Deutsche Bundespost

1.1. Organisation und Rechtsstellung

Den rechtlich-organisatorischen Rahmen für das Post- und Fernmeldewesen in der Bundesrepublik definiert das Grundgesetz. Gemäß Art. 73 Ziff. 7 GG ist es Gegenstand der ausschließlichen Gesetzgebung des Bundes. Art. 87 Abs. 1 Satz 1 GG reiht - in seiner bis zum 1.1.1995 gültigen Fassung - die Bundespost in die Gebiete ein, die in bundeseigener Verwaltung mit eigenem Verwaltungsunterbau geführt werden. Die vom Bundesminister für das Post- und Fernmeldewesen ausgeübte **Fernmeldehoheit** wurde im ersten Paragraph des Gesetzes über Fernmeldeanlagen (FAG) bestimmt: "Das Recht, Fernmeldeanlagen, nämlich Telegraphenanlagen für die Vermittlung von Nachrichten, Fernsprechanlagen und Funkanlagen zu errichten und zu betreiben, steht ausschließlich dem Bund zu."[1] Hierauf gestützt, nahm die Bundespost in der Vergangenheit ein umfassendes Monopol wahr. Im Bereich der Endgeräte hat sie von ihrem Ermessen unterschiedlichen Gebrauch gemacht (vgl. Graf 1981: 328ff.).

Organisation und Rechtsstellung wurden durch das Gesetz über die Verwaltung der Deutschen Bundespost vom 24. Juli 1953 (PostVwG) näher bestimmt. Es blieb bis zum Inkrafttreten des Gesetzes zur Neustrukturierung des Post- und Fernmeldewesens und der Deutschen Bundespost (Poststrukturgesetz - PostStruktG) am 1. Juli 1989 gültig. Das Postverwaltungsgesetz formulierte die **Zielvorgaben** für die Geschäftspolitik der Bundespost (2 PostVwG). Der Bundesminister hatte sie "nach den Grundsätzen der Politik der Bundesrepublik Deutschland, insbesondere der Verkehrs-, Wirtschafts-, Finanz- und Sozialpolitik" zu verwalten und dabei "den Interessen der deutschen Volkswirtschaft Rechnung zu tragen". Die Entwicklung der verschiedenen Nachrichtenzweige war "miteinander in Einklang zu bringen". Die Bundespost hatte ihre Anlagen "in gutem Zustand zu erhalten

---

[1] Ein staatliches Telegrafenmonopol war bereits in der Verfassung des Deutschen Reiches von 1871 verankert; Reichskanzler von Bismarck dehnte es 1881 auf das Telefon aus, indem er dieses zum Unterfall des Telegrafen erklärte. Ausdrücklich bestätigt wurde das Telefonmonopol im Gesetz über das Telegraphenwesen von 1892). Zum Fernmeldemonopol der DBP vgl. Mestmäcker (Hrsg.) 1980, Knieps et al. 1981, Monopolkommission 1981, Graf 1981: 322ff., Scherer 1985: 62ff., Knieps 1987, Grande 1989: 18ff.; aus der Sicht der DBP: Wiechert 1986.

und technisch und betrieblich den Anforderungen des Verkehrs entsprechend weiter zu entwickeln und zu vervollkommnen".

Das Vermögen der Deutschen Bundespost war Sondervermögen des Bundes mit eigener Haushalts- und Rechnungsführung. Im Gegenzug war die Bundespost zur **Eigenwirtschaftlichkeit** verpflichtet und hatte keinen Anspruch auf Zuschüsse aus dem Bundeshaushalt. Die Bundespost war als Hoheitsbetrieb im Sinne des Steuerrechts von der Zahlung nahezu sämtlicher öffentlicher Abgaben befreit. Als Kompensation hatte sie jährlich einen gesetzlich bestimmten Anteil ihrer Betriebseinnahmen - nicht ihrer Gewinne! - an die Bundeskasse zu überweisen. Der *Ablieferungs*satz betrug bis 1981 6,66 Prozent des Umsatzes, seit 1981 10 Prozent.

Bei der Leitung der Deutschen Bundespost verfügte der **Postverwaltungsrat** über bestimmte Mitwirkungsrechte. Bundestag und Bundesrat sollten durch dieses Kontrollgremium Einflußmöglichkeiten erhalten bleiben, die die Abtrennung des Haushalts der DBP vom allgemeinen Bundeshaushalt kompensierten. Zu seinen Kompetenzen zählten Budgetrechte, zentral waren hier die Genehmigung des Haushaltsvoranschlags und des Jahresabschlusses, und Mitwirkungsrechte bei der Ausgestaltung des Post- und Fernmeldewesens. Faktisch hat er keinen wesentlichen Einfluß auf die Unternehmenspolitik ausgeübt (vgl. Knieps 1985: 68, Herrmann 1986: 130).

Das PostVwG definierte **Mitwirkungsrechte anderer Bundesminister** bei der Geschäftsführung der DBP. So war die förmliche Zustimmung - das Einvernehmen - des Bundesministers für Wirtschaft für den Erlaß von Rechtsverordnungen über *Gebühren* notwendig. Der Jahresvoranschlag für den *Haushaltsplan* war im Einvernehmen mit dem Bundesminister für Finanzen aufzustellen, das galt auch für die Gewinnverwendung und Verlustdeckung sowie für die Aufnahme von Krediten. Haushalts- und Wirtschaftsführung der DBP wurden schließlich vom Bundesrechnungshof überwacht.

Die innere **Organisation** der DBP folgte bis zur Poststrukturreform von 1989 dem in der deutschen Verwaltung üblichen Drei-Instanzen-Schema (vgl. Redlin 1982). Das *Bundesministerium* bildete die oberste Stufe. Das Fernmeldewesen war durch zwei Abteilungen (Netze und Dienste) vertreten. Personal, Finanzwesen, Bauwesen und Liegenschaften und andere zentrale Aufgaben wurden für Post- und Fernmeldewesen gemeinsam verwaltet. Die mittlere Ebene bildeten achtzehn regionale *Oberpostdirektionen* (OPDs), auch hier waren Post- und Fernmeldewesen zusammengefaßt. Auf unterster Stufe standen die örtlichen *Ämter*, getrennt nach Post- und Fernmeldewesen. Auf der mittleren Verwaltungsebene waren neben den OPDs drei Zentralbehörden angesiedelt - das Fernmeldetechnische Zentralamt, das Posttechnische Zentralamt sowie das Sozialamt der DBP. Trotz der organisatorischen Zusammenfassung von Post- und Fernmeldewesen auf zentraler und regionaler Ebene sowie der gemeinsamen Wahrnehmung von Querschnittsaufgaben entwickelte sich das Fernmeldewesen "als relativ abge-

Die Bundespost und ihre Partner 51

schlossenes Teilunternehmen innerhalb der Post" (Herrmann 1986: 147, vgl. auch Tenzer 1982: 27). Die Führungspositionen waren "in ganz überwiegendem Maße" mit Ingenieuren besetzt, die "ein spezifisch ingenieursmäßiges Denken, und das heißt eine besondere technische Art, an Probleme heranzugehen", mitbrachten (Herrmann 1986: 146).

1.2. Der Aufbau des Telefonnetzes

Die Deutsche Bundespost verstand sich als Infrastrukturunternehmen, das die *Versorgung* mit (Post- und) Fernmeldediensten sicherzustellen hatte. "Die Post- und Fernmeldedienste sind Bestandteil der Infrastruktur eines Landes. Sie werden samt den zugehörigen Anlagen nach dem Bedarf der Bevölkerung geplant und angeboten" (Gscheidle 1980: 33).

Schaubild II-1: Entwicklung der Warteliste für den Telefondienst im Bereich der Deutschen Bundespost, 1960 bis 1983

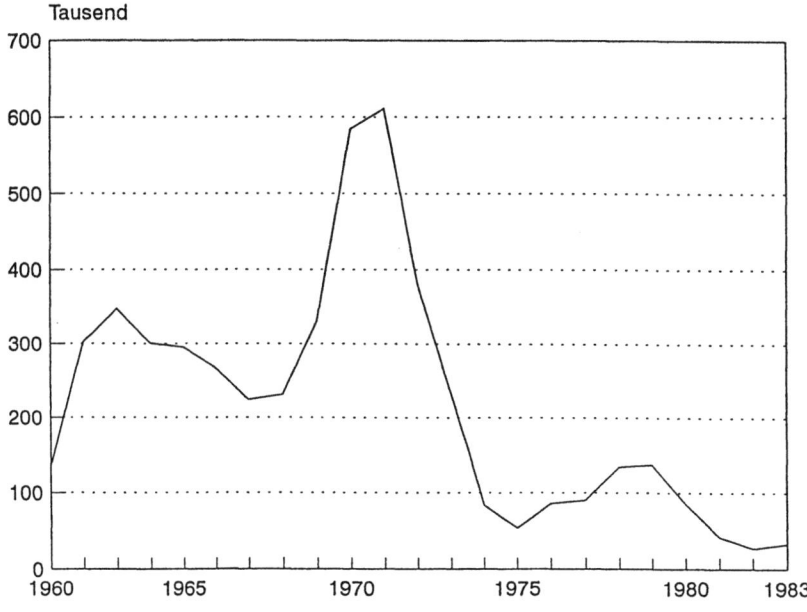

Quelle: Geschäftsberichte der DBP, verschiedene Jahrgänge

Im Bereich des Fernmeldewesens waren die "Anforderungen des Verkehrs", denen die DBP laut PostVwG nachzukommen hatte, in der Nachkriegszeit erheblich. Das Fernmeldenetz war nahezu vollständig zerstört. Die Zahl der Telefonanschlüsse je hundert Einwohner war auf 3,3 abgesunken, das entsprach dem Stand von 1930 (Horstmann 1952: 317, 320). Bereits 1950 hatten sich mehrere Hunderttausend Anträge auf Einrichtung eines Telefonanschlusses angesammelt, allein 350.000 wurden als dringlich eingestuft (Werle 1990: 103). Neben dem kriegsbedingten Nachholbedarf ließ der wirtschaftliche Aufschwung die Nachfrage in die Höhe schnellen. Angebot und Nachfrage klafften fast drei Jahrzehnte lang auseinander, ablesbar an den langen Wartelisten von Antragstellern, deren Anschlußwünsche nicht sofort erfüllt werden konnten (vgl. Schaubild II-1).

Die **Bruttoinvestitionen** der Bundespost in Sachanlagen summierten sich von 1949 bis 1981 auf insgesamt 123 Mrd. DM, 90 Prozent flossen in das Fernmeldewesen (vgl. Schaubild II-2). Aus den laufenden Einnahmen waren die hohen Investitionsausgaben nicht zu finanzieren. Auf Zuschüsse aus dem Bundeshaushalt hatte die Bundespost keinen Anspruch, Gebührenerhöhungen zur Verbesserung der Ertragslage waren politisch nicht durchsetzbar. "The supply of telephone services was increased at low prices. The charge for a local call was viewed by politicians as a so-called 'political price': Any increase herein was thought by the federal government as an indicator of what the public might understand as inflation" (Thomas 1988: 207). Der einzige Weg, die erforderlichen Finanzmittel zu beschaffen, bestand in der Aufnahme von **Fremdkapital**. Die DBP hat hiervon massiv Gebrauch gemacht. Ihre Eröffnungsbilanz wies 1949 noch einen Eigenkapitalanteil von 73 Prozent aus. 1955 war er bereits auf 45 Prozent abgesunken, 1964 erreichte er mit 12,1 Prozent den absoluten Tiefstand. Eine ähnlich dramatische Entwicklung nahmen die Jahresergebnisse. Bereits in der zweiten Hälfte der fünfziger Jahre machte die Bundespost Verluste, zwischen 1961 und 1965 akkumulierten sie sich auf über 1,1 Mrd. DM. In der zweiten Hälfte der sechziger Jahre halfen kurzfristige Unterstützungsmaßnahmen des Bundes über die akute Finanznot hinweg. Der Bundespost wurde eine moderate Erhöhung der Telex- und Telefongebühren zugestanden, der Bund übernahm teilweise den Schuldendienst und verringerte die Ablieferungslasten. 1970 bis 1974 machte die DBP erneut Verluste, sie summierten sich auf fast 4 Mrd. DM. Die Eigenkapitalquote sank von 25 auf 15 Prozent. Wie Mitte der sechziger Jahre wurden Sofortmaßnahmen ergriffen. Der Bund verzichtete von 1975 bis 1977 auf die gesamte Ablieferung. Der Bundespost wurden wiederum Gebührenerhöhungen zugestanden. "Ohne diese Maßnahmen hätte das Eigenkapital der Post 1974 nur noch gut 2 Mrd. DM betragen. Das Unternehmen wäre nahezu konkursreif gewesen" (Werle 1990: 216).[2]

---

[2] Zur Finanzwirtschaft der DBP vgl. Witte/Taubitz 1987; aus der Sicht der DBP: Zurhorst 1981, von Nitsch 1984.

Die Bundespost und ihre Partner 53

Schaubild II-2: Fernmeldeinvestitionen der Deutschen Bundespost, 1948 bis 1979

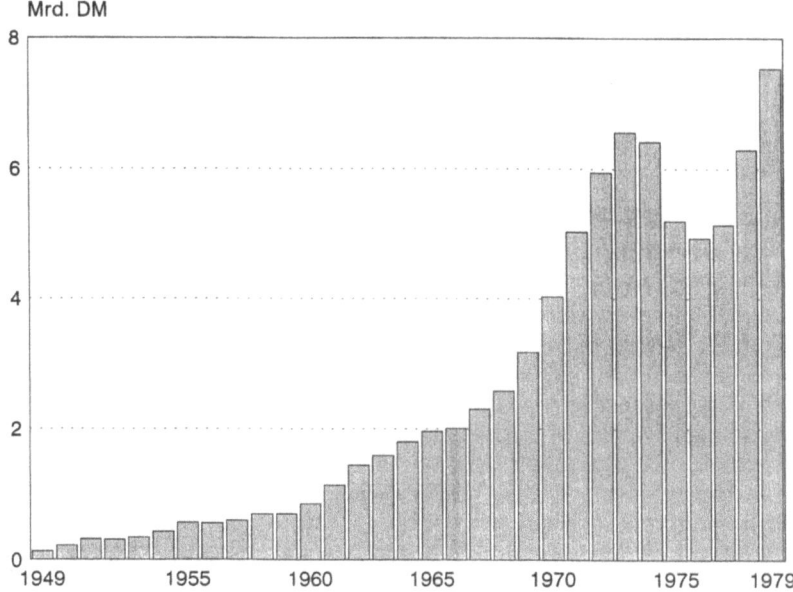

Quelle: Geschäftsberichte der DBP, verschiedene Jahrgänge

Die wirtschaftlichen Probleme der Bundespost haben in den sechziger Jahren Diskussionen um eine **Unternehmensreform** ausgelöst. Eine von der Bundesregierung eingesetzte Sachverständigenkommission machte für die Situation - ebenso wie die Bundespost selbst - die politischen Lasten verantwortlich, die das Postverwaltungsgesetz aufgab.[3] Dem Zwang zur Eigenwirtschaftlichkeit und dem Fehlen von Bundeszuschüssen standen vielfältige Einschränkungen des unternehmerischen Handels gegenüber. Aufgrund der Zustimmungserfordernisse für Gebührenerhöhungen konnten die Einnahmen nicht entsprechend betriebswirtschaftlicher Anforderungen variiert werden; die Defizite aus den Postdiensten mußten durch interne Subventionierung ausgeglichen werden; sozialpolitische Auflagen wie verbilligte Telefongebühren für bestimmte Gruppen schlugen sich auf der Einnahmenseite nieder. Kritisiert wurden auch die hohen Ablieferungen an den Bund, die unabhängig von Gewinnsituation und wirtschaftlicher Lage der Bundespost zu leisten waren. Im Zentrum der Versuche einer Unternehmensreform - ein erneuter Anlauf der sozial-liberalen Koalition scheiterte 1976 an der Mit-

---

[3] Zu der Arbeit der Sachverständigenkommission vgl. Kühn 1971; aus der Sicht der Bundespost: Garbe 1969.

bestimmungsfrage - standen eine unternehmerische Verselbständigung der Bundespost sowie eine Reform der finanzwirtschaftlichen Strukturen und des Ablieferungssystems. Ordnungspolitische Fragen waren weder in den sechziger noch in den siebziger Jahren Gegenstand der Diskussion (vgl. hierzu Kuhn 1986, Werle 1990: 145ff.).

1.3. Beschaffungspolitik unter dem 'Primat des Betriebs'

Traditionell hat die Bundespost ihren Bedarf an nachrichtentechnischen Geräten und Systemen vollständig auf dem inländischen Markt gedeckt.[4] Die Beschaffungspolitik der Bundespost war insofern "absolut typisch für die Politik der Fernmeldeverwaltungen in den hochentwickelten Industriestaaten" (Eggers 1980: 22). Der Anteil DBP-Käufe an der Inlandsnachfrage nach Fernmeldeeinrichtungen - also des Gesamtumsatzes der Fernmeldeindustrie abzüglich der Exporte - belief sich in den sechziger und siebziger Jahren auf rund 60 Prozent. Auf einzelnen Teilmärkten, beispielsweise der Vermittlungstechnik, lag ihr Nachfrageanteil noch erheblich über diesem Durchschnittswert (Ueckert 1981: 175).

1.3.1. Das Fernmeldetechnische Zentralamt (FTZ)

Wichtigster Akteur innerhalb der Beschaffungsorganisation der Deutschen Bundespost war das Fernmeldetechnische Zentralamt (FTZ) in Darmstadt. Das FTZ nahm den Rang einer Mittelbehörde ein, die dem Bundesministerium als Stabsstelle direkt unterstand. Seine Aufgaben waren die Planung der Netze und Dienste, die zentrale Betriebslenkung, die zentrale Beschaffung und die nachrichtentechnische Forschung (Dingeldey 1974b: 201f.). In seinen Zuständigkeitsbereich fielen auch die Aufstellung von Normen und die nachrichtentechnische Standardisierung. Vom FTZ wurden die technischen Pflichtenhefte für neue Geräte und Systeme entworfen. Außerdem war es bis zur Schaffung des Zentralamts für Zulassungen im Fernmeldewesen 1982 für die Genehmigung von privaten Fernmeldeanlagen und die Zulassung von Fernmeldeeinrichtungen für das öffentliche Netz zuständig. Der

---

[4] Bis zum Jahr 1960 war die Vergabe öffentlicher Aufträge an ausländische Bewerber sogar formell untersagt. Die Verdingungsverordnung für Leistungen hielt in ihrer Fassung von 1936 fest: "Ausländische Erzeugnisse dürfen nicht beschafft werden, wenn geeignete Erzeugnisse zu angemessenen Preisen im Inland gefertigt werden" (VOL/A 10 Nr. 4 S. 2, zit. nach Dohmen 1982: 370). Diese Bestimmungen sind in der Folgezeit gelockert worden, die Bundespost hat sich jedoch aufgrund der "technisch-betrieblichen Besonderheiten des Fernmeldebedarfs" und der "verwaltungs-praktischen Schwierigkeiten" (Meierrose/Wigand 1965: 38) nicht um die Einbeziehung ausländischer Firmen bemüht.

Personalbestand des FTZ wuchs von 800 Mitarbeitern im Jahr 1950 auf 2200 Anfang der siebziger Jahre, der Großteil davon waren Ingenieure (Dingeldey 1974b: 201).[5]

Auf die **Zentrale Beschaffung** entfiel etwa zwei Drittel des jährlichen Auftragsvolumens der Bundespost im Fernmeldewesen (Reuter/Eck 1989: 25).[6] Das FTZ beschaffte "im allgemeinen dann, wenn es sich um hochwertige technische Gegenstände handelt, für die besondere Fachkenntnisse erforderlich sind, wenn es auf einheitliche Ausführung und Güte für den gesamten Bereich der DBP ankommt oder wenn die zentrale Regelung zur Ausnutzung von Mengenrabatten durch große Aufträge führt" (Müller 1956: 651). Die zentrale Beschaffung umfaßte alle mit dem Einkauf in Zusammenhang stehenden Aufgaben. Das FTZ bestimmte - im Rahmen der für öffentliche Auftraggeber geltenden Richtlinien - die Verfahren und Regeln für die Auftragsvergabe (Bonson 1968: 130).

In der Kompetenz des FTZ lag auch der Abschluß von **Entwicklungsvereinbarungen** mit der Herstellerindustrie. Als eine seiner zentralen Aufgaben betrachtet es die "Steuerung" der nachrichtentechnischen Forschung und Entwicklung in der Bundesrepublik (so sein Präsident Dingeldey 1974b: 201). Zentrale Auftragsvergabe und Steuerung der technologischen Entwicklung im Telekommunikationssektor gingen für das FTZ Hand in Hand: "Nur ein weitgehend zentralisierter Einkauf kann mit der gebotenen Schnelligkeit und der notwendigen technischen Autorität auf die in ständigem Fluß befindliche technische Entwicklung reagieren, diese steuern oder beeinflussen" (Wigand 1968).

1.3.2. Beschaffungspolitische Ziele und Strategien

Auf den Einkaufsmärkten verfügte die Bundespost nicht über den gleichen Spielraum wie private Unternehmen. Die *Haushaltsvorschriften* des Bundes verpflichteten sie zum wirtschaftlichen und sparsamen Einsatz ihrer Mittel. Bei der Vergabe von Aufträgen hatte sie die Verdingungsverordnungen für Leistungen und Bauleistungen (VOL/A, VOB/A) anzuwenden. Auflagen wirtschaftspolitischer Art formulierte auch das *Stabilitätsgesetz*, demgemäß beim Einkauf konjunkturelle Aspekte zu beachten waren. Die DBP hatte die Einkaufsrichtlinien des Bundes für bevorzugte Bewerber sowie die Vorschriften über die regionale und strukturelle Wirtschaftsförderung bzw. die Mittelstandsrichtlinien anzuwenden.[7] Das PostVwG schrieb schließlich die angemessene sektorale und regionale Streuung der Auftragsvergabe vor,

---

[5] Zur organisatorischen Entwicklung: Keßler 1955, Dingeldey 1974b und Reuter/Eck 1989.
[6] Daneben wurde bezirklich zentral und dezentral eingekauft. Es handelte sich hierbei im wesentlichen um marktgängige Werk- und Betriebsstoffe und um Reparaturen.
[7] Die Privilegierungsvorschriften hatten allerdings in der Praxis kaum Bedeutung, nach ihnen wurden weniger als ein Prozent der DBP-Aufträge vergeben (Dohmen 1985: 209).

allerdings nur, wenn dadurch die Beschaffungen nicht unwirtschaftlich zersplittert wurden. Aus dem *Kartellrecht* ergaben sich weitere Auflagen: hier war insbesondere das Gesetz gegen Wettbewerbsbeschränkungen von Bedeutung, das den Kartellbehörden die Möglichkeit gibt, öffentlichen Auftraggebern den Mißbrauch von Nachfragemacht zu untersagen.[8]

Bei der Anwendung dieser Auflagen verfügte die Bundespost jedoch über einen breiten Ermessensspielraum. Sie selbst definierte sich als *zur Eigenwirtschaftlichkeit verpflichtetes Infrastrukturunternehmen*. Wirtschaftspolitische Auflagen und Zielsetzungen der Bundesregierung sollten möglichst ohne betriebswirtschaftliche Nachteile und mit möglichst geringen Selbstkosten implementiert werden. So hatte die DBP in den siebziger Jahren ihre Einkaufspolitik geradezu *antizyklisch* gestaltet und deren Einsatz als konjunkturpolitisches Instrument zurückgewiesen (vgl. Dohmen 1984: 204).[9]

Bis Mitte der siebziger Jahre stand die Bundespost unter dem Druck einer ständig steigenden Nachfrage nach Telefonanschlüssen. Ihr Hauptanliegen war die möglichst reibungslose Umsetzung der Netzausbaupläne. Beschaffungspolitik diente unter diesen Bedingungen vor allem der *sicheren Bedarfsdeckung*. Die Beschaffungsdienststellen hatten dafür zu sorgen, daß die benötigten Einrichtungen "ständig in ausreichender Menge und Qualität zur Verfügung" standen, mit diesem Ziel konnten nach Auffassung der Bundespost "andere erstrebenswerte Zielsetzungen nur verbunden werden, wenn und soweit sie die eigentliche Funktion der Beschaffungsdienststellen nicht beeinträchtig(t)en" (Meierrose/Wigand 1965: 44). Der Einkauf galt als "Hilfsfunktion" des Betriebs, weder innerhalb des FTZ, noch im Ministerium gab es eine "Instanz als Verantwortungsträger für den Einkauf in seiner Gesamtheit oder für die zusammengefaßte Steuerung oder Koordinierung aller materiellen, marktgerichteten Einkaufsaktivitäten" (Cordel 1972: 297). Auch der 'Zentrale Einkauf' des FTZ war faktisch dezentralisiert: Verantwortlich für die Beschaffung ihres jeweiligen Bedarfs waren die einzelnen technischen Dienstzweige und Fachbereiche. "Die Dienststellen der Fachbereiche ('Produktion') stehen unter dem Zwang, bestimmte betrieblich-technische Aufgaben innerhalb einer meist sehr knapp bemessenen Zeit unter oft sehr schwierigen äußeren Bedingungen zu erfüllen. Dieser 'Primat des Betriebs' führt aus der Sicht der Fachbereichs(dienststellen) zwangsläufig in bezug auf den Einkauf zu einer sehr starken Betonung der Bedarfsdeckungsperspektive. Bei dem unbestreitbaren Vorrang des Betriebs gewinnen dann betragsmäßig nicht zu quantifizierende Standardargumente wie 'betriebliche Gründe', 'Einheitstechnik', 'Gemeinwohlverpflichtung' und dergleichen mehr nur zu leicht eine Autorität, die fast unantastbar... ist" (Cordel 1972: 304). Die Dominanz von Ingenieuren und Technikern inner-

---

[8] Zu den rechtlichen Rahmenbedingungen des DBP-Einkaufs vgl. Dohmen 1984, 1985.
[9] Zur möglichen Rolle der Fernmeldeinvestitionen im Rahmen staatlicher Konjunkturpolitik vgl. Schwedes 1971, Rittershofer 1977.

Die Bundespost und ihre Partner 57

halb der Bundespost trug ein weiteres dazu bei, daß die **Beschaffungspolitik dem Primat des Betriebs untergeordnet** wurde. Sie waren vor allem bestrebt, ein technisch hochwertiges Fernmeldenetz "aus einem Guß" zu schaffen (Möhring 1976: 40).

Dieser Leitvorstellung eines Fernmeldenetzes "aus einem Guß" lag auch das Prinzip der sogenannten **Einheitstechnik** zugrunde. Die Bundespost beschaffte jeweils nur baugleiche Systeme und Geräte der verschiedenen Einrichtungstypen. Sie hat von allen europäischen PTTs das Prinzip am durchgängigsten angewandt (Dingeldey 1974a: 288). Das Prinzip der Einheitstechnik wurde zunächst sehr eng gefaßt. In den siebziger Jahren hat die DBP - "um die sich aus der Beschränkung auf eine oder wenige technische Lösungsmöglichkeiten ergebenden Nachteile möglichst niedrig zu halten" (Dohmen 1976: 47) - Abstufungen entwickelt (Dingeldey 1974a: 301).

Die strikte Ausrichtung der DBP am Prinzip der Einheitstechnik hatte weitreichende Konsequenzen für die **Verhältnisse auf den bundesdeutschen Fernmeldemärkten**. "Entscheidet sich die DBP aus den... vielfältigen technischen und betrieblichen Vorteilen einer weitgehenden Standardisierung, soweit möglich, nur einheitstechnische Geräte einzuführen, so schließt sie - da sie beherrschende Nachfragerin in der BRD ist - den Markt zugunsten der Inhaber und der gegebenenfalls lizenzierten Benutzer der entsprechenden gewerblichen Schutzrechte. Ein Einkaufswettbewerb... ist damit nicht mehr möglich" (Dingeldey 1974a: 299).

2. Die bundesdeutsche Herstellerindustrie

Augenfälliges Merkmal der deutschen Fernmeldeindustrie war, und daran hat sich bis heute wenig geändert, daß hier ein kleiner Kreis von Herstellern nahezu die gesamte Produktion erwirtschaftete. In den ersten drei Nachkriegsjahrzehnten handelte es sich dabei um die Siemens AG,[10] die Standard Elektrik Lorenz AG (SEL), die AEG-Telefunken und die Telefonbau und Normalzeit (TuN). Mit Ausnahme der TuN waren es Großunternehmen, bei denen die Nachrichtentechnik nur einen Teil des Gesamtumsatzes ausmachte. Der Anteil dieser vier Firmen am Inlandsumsatz der Gesamtindustrie lag 1976 bei 90 Prozent (OECD 1983: 34).

Die Umsatzzahlen (vgl. Tabelle II-1) weisen auf die dominierende Stellung des *Siemens*-Konzerns hin. In der Vergangenheit hat Siemens für die wichtigsten nachrichtentechnischen Geräte und Systeme, die von der DBP eingesetzt wurden, die Entwicklungsarbeiten geleistet und verfügte über die

---
[10] In der Siemens AG wurden 1968 Siemens & Halske, Siemens-Schuckert und Siemens-Reiniger zusammengeschlossen.

wesentlichen Schutzrechte. Siemens war über die Vergabe von Nachbaurechten und Lizenzverträge bzw. Zulieferungen am Umsatz der anderen Hersteller der Branche mitbeteiligt (Monopolkommission 1981: 58). Darüber hinaus war Siemens (bis 1988) am Herstellerunternehmen *DeTeWe*, das 1977 einen Jahresumsatz von ca. 300 Mio. DM verbuchte, beteiligt (Böhme 1989: 280). Siemens vereinigte in den siebziger Jahren (seine Beteiligung an der DeTeWe miteinberechnet) etwa ein Drittel des Auftragsvolumens der DBP für Fernmeldeanlagen auf sich (Rittershofer 1977: 405).

Tabelle II-1: Umsätze der führenden deutschen Herstellerunternehmen, 1978

	Umsatz Fernmeldetechnik	Anteil am Gesamtumsatz
Siemens	4,28 Mrd. DM	22,5%
SEL	1,25 Mrd. DM	50,0 %
AEG-Telefunken	0,96 Mrd. DM	8,0%
TuN	0,86 Mrd. DM	75%
Fernmeldeindustrie	8,06 Mrd. DM	

Quelle: Graf 1981: 386ff.

Zweitgrößter Hersteller in der Bundesrepublik ist die *Standard Elektrik Lorenz AG*, SEL, die bis 1987 zur ITT gehörte. Die Fernmeldetechnik bildet einen Kernbereich ihrer Aktivitäten. Das Produktionsspektrum reicht von öffentlicher Vermittlungstechnik über Fernmeldekabel, Übertragungssysteme und Funkanlagen bis hin zu Telefonapparaten und Nebenstellenanlagen. Im Zentrum der nachrichtentechnischen Produktion der *AEG-Telefunken* lagen Geräte und Systeme der Funkübertragungstechnik. Im Zuge der Sanierung des AEG-Konzerns wurde der AEG-Unternehmensbereich Nachrichtentechnik Anfang der achtziger Jahre vom Bosch-Konzern übernommen und heißt heute ANT. Seit 1988 ist die frühere AEG-Tochter *Telefonbau und Normalzeit*, TuN, heute Telenorma, die vor allem Einrichtungen der öffentlichen und privaten Vermittlungstechnik (Nebenstellenanlagen) herstellt, im Besitz des Bosch-Konzerns. Die in den siebziger Jahren vom niederländischen Philips-Konzern übernommenen Unternehmen *Felten & Guilleaume Carlswerk AG* und *TeKaDe Felten & Guilleaume* (heute in die Philips Kommunikations-Industrie, PKI, integriert) sind weitere bedeutende Hersteller in der Bundesrepublik. Der Schwerpunkt von F & G lag in der Produktion von Fernmeldekabel. TeKaDe stellte vor allem Endgeräte und Nebenstellenanlagen her. Neben diesen Großunternehmen existiert eine Anzahl *kleinerer und mittlerer Unternehmen*, die sehr stark spezialisiert sind. Kleine und mittlere Firmen sind vor allem in der Endgeräte-, Prüf- und

Die Bundespost und ihre Partner 59

Meßgeräte-, Batterie- und Kabelproduktion tätig. Typisch war für diese Unternehmen in der Vergangenheit, daß sie ihr Produktionsprogramm ganz auf die Bedürfnisse der DBP bzw. der Großunternehmen ausgerichtet hatten (Graf 1981: 453).

Der Kreis der Anbieterfirmen hatte sich seit den zwanziger Jahren kaum verändert. Die traditionelle Inlandsorientierung der DBP-Beschaffung und eine auf die Erfordernisse des deutschen Netzes zugeschnittene Produktpolitik führten dazu, daß der bundesdeutsche Markt nahezu vollständig gegen ausländische Konkurrenz abgeschottet war. Bis Ende der siebziger Jahre hatten sich jedoch auch neue inländische Anbieter nur in Einzelfällen und mit Unterstützung der Bundespost etablieren können. Zugleich war die Bedeutung von Marktaustritten gering: hatte sich ein Anbieter einmal auf einem Markt durchgesetzt, so war seine Stellung in der Regel gesichert. Auch die Marktanteile der einzelnen Firmen haben sich über die Zeit hin kaum verändert.

Die Hersteller von Fernmeldeeinrichtungen sind im *Zentralverband der Elektrotechnischen Industrie* (ZVEI) zusammengeschlossen. Die Kontakte zwischen Bundespost und Herstellerindustrie im Bereich des Beschaffungswesens finden aber in der Regel auf informeller, bilateraler Ebene statt (Cawson et al. 1990: 159).

3. Historische Weichenstellungen

Die Angebotsstrukturen auf den bundesdeutschen Fernmeldemärkten und die weiter unten beschriebenen Muster der Zusammenarbeit zwischen der Bundespost und ihren 'Hoflieferanten' hatten eine lange Vorgeschichte. Sie lassen sich bis in die zwanziger Jahre zurückverfolgen. In dieser Periode begann die Deutsche Reichspost mit der Automatisierung der Ortsvermittlungsämter und dem systematischen Aufbau des Weitverkehrsnetzes, damit verbunden war die Einführung neuer technischer Systeme und die Auswahl von Lieferanten.[11]

1900 hatte die Reichspost als erste europäische Postverwaltung den Versuch mit einem **automatischen Ortsvermittlungsamt** unternommen. Das erste Versuchsamt war noch aus Chicago, von der Firma des Erfinders Strowger, Automatic Electric, geliefert worden.[12] 1905 beauftragte die Reichspost die

---

[11] Zur historischen Entwicklung vgl. Sielcken 1929: 20ff., SEL (1978) und Georg von Siemens (1961a, 1961b); aus der Sicht der DBP Meierose/Wigand 1965; zu den Beziehungen der Reichspost zu Siemens vgl. von Peschke 1981; zur Vermittlungstechnik Graf 1981: 396ff., Scherer 1985: 437ff., Ziegler 1989; zur Übertragungstechnik Thomas 1989, Petzold 1990.
[12] Georg von Siemens in seiner Firmengeschichte: "Bei Siemens & Halske hörte man von dieser

Firma Loewe & Co. mit der Errichtung eines ersten öffentlichen Wählamtes. Als der Aufbau des Amtes scheitert, bot sie *Siemens & Halske* den Einstieg in das Projekt an. Die 1847 gegründete 'Telegraphen-Anstalt von Siemens & Halske' war maßgeblich am Aufbau des deutschen Telegrafennetzes beteiligt gewesen und lieferte der Reichspost auch die ersten Telefonapparate. In den folgenden Jahren hatte man das Telefongeschäft jedoch vernachlässigt. Ende des letzten Jahrhunderts war Siemens & Halske im Bereich des Ämter- und Telefonapparatebaus kaum vertreten.[13] Bemühungen, mit der Reichspost wieder ins Geschäft zu kommen, scheiterten. Siemens & Halske zog Konsequenzen aus diesen Erfahrungen und reorganisierte den gesamten Fernmeldebereich: "Rationalisierung der Fertigung und hohe Investitionen in Neuentwicklungen, Investitionen also, bei denen eine Großfirma wie S & H gegenüber den übrigen Firmen auf Grund ihrer Finanzkraft im Vorteil war. Über die technische Führung auf dem Schwachstromsektor erhoffte man sich auch die wirtschaftlich dominierende Position, die jedem Konkurrenten künftig einen Alleingang als Hasardspiel erscheinen lassen sollte" (von Peschke 1981: 63). Während sich die Konkurrenz im "lukrativen Geschäft der handbedienten Vermittlungsämter festgebissen" hatte, befaßte sich Siemens & Halske schon frühzeitig mit der automatischen Vermittlungstechnik (von Siemens 1961a: 341). Das Angebot der Reichspost zur Mitarbeit bei der Entwicklung eines automatischen Vermittlungssystems war das Ergebnis dieser Bemühungen. Die technische Führungsrolle im Rahmen der Zusammenarbeit überließ die Reichspost dem Unternehmen. "(D)urch die in etwa anderthalb Jahrzehnten von den beiden Partnern geleistete Arbeit (bildete sich) ein festes System für die Wähleranlagen der deutschen Reichspost heraus, das Siemens & Halske das Reichspostsystem nannten, obschon sie es mit demselben Recht als ihr System hätten bezeichnen können" (von Siemens 1961b: 79).

1922 begann die Reichspost die systematische Einführung der automatischen Ortswahl. Wenngleich sie Siemens & Halske durch den Ausschluß der anderen Hersteller eine technische Monopolstellung verschafft hatte, war sie nicht bereit, dem Unternehmen auch eine Position als Alleinlieferant einzuräumen. Die Reichspost entschied in dieser Situation zwar zugunsten der Einführung des Siemens-Hebdrehwählers als 'Postwählsystem 22', koppelte dies jedoch an die Bereitschaft Siemens & Halskes, weiteren

---

Bestellung, und der Vorstand wandte sich mit der vorwurfsvollen Frage an das Reichspostamt, ob jetzt Fernsprecheinrichtungen sogar in Amerika gekauft würden"; die Reichspost sprach daraufhin ausweichend von "Versuchseinrichtungen" (von Siemens 1961a: 338).

[13] Wichtigster Lieferant der Reichspost war die Firma Zwietusch & Co., die auf der Grundlage von Patenten der Western Electric arbeitete und auch amerikanische Ingenieure beschäftigte. Handvermittlungsschränke stellte außerdem die Firma Stock & Co. her, der Werkzeugmacher Stock hatte eine Zusammenarbeit mit der schwedischen L.M. Ericsson aufgebaut. Dritter Lieferant der Reichspost war die 1879 gegründete Firma Mix & Genest, die 1900 ein Drittel des Markts gewonnen hatte (SEL 1978: 19). Kleinere Vermittlungsämter und Telefonapparate boten außerdem die C. Lorenz AG und die Telephonfabrik Berliner an.

Die Bundespost und ihre Partner 61

Herstellern Nachbaurechte einzuräumen. Die Ausrichtung an der *Einheitstechnik* war schon damals "ausschlaggebend dafür, daß die als wünschenswert empfundene Marktauflockerung nicht durch die Einführung weiterer Vermittlungssysteme, sondern über den Nachbau des tragfähigsten Systems durch mehrere Firmen angestrebt wurde" (Meierrose/Wigand 1965: 60).

Siemens & Halske und die 1913 von der Western Electric übernommene Zwietusch & Co. schlossen daraufhin mit Mix & Genest einen Lizenzvertrag ab. Darüber hinaus trafen Reichspostministerium und Siemens & Halske eine Vereinbarung, die die Reichspost berechtigte, weitere Lizenzen an die Automatische Fernsprech-Anlagen-Bau-Gesellschaft mbH zu vergeben. Diese Gesellschaft war auf Initiative der Reichspost gegründet worden und faßte drei kleinere Firmen zusammen: die Deutschen Telephon- und Kabelwerke (DeTeWe, vormals Stock & Co.), die C. Lorenz AG und die Telephonfabrik Berliner. Die Lizenzvereinbarungen zwischen Reichspost, Siemens & Halske und den vier weiteren 'Amtsbaufirmen' - also den Firmen, die Wählämter bauten - schlossen eine feste Quotierung der Aufträge ein. Die Reichspost sicherte Siemens & Halske einen Anteil von 62,5 Prozent an ihrem Auftragsvolumen zu. Je 10 Prozent erhielten die C. Lorenz AG, die DeTeWe und die Telephonfabrik Berliner; Mix & Genest schließlich die verbleibenden 7,5 Prozent (SEL 1978: 48). Die Konsequenz der 'Marktöffnungspolitik' der Reichspost und dem sich daraus ergebenden Geflecht von Firmenvereinbarungen war eine faktische **Quotierung des Markts für Vermittlungseinrichtungen,** was der Reichspost heftige Kritik in der Presse einbrachte (SEL 1978: 48).[14]

Ausländische Firmen waren in den zwanziger Jahren auf den deutschen Fernmeldemärkten nicht vertreten. Die Weltwirtschaftskrise, die einige der Firmen nahe an den Ruin führte, bot der amerikanischen ITT die Chance zum Eindringen in den deutschen Markt. 1929 verkaufte ihr die AEG eine 1921 erworbene Mehrheitsbeteiligung an der Mix & Genest. Im gleichen Jahr folgten die Übernahmen der im Nebenstellen- und Telefonapparategeschäft tätigen Berliner Fernsprech- und Telegraphenwerke AG/Ferdinand Schuchardt und der Amtsbaufirma Telephonfabrik Berliner. Die drei Firmen wurden in die Holding-Gesellschaft Standard Elektrizitätsgesellschaft AG eingebracht. Die ITT kaufte außerdem die Amtsbaufirma C. Lorenz AG, die direkt der ITT unterstellt wurde. Aus dem Zusammenschluß der deutschen ITT-Töchter Standard Elektrik und C. Lorenz entstand 1958 die *Standard Elektrik Lorenz AG,* SEL (vgl. SEL 1978).

---

[14] Mix & Genest hierzu in ihrem Geschäftsbericht von 1929: "Wir haben keine Veranlassung, uns dieser Kritik anzuschließen, da wir die Beschränkung der Aufträge auf einen engen Kreis von Lieferfirmen technisch und wirtschaftlich für gerechtfertigt halten"; Carl von Siemens äußerte sich in der Hauptversammlung 1930: "Wenn ein Industriemonopol durch geistige Arbeit entsteht, nicht aufgebaut auf Gesetz oder Beherrschung von Rohstoffen, sondern allein auf dem Grundsatz, das Beste auf dem billigsten Wege zu erzeugen, so glaube ich, daß dies eine sehr erfreuliche wirtschaftliche Erscheinung ist" (zit. nach SEL 1978: 48f.).

Mit dem Einstieg der ITT in den deutschen Markt für Vermittlungstechnik gestalteten sich die Angebotsverhältnisse neu. Auf der einen Seite standen Siemens & Halske und die DeTeWe - an der Siemens & Halske seit 1928 indirekt beteiligt war -, auf der anderen die Tochtergesellschaften der ITT mit einem Marktanteil von 36 Prozent. Nach Ablauf des ersten Lizenzvertrags aus dem Jahre 1923 kam es zu einer zweiten Kartellabsprache, dieses Mal war die Reichspost nicht beteiligt. Siemens & Halske, DeTeWe und ITT teilten im sogenannten 'Fernsprechinlandsvertrag' die Aufträge unter sich auf: Siemens & Halske erhielt 54 Prozent, die Standard-Gruppe 36 Prozent und DeTeWe schließlich 10 Prozent des jährlichen Auftragsvolumens für Vermittlungsämter. Die Reichspost betrachtete die Kartellabsprache als rechtlich nicht verbindlich, hielt sich jedoch daran (Scherer 1985: 438). Die in den dreißiger Jahren getroffene Marktaufteilung galt - sieht man von der unmittelbaren Nachkriegszeit ab, in der die Fertigungsanlagen der Firmen weitgehend zerstört bzw. nicht mehr verfügbar waren - bis zur Ablösung des Hebdrehwählersystems durch eine neue vermittlungstechnische Generation in den fünfziger Jahren.

Auch im Bereich der **Übertragungstechnik** hatte Siemens & Halske um die Jahrhundertwende die technische Führung unter den deutschen Anbietern übernommen. 1900 war in den USA die Pupin-Spule zum Patent angemeldet worden, Siemens & Halske hatte sich beim Erfinder die deutschen Rechte gesichert. Die Patenterteilung in Deutschland (1903) verlief nicht ohne Schwierigkeiten. Die Reichspost und die anderen Kabelfabrikanten, allen voran Felten & Guilleaume und AEG, hatten erkannt, welche Monopolstellung hieraus erwachsen würde. Dem Druck der Reichspost und ihrer Drohung, auf ausländische Anbieter auszuweichen, konnte sich Siemens & Halske nicht dauerhaft widersetzen. Gegen die feste Zusage von Lieferaufträgen durch die Reichspost schloß sich Siemens & Halske 1913 mit den Konkurrenten in einem **Kartell** zusammen und gab das Pupin-Patent für die anderen Kartellmitglieder frei (von Peschke 1981: 78).[15]

Die Reichpost beschloß 1921 einen Plan für den landesweiten Ausbau des deutschen Telefonnetzes auf der Basis von Fernkabelstrecken, die die bis dahin noch vorherrschenden oberirdischen Freileitungen ohne Verstärker ersetzen sollten (Petzold 1990: 272). Zwei technische Verfahren - vertreten durch Siemens & Halske und DeTeWe - standen für den Aufbau des Fernnetzes zur Auswahl. Die Reichspost entschied sich schließlich für das System von Siemens & Halske. Ausschlaggebend dürften technische Gründe

---

[15] Die Kartellierung der Kabelindustrie besaß bereits eine lange Tradition. Ein erstes Submissionskartell für Schwachstromkabel war bereits 1876 von S & H und F & G gegründet worden. 1914 wurde nach einer Periode des ruinösen Wettbewerbs zwischen etablierten Kabelherstellern und neu aufgetretenen Unternehmen mit Zustimmung und Förderung der Reichspost analog zum Deutschen Starkstromkabelverband ein Deutscher Schwachstromkabelverband gegründet (vgl. Wessel 1982).

gewesen sein. Hinzu kommt jedoch, daß DeTeWe nicht über ähnlich enge persönliche Beziehungen zur Reichspost verfügte wie Siemens & Halske (Thomas 1989: 51). Die Reichspost setzte ihre Macht als Nachfrager dazu ein, Siemens & Halske wiederum in eine Kartellvereinbarung einzubinden. 1921 wurde auf ihr Betreiben die gemischtwirtschaftliche *Deutsche Fernkabel-Gesellschaft* geschaffen. Dieser gehörten neben der Reichspost mit einem Anteil von 31 Prozent am Stammkapital sieben Kabelfabrikanten an, an führender Stelle Siemens & Halske, daneben Felten & Guilleaume, die DeTeWe und die AEG. Die Gesellschaft übernahm den Bau, die Montage und die Unterhaltung des deutschen Fernkabelnetzes. Gegen die feste Zusage von zwei Drittel des Auftragsvolumens wurde Siemens & Halske von der Reichspost dazu veranlaßt, seine Patentrechte für die weiteren Mitgliedsunternehmen freizugeben (Thomas 1989: 52).

Im Zuge der Automatisierung der Vermittlungstechnik und des Aufbaus des Weitverkehrsnetzes hatte die Deutsche Reichspost somit enge Kooperationsbeziehungen mit einem festen Kreis von Herstellerfirmen aufgebaut, die untereinander über Kartellvereinbarungen verbunden waren. Innerhalb der Fernmeldeindustrie hatte ein Konzentrationsprozeß stattgefunden. Dies ging darauf zurück, daß nur Großunternehmen den technischen Fortschritt im Sektor bewältigen konnten. Siemens hatte sich hierbei durch seine "Politik der Marktbeherrschung durch technologische Überlegenheit" (Thomas 1989: 51) eine Führungsrolle verschafft. Die Bildung von festgefügten Lieferantenkartellen war Ergebnis der beschaffungspolitischen Strategien der Reichspost. Aus eigenwirtschaftlichen und betrieblichen Gründen orientierte sie sich beim Netzaufbau bereits frühzeitig an der Einheitstechnik, womit die Bildung von Lieferantenmonopolen unausweichlich war. In ihrem Bestreben, die neuartigen Technologien zu meistern und zugleich den Aufbau eigener Forschungs- und Entwicklungskapazitäten zu umgehen, war sie eine enge Kooperation mit Siemens, dem leistungsfähigsten Unternehmen, eingegangen. Sie hatte zugleich ihre Macht als Nachfrager dazu eingesetzt, durch eine Politik der 'Marktöffnung' die technische Monopolstellung des Unternehmens nicht in eine ökonomische zu transformieren. Im Gegenzug hatte sie jedoch hinzunehmen, daß die Firmen ihre Beschaffungsaufträge unter sich aufteilten.

4. Forschung und Entwicklung unter Führung von Siemens

Nach dem Zweiten Weltkrieg waren die Produktionsanlagen weitgehend zerstört - die Bundespost hätte damit durchaus die Möglichkeit besessen, die Verhältnisse auf ihren Beschaffungsmärkten neu zu strukturieren. Statt dessen hielt sie an der überkommenen Marktstruktur fest und ließ die engen Kooperationsbeziehungen mit den etablierten Lieferanten neu aufleben. "Über Personal mit dem notwendigen Know-how verfügten nur die Firmen, die bereits vor und während des Krieges im Markt waren. Für die Post war es ökonomisch rational, diese Firmen mit Aufträgen zu betrauen... *Transaktionskostenaspekte stabilisierten also zunächst den überkommenen Status quo*" (Werle 1990: 101). In den 'Beratenden Technischen Ausschüssen für das Fernmeldewesen' erarbeiteten Industrie und Verwaltung gemeinsam die Grundlinien für den Wiederaufbau des Telefonnetzes (Möhring 1976: 39).

Nachrichtentechnische Forschung und Entwicklung blieb weiterhin Sache der Herstellerindustrie. "Die Wirtschaft hat die Produktionsmöglichkeiten. Sie ist in der Lage, Wünsche und Anregungen der DBP... zu berücksichtigen und somit die Leistungsgüte laufend zu verbessern sowie die Erzeugnisse fortzuentwickeln, wodurch der DBP Ausgaben für eigene Entwicklung erspart bleiben" (Müller 1956: 645). Die **Bundespost** unterhielt nur ein kleines Forschungsinstitut. 1968 gab sie lediglich 0,3 Prozent ihres Umsatzes für Forschung aus (Elias/Tietz 1974: 344). Forschung betrieb seit 1951 eine Abteilung des Fernmeldetechnischen Zentralamts. Hier waren in den fünfziger Jahren 170 Mitarbeiter, davon vierzig Wissenschaftler, beschäftigt. Bis 1963 erhöhte sich die Beschäftigtenzahl auf 316, darunter 66 Wissenschaftler, und stagnierte in den nächsten beiden Jahrzehnten (Mlecek 1989: 104, Lange/Wichards 1982: 147).[16] Innerhalb von FTZ und Bundespost nahm die Forschungsabteilung eine Randposition ein. Die ebenfalls zum größten Teil beim FTZ angesiedelten Entwicklungskapazitäten der Bundespost waren vergleichsweise größer. Allerdings war ihr Einsatz immer eng auf technische Probleme ausgerichtet, die sich bei der Planung, Errichtung und Betreibung der Netze ergaben.

Die Forschungs- und Entwicklungskapazitäten der **Industrie** waren nahezu ausschließlich bei den Großunternehmen angesiedelt. An den Entwicklungsarbeiten für Vermittlungstechnik beteiligte sich die 'Amtsbaufirmen' Siemens, ITT-SEL, DeTeWe und seit 1954 TuN. Einrichtungen der Übertragungstechnik entwickelten Siemens, SEL, Felten & Guilleaume und die AEG-Telefunken. An der Entwicklung von Telefonapparaten waren auch

---

[16] Zum Vergleich: 1976 waren in der Bundesrepublik ca. 4000 Wissenschaftler und Ingenieure in der nachrichtentechnischen Forschung tätig (Lange/Wichards 1982: 153).

Die Bundespost und ihre Partner

kleinere Unternehmen beteiligt, namentlich die Firmen Bosse, Hagenuk und Krone (Graf 1981: 408f.).

Die Deutsche Bundespost war angesichts der geringen eigenen FuE-Kapazitäten auf die Entwicklungsbereitschaft der Industrie angewiesen. Die Orientierung an der Einheitstechnik wirkte sich auf deren Innovationsverhalten aus: Es bestanden keine Anreize, im Wettbewerb zu entwickeln. Die Bundespost wiederum unternahm keine Anstrengungen, Innovationskonkurrenz zu initiieren. Die "parallele wettbewerbliche Entwicklung bis zur Fertigungsreife durch alle hierfür geeigneten und daran interessierten Firmen" schied nach ihrer Auffassung "(b)edingt durch die Höhe der Entwicklungs- bzw. Konstruktionskosten" aus (Dohmen 1976: 48).

Auf der Herstellerseite dominierte die *Siemens* AG. Noch in den sechziger Jahren verfügte sie über mehr als 70 Prozent der gesamten FuE-Ressourcen im bundesdeutschen Telekommunikationssektor (Scherer 1985: 285). Das Unternehmen hatte seine Rolle als technologischer Spitzenreiter und wichtigster Interaktionspartner der Bundespost über Jahrzehnte hin unangefochten behaupten können. Insbesondere in der Vermittlungstechnik stützte sich die Bundespost nahezu ausschließlich auf Siemens. Siemens nahm bis Ende der siebziger Jahre hier ebenso wie für weite Teile der Übertragungs- und Endgerätetechnik gegenüber den anderen Firmen die Rolle des sogenannten 'Systemführers' ein. Als solcher übernahm Siemens bei der Entwicklung neuer Einrichtungen die Federführung, leistete das Gros der Entwicklungsarbeiten und verfügte schließlich über die wesentlichen Patente. Die zentrale Stellung von Siemens wird auch daran deutlich, daß der 'Sachverständige für das Fernmeldewesen' innerhalb des Postverwaltungsrats regelmäßig aus dem Vorstand von Siemens stammte (Borchardt et al. 1986: 217).

Die Bundespost vergab keine getrennt vergüteten Entwicklungsaufträge. Im Unterschied zu anderen Fernmeldeverwaltungen beteiligte sie sich nur indirekt an der Finanzierung von FuE-Aufwendungen. Die hohen Kosten trugen zunächst die Firmen, sie wurden über die Beschaffungspreise abgegolten. Als Kompensation für ihre Entwicklungsleistungen erhielten die Unternehmen von der Bundespost feste Zusagen über zukünftige Liefermengen (Dohmen 1976: 48).

Bis Ende der siebziger Jahre haben die etablierten Herstellerfirmen und insbesondere Siemens *Verlauf und Zielrichtung* nachrichtentechnischer Forschung in der Bundesrepublik "dominierend beeinflußt" (Schnöring/Neu 1991: 342). Von den Firmen ging in der Regel auch die Initiative zur Entwicklung von neuen Geräten und Systemen aus (Scherer 1985: 286). Die Unternehmen stimmten ihre Forschungs- und Entwicklungsarbeiten eng mit dem FTZ ab, das dem eigenen Selbstverständnis nach die Entwicklungsarbeiten hin zu dem von ihm erwünschten Ergebnis *steuerte*. "Die Firmen werden... über die postalischen Wünsche und Ziele der technischen Weiterentwicklung verständigt und gestalten in Zusammenarbeit und gegenseitiger Abstimmung die benötigten technischen Einrichtungen. In einer solchen gesteuerten Gemeinschaftsarbeit sieht die DBP den besten Wirkungsgrad" (o.V. 1957: 290). Grundlage für die Entwicklungsarbeiten waren zwischen FTZ- und Industrie-Ingenieuren ausgehandelte Entwicklungsvereinbarungen (Scherer 1985: 299). Die neuen Einrichtungen wurden "in ständigem Kontakt zwischen FTZ und Industriefirmen" (Möhring 1976: 40) entworfen und technische Leistungsmerkmale und Bauweisen gemeinsam spezifiziert. Man traf sich informell und in den produktspezifischen 'Technischen Arbeitskreisen' des FTZ, wo die Firmen ihre Vorschläge präsentierten und Anregungen des FTZ aufnahmen. "Auf die Ausgestaltung der technischen Systeme hatte die DBP als Hauptabnehmer der Firmen... erheblichen Einfluß. Es lag im Interesse der Amtsbaufirmen, die Wünsche der DBP zu befriedigen. Man kann vermuten, daß die Wünsche der Postingenieure damals auf technisch elegante und lange haltbare Lösungen hinausliefen" (Schnöring/Neu 1991: 342). Ergebnis dieser Zusammenarbeit waren Einrichtungen, die genau auf die Bedürfnisse der Bundespost zugeschnitten waren, eine spezifische deutsche *Posttechnik*.

5. Angebotsmacht und Nachfragemacht

5.1. Einheitstechnik und Marktstrukturen

Die bei der Entwicklung einheitstechnischer Einrichtungen anfallenden Schutzrechte blieben im Besitz der betreffenden Unternehmen. Grundsätzlich wurden die entwickelnden Unternehmen schon beim Abschluß von Entwicklungsvereinbarungen von der DBP dazu verpflichtet, nicht beteiligten Herstellern mit Beginn der Serienfertigung **Nachbaulizenzen** einzuräumen. Der Kreis der potentiellen Nachbaufirmen beschränkte sich dabei auf die traditionellen Anbieter auf dem betreffenden Teilmarkt. Die zwischen den Firmen geschlossenen Lizenzverträge enthielten auch Vereinbarungen über Anteile am DBP-Auftragsvolumen. Den Entwicklerfirmen hatte die DBP bereits im Vorfeld feste Zusagen über zukünftige Liefermengen gegeben. Ergebnis war die in einem Gutachten der Monopolkommission beklagte hohe und nachhaltige *Verkrustung der Angebotsstrukturen* (Monopolkommission 1981: 50). "Dies drückt sich darin aus, daß im Zeitablauf nur geringfügige Marktanteilsverschiebungen zwischen den anbietenden Unternehmen eintreten und daß es nur selten dazu kommt, daß Unternehmen aus den jeweiligen Fernmeldemärkten ausscheiden oder als Newcomer neu hinzutreten (Eggers 1980: 29).

Tabelle II-2: Strukturen der bundesdeutschen Fernmeldemärkte, siebziger Jahre

Beschaffungsmarkt	Nachfrage-anteil DBP	Anbieter	Marktanteil
Fernsprech-vermittlungstechnik	rd.100%	Siemens (Systemführer) SEL DeTeWe Telenorma (TuN)	rd. 46% 30% 14% 10%
Übertragungstechnik (Richtfunk, Weitverkehrseinrichtungen)	80%	Siemens (Systemführer) SEL AEG-Telefunken TeKaDe (Philips)	40% 20% 20% 20%
Datenübertragungs-einrichtungen	90%	Siemens (Systemführer) SEL	60% 40%
Telefonapparate (Hauptanschluß)	100%	4 Entwicklerfirmen: Siemens SEL, DeTeWe, TuN 8 Nachbaufirmen	40% 60%
Fernmeldekabel	80%	Fernmeldekabel-gemeinschaft: Siemens, AEG-Telefunken, SEL, Kabelmetall, F&G und 13 weitere Firmen	80% 20%

Quelle: Eggers 1980: 25ff., Monopolkommission 1981: 56ff..

Die Verhältnisse auf den bundesdeutschen Fernmeldemärkten spiegeln die beschaffungspolitischen Praktiken der Bundespost wider. Der auf vielen Märkten nahezu als Alleinnachfrager auftretenden DBP stand in der Regel eine oligopolistisch strukturierte Angebotsseite gegenüber (vgl. Tabelle II-2).[17]

---

[17] Die hier wiedergegebenen Marktstrukturen sind einem Gutachten entnommen, das Eggers im Auftrag der Monopolkommission erstellte (Eggers 1980, Monopolkommission 1981: 56ff.). Sie sind typisch für die ersten drei Jahrzehnte nach Kriegsende.

5.2. Einkauf auf abgeschotteten Märkten

Die Herstellung von komplexen Systemen der Vermittlungs- und Übertragungstechnik erforderte lange Vorlaufzeiten, im Fall von vermittlungstechnischen Einrichtungen bis zu 18 Monaten. Die Firmen mußten ihre Fertigungsdispositionen treffen, hierunter fielen die Beschaffung von Werkstoffen, die Planung der Fertigungsabläufe, der Aufbau von Produktionsanlagen und die Bereitstellung von qualifizierten Arbeitskräften. "Beabsichtigt die Bundespost, ihr Auftragsvolumen für Fernmeldeerzeugnisse zu erhöhen, so muß sie dies lange vorher ankündigen, damit die Unternehmen der Fernmeldeindustrie ihre Fertigungskapazitäten entsprechend ausbauen können" (Orlik 1971: 102). Um eine größtmögliche 'Bedarfsdeckungssicherheit' zu erreichen, stimmte die Bundespost ihre mittelfristigen Investitionspläne und die Entwicklung ihres Bedarfs eng mit ihren Lieferanten ab. In sogenannten Industriebesprechungen am Ende eines Jahres teilte das Bundespostministerium den Firmen unverbindlich mit, wieviel in den nächsten zwei bis fünf Jahren investiert werden sollte. Auf der Grundlage dieser Daten und ihrer bisherigen Auftragsanteile konnten die Firmen ihr Auftragsvolumen vorherbestimmen und langfristige Kapazitätsplanungen durchführen. Die Zusammenarbeit ging so weit, daß die Firmen der Bundespost in Zeiten, in denen die Realisierung der Investitionsvorhaben aufgrund ihrer prekären Finanzlage gefährdet war, durch die Gewährung von Krediten stützend unter die Arme griffen.[18]

Für die Bundespost ergab sich aus diesem Modus der Abstimmung mit den Firmen vor allem ein Problem: die **Einkaufspreise**. Die starre Quotenregelung schloß einen Preiswettbewerb zwischen den Firmen aus. Preise wurden statt dessen mit dem FTZ ausgehandelt. Grundlage waren Selbstkostenpreise, die auf die "angemessenen Kosten des Auftragnehmers" (Meyrhofer et al. 1982: 18) abgestellt waren.[19] Bei den Verhandlungen mit dem FTZ befanden sich die Herstellerfirmen in der Phase des Fernsprechbooms - trotz des Nachfragemonopols der Bundespost - eindeutig in der stärkeren Position, "denn die DBP bat händeringend um möglichst hohe Lieferungen" (Dohmen 1977: 19). Weil sie sich auf die Einheitstechnik festgelegt hatte, war sie an ihre Lieferfirmen gebunden, der Nachfragedruck ließ ihr keinen Mengenspielraum. Die Preise richteten sich weitgehend nach

---

[18] So erhielt die DBP im Jahr 1966 von der Industrie Kredite von ca. 322 Mio. DM, zusätzlich zu den üblichen Lieferantenkrediten, die sich auf etwa 100 Mio. DM beliefen (Orlik 1971: 103).

[19] Die rechtliche Grundlage bildete die Verordnung PR Nr. 30/53 über die Preise bei öffentlichen Aufträgen vom 21. November 1953. Hiernach durften Selbstkostenpreise ausnahmsweise vereinbart werden, wenn es sich um nicht-marktgängige Leistungen handelte, eine Mangellage vorlag oder der Wettbewerb auf der Anbieterseite beschränkt war (5 VO PR Nr. 30/53). Die Kriterien, nach denen die "angemessenen Kosten des Auftragnehmers" zu bestimmen waren, waren in der Verordnung vorgegeben (vgl. den Kommentar zur PR Nr. 30/53 von Ebisch/Gottschalk 1977).

Die Bundespost und ihre Partner 69

den Vorstellungen der Unternehmen. Die Amtsbaufirmen der Vermittlungstechnik konnten sich "wie vier Betriebe eines Unternehmens verhalten, ohne daß dies ausdrücklicher Absprachen bedurfte. Es war die Konstellation des bilateralen Monopols gegeben, das die Preisverhandlungen zu einer Frage der relativen Machtpositionen machte" (Eggers 1980: 32). Die Abhängigkeit der Bundespost von der Lieferbereitschaft der Herstellerunternehmen war so stark, daß die Unternehmen von Jahr zu Jahr erhebliche Preiserhöhungen durchsetzen konnten.

Anfang der siebziger Jahre wurden die übertriebenen Preisforderungen der Firmen erstmals innerhalb der Bundespost zum Thema. Es sei, so der zuständige Beamte des FTZ, "eine kommerziell ausnutzbare Abhängigkeit der DBP von gewerblichen, auf Gewinnmaximierung ausgerichteten Unternehmen eingetreten, die für das dem Gemeinwohl verpflichtete Unternehmen DBP unerträglich" schiene, es bedürfe "keiner weiteren Begründung, daß dieser Zustand - sobald die Marktbedingungen es zuließen - geändert werden" müsse (Dohmen 1977: 20). Innerhalb des FTZ wurden Forderungen nach einer Reorientierung der eigenen Einkaufspolitik laut, die DBP müsse sich von der "antiquierte(n) Gleichung 'Bedarfsdeckung = Einkauf'" verabschieden (Cordel 1972: 304). "(D)er DBP-Einkauf (darf) nicht mehr nur eine Summe aus einzelnen Bedarfsdeckungsvorgängen, d. h. der *vorwiegend introvertierte Verwaltungseinkauf in seiner Primitivform* sein. Unbeschadet der ursprünglichen und auch heute noch gültigen internen Zweckbindung im Sinne einer 'Hilfsfunktion für den Betrieb' hat sich der Schwerpunkt seiner Aufgabenstellung auf die *Durchsetzung ökonomischer Interessen des Gesamtunternehmens* auf Märkten verlagert. Das Einkaufen selbst kann deshalb auch *nicht mehr als 'Verwaltungsaufgabe' qualifiziert werden*... Jedem über die unmittelbare Bedarfsdeckung hinausgehenden DBP-Interesse *steht dabei ein Prinzip der anderen Marktseite entgegen*, von dem sie nicht viel redet, das aber ihr Handeln bestimmt: *Gewinnmaximierung*. Dem muß der *DBP-Einkauf seine Prinzipien entgegensetzen*, die sich letzten Endes in einem Begriff zusammenfassen lassen: *Kostenminimierung*" (Cordel 1972: 301; Hervorhebung cr).

Die Möglichkeit, der Nachfrageseite die eigene Marktmacht entgegenzusetzen und ihren Spielraum bei Preisverhandlungen zu vergrößern, bot sich der Bundespost Mitte der siebziger Jahre. Die Wirtschaftskrise hatte zu einem abrupten Rückgang der Nachfrage nach Telefonanschlüssen geführt, die DBP hatte darauf - entsprechend ihrer nachfrageorientierten Netzausbaupolitik - mit einer deutlichen Verringerung der Investitionen reagiert; das Beschaffungsvolumen für Vermittlungstechnik halbierte sich von 1973 bis 1976 (Möhring 1976: 40). Damit kehrten sich die bis dahin bestehenden Abhängigkeiten um. Bei den Herstellern wurden Produktionskapazitäten frei, sie waren zu Entlassungen, Kurzarbeit und zur Stillegung von Fertigungsanlagen gezwungen. Allein in der Fernmeldeindustrie gingen in den

Jahren 1974/75 elf Prozent der Arbeitsplätze verloren (Rittershofer 1977: 412). Die volkswirtschaftlichen Nachteile der Drosselung ihrer Investitionen seien, so die Bundespost, "evident" und man werde deshalb "eine unternehmenspolitisch und wirtschaftspolitisch verantwortete Investitions- und Beschaffungspolitik" betreiben, die darauf abgestellt sein müsse, "der Fernmeldeindustrie zu ermöglichen, die jetzt notwendigen Anpassungsprozesse zu überstehen", ohne sie "in eine ausweglose Situation zu stürzen" (Dohmen 1976: 45). Dennoch sei die Bundespost zur Kurskorrektur ihres Investitionsverhaltens gezwungen. "Man mag die Dinge drehen und wenden wie man will: sachbedingt muß die mittelfristige erkennbare Nachfrage nach Fernmeldeleistungen erster - wenn auch nicht einziger - Maßstab für die Unternehmenspolitik der DBP sein" (Dohmen 1976: 44).

Die Bundespost sah in der neuentstandenen Situation industrieller Überkapazitäten die Chance zu einer Veränderung ihrer Einkaufspolitik. "Die weniger starke Beachtung wettbewerbspolitischer Gesichtspunkte, die in den vergangenen Jahren einer völligen Auslastung der industriellen Fertigungskapazitäten im Fernmeldebereich gerechtfertigt sein mochte, wird einer Einkaufspolitik weichen müssen, die insbesondere die inzwischen vorhandenen freien Kapazitäten der Lieferfirmen zur Intensivierung des Preiswettbewerbs nutzt" (Dohmen 1976: 49). Im Bereich der *Vermittlungstechnik* wurde von der Vergabe nach festen Quoten abgegangen und ein neues Vergabeverfahren angewandt. Der Übergang wurde dadurch erleichtert, daß die wichtigsten Schutzrechte für die seit 1955 eingesetzte EMD-Technik ohnehin ausliefen und damit die im Rahmen der Lizenzvereinbarungen getroffenen wechselseitigen Lieferbeschränkungen ihre Gültigkeit verloren (Eggers 1980: 33). Eine grundlegende Änderung der Marktstrukturen auf der Angebotsseite war jedoch unmöglich: zum einen, weil weiterhin das EMD-System beschafft werden sollte, zum andern wollte die Bundespost das Ausscheiden von Anbietern verhindern. Das neue Einkaufsverfahren sah vor, dem günstigsten Anbieter einen 2 Prozent höheren Lieferanteil gemessen an seiner bisherigen festen Anteilsquote zu verschaffen. Die Preise wurden weiterhin auf Selbstkostenbasis kalkuliert, Gegenstand eines Preiswettbewerbs wurden die jährlichen Preiserhöhungen. Die unterlegenen Anbieter sollten in den Preis des günstigsten Anbieters eintreten, ihre Marktanteile wurden insgesamt um 2 Prozent gekürzt. Vor allem TuN, mit einem Ausgangsmarktanteil von 7,5 Prozent, fürchtete nun, aus dem Markt gedrängt zu werden. Unter dem Druck des *Bundeskartellamts*, das die "Marktstrukturverantwortung" der DBP hervorhob, wurde das Verfahren schließlich abgemildert (vgl. hierzu Scherer 1985: 443ff.).

Den Herstellern hatte der abrupte Nachfrageeinbruch der DBP jedoch ihre Abhängigkeit vor Augen geführt: "(D)ie Industrie (war) nicht in der Lage..., in andere Märkte oder einfach in den Export auszuweichen. Man kann eine Fertigung, die auf die speziellen Bedürfnisse und Spezifikationen eines

Großkunden abgestellt ist, nicht von heute auf morgen einfach anderweitig auslasten", appellierte der SEL-Vorstandsvorsitzende an das Verantwortungsbewußtsein der Bundespost (Möhring 1976: 41).

6. Die infrastrukturpolitische und industrielle Bilanz

Die Investitions- und Netzausbaupolitik der Bundespost trug ab Mitte der siebziger Jahre ihre Früchte. Mit 13,2 Mio. Hauptanschlüssen bzw. 20 Mio. Sprechstellen (Summe von Haupt- und Nebenanschlüssen) am öffentlichen Fernsprechnetz war die Knappheitssituation weitgehend überwunden. Der Wiederanschaffungswert des Fernmeldenetzes lag 1975 bei etwa 60 Mrd. DM (KtK 1976b: 1). Technisch hatte es einen hohen Stand erreicht. Die erste Generation elektromechanischer Vermittlungssysteme (Hebdrehwähler) war nahezu vollständig durch leistungsfähigere Edelmetall-Motor-Drehwähler (EMD) ersetzt worden. Für 1976 plante die Bundespost den Übergang zur nächsten Generation halbelektronischer Vermittlungseinrichtungen. Die Ortsnetze waren seit 1966, das Fernnetz seit 1971 vollständig automatisiert. Hier nahm die Bundesrepublik im internationalen Vergleich eine führende Position ein (KtK 1976a: 32). Fern- und Ortsleitungsnetz - als *infrastrukturelle Voraussetzung* für den zügigen Anschluß neuer Teilnehmer - hatte die Bundespost mittlerweile flächendeckend ausgebaut. Trotz anhaltend hoher Nachfrage (sieht man von dem konjunkturbedingten Rückgang zwischen 1972 und 1977 ab) konnte die Bundespost Anschlußwünsche innerhalb kürzester Zeit befriedigen. Indiz hierfür war die schrumpfende 'Warteliste'.[20]

Der hohe Ausbaugrad des Netzes und die damit gesunkenen Kosten für die Einrichtung neuer Anschlüsse machten für die Bundespost die 'Vollversorgung' aller Haushalte *betriebswirtschaftlich* attraktiv: "In dieser Situation kommt es darauf an, die Nachfrage anzureizen, damit vorhandene Kapazitäten besser ausgelastet und in Erträge umgesetzt werden. Grenzkostenbetrachtungen, die von der derzeitigen Gebührenhöhe und dem derzeitigen Stand des Netzausbaus ausgehen, bestätigen, daß jeder zusätzliche Hauptanschluß eine Verbesserung des wirtschaftlichen Erfolgs der DBP bedeutet. Dies gilt nicht nur für den durchschnittlichen Anschluß, sondern auch für den 'Wenigsprecher', also einen Anschluß mit geringem Gesprächsaufkommen" (Meier 1976: 25). Die Bundespost - bis dahin 'Verwaltung des Mangels' - begann mit großangelegten Kampagnen um neue Teilnehmer

---

[20] 1980 konnten schließlich nur 4 Prozent der Anträge auf die Einrichtung eines Anschlusses nicht innerhalb von vier Wochen erledigt werden, 1970 waren es noch 40 Prozent (DBP, Geschäftsbericht 1980: 52).

und die stärkere Nutzung ihres Produkts Telefon zu werben: Statt *"Fasse dich kurz"* hieß es fortan *"Ruf doch mal an"*. "In Zeitungsartikeln und Fernsehspots werden dem Bürger die Vorteile eines eigenen Telefons vor Augen geführt; diejenigen, die schon Teilnehmer sind, werden angeregt, von ihrem Anschluß mehr als bisher Gebrauch zu machen" (Meier 1976: 22; vgl. auch Werle 1990: 23). Daß hier in der Bundesrepublik noch beträchtliche Entwicklungspotentiale existierten, zeigte der internationale Vergleich. Der Rückstand in der Telefonversorgung war zwar beträchtlich aufgeholt worden (ablesbar an den überdurchschnittlichen Zuwachsraten), gegenüber anderen hochentwickelten Industriestaaten lag die Bundesrepublik jedoch noch weit zurück. Nur knapp über die Hälfte der privaten Haushalte verfügte 1974 über einen Telefonanschluß, in den USA dagegen 97 Prozent (KtK 1976a: 59). Hinzu kam, daß die Fernsprechanschlüsse in anderen Ländern bedeutend intensiver genutzt wurden (vgl. Tabelle II-3).

Tabelle II-3: Internationaler Vergleich der Fernsprechversorgung, der Zuwachsraten und der Gespräche pro Einwohner, 1974

	Rang	Sprechstellendichte	Hauptanschlußdichte	10-Jahres-Zuwachsrate der Zahl der Sprechstellen	Gespräche pro Einwohner und Jahr
USA	1	66	37	63,7%	900
Schweden	2	61,2	48,3	54,7%	
Schweiz	3	55,7	35,3	63,7%	294
GB	9	34,1	21,4	104,0%	
Japan	12	32,8	23,9	262,0%	420
BRD	14	28,7	18,9	134,0%	227
Frankreich	19	21,7	10,8	112,0%	

Quelle: KtK 1976a: 3528

Mit steigenden Umsätzen aus dem Telefondienst hatte sich seit 1975 auch die *wirtschaftliche Lage* der Bundespost verbessert. Sie machte seitdem kontinuierlich Gewinne, die voll für die Konsolidierung der Kapitalstruktur verwendet wurden. Für die Überschüsse der DBP war allein der Fernsprechdienst verantwortlich. Das Postwesen erwirtschaftete hohe Verluste, die über interne Subventionierung ausgeglichen wurden.[21] In den seit Anfang der siebziger Jahre von der Monopolkommission veröffentlichten Listen der "100 größten Unternehmen" der Bundesrepublik rangierte die Bundespost

---

[21] 1975 wies die Leistungs- und Kostenrechnung eine Kostenunterdeckung von 81 Prozent und ein Minus von 2,6 Mrd. DM aus, für das Fernmeldewesen dagegen einen Kostendeckungsgrad von 119 Prozent und Plus von 3,1 Mrd. DM (DBP, Geschäftsbericht 1976: 104).

Die Bundespost und ihre Partner 73

regelmäßig an erster Stelle. Sie realisierte zum einen die höchsten Umsätze. Zum andern wies sie mit rund einer halben Million die weitaus höchsten Beschäftigtenzahlen auf (Monopolkommission 1981: 27). Von überragender volkswirtschaftlicher Bedeutung war - und ist - ihre Investitionstätigkeit: In den siebziger Jahren lag ihr Anteil an den Gesamtinvestitionen der deutschen Industrie in Sachanlagen bei rund 20 Prozent, 1960 hatte er noch 6,4 Prozent betragen (Rittershofer 1977: 405). "Die DBP", konnte die Monopolkommission 1981 konstatieren, "ist mit Abstand der größte Investor unter allen Unternehmen der Bundesrepublik. Sie hat bezüglich ihres Investitionsvolumens das Gewicht eines ganzen Wirtschaftszweigs" (Monopolkommission 1981: 30).

Schaubild II-3: Entwicklung der Umsätze und Exporte der bundesdeutschen Fernmeldeindustrie, 1958 bis 1978

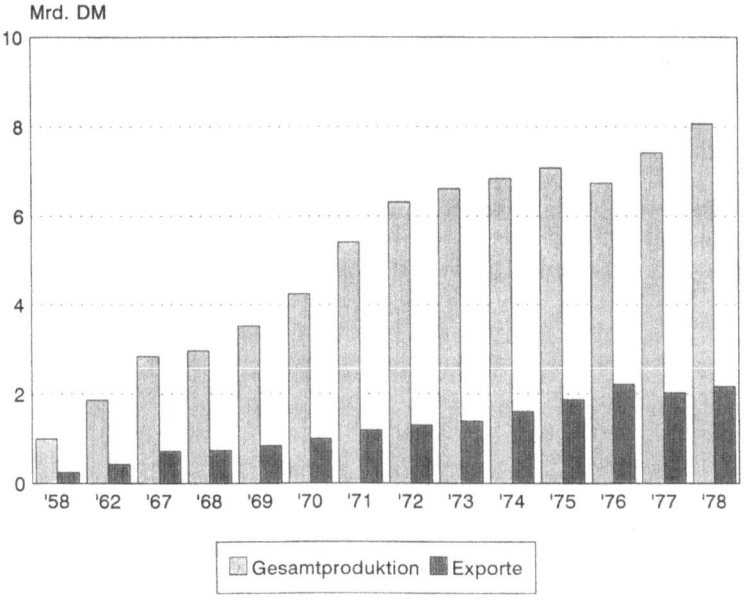

Quellen: Graf 1981: 386, Schniedermann 1963: 397

Von den hohen Investitionen der Bundespost in die Netzinfrastruktur hat auch die deutsche **Fernmeldeindustrie** profitiert. Ihre Umsätze sind kontinuierlich nach oben gegangen (vgl. Schaubild II-3). Auf den *Auslandsmärkten* hatte sie sich eine starke Position erobert. Der Export war neben dem Geschäft mit der Bundespost ihr wichtigstes Standbein. Bereits in den fünfziger Jahren wurden durchschnittlich 20 Prozent der Produktion exportiert,

Ende der siebziger Jahre stieg die Exportquote - ausgelöst durch den Nachfragerückgang der Bundespost - auf über 30 Prozent (Schniedermann 1963: 396, Graf 1981: 386ff.). Die bundesdeutschen Hersteller exportierten deutlich mehr als ihre Konkurrenten aus anderen europäischen Industriestaaten. 1978 lag ihr Anteil am gesamten Weltexport bei rund 15 Prozent, nur die japanische (23 Prozent) und die amerikanische Herstellerindustrie (16 Prozent) waren stärker am Welthandel beteiligt; der Anteil der englischen bzw. der französischen Herstellerindustrie am Weltexport war mit 11 bzw. 5,6 Prozent bedeutend geringer (IFO 1983: 158).

Die wichtigsten Absatzmärkte für deutsche Fernmeldeerzeugnisse lagen in Westeuropa, vor allem in den Staaten, deren Heimatmärkte für die Herausbildung einer eigenständigen Herstellerindustrie zu klein gewesen waren (Finnland, Luxemburg, Belgien, die Schweiz, Österreich, Dänemark und Griechenland, aber auch Italien). Eine starke Marktposition besaß sie darüber hinaus in Ländern wie Argentinien, Brasilien, Iran, Südkorea, Nigeria, Südafrika und den Philippinen. In den großen Industriestaaten wie den USA, Japan, Großbritannien oder Frankreich war sie de facto nicht vertreten (Eggers 1980: 19).[22] Die solide Wettbewerbsposition der bundesdeutschen Herstellerindustrie kam auch darin zum Ausdruck, daß das führende Unternehmen Siemens in der Rangliste der größten Herstellerunternehmen mit einem Anteil am Weltumsatz von 12 Prozent hinter der amerikanischen Western Electric (33 Prozent) und der ITT (15 Prozent) den dritten Platz einnahm (OECD 1983: 130). Zugleich war Siemens (bis zur Bildung des französischen Konzerns Alcatel 1987) der größte europäische Hersteller.

---

[22] 1981 entfielen 35 Prozent des Gesamtexports der deutschen Fernmeldeindustrie auf Länder der Europäischen Gemeinschaft und 17 Prozent auf andere westeuropäische Staaten. Rund 10 Prozent der Exporte gingen in außereuropäische Industriestaaten. Neben den westeuropäischen Staaten waren die Entwicklungsländer die wichtigsten Kunden, ihr Anteil am Exportvolumen belief sich auf 36 Prozent (Schnöring 1988: 73, Böhme 1989: 243).

B. Etablierte Kooperationsformen unter Druck

1. Die Bundespost als technologiepolitischer Akteur?

1.1. Die Initiativen des BMFT

Anfang der siebziger Jahre wurde die Bundespost im Zusammenhang mit Diskussionen um eine 'Modernisierung der Volkswirtschaft' durch 'aktive staatliche Strukturpolitik' innerhalb der sozial-liberalen Koalition als potentieller technologiepolitischer Akteur entdeckt. *"(N)eben die rein infrastrukturpolitische (trat) eine technologie- aber auch industriepolitische Betrachtungsweise der Telekommunikation"* (Werle 1990: 165). Bundeskanzler Willy Brandt räumte in seiner Regierungserklärung von 1973 dem Thema neue Informations- und Kommunikationstechnologien einen breiten Raum ein (vgl. KtK 1976a: 14).[1]

Die Bundespost hatte bis dahin keine erkennbaren industrie- bzw. technologiepolitischen Ambitionen verfolgt. Die Politik gegenüber der Herstellerindustrie war an ihren betrieblichen Zielen ausgerichtet. Leitlinie für die von der DBP praktizierte 'Steuerung' der nachrichtentechnischen Forschung und Entwicklung war ihr Bedarf als Netzbetreiber. Wichtigster Verfechter einer technologiepolitischen Strategie für den Telekommunikationssektor und Kritiker der als wenig innovationsfreudig betrachteten Bundespost war innerhalb der sozial-liberalen Bundesregierung das **Bundesministerium für Forschung und Technologie (BMFT)**. Weder die Bundespost noch die deutsche Herstellerindustrie waren - zumindest nach Auffassung von Teilen des BMFT - den neuen technologischen Herausforderungen, die der Übergang zur Digital- und Glasfasertechnologie stellte, gewachsen. Die Initiativen des BMFT zielten in zwei Richtungen. *Erstens* sollte die Innovationsfähigkeit der Herstellerindustrie mit Hilfe direkter staatlicher Förderung von Forschungs- und Entwicklungsprojekten - insbesondere im Bereich der optischen Nachrichtentechnik - gesteigert werden. Nach den Vorstellungen des BMFT hatte der Staat im Bereich von Forschung und Entwicklung eine lenkende Rolle zu übernehmen. Tempo und Richtung des technologischen Fortschritts - so der damalige Staatssekretär Volker Hauff in einer Rede beim FTZ -, durften nicht mehr länger von den Zielen einiger Großfirmen

---

[1] Zur Diskussion um die neuen Informations- und Kommunikationstechnologien in den frühen siebziger Jahren vgl. Mettler-Meibom 1986: 178ff., Werle 1990: 165ff.

der Fernmeldeindustrie, sondern von koordinierten politischen Entscheidungen bestimmt werden (vgl. Scherer 1985: 300). Das Forschungsministerium förderte bereits seit 1970 Projekte auf dem Gebiet der Nachrichtentechnik (Lange/Wichards 1982: 141). *Zweitens* sollte das bedeutende Nachfragepotential der Bundespost direkt zur Stärkung der internationalen Wettbewerbsfähigkeit der Herstellerindustrie genutzt werden und damit die DBP eine Rolle als "Zugpferd für eine technologische Modernisierung" übernehmen (Mettler-Meibom 1986: 208). Staatssekretär Hauff: "Die DBP hat große industriepolitische Bedeutung als Abnehmer der nachrichtentechnischen Industrie, da sie mehr als die Hälfte der inländischen Produktion kauft... Welche Entwicklungshöhe die DBP von ihren Lieferanten in der Übertragungs- und Vermittlungstechnik verlangt, entscheidet mit über deren internationale Wettbewerbsfähigkeit... Es ist eine schwierige Aufgabe für die Leitung der DBP..., bei ihrer längerfristigen Unternehmensplanung diesen Gesichtspunkt der Abhängigkeit der Lieferfirmen angemessen zu berücksichtigen" (zit. nach ntz 9/1977: 684).

1.2. Die Kommission für den Ausbau des technischen Kommunikationssystems

Auf die Beeinflussung der DBP im Sinne einer volkswirtschaftlichen Modernisierungsstrategie zielte die 1973 von der Bundesregierung eingesetzte "Kommission für den Ausbau des technischen Kommunikationssystems" (KtK). Die Initiative zur Einberufung war vom BMFT ausgegangen. Die KtK "sollte - und das war für die Initiatoren entscheidend - eine industriepolitische Funktion übernehmen, a) indem sie sich als technologischer Innovationsmotor für die einheimische Fernmeldeindustrie betätigt, b) indem sie über die Erstellung einer computergerechten Infrastruktur der Datenverarbeitung wesentliche Impulse gibt" (Mettler-Meibom 1986: 203). Die Kommission erhielt den Auftrag, Vorschläge für "ein wirtschaftlich vernünftiges und gesellschaftlich wünschenswertes Kommunikationssystem der Zukunft" zu erarbeiten (KtK 1976a: 14). Die Planung von Telekommunikationsdiensten und -netzen sollte somit auf eine breitere gesellschaftliche Basis gestellt und nicht mehr allein der Bundespost überlassen werden. Als unabhängige Expertenkommission war die KtK mit Vertretern von Bund, Ländern und Gemeinden sowie gesellschaftlicher Gruppen besetzt.

Inwieweit konnte die **Bundespost** für eine 'aktive staatliche Strukturpolitik' mobilisiert werden? Die Vorstellungen des BMFT liefen auf die Errichtung eines integrierten Breitbandvermittlungsnetzes auf Glasfaserbasis hinaus, das neue Dienste wie Bildfernsprechen ermöglichen würde (vgl. Mettler-Meibom 1986: 221). Im Auftrag der KtK wurden die Aspekte der

Etablierte Kooperationsformen unter Druck

Breitbandtechnik ausdrücklich hervorgehoben (KtK 1976a: 14). Angesichts ihrer maroden Finanzlage und der hohen Investitionsanforderungen, die der Vollausbau des Telefonnetzes stellte, war die Bundespost für diese 'Breitbandpläne' nicht zu gewinnen. Sie war nicht dazu bereit, die eigenen betrieblichen und wirtschaftlichen Interessen technologiepolitischen Ambitionen unterzuordnen. Auch bei der Herstellerindustrie stießen die Vorstöße des BMFT auf wenig Resonanz. Zur Zeit der KtK stand die Entwicklung des 'Elektronisch Gesteuerten Wählsystems' (EWS), eines analogen, halbelektronischen Vermittlungssystems für das (schmalbandige) Fernsprechnetz, kurz vor der Vollendung. "Ein Votum der KtK für ein *Breitbandvermittlungsnetz*... hätte für Post und 'Amtsbaufirmen' den Zwang geschaffen, die Grundzüge ihrer Netzpolitik und Investitionsstrategie von Grund auf zu ändern" (Mettler-Meibom 1983: 31). Innerhalb der KtK konnten sich die Sachverständigen aus Post und Herstellerindustrie Gehör verschaffen. Die Kommission sprach sich in ihrem im Dezember 1975 vorgelegten 'Telekommunikationsbericht' schließlich gegen die Option eines Breitbandvermittlungsnetzes aus, "wegen der hohen finanziellen Investitionen und im Hinblick auf den wenig ausgeprägten Bedarf" (KtK 1976a: 12).[2] Angesichts "latente(r) Entwicklungschance(n)" sollten jedoch die Forschung, Entwicklung und Erprobung neuer Technologien zur Übertragung und Vermittlung von Breitbandsignalen, einschließlich der erforderlichen Endgeräte, "intensiv gefördert werden" (KtK 1976a: 133). Die KtK empfahl den Ausbau des schmalbandigen Fernsprechnetzes mit dem Ziel der Vollversorgung aller Haushalte und das Angebot von neuen Telekommunikationsdiensten auf der Basis der bestehenden Netzinfrastruktur. "Die technologiepolitische Zurückhaltung der KtK auf dem Gebiet der Breitbandtechnologie war ein Interessenkompromiß der damaligen Hauptakteure im Politikfeld" (Mettler-Meibom 1983: 32).

1.3. Neue Dienste in bestehenden Netzen

Die Empfehlungen und Stellungnahmen der KtK bildeten die Grundlage für die 1976 formulierten 'Vorstellungen der Bundesregierung zum weiteren Ausbau des technischen Kommunikationssystems'. Die Entscheidung für ein Angebot von neuen Diensten in bestehenden Netzen stand völlig im Einklang mit den Interessen der Bundespost. Die Nutzungsintensität der Netze konnte erhöht - und die Einnahmen gesteigert - werden, ohne daß hohe zu-

---

[2] Die KtK votierte "wegen fehlenden Bedarfs" gleichermaßen gegen die (technologiepolitisch bedeutungslose aber medienpolitisch folgenreiche) Errichtung eines flächendeckenden Breitbandverteilnetzes (Kabelfernsehen) und empfahl lediglich die Durchführung von Pilotprojekten (KtK 1976a: 10).

sätzliche Investitionen anfielen. Zugleich bot eine Erweiterung des Dienstleistungsangebots der Bundespost neue Perspektiven. Sie ging davon aus, daß die Nachfrage nach Telefonanschlüssen bis 1985 gesättigt sein würde. Hierzu Staatssekretär Elias auf der "Professorenkonferenz" des FTZ 1977: Die Sättigung der Nachfrage "bringt ganz schwierige Probleme für uns, aber auch für die Herren, die hier aus der Fernmeldeindustrie vertreten sind. Wir suchen daher nach neuen Gebrauchsformen und Gebrauchswerten des Fernsprechers... Wir müssen alles unternehmen, um hier Fuß zu fassen. Es müssen auch neue Kundengruppen erschlossen werden, die diese neuen technischen Nutzungsformen auch in ihren Büros oder ihren Betrieben realisieren" (Elias 1977b: 9f.). Als neuen Massendienst visierte die Bundespost in den ausgehenden siebziger Jahren den *Bildschirmtext* an. Sie rechnete in ihren frühen Prognosen damit, bis Mitte der achtziger Jahre eine Million Teilnehmer für diese neue Form der "Volks-EDV" zu gewinnen (Schneider 1989: 121). "Von der Idee, einen Text- und Bildinformationsdienst mit Dialogmöglichkeiten für eine große Zahl von Teilnehmern zu schaffen, waren die Akteure im Postministerium und beim FTZ fasziniert. Das bestehende, nur in Spitzenzeiten gut ausgelastete Telefonnetz konnte zusätzlich durch Private auch außerhalb der Spitzenzeiten genutzt und so besser ausgelastet werden" (Werle 1990: 237). Für die Hersteller versprach die Bildschirmtext-Konzeption der Bundespost kein großes Geschäft zu werden. Das deutsche Btx-Konzept stützte sich - wie das britische und anders als das französische - nicht auf eigenständige Btx-Endgeräte. Statt dessen sollte das in den Haushalten bereits vorhandene Fernsehgerät, über Dekoder und Modem mit dem öffentlichen Fernsprech- bzw. Datennetz verbunden, als Endgerät genutzt werden. Wichtigster Partner für die industrielle Umsetzung von Btx war damit nicht die Fernmeldeindustrie, sondern die Unterhaltungsindustrie, die Fernsehgeräte mit den passenden Dekodern produzieren würde (Mayntz/Schneider 1988: 283).[3]

1.4. Das Programm Technische Kommunikation

Nachdem sich die KtK gegen einen offensiven technologiepolitischen Kurs bei der Weiterentwicklung der Telekommunikationsinfrastruktur ausgesprochen hatte, versuchte das Bundesforschungsministerium weiterhin, die technologische Entwicklung durch die Förderung von Projekten, insbesondere im Bereich der Glasfasertechnologie, voranzutreiben. Die Bundespost beteiligte sich finanziell nicht der Forschungsförderung, ihrer Auffassung nach war sie hierfür nicht zuständig (vgl. Werle 1990: 253). Die technologie-

---

[3] Zur Karriere des Bildschirmtext-Dienstes und den Problemen bei der Implementation siehe die Analyse von Scheider 1989. Eine Bilanz zieht die Funkschau 6/1992: 44ff.

Etablierte Kooperationsformen unter Druck

politischen Strategien des BMFT mündeten in die Formulierung des 'Programms der Bundesregierung zur Förderung der Forschung und Entwicklung im Bereich der Technischen Kommunikation 1978 - 1982' (Programm Technische Kommunikation).[4] Das BMFT hatte zunächst einen Alleingang ohne die DBP geplant, "deren Symbiose mit der Fernmeldeindustrie als innovationshemmend und industriepolitisch gefährlich erachtet wurde" (Scherer 1985: 302). Zu guter Letzt wurde sie doch miteinbezogen. "Erst in der letzten Phase der Programmvorbereitung entschied das BMFT - nach beträchtlichen internen Konflikten zwischen denjenigen, die... die Post als mächtigen Nachfrager von TK-Einrichtungen in die industriepolitischen Bemühungen einspannen wollten, und denen, die unabhängig von und erforderlichenfalls auch 'gegen' eine Koalition von Post und Amtsbaufirmen nachrichtentechnische FuE fördern wollten -, das Postministerium am Programm Technische Kommunikation zu beteiligen" (Scherer 1985: 302).

Eine Beteiligung am Programm Technische Kommunikation war auch für die Bundespost attraktiv. In den siebziger Jahren hatten vor allem die einflußreichen für den Betrieb der Netze und Dienste verantwortlichen Referate "technologischen Neuerungen nicht immer aufgeschlossen gegenübergestanden" (Schnöring/Neu 1991: 274). Aber auch hier suchte man nach Mitteln und Wegen, den technologischen Wandel im Sektor und die damit verbundenen Unsicherheiten über die zukünftige Entwicklung zu bewältigen.[5] Das Engagement im Rahmen des Programms TK bot der DBP die Möglichkeit, den Einsatz neuer Technologien zu erproben, ohne daß sie damit spätere Einführungs- bzw. Beschaffungsentscheidungen vorwegnahm.

Dem Programm Technische Kommunikation lagen folgende Zielsetzungen zugrunde (vgl. BMFT/BMPF 1979: 50f.):

- Weiterentwicklung der Telekommunikationsinfrastruktur;
- Steigerung der Leistungsfähigkeit der Volkswirtschaft durch die Erhöhung der Produktivität kommunikationsintensiver Tätigkeiten;
- Vorbereitung der Modernisierung öffentlicher Dienstleistungen;
- Erhöhung der Wettbewerbsfähigkeit der Herstellerindustrie.

---

[4] Zum Programm Technische Kommunikation siehe die ausführliche Darstellung und Evaluation der Förderaktivitäten von Schnöring/Neu 1991.
[5] Staatssekretär Elias auf der 'Professorenkonferenz' des FTZ 1977: "Mit den Prognosen ist das natürlich so ein Problem. Ich glaube, Bernhard Shaw hat einmal gesagt: 'Prognosen sind besonders schwierig, vor allen Dingen, wenn man sie für die Zukunft macht'. Das trifft natürlich den Kern der Sache. Wenn wir sichere Prognosen hätten, könnten wir heute bei der Post... einige Aufgaben in Angriff nehmen, die in der Zukunft mit großer Sicherheit auf uns zukommen... Aber wir sind ein vorsichtiges Unternehmen, und wir wissen auch, was wir unseren Kunden schulden. Deshalb können und wollen wir also keine Aufwendungen machen, die nicht auch betriebswirtschaftlich und vom Markt her abgesichert sind" (Elias 1977b: 253).

Für die Durchführung des Programmes sollten ca. 525 Mio. DM an Fördermitteln bereitgestellt werden, jeweils zur Hälfte getragen von BMFT und Bundespost. Die Bundespost rechnete hierbei allerdings die Ausgaben für das posteigene Forschungsinstitut beim FTZ (FI) ein; für 'externe' Vorhaben sah sie zunächst nur 100 Mio. DM vor (BMFT/BMPF 1979: 111).

Das Programm Technische Kommunikation - dies soll an dieser Stelle schon vorweggenommen werden - wurde nach seinem Auslaufen 1982 formal nicht verlängert, BMFT und DBP haben aber ihre Förderaktivitäten im Sinne des Programms weitergeführt (vgl. Schnöring/Neu 1991: 280ff.). 1984 hat die Regierung Kohl mit der 'Konzeption der Bundesregierung zur Förderung der Mikroelektronik, der Informations- und Kommunikationstechniken' die staatliche Förderung der Telekommunikationstechnologie in die der gesamten Informationstechnik eingebunden. Dieses Förderprogramm ist 1989 im 'Zukunftskonzept Informationstechnik' fortgeschrieben worden. In beiden Programmen wurde die Notwendigkeit einer staatlichen Förderung der Grundlagenforschung durch das BMFT hervorgehoben (BMFT/BMWi 1989: 79f.). Das Zukunftskonzept Informationstechnik formulierte darüber hinaus Leitlinien für eine Forschungspolitik, die sich aus den unternehmerischen und gesamtwirtschaftlichen Aufgaben der neuformierten DBP Telekom ergaben (BMFT/BMWi 1989: 103f.)

Das **BMFT** sollte seine Förderaktivitäten innerhalb des Programms TK auf die Entwicklung von Technologien und Endgeräten sowie neuer Nutzungsmöglichkeiten der technischen Kommunikation konzentrieren. Es hat hierfür zwischen 1974 und 1988 insgesamt 1,45 Mrd. DM bereitgestellt.[6] Über die Hälfte der BMFT-Fördergelder floß in Projekte der optischen Nachrichtentechnik. Mit weitem Abstand folgte die Datenkommunikation (ca. 15 Prozent der Fördermittel). An dritter Stelle standen Videotechnik, Bildschirmtechnik und Hochauflösendes Fernsehen mit einem Anteil von etwa zwölf Prozent (Schnöring/Neu 1991: 289ff.). Bei Forschungsprojekten nichtindustrieller Einrichtungen übernahm das BMFT bis zu hundert Prozent der Gesamtkosten, Industrieprojekte finanzierte es in der Regel bis zu einem Anteil von fünfzig Prozent (BMFT/BMPF 1979: 110).

Bei genauerer Betrachtung ergibt sich eine massive Konzentration der BMFT-Förderung: knapp drei Viertel der gesamten FuE-Förderung verteilten sich auf nur zehn Empfänger (Schnöring/Neu 1991: 313). Allein ein Fünftel der Fördergelder erhielt das Heinrich-Hertz-Institut (HHI) für Nachrichtentechnik. Das HHI war 1974 gemeinsam von BMFT und dem Land Berlin geschaffen worden. Als "zentrales Element der forschungs- und tech-

---

[6] Im Rahmen der Gesamtausgaben des BMFT spielt die Förderung der Nachrichtentechnik mit einem Anteil von ein bis zwei Prozent nur eine untergeordnete Rolle (Schnöring/Neu 1991: 285). Das BMFT förderte von 1974 bis 1987 die Weltraumforschung und -technik mit einer Summe von 9,7 Mrd. DM. Auch diese Förderung war für die Telekommunikation teilweise relevant (Schnöring/Neu 1991: 317ff.).

nologiepolitischen Initiative des BMFT auf dem Gebiet der Nachrichtentechnik" betrieb es eigene Forschung, u. a. in der Form von Auftragsforschung für die öffentliche Hand und Industrieunternehmen; es übernahm darüber hinaus die wissenschaftliche Begleitung und Koordination von Förderprojekten des BMFT (Schnöring/Neu 1991: 271; vgl. Seidel 1978). Das HHI arbeitete "anfangs gegen den ausgesprochenen Widerstand von Postministerium und Siemens" (Mettler-Meibom 1983: 37). Der Widerstand der Firmen wurde erst im Zuge einer durch Unteraufträge des HHI etablierten Kooperation abgebaut. Die Bundespost war über eine Mitgliedschaft im Aufsichtsrat und im wissenschaftlichen Beirat des HHI an der Steuerung seiner Tätigkeit beteiligt.

Die meisten finanziellen Zuwendungen im Rahmen des Programms TK hat neben dem HHI der Branchenführer Siemens erhalten. Im Vergleich zu Siemens sind jedoch die Unternehmen SEL, ANT (seit Anfang der achtziger Jahre Teil des Bosch-Konzerns, vormals AEG) und PKI (Philips, vormals TeKaDe sowie Felten & Guilleaume) auffallend stark gefördert worden. Dies wird von Schnöring/Neu als Versuch des BMFT gewertet, die *Unabhängigkeit dieser Firmen gegenüber Siemens zu stärken und damit einen Beitrag zur Erhöhung des Wettbewerbs unter den Herstellern* zu leisten (1991: 313). Die Unterstützung durch das BMFT nahm im Rahmen der Forschungsaktivitäten der Industrie einen relativ hohen Stellenwert ein. Etwa ein Fünftel der Gesamtaufwendungen der Industrie für Forschung wurde in den achtziger Jahren über Mittel des BMFT finanziert. AEG und SEL haben die Kosten ihrer jeweiligen Forschungszentren zeitweise bis zu einem Drittel durch BMFT-Fördermittel abgedeckt (Schnöring/Neu 1991: 391).

Die Förderaktivitäten der **Bundespost** unterschieden sich in zwei wesentlichen Punkten von denjenigen des BMFT. Sie finanzierte nur Vorhaben, "die der Erforschung oder Anwendung von Systemen oder Komponenten dienen, die für den späteren Einsatz in Fernmeldenetzen der Deutschen Bundespost geeignet sind oder an diesen Netzen betrieben werden" (BMFT/BMPF 1979: 110). Diese *Zweckgebundenheit* ihrer Förderung leitete die Bundespost direkt aus ihrer gesetzlichen Aufgabenstellung - der Bereitstellung eines leistungsfähigen Fernmeldewesens - ab. Ihr Leistungsauftrag schließe Maßnahmen, die allein auf eine Stärkung der Innovationsfähigkeit der Industrie gerichtet seien, aus. Dementsprechend wählte die DBP im Rahmen des Programms TK auch ein anderes *Verfahren*. Das BMFT vergab Fördermittel für von Dritter Seite konzipierte Forschungsprojekte. Anders die Bundespost: "Die DBP verfügt nicht über Mittel aus dem Bundeshaushalt, die für die Forschungsförderung eingesetzt werden können. Es ist ihr daher nicht möglich, FuE-Projekte der Industrie oder anderer Stellen anteilig zu fördern" (BMFT/BMPF 1979: 110). Statt dessen vergab die Bundespost *Aufträge* für die Ausführung von 'Anwendungsprojekten', die sie selbst - teilweise in Zusammenarbeit mit den Herstellerfirmen - konzipiert hatte.

Die Bundespost hat im Rahmen des Programms TK von 1979 bis 1985 ingesamt 366,6 Mio. DM an Fördermitteln ausgegeben. Damit stellte sie erheblich höhere Mittel bereit als die ursprünglich geplanten 100 Mio DM. Hinzu kommen die Ausgaben der DBP für das posteigene Forschungsinstitut (FI), die sich auf durchschnittlich 45 Mio. DM pro Jahr beliefen.[7]

Die herausragende Aktivität der DBP innerhalb des Programms TK stellten die Systemversuche zum Breitbandigen Integrierten Glasfaser-Fernmelde-OrtsNetz - *BIGFON* - dar. Die Bundespost hatte sich seit Mitte der siebziger Jahre mit der optischen Nachrichtentechnik befaßt. 1976 war eine erste Glasfaserversuchsstrecke in Auftrag gegeben worden. Im Rahmen des Projekts 'Berlin I' errichteten AEG-Telefunken, SEL, Siemens und TeKaDe vier identische Glasfaserstrecken zur Verbindung zweier Berliner Vermittlungsstellen, die 1978 fertiggestellt wurden. Innerhalb der Bundespost war dieses Engagement zunächst umstritten. Schnöring zufolge waren die DBP-internen Befürworter einer Erprobung von Glasfasern zunächst auf wenig Resonanz gestoßen. Finanziert wurde das Projekt 'Berlin I' nicht von der Bundespost, sondern aus Fördermitteln des BMFT (Schnöring/Neu 1991: 356f.).[8] Im Rahmen des Projekts BIGFON wurde der Einsatz von Glasfasertechnik auf der Ebene der Ortsnetze bis hin zum Teilnehmer erprobt, mit dem Ziel, die "Voraussetzungen für den Regeleinsatz der Glasfaser im Fernmeldenetz der Deutschen Bundespost zu schaffen" (Naab 1982: 182). Für das von 1981 bis 1986 laufende Projekt stellte die Bundespost 150 Mio. DM bereit. Es ist davon auszugehen, daß die beteiligten Firmen noch einmal soviel beisteuerten (Funkschau 12/1984: 54).

BIGFON war seit Mitte 1980 von der Bundespost "zusammen mit der deutschen Fernmeldeindustrie" (Kanzow 1981: 22) konzipiert worden. Zunächst handelte es sich dabei um die Firmen Siemens, SEL, TeKaDe und AEG-Telefunken. Während bei 'Berlin I' noch ein einziges Systemkonzept von mehreren Unternehmen parallel realisiert worden war, ging die Bundespost bei BIGFON einen anderen Weg. Sie setzte nur noch Rahmenvorgaben, die sich auf die erwarteten Dienstleistungen und ihren quantitativen Umfang bezogen, und stellte die technische Realisierung der Systeme den Firmen frei, so daß jede ihr eigenes Konzept verwirklichen konnte. Neu in den Kreis miteinbezogen wurden mit Krone und Fuba zwei mittelständische

---

[7] 1973 war die Forschungsabteilung des FTZ als "Forschungsinstitut der Deutschen Bundespost beim Fernmeldetechnischen Zentralamt" (FI) neu organisiert und stärker verselbständigt worden, "(m)it dem Ziel, die Ergebnisse der Forschung bei der DBP stärker als bisher für langfristige Entscheidungen der Unternehmensleitung nutzbar zu machen oder ihre unmittelbare Anwendung in Entwicklung und Betrieb zu fördern" (Dingeldey 1974b: 206). Ein Forschungsrat, dem Vertreter des BMPF, des BMFT, des FTZ und des FI angehörten, übte seitdem die Fachaufsicht aus und beschloß über das Forschungsprogramm (Lange/Wichards 1982: 149).

[8] Schnöring und Neu zufolge war es noch 1977 für diejenigen Kräfte innerhalb der DBP, die sich für eine frühzeitige Erprobung der Glasfasertechnologie einsetzten, "leichter, die Mittel für ein solches Projekt vom BMFT als von der eigenen Organisation zu bekommen" (Schnöring/Neu 1991: 276).

Etablierte Kooperationsformen unter Druck

Firmen, die in anderen Bereichen des Postgeschäfts tätig waren.[9] Beide traten als Generalunternehmer von Firmengruppen auf. Im April 1981 gingen bei der DBP schließlich Angebote zum Aufbau von Prototyp-Systemen von sechs Firmen bzw. Konsortien ein (DBP 1982: 66f.). In sieben Städten wurden insgesamt bis zum Frühjahr 1984 zehn BIGFON-Versuchssysteme errichtet, an die jeweils dreißig bis fünfzig Teilnehmer angeschlossen wurden. Im Rahmen eines Folgeprojekts BIGFERN wurden die BIGFON-Ortsnetze von Hannover und Hamburg miteinander verbunden, sie stellten das erste Teilstück eines Bildfernsprech-Versuchsnetzes dar. Für das Pilotprojekt BIGFERN wendete die Bundespost wiederum 42 Mio. DM auf (Funkschau 7/1982: 20).

Die Nachfrage der Bundespost nach Glasfaserübertragungstechnik ging bis 1983/84 vor allem aus diesen Pilotprojekten hervor. Das Marktvolumen hierfür hat sich seitdem jährlich verdoppelt, hierzu trug insbesondere die Entscheidung der Bundespost bei, von 1985 an im Weitverkehrsnetz nur noch Glasfaser einzusetzen. Anbieter auf diesem Markt waren Ende der achtziger Jahre die Firmen Siemens, SEL, AEG, ANT, Fuba, Kabelmetall, Krone, PKI und Quante. Der gemeinsame Anteil der **Newcomer** lag bei 20 bis 30 Prozent (Kopp 1990: 175). Kopp, der 1990 eine Studie zum bundesdeutschen Markt für Übertragungseinrichtungen vorlegte, führt den Neueintritt der Unternehmen auf zwei Faktoren zurück. Die neuen Anbieter hätten ein zukunftsträchtiges Geschäftsfeld gesehen, zudem sei "hinreichend bekannt", daß Beschaffungsmärkte der DBP "durch interessante Gewinnspannen gekennzeichnet" seien (1990: 174). Wesentlich beigetragen habe jedoch die Bundespost mit ihrem Bestreben, den Anbieterkreis zu erweitern. Nach Darstellung der etablierten Anbieter sei den Newcomern der Einstieg "nur durch die nachhaltige technische Unterstützung der Deutschen Bundespost gelungen" (Kopp 1990: 299). Diese Einschätzung findet sich auch bei Schnöring/Neu: "ein großer Teil der großen Unternehmen (betrachtet) die kleinen Unternehmen immer noch als von der Post ungerechtfertigt bevorzugte Konkurrenz" (1991: 397).

Mit dem Engagement des BMFT hat eine Pluralisierung der staatlichen Träger stattgefunden, die sich mit Forschung und Entwicklung im Telekommunikationssektor befassen. "Längst ist die Post nicht mehr der einzige Akteur, der Einfluß auf die nachrichtentechnische FuE nimmt" (Scherer 1985: 299). In ihrer **Evaluation der Förderungsaktivitäten** kommen Schnöring und Neu zu dem Schluß, daß das BMFT und seine technologiepolitischen Initiativen eine wichtige Rolle gespielt haben: Das BMFT trat Herstellerindustrie und DBP gegenüber als "Schrittmacher und frühzeitiger Förderer besonders risikoreicher FuE-Projekte" auf (Schnöring/Neu 1991: 279). Die Aktivitäten des BMFT und das Programm Technische Kommunikation haben - auch

---

[9] Fuba (Hans Kolbe & Co.) lieferte Kabelrundfunk- und Antennenanlagen an die DBP, die Firma Krone Endgeräte und Linientechnik (Kopp 1990: 174).

nach DBP-interner Einschätzung - mit den Anstoß dafür gegeben, daß die Bundespost begonnen hat, sich systematisch mit zukünftigen Entwicklungstendenzen der Telekommunikation zu beschäftigen. Schnöring und Neu charakterisieren das Zusammenspiel der staatlichen Akteure BMFT und DBP in dieser Zeit als "produktiven Wettbewerb" (1991: 274).

Die Beteiligung der DBP am Programm Technische Kommunikation ist nicht als Anzeichen dafür zu verstehen, daß sie die vom BMFT geforderte aktive technologiepolitische Führungsrolle übernahm. "Neue Produkte und Produktionsverfahren", so die Bundespost 1982, "entstehen in Unternehmen. Es kann daher nicht Aufgabe der Deutschen Bundespost sein, einen Strukturwandel zu lenken" (Dohmen 1982: 370). Wenn sich die Bundespost am Programm beteiligte, dann deshalb, weil es ihren eigenen unternehmerischen Interessen entsprang. "Vorläufig und stark vergröbert läßt sich die... entstandene Pluralisierung mit der Formel kennzeichnen, daß die nachrichtentechnische FuE von der Post im Postinteresse, vom BMFT im industriepolitischen Interesse gesteuert wird" (Scherer 1985: 301). Wie gering die Bereitschaft der Bundespost war, sich für technologiepolitische Ziele instrumentalisieren zu lassen, brachte sie in der Präsentation des Programms TK zum Ausdruck: "Die DBP ist bemüht, ihre Fernmeldeanlagen zu erhalten und technisch weiterzuentwickeln, um ihr Dienstleistungsangebot qualitativ und quantitativ ständig verbessern und erweitern zu können. Angesichts der Verpflichtung zum wirtschaftlichen Handeln kann dabei technologische Innovation nicht als Selbstzweck verstanden werden, sondern muß an deren wirtschaftlichem Gesamterfolg gemessen werden" (BMFT/BMPF 1979: 32). Was die FuE-Politik, die die Bundespost bei der Vergabe von Aufträgen für Feldversuche und Pilotprojekte betrieb, von ihrer herkömmlichen Praxis bei der 'Steuerung' nachrichtentechnischer Entwicklung unterschied, war einmal die stärkere Ausdifferenzierung der Verfahren (Scherer 1985: 301). Zudem verzichtete die Bundespost auf einheitstechnische Vorgaben und einen Systemführer (faktisch: Siemens). Die DBP setzte auf parallele Entwicklungsarbeiten durch die beteiligten Firmen, sie hat außerdem bewußt den Zutritt neuer Anbieter in den Kreis der Entwicklerfirmen gefördert. Beide Maßnahmen können als Versuche gewertet werden, Innovationspotentiale auf Seiten der Herstellerindustrie freizusetzen und die Grundlagen für die Vergabe von Beschaffungsaufträgen im Wettbewerb zu legen.

Gemessen am Gesamtaufwand für Forschung und Entwicklung im bundesdeutschen Telekommunikationssektor fiel die FuE-Förderung durch BMFP wie DBP allerdings kaum ins Gewicht. Die deutsche Herstellerindustrie gab 1979 2,2 Mrd. DM - oder 10,7 Prozent ihres Umsatzes - für Forschung und Entwicklung aus. Die gesamten Fördermittel des BMFT (die wiederum nur zu etwa vierzig Prozent in die Unternehmen flossen) beliefen sich im gleichen Jahr auf rd. 74 Mio. DM. Die DBP steuerte für 'Anwendungsprojekte' insgesamt 27,6 Mio. DM bei. 1985 hatten sich die FuE-Aufwendungen der Industrie auf rund 5 Mrd. DM - respektive 12,7 Prozent der Umsätze - erhöht. Die BMFT-Fördersumme lag bei rd. 75 Mio. DM, die Ausgaben der DBP für 'Anwendungsprojekte' bei 20 Mio. DM (Schnöring/Neu 1991: 285, 366; DBP, Geschäftsbericht 1979: 57; DBP, Geschäftsbericht 1985: 50). *Die Grundstrukturen von Forschung und Entwicklung im bundesdeutschen Telekommunikationssektor waren damit erhalten geblieben.* FuE wurde nach wie vor in allererster Linie von der Herstellerindustrie durchgeführt und finanziert. Die DBP hielt generell an ihrem Prinzip fest, Forschungs- und Entwicklungsaufwendungen erst über die Beschaffungspreise zu vergüten (Schnöring/Neu 1991: 266ff.).

2. Erste Angriffe auf das Fernmeldemonopol

Im Rahmen der technologiepolitischen Diskussionen und bei den Versuchen einer Unternehmensreform hatte das Fernmeldemonopol der Bundespost nicht zur Disposition gestanden. Wie unumstritten es noch Mitte der siebziger Jahre war, belegt der "Telekommunikationsbericht" der KtK (vgl. Grande 1989: 198). Für die KtK stand außer Frage, daß die Kompetenz für die Weiterentwicklung des Telekommunikationssystems bei dem "Infrastrukturunternehmen" Bundespost liege und diese technisch und wirtschaftlich in der Lage sei, "den Ausbau des Telekommunikationssystems zu fördern, zu steuern und - soweit zuständig - zu vollziehen" (KtK 1976a: 1).

Die Attacken auf das Fernmeldemonopol der DBP setzten Ende der siebziger Jahre ein, sie richteten sich zunächst gegen eine als zu restriktiv empfundene Politik der Bundespost im Endgerätebereich (vgl. Kuhn 1986, Grande 1989: 189ff.) Heinz *Nixdorf* nahm die Präsentation eines neuen Endgeräts zur Datenübertragung auf der Hannover-Messe 1977 zum Anlaß für einen Generalangriff auf die "Reglementierung durch die DBP, die Verhinderung eines echten Wettbewerbs und die unflexible Haltung in Fragen der Nutzung und der Dienstleistungen". Ein großes Potential an neuen Märkten bleibe ungenutzt, weil die Bundespost mit ihren einheitstechnischen Regeln den Herstellern die Entscheidungsfreiheit über neue Produktkonzepte beschneide. Im Grenzbereich zwischen Datenverarbeitung und Nachrichtentechnik sei es gerade für neue Unternehmen "sehr schwierig, unter den gegebenen Bedingungen Zugang zu diesem Markt zu finden", es bestehe die Gefahr, daß man angesichts des Zusammenwachsens von Daten- und Fernsprechkommunikation "von den neuesten Technologien abgeschnitten" werde (zit. nach ntz 7/1977: 527). Zeitgleich meldete das von den Liberalen geführte *Bundeswirtschaftsministerium* "grundsätzliche ordnungs-

und wettbewerbspolitische Bedenken" gegen den geplanten Vertrieb von Telefax-Endgeräten durch die Bundespost an (zit. nach ntz 5/1979: 324). Der Telefax-Streit weitete sich bald zu einer Grundsatzauseinandersetzung zwischen Bundespost und Bundeswirtschaftsministerium über die Endgerätepolitik der DBP aus. Das BMWi wandte sich dabei prinzipiell gegen eine Beteiligung der DBP auf dem Endgerätemarkt. Politische Unterstützung fand es bei der *Wirtschaftsministerkonferenz der Bundesländer*.

Im Gefolge der Auseinandersetzungen um das Fernmeldemonopol wurde auch die Diskussion um die **Beschaffungspolitik der DBP** neu belebt. Im November 1979 entschloß sich die **Monopolkommission**, eine vom Bundesrat angeforderte Untersuchung von Problemen des Mißbrauchs der Nachfragemacht durch die öffentliche Hand "beispielhaft im Bereich des Fernmeldewesens" vorzunehmen (Monopolkommission 1981: 9). In ihrem im Februar 1981 vorgelegten Sondergutachten stellte sie die Nachfrage- und Angebotspolitik der Bundespost dar und unterzog sie einer prinzipiellen Überprüfung. Ausgangspunkt war der Leitgedanke, daß einem funktionsfähigen Wettbewerbsprozeß vor jeder Art staatlicher Planung und Regulierung Vorrang einzuräumen sei. Hiervon sei auch der Bereich des Fernmeldewesens nicht ausgeschlossen: "Gerade in einem Markt, in dem rasche technologische Veränderungen eine große wirtschaftliche Dynamik auslösen, kann auf den Wettbewerb als Antriebs- und Steuerungsfaktor nicht verzichtet werden" (Monopolkommission 1981: 91).

Das Gutachten enthielt eine prononcierte Kritik am *Fernmeldemonopol* der Bundespost. Die Monopolkommission kam zu dem Schluß, daß dessen Umfang und Reichweite ordnungspolitisch nicht mehr gerechtfertigt seien, und empfahl eine teilweise Liberalisierung der Fernmeldemärkte. Weil sich mit einer Beteiligung der DBP auf den Endgerätemärkten negative Wirkungen für Marktstruktur und Wettbewerb verbänden - bereits das Auftreten der DBP als öffentliches Unternehmen ohne Rentabilitäts- und Konkursrisiko führe "zu ungleichen Startbedingungen und somit zu Wettbewerbsverzerrungen" (Monopolkommission 1981: 16) -, forderte die Monopolkommission hier ihren vollständigen Rückzug, davon sollte lediglich das Angebot des einfachen Telefonhauptanschlusses ausgeschlossen sein. Weiter schlug sie eine teilweise Liberalisierung der Dienstemärkte vor. "Damit würde die Möglichkeit geschaffen, daß sich... innerhalb des bestehenden Fernmeldenetzes der Bundespost eine Dienstleistungskonkurrenz entwickeln kann" (Monopolkommission 1981: 17).

Die Prämisse, daß der Wettbewerb das geeignetste Entdeckungsverfahren für die bedarfsgerechte Entwicklung von neuen Produkten sei, legte die Monopolkommission auch ihrer Analyse der DBP-*Nachfragepolitik* zugrunde. Das Sondergutachten lieferte eine detaillierte Bestandsaufnahme der Verhältnisse auf den bundesdeutschen Märkten für Fernmeldeeinrichtungen und der beschaffungspolitischen Praxis der Bundespost. Auf der Anbieterseite konstatierte die Monopolkommission das Fehlen eines "wirksamen Wettbewerbs" und eine nachhaltige "Verkrustung der Angebotsstrukturen" (Monopolkommission 1981: 109). Die mangelnde Wettbewerbsintensität auf den Beschaffungsmärkten wurde als Ergebnis der Unternehmenspolitik der DBP gewertet: "Die Darstellung des Nachfrageverhaltens der DBP hat erkennen lassen, daß mit der Ausgestaltung des Beschaffungswesens der DBP *Beeinträchtigungen des Wettbewerbs* auf den Beschaffungsmärkten verbunden sind" (Monopolkommission 1981: 108). Der Verzicht der Bundespost auf Innovationswettbewerb, ihre enge Zusammenarbeit mit wenigen Herstellerunternehmen im Bereich von Forschung und Entwicklung sowie die Kopplung von Forschungs- und Entwicklungsleistungen an spätere Fertigungsaufträge schlössen potentielle Konkurrenten aus, zudem seien nur geringfügige Marktanteilsverschiebungen innerhalb des Kreises der Hersteller zu verzeichnen. Die Marktschließungseffekte verstärkten sich durch die Wirkungen der gewerblichen Schutzrechte an einheitstechnischen Einrichtungen und die faktische Konzentration des Bezugs auf einen kleinen Kreis von etablierten Lieferanten. "Die Verkrustung der Marktstruktur... ist im wesentlichen eine Folge dieser Politik der DBP. Gestützt auf die bei der Entwicklung gewonnenen gewerblichen Schutzrechte und abgesichert durch das Konzept der Einheitstechnik wird allen an der Entwicklung nicht beteiligten Firmen ein Substitutionswettbewerb unmöglich gemacht" (Monopolkommission 1981: 109). Die Inlandsorientierung der Beschaffung trage schließlich zur Errichtung und Konservierung marktmächtiger Angebotsstrukturen bei (Monopolkommission 1981: 54).

Die Kommission zog die Schlußfolgerung, daß aus den beschaffungspolitischen Praktiken der DBP "erhebliche Schwierigkeiten für die Hervorbringung des technischen Fortschritts" erwüchsen (Monopolkommission 1981: 52). Um die notwendige Intensivierung des Wettbewerbs zwischen den Anbietern herbeizuführen, forderte sie eine grundsätzliche Revision der beschaffungspolitischen Strategien der DBP. Zentrale Forderung war die Einführung von Innovationskonkurrenz: "Die Kopplung der Forschungs- und Entwicklungsleistungen der Unternehmen mit der Abgeltung durch Fertigungsaufträge erweist sich wegen der daraus resultierenden *Marktschließungseffekte* als besonders nachteilig. Die DBP sollte prüfen, ob ein mehrstufiges Verfahren, in dem Forschungs-, Entwicklungs- und Fertigungsaufträge getrennt vergeben werden, durchführbar ist" (Monopolkommission 1981: 53). Voraussetzung für eine Intensivierung des Wettbewerbs sei eine Reduzierung der durch Schutzrechte geschaffenen Marktzutrittsschranken, also die Abschwächung des Prinzips der Einheitstechnik. "Da das Konzept der Einheitstechnik die Wirkungen gewerblicher Schutzrechte noch erhöht..., ist zu überlegen, inwieweit der Grad der einheitstechnischen Anforderungen reduziert werden kann" (Monopolkommission 1981: 110).

3. Die beschaffungspolitische Wende der Bundespost

Bereits bevor ihre Beschaffungspolitik mit dem Sondergutachten der Monopolkommission ins Kreuzfeuer der Kritik geriet, war innerhalb der Bundespost ein Diskussionsprozeß in Gang gekommen, in dessen Verlauf die bis dahin gültigen beschaffungspolitischen Maximen und Strategien vollständig revidiert wurden.

Im Januar 1979 mußte Bundespostminister Gscheidle bekanntgeben, daß die Entwicklungsarbeiten am analogen Elektronisch Gesteuerten Wählsystem für Fernvermittlungsstellen (EWS) auf Wunsch der Fernmeldeindustrie eingestellt würden und statt dessen beschleunigt vollelektronische, digitale Vermittlungstechnik eingeführt werden sollte. Während bis dahin beschaffungspolitische Entscheidungen der Bundespost kaum öffentliches Interesse hervorgerufen hatten, bescherte die Aufgabe des EWS eine Flut von negativen Presseschlagzeilen.[10] In der Folge beschäftigten sich nicht allein der Postverwaltungsrat, sondern auch Bundestag und Bundesrechnungshof ausführlich damit.[11] Im Rückblick betrachtet, stellt das EWS-Debakel einen Wendepunkt in den Beziehungen zwischen den Akteuren auf den bundesdeutschen Fernmeldemärkten dar: Das EWS war *Ergebnis der hergebrachten Kooperationsformen* von Bundespost und Herstellerindustrie im Bereich der Forschung und Entwicklung - sein *Abbruch markierte deren Scheitern*. Zugleich bot dieses Scheitern der Bundespost die Gelegenheit, sich entsprechend der gewandelten ökonomischen und technologischen Bedingungen im Telekommunikationssektor *strategisch neu zu orientieren und neue Kooperationsmuster mit der Industrie zu etablieren.*[12]

---

[10] Graf (1981: 358) gibt einen Überblick. Die Zeit: "Schwarzer Freitag in München. Die Entwicklung des elektronischen Wählsystems für das Telephon muß gestoppt werden" (2.2.1979: 20); Süddeutsche Zeitung: "Computer stellt das Telephon ruhig. Neues EWS bietet einige Spielereien, ist aber technisch bereits überholt" (26./27.4.1980: 33); Stuttgarter Zeitung: "Die Deutsche Bundespost beschleunigt Einführung digitaler Technik im Fernsprechnetz"; "Siemens stoppt EWS-Technik" (2.2.1979: 16); Frankfurter Allgemeine Zeitung: "Siemens stoppt die Entwicklung des Fernwählsystems" (6.2.1979: 13); "Eine bittere Pille für die Bundespost" (21.2.1979: 13); Der Spiegel: "Telephon: Alte Mechanik" (10/1979: 84ff.); "Telephon: Milliarden sinnlos verpulvert" (37/1979: 39ff.); Handelsblatt: "Fernwählsystem: Spätes Umschalten kostet unnötiges Geld" (1./2.3.1979: 4).

[11] Kleine Anfrage der Abgeordneten Dr. Dollinger, Dr. Friedmann, Dr. Sprung, Dr. Schulte (Schwäbisch-Gmünd) und der Fraktion der CDU/CSU: Einführung der digitalen Fernwahltechnik anstelle der analogen Fernwahltechnik bei der Deutschen Bundespost, Bundestagsdrucksache 8/2749; Antwort der Bundesregierung auf die Kleine Anfrage, Bundestagsdrucksache 8/2789; Bundesrechnungshof 1981: 142ff.

[12] Vgl. Scherer 1985, Mettler-Meibom 1986, Werle 1990, Ziegler 1989, Cawson et al. 1990.

3.1. Das Scheitern des EWS-Projekts

Die DBP hatte Anfang der sechziger Jahre mit der Konzeption einer Nachfolgegeneration für das seit 1955 eingesetzte elektromechanische Vermittlungssystem der Edelmetall-Motor-Drehwähler begonnen. Auf der Basis von Erfahrungen mit ersten Versuchsämtern, die Siemens, SEL, TuN und AEG-Telefunken errichtet hatten, teilte das BMPF den Amtsbaufirmen sowie der AEG-Telefunken Anfang 1966 die Absicht mit, "im Wege eines Entwicklungsvorhabens möglichst bis zum Jahre 1970 über ein neues zukunftssicheres Wählsystem verfügen zu können" (Bundesrechnungshof 1981: 142). Die vom FTZ vorgegebenen vorläufigen technischen Merkmale des elektronischen Vermittlungssystems entsprachen dem von Siemens vorgelegten Entwurf. "Damit war eine wichtige Vorentscheidung gefallen: 'Systemführer' würde auch für die neue Generation der Vermittlungstechnik wieder die Siemens AG sein" (Scherer 1985: 291). Die Bereitschaft zur Übernahme der Systemführerschaft hatte man Siemens mit Mindestmarktanteilen honoriert. In Entwicklungsverträgen zwischen Siemens und den drei weiteren Firmen wurden deren Beiträge zur Entwicklung festgelegt sowie Nachbauverträge und Lizenzvereinbarungen abgeschlossen.[13]

Bei dem Elektronisch Gesteuerten Wählsystem EWS handelte es sich um ein analoges elektronisches Vermittlungssystem. Erstmals serienmäßig eingesetzt wurde ein derartiges System 1965 in den USA durch AT&T. Während Bundespost und Amtsbaufirmen auf dieses analoge elektronische Vermittlungssystem setzten, gab es im Ausland bereits vereinzelte Versuche, vollelektronische 'digitale' Systeme zu entwickeln. Die Entwicklung einer digitalen Variante des EWS war Anfang der siebziger Jahre von Bundespost und Firmen kurz diskutiert worden. Die Bundespost verfolgte sie jedoch nicht weiter, um nicht Entwicklungskapazitäten der Herstellerunternehmen zu binden. "(A)uch die Entwicklungsfirmen, an ihrer Spitze die mit den elektrotechnischen und elektronischen Entwicklungen in der Welt in der Regel gut vertrauten Firmen Siemens und SEL, sahen lange keinen Grund zur Kurskorrektur" (Werle 1990: 250). Die Entwicklung des EWS stieß während dessen auf unerwartete Schwierigkeiten, die den Einführungstermin immer weiter in die Zukunft rücken ließen. "Die Entwicklung hatte sich immer weiter verzögert", heißt es im Bericht des Bundesrechnungshofes, "weil zum einen die Anforderungsmerkmale des Systems noch vervollkommnet werden mußten, zum anderen bei der Ausgestaltung dem technologischen Fortschritt gefolgt werden sollte. Außerdem gestaltete sich die Erstellung der Software erheblich schwieriger und langwieriger als zuvor

---

[13] Gegen eine Aufnahme der AEG-Telefunken in den Kreis der Amtsbaufirmen hatte sich Siemens mit dem Hinweis auf die Konsequenzen einer weiteren Zersplitterung des bundesdeutschen Heimatmarkts für den Export zur Wehr gesetzt. Mit dem Aufkauf von TuN durch die AEG wurde dieses Problem gegenstandslos.

angenommen" (Bundesrechnungshof 1981: 143). 1972 hatte die DBP den Beginn der Regelbeschaffung auf die Jahre 1977/78 angesetzt. Mit dem Versuchsbetrieb der ersten Ortsvermittlungsstelle konnte jedoch nicht wie geplant Mitte 1973, sondern erst mit mehr als einjähriger Verzögerung begonnen werden. Fünf Jahre später, kurz vor Abbruch des Projekts, waren erst fünf Ortsvermittlungsstellen im Einsatz, davon zwei im Versuchsbetrieb. Die Fernwahlsysteme befanden sich nicht einmal im Stadium der Versuchsreife (Bundesrechnungshof 1981: 143).

Während sich die Entwicklungsarbeiten am EWS immer mehr verzögerten, war im Ausland bereits Mitte der siebziger Jahre unter Beweis gestellt worden, daß volldigitale Systeme technisch realisiert werden konnten. Spektakulär war die Inbetriebnahme des ersten volldigitalen Fernamts 1976 durch AT&T. Damit mußte auch für die Bundespost und die bundesdeutschen Amtsbaufirmen deutlich werden, "(d)aß volldigitale Vermittlung mehr als nur eine Option für die fernere Zukunft war" (Werle 1990: 259). Sie setzten aber zumindest offiziell weiter auf die analoge Version. Doch auch hier deutete sich ein Umschwenken an: SEL arbeitete im Forschungsverbund des ITT-Konzerns an der Entwicklung eines volldigitalen Systems mit, auch Siemens hatte seine nie aufgegebenen Arbeiten an der Digitaltechnik intensiviert. Diese *"'autonome' Umorientierung von SEL und Siemens auf volldigitale Vermittlungssysteme* blieb von der Post anscheinend zunächst unbeachtet" (Werle 1990: 253). Im Bereich der eigenen Forschung war sie jedoch selbst dazu übergegangen, sich mit digitaler Vermittlungstechnik zu befassen. Zur offenen Auseinandersetzung kam es im Frühjahr 1978, als der Unterabteilungsleiter im Bundespostministerium, Arnold, von einer USA-Reise mit der Überzeugung zurückkehrte, daß man ein technologisch überholtes und wirtschaftlich im Vergleich unrentables Projekt verfolgte (Mettler-Meibom 1986: 300f.). Innerhalb der Bundespost konnte sich diese Position jedoch nicht durchsetzen. Man fürchtete den drohenden Prestigeverlust für beide Seiten; außerdem war vor allem das FTZ noch lange der Meinung, daß das EWS, das zudem kurz vor der Einsatzreife stand, nicht weniger wirtschaftlich sei als digitale Systeme. Während man bei der Bundespost noch über das Für und Wider "nach Art eines Glaubenskriegs" (Scherer 1985: 295) stritt, wurde für Siemens im Verlauf des Jahres 1978 immer deutlicher, daß man mit dem analogen System auf dem Weltmarkt keine Chancen haben würde. Angesichts der Erfolge ausländischer Fernmeldeverwaltungen mit digitalen Vermittlungssystemen zeichnete sich ab, "daß die in Deutschland angestrebte Lösung eine nicht exportfähige Insellösung geblieben wäre" (Schnöring/Neu 1991: 344). Traditionelle Exportkunden hatten Siemens bereits signalisiert, daß sie am EWS nicht interessiert waren. Abgebrochen wurde das Projekt schließlich auf Initiative von Siemens.[14] Noch im Dezember 1978 hatte die Bundespost das EWS-System als

---

[14] Ziegler führt die Entscheidung, das EWS-Projekt abzubrechen, allein auf das Votum von Sie-

Etablierte Kooperationsformen unter Druck

"Technik der Zukunft" gepriesen (ZPF 12/1978: 20ff.). Im Januar 1979 teilte Postminister Gscheidle dann öffentlich die Aufgabe der Entwicklungsarbeiten mit. Die DBP sichere, so der Postminister, mit dieser Entscheidung die Position der deutschen Fernmeldeindustrie im internationalen Wettbewerb und trage damit zur Erhaltung von Arbeitsplätzen in der Bundesrepublik Deutschland bei (zit. nach Gabel 1979: 214). Den Hauptteil der Kosten, die mit dem Abbruch des Projekts verbunden waren, trug die Industrie, allen voran Siemens; Scherer beziffert die Verluste des Unternehmens auf etwa eine Milliarde DM (1985: 296).

Der Bundesrechnungshof hatte in seinem Kommentar zum Abbruch der EWS-Entwicklung Kritik an der Vorgehensweise der Bundespost geäußert. "Er läßt es dahingestellt bleiben, ob das Verfahren beim Abschluß und bei den wiederholten Änderungen des Entwicklungsvertrags, dessen Modalitäten nicht einem geschlossenen Vertragswerk, sondern dem umfangreichen Schriftwechsel zwischen Entwicklungsfirmen und Postdienststellen zu entnehmen sind, allen Anforderungen entsprach" (Bundesrechnungshof 1981: 142). Für Scherer liegt die wesentliche Ursache für das Scheitern in dieser mangelnden Strukturierung der Zusammenarbeit. "Die unzulängliche organisatorische und prozedurale Strukturierung des EWS-Projekts ermöglichte es den beteiligten Technikern, immer neue, 'dem technologischen Fortschritt' der elektronischen Vermittlungstechnik angepaßte Anforderungsmerkmale zu definieren" (1985: 294). Cawson et al. machen vor allem die ständige Einflußnahme des FTZ auf die Entwicklungsarbeiten für die Probleme verantwortlich (1990: 164).

Diese Erklärungsversuche können jedoch allesamt nicht völlig überzeugen. Eine plausiblere Erklärung für das Scheitern des EWS gibt Werle. Für ihn liegen die Hauptursachen nicht in den Spielregeln der Zusammenarbeit. Permanente Koordination und Kooperation wären angesichts der hohen Unsicherheiten, mit denen die Entwicklung elektronischer Vermittlungssysteme behaftet war, geradezu "konstitutiv" für einen Entwicklungserfolg gewesen (Werle 1990: 258). Anders als in der Vergangenheit schien die Voraussetzung für eine erfolgreiche Firmenkooperation - die Gewißheit, an einem ständig steigenden Auftragsvolumen gleichermaßen partizipieren zu können - in der Bundesrepublik jedoch nicht mehr erfüllt: Die Firmen rechneten damit, daß die Nachfrage der DBP immer weiter zurückgehen würde.

---

mens zurück (1989: 328). Damit wird ein Ausmaß an Unterordnung der Bundespost und der anderen Herstellerfirmen unter das technologische Primat der Siemens AG und deren Fähigkeit "to control the agenda of technological change" (Ziegler 1989: 328) unterstellt, das es zu diesem Zeitpunkt, wenn überhaupt, nicht gegeben hat. Übersehen wird von Ziegler auch, daß eine Aufgabe des Projekts auf Initiative der Bundespost dazu geführt hätte, daß diese den Firmen erhebliche Anteile ihrer Entwicklungsaufwendungen hätte zurückerstatten müssen. Deshalb war es durchaus im Interesse der DBP abzuwarten, bis Siemens von sich aus den Abbruch der Entwicklungsarbeiten vorschlug (Werle 1990: 256).

Sie mußten sich demnach darauf konzentrieren, Exportmärkte zu gewinnen - und hier traten sie in Konkurrenz zueinander. Unter diesen Umständen wurde "die Kooperation immer mehr zur Fessel als zur Chance" (Werle 1990: 258). Die Firmen begannen eigene Wege zu gehen. SEL, der innerhalb der EWS-Vereinbarungen nur geringe Exportrechte zugestanden worden waren, engagierte sich im Rahmen des ITT-Forschungsverbunds, wo man an einem volldigitalen System arbeitete. Siemens befaßte sich mit Blick auf den Weltmarkt "auf eigenes Risiko" mit der Digitaltechnologie. Die von Scherer (1985: 294) und Cawson et al. (1990: 163) erwähnten "Kooperationsprobleme" der Firmen, ihre Neigung, Informationen zurückzuhalten, sind Ergebnis der gewandelten Interessenlagen. *"(Es) waren zunehmend wirtschaftliche Motive der Akteure, nicht zu kooperieren, obwohl ihre Einschätzung der technischen Entwicklung und ihre ökonomische Bewertung der verschiedenen Varianten sehr ähnlich war"* (Werle 1990: 259).

Darüber hinaus stellte der Übergang von der Elektromechanik zur Digitaltechnologie für alle Akteure aus dem Bereich der klassischen Nachrichtentechnik eine große Herausforderung dar und war mit erheblichen Unsicherheiten behaftet. "The manufacturers not only had to become familiar with a completely new type of product to replace the existing one, but they had to change their whole product concepts, their production processes and the production, sales and maintenance operation" (Foreman-Peck/Müller 1987: 3f.). Der Stand der technologischen Entwicklung hatte lange keine klaren Aussagen darüber erlaubt, ob digitale Systeme tatsächlich realisiert werden konnten und - in Verbindung mit den noch durchgehend analogen Übertragungssystemen - wirtschaftliche Vorzüge besitzen würden. Zum endgültigen Durchbruch haben der volldigitalen Vermittlungstechnik erst weitere Fortschritte in der Mikroelektronik, vor allem die Größintegration von Schaltelementen, und die Entwicklung höherer Programmiersprachen verholfen (Hoffmann 1984: 13). "Bei aller Relevanz der Suche nach 'internen' Faktoren, die die bundesdeutsche Entwicklung erklären, sollte nicht übersehen werden, daß im internationalen Vergleich der Übergang von verschiedenen elektromechanischen zu schließlich volldigitalen Vermittlungssystemen in unterschiedlichen Konstellationen recht ähnliche Probleme bereitet hat" (Werle 1990: 259).

3.2. Neue Strategien für die Beschaffung

3.2.1. Der Einkauf digitaler Vermittlungstechnik

Innerhalb der Bundespost kreisten die Diskussionen nach Abbruch des EWS um Für und Wider der **Einheitstechnik** (vgl. Dingeldey in: Fernmeldepraxis 1982: 124). Mit der frühzeitigen Festlegung auf eine einheitstechnische Lösung sei sie, so die DBP, das Risiko eingangen, "vom technischen Fortschritt überholt zu werden" (Hoffmann 1984: 14). Das Scheitern des EWS hatte der Bundespost zudem drastisch vor Augen geführt, wie stark sie sich vom Innovationspotential des 'Systemführers' Siemens abhängig gemacht hatte. Schließlich mußten die Aufgaben, die das FTZ im Rahmen von Entwicklungsprojekten übernehmen sollte, neu überdacht werden. Das Scheitern des Gemeinschaftsprojekts wurde auch als Mißerfolg der die Entwicklungsarbeiten 'steuernden' FTZ-Ingenieure gewertet (Mettler-Meibom 1986: 300ff.). Die wichtigsten Argumente gegen eine am Prinzip der Einheitstechnik orientierte Beschaffungspolitik waren freilich ökonomischer Natur. Die *ökonomischen Prämissen* der Entwicklung und Produktion nachrichtentechnischer Systeme und Geräte hatten sich mit dem Übergang zur Digitaltechnologie grundlegend verändert. Der Inlandsbedarf innerhalb eines Investitionszyklus reiche - so das FTZ - nicht mehr aus, um ein für die Bundespost "annehmbares Preisniveau" zu garantieren (Ankirchner 1990: 13). Folglich mußte sie darauf hinwirken, daß die Firmen nicht mehr ihre gesamten Forschungs- und Entwicklungskosten auf die Einkaufspreise abwälzten. Auch eine Kartellierung des Angebots konnte nicht mehr hingenommen werden. "Vergabeverfahren, die in der Vergangenheit darauf ausgerichtet waren, von einem zahlenmäßig beschränkten Kreis stets gleichbleibender Lieferanten, bei vielfach weitgehend ausgelasteter Fertigungskapazität, eine Einheitstechnik zu einheitlichen Preisen geliefert zu bekommen, versagen in der neu entstandenen Situation" (Meyrhofer et al. 1982: 4).

Die DBP zog aus dem EWS-Debakel ihre Konsequenzen. Bei der Beschaffung digitaler Vermittlungssysteme ging sie von der bisherigen Praxis ab, die Unternehmen in ein Gemeinschaftsprojekt einzubinden. Statt dessen initiierte sie erstmals einen **Entwicklungswettbewerb**. Die DBP bekundete außerdem, daß die digitalen Vermittlungssysteme nicht als "DBP-spezifische" Systeme in Auftrag gegeben wurden, statt dessen würde man auf "allgemein am Markt vertrieben(e)" Produkte zurückgreifen (Dohmen 1980: 24). Beschafft werden sollten schließlich möglichst zwei unterschiedliche Systeme. "Die erwarteten Vorteile... liegen auf der Hand", so die DBP, "da jeder Hersteller im Zuge der künftigen technischen Weiterentwicklung sein System hinsichtlich Qualität und Preis optimieren wird" (Hoffmann 1983: 5). Die Bundespost rückte damit vom Prinzip der Einheitstechnik ab.

Diese sei "in der Vergangenheit beim Auf- und Ausbau des bundesdeutschen Fernsprechnetzes zweifellos erfolgreich gewesen", könne aber "für die Zukunft ohne Vermeidung von schwerwiegenden Rückwirkungen auf das Leistungsvermögen der DBP einerseits und die Konkurrenzfähigkeit der deutschen Fernmeldeindustrie andererseits nicht aufrechterhalten werden" (Hoffmann/Hilz 1980: 16). Die Entscheidung, wenn möglich zwei Systeme parallel ins Netz einzuführen, war innerhalb der Bundespost umstritten. Einwände wurden vor allem von 'betrieblicher' Seite, d. h. den Technikern des FTZ, erhoben. Sie wiesen auf den Mehraufwand bei Betrieb, Wartung und Personalausbildung hin (vgl. Rieper/Meyer 1991: 426f.).

Die Neuorientierung der Beschaffungspolitik bedeutete zugleich eine **Lockerung der Beziehungen zu den Herstellern**, vor allem zu Siemens. Siemens hatte noch Ende 1978 vehement für die Beibehaltung der Einheitstechnik plädiert (vgl. ntz 11/1978: 789). Naheliegend ist, daß der Einfluß von Siemens zum Zeitpunkt der Entscheidung nicht sehr weit reichte - mit dem EWS-Debakel war ein erheblicher Vertrauensverlust einhergegangen. Für SEL bot die Umorientierung der Bundespost dagegen die Chance, sich als eigenständige Systemfirma zu etablieren.[15] "Pursuing a policy of technological independence from Siemens was also perceived as enhancing the firm's long-term commercial prospects and its scope for exporting switching equipment" (Cawson et al. 1990: 168).

Die **Beschaffung digitaler Vermittlungstechnik** leitete die Bundespost im Sommer 1979 ein; die Einführung neuer Fernvermittlungssysteme war für 1984 vorgesehen. Daß völlig neue Wege eingeschlagen werden sollten, wird auch an der organisatorischen Abwicklung des Beschaffungsvorgangs deutlich. Sie erfolgte außerhalb der herkömmlichen Ablauforganisation des FTZ durch eine direkt dem FTZ-Präsidenten unterstellte 'Projektorganisation für digitale Vermittlungs- und Übertragungstechnik'. Unterstützt wurde sie von einem Referat des Ministeriums (Hoffmann/Hilz 1980: 18).[16]

Im August 1979 forderte das FTZ im Rahmen einer beschränkten Ausschreibung DeTeWe, SEL, Siemens, TeKaDe und TuN auf, ein Angebot über die Lieferung und den Aufbau je einer großen und einer kleinen digitalen Fernvermittlungsstelle für die Zwecke eines *Präsentationswettbewerbs* abzugeben. In den Angebotsbedingungen wurde darauf hingewiesen, daß maximal drei Systeme zur Präsentation zugelassen werden würden. SEL, Siemens und TeKaDe gaben eigenständige Angebote ab; die kleineren Hersteller DeTeWe und TuN schlossen sich Siemens an. Im Anschluß an eine technische und kommerzielle Wertung erteilte die DBP im März 1980 allen

---

[15] Im ITT-Forschungsverbund hatte SEL die Führung bei der Entwicklung des System 12 übernommen und die Hälfte der Entwicklungskosten getragen (IDATE 1987: 27).

[16] Das Verfahren fand international starke Beachtung. Über vierzig Delegationen hatten die Bundespost besucht, um sich über Verlauf und Ergebnisse zu informieren. Eine genaue Beschreibung findet sich bei Hoffmann 1984.

Anbietern Aufträge zur Errichtung sogenannter *Präsentationsvermittlungsstellen*. Hierfür setzte sie eine enge Frist von nur fünfzehn Monaten. Wie strikt sich die Bundespost an ihre Vorgabe, daß die "Nichterfüllung zum Fixtermin zum Ausscheiden" führe (Hoffmann 1984: 23), hielt, belegen die Erfahrungen von TeKaDe. Das Unternehmen fiel aus dem Wettbewerb heraus, weil es den vorgegebenen Abnahmetermin nicht einhalten konnte. Im Wettbewerb verblieben die Systeme von Siemens ('EWSD') und SEL ('System 12'). Der eigentliche *Präsentationswettbewerb* bestand aus mehreren in sich abgeschlossenen Testetappen und einem einjährigen Präsentationsbetrieb. Im Anschluß daran fand ein *Einführungspreiswettbewerb* statt, der den Ausschlag dafür geben sollte, welches System bzw. welche Systeme schließlich ausgewählt wurde(n).

Nach den Vorstellungen der DBP sollte es sich bei den Präsentationsvermittlungsstellen um *"firmenspezifische Entwicklungsprodukte"* handeln, "für die das FTZ nur die unbedingt unumgänglichen Vorgaben machte" (Fernmeldepraxis 4/1982: 123). Damit war auch dem FTZ eine Linie vorgegeben. Seine Aufgabe war nicht mehr die der Entwicklungs*steuerung*, sondern die der Entwicklungs*begleitung*. Auf Forderungen des FTZ, die die Systementwicklung zeit- und kostenmäßig belasteten, solle "bewußt verzichtet werden" (Hoffmann 1984: 18), ebenso zu entfallen hätten "Anregungen oder Einflußnahmen der DBP auf die Entwicklung eines bestimmten Systems" (Hoffmann 1984: 22). Man wolle keine "DBP-spezifischen" Systeme mehr nachfragen, sondern "Weltmarktprodukte"; Ziel des neuen Verfahrens sollte es, so FTZ-Präsident Dingeldey, "sein, eine Technik zu entwickeln, die nicht nur für den deutschen Markt geeignet ist, sondern sich auch auf dem Weltmarkt behaupten kann" (Fernmeldepraxis 4/1982: 123). Dementsprechend beschränkte die Bundespost ihre technischen Vorgaben auf Minimalangaben, die für die Gewährleistung von Netzkompatibilität erforderlich waren. Als Basis für die Ausschreibungen zog sie die Empfehlungen der internationalen Standardisierungskonferenz CCITT heran; ihre eigenen Anforderungen an die neuen Systeme beschrieb sie rein funktional und verzichtete auf konstruktive Vorgaben (Hoffmann 1984).

Die Bundespost begründete ihr Abgehen von der 'Posttechnik' vor allem mit *industriepolitischen Argumenten*. Angesichts ihrer stark rückläufigen Nachfrage[17] bliebe, wenn "die Leistungsfähigkeit der deutschen Fernmeldeindustrie erhalten und gleichzeitig die Arbeitsplätze in diesem Industriezweig langfristig gesichert" werden sollten, "eine Steigerung des Exportanteils wohl die einzig verbleibende Alternative" (Hoffmann/Hilz 1980: 16). Dies sei für die Industrie um so schneller und wirkungsvoller zu bewältigen, je weniger die DBP Einfluß auf die Systementwicklung nehme (Hoffmann/

---

[17] Die DBP rechnete 1980 damit, daß das Beschaffungsvolumen für Fernsprechvermittlungstechnik von 2 Mrd. DM im Jahr 1979 bis zum Jahr 1990 um mehr als die Hälfte zurückgehen würde (Hoffmann/Hilz 1980: 16).

Hilz 1980: 16). Was jedoch öffentlich als industriepolitische Maßnahme deklariert wurde, stellte sich den Firmen gegenüber als Forderung dar. Die Bundespost bekundete damit indirekt, daß sie nicht gewillt war, für "Weltmarktprodukte" Preise zu zahlen, die über Weltmarktniveau lagen. Christian Schwarz-Schilling, neuer Postminister nach dem Regierungswechsel 1982, wurde hier expliziter und sprach vom *"ganz klaren Eigeninteresse"*: "Wir sollten uns... darüber im klaren sein, daß eine deutsche Fernmeldeindustrie, die international konkurrenzfähige und nachgefragte Produkte auf den Weltmärkten in großer Zahl absetzen kann, diese Produkte auch für unsere Volkswirtschaft und für die Post billiger herzustellen in der Lage ist und somit auch für uns als Deutsche Bundespost einen wichtigen Beitrag leistet" (Schwarz-Schilling 1984: 5).

Die von Siemens bzw. SEL/ITT entwickelten Vermittlungssysteme EWSD und System 12 bestanden den Testbetrieb erfolgreich. Die Systeme unterschieden sich hinsichtlich ihres Aufbaus signifikant voneinander, hatten aber die Anforderungen der DBP gleichermaßen zufriedenstellend erfüllt. Das Ergebnis des anschließenden Preiswettbewerbs ließ es zu, "eine Entscheidung zugunsten beider Systeme zu treffen" (Hoffmann 1983: 4). Entsprechend dem ursprünglichen Zeitplan gab Minister Schwarz-Schilling im Oktober 1983 bekannt, daß die Bundespost sowohl das EWSD von Siemens als auch das System 12 von SEL beschaffen würde.

Die *Hersteller* waren im Rahmen des Entwicklungswettbewerbs erheblichem Zeitdruck ausgesetzt. Dabei muß allerdings berücksichtigt werden, daß die Entwicklungsarbeiten Ende der siebziger Jahre schon weit gediehen waren - so war Siemens schon 1980 in der Lage, digitale Vermittlungstechnik nach Südafrika zu liefern (Siemens AG, Geschäftsbericht 1980: 24). Die Bundespost hatte den Zeitplan außerdem in Abstimmung mit den Unternehmen entworfen (Cawson et al. 1990: 168f.). Schwierigkeiten aus der engen Fristsetzung hatten sich für den 'Newcomer' TeKaDe ergeben, der als Neuling im Vermittlungsgeschäft mit den Verhältnissen des deutschen Netzes weit weniger vertraut war als die Amtsbaufirmen. 'DIV 200/400', mit dem TeKaDe ins Rennen gegangen war, basierte auf einem international bereits erfolgreich verkauften System der Muttergesellschaft Philips (Funkschau 11/1982: 16). Die Aufnahme von TeKaDe in den Kreis der potentiellen Lieferanten stellte einen Versuch dar, den Wettbewerb zu intensivieren. Innerhalb des FTZ herrschte jedoch von Anbeginn an Skepsis, ob es TeKaDe gelingen würde, die erforderlichen Anpassungsarbeiten fristgerecht zu bewältigen (Cawson et al. 1990: 170). Das Scheitern von TeKaDe, das für seine Aufwendungen keine Entschädigung erhalten hatte, belegt das hohe Risiko, das die Entwicklerfirmen eingingen. Auch Siemens und SEL hatten nicht vollkommen sicher sein können, daß ihr eigenes System schließlich zum Zuge kommen würde. Beide Unternehmen mußten zumindest damit rechnen, daß die Bundespost schließlich nur ein System - das des Konkur-

Etablierte Kooperationsformen unter Druck

renten - beschaffte und sie damit leer ausgingen. "Zu einem Test darauf, ob die Bundespost eine solche Entscheidung, die für die Firmen erhebliche Verluste bedeutet hätte, tatsächlich (auch politisch) hätte durchsetzen können, ist es letztlich nicht gekommen" (Schnöring/Neu 1991: 348f.).

Sowohl bei *System 12* als auch bei *EWSD* handelte es sich nicht mehr um speziell auf die bundesdeutschen Verhältnisse zugeschnittene Systeme. "Eine solche Verhaltensänderung war... ein Ziel des neuen Verfahrens und ist volkswirtschaftlich zu begrüßen. Es führt in der Tendenz zu weltmarktfähigen Produkten und schafft damit die Möglichkeit, fixe FuE-Aufwendungen für die Systeme über größere Stückzahlen zu verteilen" (Schnöring/Neu 1991: 349). Beide Systeme sind weltweit erfolgreich vermarktet worden.[18] Die Bundespost konnte ihrerseits ab 1984 mit dem Einsatz digitaler Vermittlungstechnik beginnen. 1990 lief die Beschaffung elektromechanischer Technik aus. In der Öffentlichkeit bemühte sie sich um die Wiederherstellung des angeschlagenen Rufs der deutschen Industrie. "Die Deutsche Fernmeldeindustrie hat so bewiesen, daß sie in der Lage ist, in äußerst kurzer Zeit digitale Vermittlungssysteme bis zur Serienreife zu entwickeln und bereitzustellen. Mit dieser modernen Technik ist sie in der Lage, ihre Spitzenposition auf internationalen Märkten zu behaupten" (Hoffmann 1983: 5).

Die Bundespost hat auch ihre **Einkaufsverfahren zur Deckung des laufenden Bedarfs** stark modifiziert. Zu den ausdrücklichen Zielen bei der Beschaffung von digitaler Vermittlungstechnik gehörte die Veranstaltung von intensiven und wirksamen Preiswettbewerben. Dies bedeutete zunächst die Abkehr von einer Auftragsvergabe nach festen Quoten: "DBP (geht) eine Beschränkung ihrer Reaktionsmöglichkeiten auf das Anbieterverhalten..., etwa in Form auf Dauer zugesicherter und unabhängig vom Angebot zuzuteilender Marktanteile, nicht mehr (ein)" (Hoffmann 1984: 25). Die Unternehmen konkurrierten statt dessen im Rahmen von *Jahrespreiswettbewerben* um Aufträge und Marktanteile.[19] Die Bundespost hatte zunächst vorgesehen, den günstigsten Bietern überproportional hohe Auftragsanteile zuzuschlagen und damit stärkere Anreize zur Preiskonkurrenz zu schaffen. Ein derartiges Verfahren hätte jedoch das Überleben der kleineren Firmen, zumindest ihr Auftreten als eigenständige Bieter, gefährdet. Hier hat ein weiteres Mal das *Bundeskartellamt* interveniert, das wiederum eine "Marktstrukturverantwortung" der DBP als Alleinnachfrager für Vermittlungstechnik geltend machte. Das Bundeskartellamt setzte durch, daß das Zuschlagverfahren auf die kleinen Unternehmen abgestimmt wurde.[20] Die jetzige

---

[18] Siemens hatte Ende 1991 für das EWSD Bestellungen von mehr als 120 Netzbetreibern aus 56 Ländern erhalten, ca. vierzig Millionen Anschlußeinheiten waren installiert bzw. geordert (Siemens AG, Geschäftsbericht 1991, 21). System 12 hatten Ende 1991 Netzbetreiber aus 35 Ländern bestellt, insgesamt ebenfalls ca. vierzig Millionen Anschlußeinheiten (Nachrichtentechnik und Elektronik 3/1992: 87f.).
[19] Eine detaillierte Beschreibung des Verfahrens findet sich bei Ankirchner 1990.
[20] Interview FTZ

Form des Jahrespreiswettbewerbs entspricht dem in zweierlei Weise. Nur ein Viertel des Auftragsvolumens wird im freien Wettbewerb und der Rest auf der Basis von Marktanteilen vergeben. Außerdem wurden den kleineren Unternehmen Ausgangsmarktanteile zugebilligt, die etwa denjenigen der EMD-Technik entsprechen. Was die Marktaufteilung angeht, so haben sich keine grundlegenden Veränderungen ergeben. Die jährlichen Schwankungen der Auftragsanteile übersteigen jedoch die zwei Prozent der EMD-Technik. Was für die Bundespost letztlich zählt, ist die Intensität des Preiswettbewerbs. Dieser ist allem Anschein nach sehr intensiv. Gegenüber den Einführungspreisen sind die Preise nach Aussagen des FTZ um ca. dreißig Prozent gefallen. "Die Ausgestaltung des neuen Beschaffungsverfahrens der DBP spricht... dafür, daß sich die Wettbewerbsintensität im Inland erhöht hat und daß deshalb die Möglichkeiten der Unternehmen, überdurchschnittliche Gewinne zu erzielen, im Vergleich zu früher, deutlich eingeschränkt sind" (Schnöring/Neu 1991: 351).

3.2.2. *Einkauf auf dem Weltmarkt*

Obwohl prinzipiell einsatzbereite digitale Vermittlungseinrichtungen auf dem Weltmarkt vorhanden gewesen waren, hatte die Bundespost darauf verzichtet, Angebote von ausländischen Herstellern einzuholen.[21] Sie griff statt dessen auf etablierte inländische Unternehmen, zurück. Den **Ausschluß ausländischer Anbieter** begründete die Bundespost ausdrücklich mit *industriepolitischen* Erwägungen. In ihrer Antwort auf die Kritik der Monopolkommission an der ausschließlichen Inlandsorientierung ihrer Beschaffung hatte sie sich indessen grundsätzlich für eine Verstärkung des internationalen Wettbewerbs ausgesprochen. Dies würde nicht zuletzt den deutschen Herstellern zugute kommen: "Die Dynamik und Kraft der deutschen Industrie gründet sich darauf, daß sie nach dem Krieg von Anfang an dem rauhen Wind des weltweiten Wettbewerbs ausgesetzt war... Die Deutsche Bundespost hat deshalb in der Vergangenheit Bestrebungen, die Märkte, auf denen sie ihren Bedarf deckt, über die Grenzen hinaus zu öffnen, unterstützt" (Dohmen 1982: 369). Eine einseitige Marktöffnung schloß die Bundespost jedoch aus, um den "vertretbaren Interessen inländischer Lieferanten Rechnung zu tragen", die bislang in anderen Industrieländern praktisch keine Chance hätten, ihre Produkte zu verkaufen (Dohmen 1982: 399). Die Hersteller hatten gegenüber der Bundespost ihre Vorbehalte gegen eine Öffnung des Beschaffungsmarkts deutlich artikuliert. Bestrebungen, die Abriegelung des nationalen Beschaffungsmarkts zu durchbrechen, wurden von ihnen "argwöhnisch" beobachtet (Eggers 1980: 22). Die Bundespost hatte sich ihre Argumente weitgehend zu eigen gemacht. "Unsere Industrie legt

---

[21] Ausländische Systeme wären nicht sofort einsatzbereit gewesen, sondern hätten - unter beträchtlichen Kosten - an die deutschen Netzbedingungen angepaßt werden müssen.

keinen Wert auf Subventionierung durch die Post; ihr müsssen aber von der Deutschen Bundespost faire Chancen eingeräumt werden, Erfolge auf den Inlandsmärkten als wesentliche Referenz für das Auslandsgeschäft vorweisen zu können" (Dohmen 1982: 370). In ihrer Antwort auf die Monopolkommission formulierte die Bundespost ihre Position: "Solange... auf den Fernmeldemärkten Rahmenbedingungen für einen ausgewogenen, grenzüberschreitenden Warenaustausch fehlen, wird die DBP (zur Sicherung der Arbeitsplätze der Industrie) ausländische Unternehmen in den Kernbereichen des Fernmeldewesens nicht beteiligen können, wenn die deutsche Industrie weiter dem Weltstandard entsprechende technische und wirtschaftliche Lösungen anbietet" (Deutsche Bundespost 1981: 179).

Einen expliziten Vorrang hatte die Bundespost jedoch den inländischen Herstellern nur in den Kernbereichen des Fernmeldewesen, d. h. bei der Fernsprechvermittlungs- und Übertragungstechnik, eingeräumt. Unberührt davon behielt sie sich vor, zur Sicherung einer hohen Dienstleistungsqualität - und damit "im Interesse ihrer Kunden" - in **Einzelfällen** Angebote im Ausland einzuholen. Ausländische Bewerber sollten dort zum Zuge kommen können, wo in **Randbereichen** des Fernmeldewesens von inländischen Unternehmen keine überzeugenden technischen und wirtschaftlichen Leistungen angeboten würden bzw. wettbewerbliche Marktstrukturen nicht gesichert seien (Dohmen 1980: 26f.). Eine derartige Einkaufsentscheidung war erstmals im August 1979 getroffen worden. Die Bundespost gab die Vermittlungseinrichtungen für das neue Netz zur paketvermittelten Datenübertragung, **Datex-P,** bei dem kanadischen Unternehmen *Northern Telecom* in Auftrag. Vier Monate zuvor hatte sie eine internationale Ausschreibung lanciert. "Diese Vergabe eines derart wichtigen Netzes an einen ausländischen Anbieter wurde von den einen als wichtiger Schritt der Bundespost in Richtung einer Liberalisierung und Internationalisierung... begrüßt, von den anderen als schwerwiegende Benachteiligung der deutschen Unternehmen kritisiert. Der Grund jedoch war letztlich, daß nur Northern Telecom ein derartiges System sofort liefern konnte" (FAZ 16.3.1988: 20). Die Bundespost stellte mit dieser Entscheidung vor allem unter Beweis, daß sie "bei dringendem Bedarf nicht mehr in jedem Fall bereit (war), auf deutsche Entwicklungen zu warten, wenn ausländische Produkte kurzfristig einsatzfähig waren" (Werle 1990: 263). Die fehlende Lieferbereitschaft der deutschen Hersteller ging darauf zurück, daß man zunächst ein alternatives Verfahren der Datenübertragung, die Leitungsvermittlung, präferiert hatte. Ein entsprechendes Netz (Datex-L) war seit 1976 in Betrieb, die Vermittlungstechnik stammte von Siemens und wurde auch von SEL gefertigt. Im Ausland dominierte hingegen die Datenübertragung mit Paketvermittlung; sie war auch das vorherrschende Verfahren in privaten Netzen. Ihre Einführung als zusätzliches Leistungsangebot 'Datex-P' zog die Bundespost erst 1977 in Erwägung. Als Zieldatum für die Einführung setzte sie Mitte 1980 an, ein

Termin, der für die deutschen Hersteller zu knapp kalkuliert war. Diese gingen jedoch nicht vollends leer aus: "Den vom Lieferwert umfangreicheren Teil, nämlich die übertragungstechnischen Einrichtungen, hat die Deutsche Bundespost bei der deutschen Fernmeldeindustrie... in Auftrag gegeben. Es handelt sich um eine bewährte und betrieblich beherrschte Technik" (Bohm/Hillebrand 1981: 15).[22]

Die Bundespost hat Anfang der achtziger Jahre noch einen weiteren Großauftrag der Systemtechnik an ein Unternehmen vergeben, das im Ausland beheimatet war[23] und - das machte die Entscheidung spektakulär - nicht zur Fernmeldebranche gehörte. *IBM* erhielt 1981 den Auftrag zur Lieferung der Zentralen für das **Bildschirmtext**-System. Diese Entscheidung wurde in der Branche mit großer Überraschung aufgenommen worden, hatte doch mit SEL ein potenter deutscher Anbieter und 'Hoflieferant' mitgeboten. "Als IBM tatsächlich das Rennen machte, war die Sensation perfekt: Der Computerriese stieg in den Fernmeldebereich ein. So jedenfalls wurde die Entscheidung weltweit perzipiert" (Schneider 1989: 116).

Die Bundespost hatte Ende 1976 mit der Planung eines Bildschirmtext-Dienstes begonnen. Der neue Dienst war bereits auf der Funkausstellung 1977 vorgeführt worden, hierfür kaufte man die Bildschirmtext-Version 'Prestel' von der britischen Post (Schneider 1989: 90f.). Diese technische "Wegwerflösung" (Zimmermann 1979: 303) wurde auch für die 1980 beginnenden anwendungsorientierten Feldversuche weiterverwendet. Für die Zwecke des kommerziellen Betriebs sollte ein eigenes Systemkonzept entwickelt werden. Mit der Entwicklung von Computerzentralen und Anwendersoftware für das Btx-System beauftragte die DBP 1979 SEL; der Auftragswert belief sich nach Angaben des Bundesrechnungshofs auf 22 Mio. DM, im wesentlichen finanziert aus Mitteln des Programms Technische Kommunikation (Frankfurter Rundschau 17.9.1980, BMFT/BMPF 1979:

---

[22] Die Nachfrage nach Datex-P hat die Erwartungen übertroffen. 1985 schrieb die Bundespost eine Netzerweiterung international aus. Um den Auftrag - Umfang ca. 300 bis 500 Mio. DM bis 1995 - bewarben sich sieben Anbieter. Die DBP wählte Siemens sowie Northern Telecom zusammen mit AEG-Olympia für einen Präsentationswettbewerb aus. Die endgültige Auswahlentscheidung der DBP wurde mit Spannung erwartet. Von beiden Anbietern wurden Argumente der Arbeitsplatzsicherung ins Feld geführt. NT/AEG wollten drei Viertel des Auftragsvolumens in der Bundesrepublik fertigen, von der AEG war angekündigt worden, daß sie im Falle eines Zuschlags etwa 500 neue Arbeitsplätze schaffen könnte (FAZ 16.3.1988: 20). Nach Darstellung des Spiegels haben Lieferanten der Bundespost "(s)elten zuvor... so verbissen um einen Auftrag gekämpft"; die Bundespost wählte schließlich das System von Siemens aus, das "einen winzigen technologischen Vorsprung" (Der Spiegel 23/1988: 102) aufwies. Northern Telecom und AEG ging leer aus (vgl. auch Werle 1990: 270ff.).

[23] Entscheidendes Kriterium der DBP, ein Unternehmen als 'ausländisches' einzustufen, war, ob es zum größten Teil im Ausland entwickelte und fertigte. Demgemäß müßte IBM - das die Ausführung des DBP-Auftrags überwiegend seiner deutschen Filiale überlassen wollte (Stuttgarter Nachrichten 28.11. 1989) - als 'inländisches' Unternehmen gegolten haben. Die DBP selbst hat jedoch den Auftrag an IBM explizit als Auftragsvergabe an ein ausländisches Unternehmen dargestellt (Dohmen 1982: 397).

63). Die Bundespost hatte SEL bereits Zusagen über Folgeaufträge gemacht. Im Juni 1981 - neun Monate vor Ende der Lieferfrist - kündigte sie überraschend den Vertrag auf. Nach Darstellung des Rechnungshofs war die Aufgabe des Vertrags nicht von SEL zu vertreten, die Bundespost leistete Kompensationszahlungen in Höhe von 28 Mio. DM. Die Gründe, die sie dazu bewogen hatten, vorzeitig aus dem Vertrag auszusteigen, sind von der DBP nie publik gemacht worden (Bundestagsdrucksache 11/3056: 116). Zwei Monate nach der Vertragsaufkündigung schrieb sie den Auftrag für Computerzentralen und Software des Btx-Systems auf der Basis eines von SEL entwickelten Pflichtenhefts international aus, sie räumte dabei eine Angebotsfrist von nur sechs Wochen. Auf diese Ausschreibung reagierten vierzehn Firmen des In- und Auslandes, Angebote forderte die Bundespost nur von dem britischen Unternehmen GEC (gemeinsam mit AEG/Telenorma), IBM und SEL an. Ende November 1981 entschied sich die Bundespost, IBM den Zuschlag zu erteilen. SEL ging somit leer aus, Pressemeldungen zufolge hatte das Unternehmen bis dahin 50 Mio. DM in die Entwicklungsarbeiten investiert (FAZ 28.11.1981). Ausschlaggebend für die Entscheidung der Bundespost waren, so ist anzunehmen, finanzielle Gründe (Schneider 1989: 116).[24]

4. Die Modernisierung der Telekommunikationsnetze

4.1. Infrastrukturplanung im Sog der Medienpolitik

Im April 1981 beschloß das Bundeskabinett: "Sobald die technischen Voraussetzungen vorliegen, wird [die Bundespost, cr] auf Grund eines langfristigen Investitions- und Finanzierungsplans den zügigen Aufbau eines integrierten Breitbandglasfaserfernmeldenetzes vornehmen" (zit. nach Funkschau 6/1982: 79). Einen Monat später erklärte Postminister Gscheidle, daß mit dem Regelausbau eines Glasfaser-Fernmeldenetzes bereits 1985/86 und mit der allgemeinen Einführung des Bildtelefons Ende der achtziger Jahre begonnen werden könne (vgl. Haist 1981: 4). Wie kam diese "technologiepolitische Wende" (Mettler-Meibom 1986: 284) der Bundespost zustande? Nach dem negativen Votum der KtK hatte die Errichtung eines Breitbandvermittlungsnetzes auf Glasfaserbasis zunächst nicht mehr zur Debatte gestanden. Seine erneute Aktualität verdankte das Thema den - medienpoliti-

---

[24] Wider alle Erwartung konnte IBM den Termin für die Bereitstellung der Btx-Zentralen jedoch nicht einhalten. Statt Anfang September 1983 konnte IBM erst im Juni 1984 liefern und brachte damit die Bundespost in erhebliche Schwierigkeiten (Schneider 1989: 139ff.)

schen - Auseinandersetzungen um das Kabelfernsehen in den ausgehenden siebziger Jahren.

Die Bundespost hatte 1976 mit der Ausarbeitung von Plänen für die Errichtung von **Kupferkoaxialkabelnetzen** zur Rundfunkversorgung begonnen. 1978 beschloß das Postministerium, zunächst elf Großstädte flächendeckend zu verkabeln. Dahinter standen investitionspolitische Gründe. Mit dem nahenden Vollausbau des Telefonnetzes würden auch die DBP-Investitionen massiv zurückgehen, sie rechnete mit einer jährlichen Verringerung um zwei bis drei Milliarden DM. Diese "Investitionslücke" könne, der Postminister 1979, durch den Aufbau von Breitbandverteilnetzen für die Rundfunkversorgung geschlossen werden (vgl. Die Zeit 31.8.1979: 17). Ziel der Verkabelungspolitik war es nach Darstellung der Bundespost einerseits, "Beschäftigungsmöglichkeiten und Arbeitsplätze bei Industrie und Handwerk (zu) erhalten"; andererseits könnten eigene Arbeitsplätze gesichert werden, "in den Jahren, in denen durch den Rückgang der Nachfrage nach Fernsprechhauptanschlüssen hier freie Kapazitäten entstehen werden" (zit. nach Scherer 1985: 521). Ein weiterer Faktor erklärt die Verkabelungspläne der Bundespost: Die hohen Gewinne, die sie seit Mitte der siebziger Jahre erwirtschaftete, weckten die Begehrlichkeiten des Finanzministers.[25]

Im September 1979 hob die Bundesregierung die Errichtungsentscheidungen der Bundespost per Kabinettsbeschluß auf.[26] Der *Verkabelungsstopp* war medienpolitisch motiviert: Die SPD/FDP-Koalition lehnte eine Öffnung für private Rundfunkveranstalter ab. Innenpolitisch setzte sich die Regierung damit heftigen Angriffen aus. Die CDU/CSU-Opposition und ihr medienpolitischer Experte Schwarz-Schilling warfen ihr vor, Meinungs- und Medienfreiheit zu beschneiden und darüber hinaus die Erschließung neuer Märkte für die Herstellerindustrie zu verhindern, Positionen, die in der Presse breite Unterstützung fanden.

In Rechtfertigungsnöte gebracht, wechselte die SPD/FDP-Regierung ihre Argumentationslinie. Sie begann, *ihre medienpolitisch begründete Ablehnung der Kupferkoaxial-Verkabelung mit technologiepolitischen Argumenten zu untermauern.* "(M)an hob hervor, daß mit der Glasfaser eine Technologie der Zukunft bereitstehe, die eine Alternative zum Kupferkoaxialkabel darstelle und wesentlich wichtigere industriepolitische Innovationsimpulse gebe als die Kupferkoaxialkabel" (Mettler-Meibom 1986: 317). Der Aufbau eines Kupferkoaxialkabelnetzes käme, da die Glasfasertechnik kurz vor der Einsatzreife stehe, einer volkswirtschaftlich nachteiligen Doppelinvestition gleich (Scherer 1985: 331). Die Entscheidung der Bundesregierung vom April 1981 sollte den Angriffen auf ihre Verkabelungspolitik die Spitze

---

[25] Daß die "Bedrohung" durch den Finanzminister sehr real war, zeigte sich 1981. Die Ablieferungen, die die DBP an die Bundeskasse zu leisten hatte, wurden von 6 2/3 auf zehn Prozent erhöht.

[26] Zu den Abläufen im einzelnen: vgl. Scherer 1985: 516ff.

nehmen.²⁷ Auch Postminister Gscheidle - im Amt seit 1974 - schwenkte auf die Argumentationslinie der Regierung ein: die Einführung der Glasfasertechnik müsse als wichtiges Mittel zur Erschließung neuer Märkte für die Herstellerindustrie und zur Erhöhung ihrer Exportchancen betrachtet werden. Im Wortlaut: "Noch besteht die Chance, daß die Bundesrepublik Deutschland auf dem Gebiet der optischen Nachrichtentechnik... weltweit als konkurrenzfähiger Partner angesehen wird; allerdings ist sie verbunden mit der Herausforderung, gewaltige Anstrengungen auf sich zu nehmen" (zit. nach Haist 1981: 4).

Innerhalb der Bundespost hatte man sich - nachdem im Januar 1979 die Entscheidung für die Einführung digitaler Vermittlungstechnik gefallen war - auf die Digitalisierung des Fernsprechnetzes konzentriert. Sie war der Ausgangspunkt für die mittelfristigen Konzepte einer Fortentwicklung der Infrastruktur: das 'diensteintegrierte digitale Fernsprechnetz', ISDN (Rosenbrock 1982). Erste Versuche zum 'digitalen Ortsnetz' waren von der Bundespost bereits 1978 im Rahmen des Programms Technische Kommunikation finanziert worden (vgl. Klumpp/Rose 1991). Mit den Breitband-Plänen der sozial-liberalen Koalition hatte das vom FTZ verfolgte ISDN-Konzept wenig gemein. Es knüpfte an die bestehende Infrastruktur der Ortsnetze an, d. h. die Kupferdoppeladern im Teilnehmeranschlußbereich. Durch eine Digitalisierung konnte die Übertragungskapazität dieser Leitungen mehr als verdoppelt werden. Neben dem Telefondienst konnten innerhalb des ISDN weitere Telekommunikationsdienste - wie digitale Datenübertragung, Textübertragung, Telefax, Btx etc. - über eine einzige Leitung abgewickelt werden. Dies bot der DBP interessante Perspektiven. Eine Integration von Diensten auf der Basis des Fernsprechnetzes würde ihr die Errichtung von kostspieligen Sondernetzen mit eigenen Anschlußleitungen ersparen und das Investitionsrisiko bei der Bereitstellung von neuen Diensten vermindern (vgl. Neumann/Schnöring 1986: 74). Die DBP befand sich mit ihren ISDN-Plänen in guter Gesellschaft. Alle führenden europäischen Fernmeldeverwaltungen entwickelten ähnliche Konzepte. In den internationalen Standardisierungsgremien war das ISDN zu einem wichtigen Thema geworden; die Bundespost nahm hier eine führende Rolle ein.²⁸

Gegenüber diesen Vertretern einer an betriebswirtschaftlichen Kriterien ausgerichteten, *bedarfsorientierten* Weiterentwicklung der Telekommunikationsinfrastruktur gewannen mit der Breitband-Entscheidung der Bundes-

---

[27] Die Debatten darüber, welche Netzausbaustrategie eingeschlagen werden sollte, wurden in der im April 1981 einberufenen Enquête-Kommission 'Neue Informations- und Kommunikationstechniken' des Bundestags weitergeführt, die die Telekommunikationsplanung der KtK weiterschreiben sollte (EKNIK 1983). Die Verabschiedung gemeinsamer telekommunikationspolitischer Empfehlungen war an den unvereinbaren Positionen der großen Parteien gescheitert (Scherer 1985: 331).

[28] Eine kritische Auseinandersetzung mit dem ISDN-Konzept der Bundespost findet sich bei Kubicek/Berger 1990.

regierung die Verfechter von technologiepolitischen Konzepten politisch an Gewicht (Mettler-Meibom 1986: 314). Die 'technologiepolitische' Variante wurde am nachdrücklichsten vom damaligen Leiter der Abteilung Fernmeldedienste im Bundespostministerium Arnold vertreten. Er plädierte dafür, daß die Bundespost eine "nationale Offensivstrategie" zur Förderung der optischen Nachrichtentechnik einschlagen solle. Die industriepolitische Bedeutung der Glasfasertechnik erfordere ein *angebotsorientiertes* Vorgehen: "Bei einem rein betriebswirtschaftlich orientierten Verhalten der Bundespost wird die Bundesrepublik in der Schlüsseltechnologie 'Glasfaser' entscheidend ins Hintertreffen geraten... Es muß eine Massenfertigung von Glasfasersystemen durch Schaffung einer entsprechend großen Inlandsnachfrage erreicht werden. Dies kann nur durch frühzeitigen nicht bedarfsorientierten Einsatz von Glasfasersystemen sowohl im Ortsnetz... als auch im Fernnetz geschehen" (zit. nach Steuer 1986: 98).

Obwohl Postminister Gscheidle sich öffentlich für die Breitband-Pläne der Regierung stark machte, gab es - sieht man von den Projekten BIGFON und BIGFERN ab - keine Anzeichen dafür, daß die Bundespost damit begann, sie in die Tat umzusetzen. Der Minister selbst wies wiederholt darauf hin, daß für die Implementation des Kabinettsbeschlusses noch ausdrückliche Einführungsentscheidungen erforderlich seien. Angekündigt wurde eine derartige Grundsatzentscheidung vom Minister für Ende 1981 (Haist 1981: 4), sie war jedoch zum Zeitpunkt des Regierungswechsels im Herbst 1982 noch nicht getroffen worden. Die Bundespost ihrerseits stellte bis dahin weder konkrete Vorhaben noch Szenarien für die von der Regierung anvisierte flächendeckende Glasfaserverkabelung vor.

4.2. Politische Rückendeckung für eine bedarfsorientierte Netzmodernisierungspolitik

Mit dem Regierungswechsel im Herbst 1982 änderten sich die politischen Prioritäten. Postminister wurde der medienpolitische Experte der CDU Schwarz-Schilling, ein vehementer Verfechter des 'Kabelfernsehens'. Die 1979 verfügte Blockade wurde aufgehoben und die jährlichen Investitionsausgaben für die Errichtung von Kupferkoaxialnetzen auf 1 Mrd. DM heraufgesetzt.[29] Die hauseigene Zeitschrift der Bundespost machte aus ihrem Wohlwollen für diese Entscheidung kein Hehl. "(D)ie Deutsche Bundespost (investiert) nur deshalb in Kupferkabel, weil Technik und Wirtschaftlichkeit des Glasfasersystems einfach noch nicht ausgereift sind... Die Verkabelung

---

[29] Die Bundespost investierte seit 1983 jährlich über eine Milliarde DM in den Ausbau von Kupferkoaxial-Netzen für die Rundfunkübertragung (Geschäftsberichte der DBP, verschiedene Ausgaben).

mit Glasfaser zum jetzigen Zeitpunkt wäre nicht nur ohne Nutzen, sondern auch wirtschaftlich unsinnig" (ZPF 2/1983: 27). Gegen die aufkommende technologiepolitische Kritik am neuen Kurs wappnete sich Schwarz-Schilling, indem er kurz nach seiner Amtsübernahme - um der Fernmeldeindustrie die "notwendige Planungssicherheit" zu vermitteln und ihr zugleich einen "Einstieg in den Heimatmarkt" zu eröffnen - konkrete Entscheidungen über den Einsatz von Glasfasersystemen bekanntgab: generelle Einführung im Fernnetz ab 1985, Garantie eines jährlichen Abnahmevolumens von 100.000 Kilometern bis 1995 (ZPF 1/1983: 6).[30] Zum Vergleich: der jährliche Ersatzbedarf an Kupferkabeln für die Ortsnetze lag bei über zwei Millionen Kilometern (Haist 1981: 5).

Am 14. März 1984 stellte die Bundesregierung eine 'Konzeption zur Förderung der Entwicklung der Mikroelektronik, der Informations- und Kommunikationstechniken' vor, die ihre Entschlossenheit dokumentieren sollte, "die Herausforderung der Informationstechnik anzunehmen" und "die deutsche informationstechnische Industrie dabei zu unterstützen, die in den weltweiten Zukunftsmärkten der Informationstechnik liegenden Chancen marktgerecht zu nutzen"; zu den aufgezählten Maßnahmen zählte die *"Belebung innovationsorientierter Märkte durch zukunftsorientierten Ausbau der Kommunikationsinfrastruktur"* (Bundesregierung 1984: 3). "(S)trategisches Ziel" sei der "Ausbau des heutigen Fernmeldenetzes zu einem vermittelnden Breitbandnetz mit optischer Übertragungstechnik"; mit dem Aufbau eines Glasfaservermittlungsnetzes wollte man - so der Regierungsbericht Informationstechnik - "zum frühstmöglichen Zeitpunkt", d. h. noch Ende der achtziger Jahre, beginnen und bereits 1995 Breitbanddienste "für einen ansehnlichen Teil" der Teilnehmer anbieten (Bundesregierung 1984: 34). Der Regierungsbericht lieferte auch die Eckpunkte des Netzausbaus. Das Schmalband-ISDN - das im gleichen Jahr als "Antwort der Deutschen Bundespost auf die Anforderungen der Telekommunikation von morgen" (BMPF 1984b) präsentiert wurde - sollte nachfrage- und rentabilitätsorientiert auf längere Sicht zu einem "Breitband-ISDN" weiterentwickelt werden (Bundesregierung 1984: 34). Im gleichen Jahr stellte die Bundespost ihre langfristigen Pläne im 'Konzept zur Weiterentwicklung der Fernmeldeinfrastruktur' vor (BMPF 1984a) und konkretisierte sie im Jahr 1986 im

---

[30] Die Firmen AEG-Telefunken Kabelwerke AG, Kabelmetall Elektro, Philips-Kommunikations-Industrie, die Siemens Beteiligungsgesellschaft Siecor und die SEL AG - also die führenden Kabellieferanten der Bundespost - gaben daraufhin die Schaffung einer "gemeinsamen Fabrikationsstätte" für Glasfaserkabel in Berlin bekannt. Im Mai 1984 wurde die Gründung des Gemeinschaftsunternehmens vom Bundeskartellamt untersagt, weil es "auf dem Glasfasermarkt eine marktbeherrschende Stellung erlangt und die Marktzutrittschancen potentieller Wettbewerber behindert" hätte; darüber hinaus hätte es "auf dem nachgelagerten Markt für Fernmeldekabel die bestehende Oligopolmarktbeherrschung der fünf Gesellschafter verstärkt" (Bundestagsdrucksache 10/3550).

'Mittelfristigen Programm für den Ausbau der technischen Kommunikationssysteme' (BMPF 1986a).

Die Hochglanzbroschüren, mit denen die DBP ihre Pläne präsentierte, vermitteln den Eindruck, sie habe tatsächlich die eingeforderte industrie- und technologiepolitische Kehrtwende vollzogen. Das universelle Telekommunikationsnetz auf Glasfaserbasis - und damit die Chance eines "neuen Investitionszyklus" für die Industrie (Armbrüster 1986) - schienen in greifbare Nähe zu rücken. Bei näherer Betrachtung hatte sich die DBP jedoch darauf beschränkt, *mögliche technische Entwicklungslinien* aufzuzeichnen. Ihre Publikationen gaben weder konkrete Auskünfte über geplante Investitionen in ein Breitbandnetz noch über angestrebte Teilnehmerzahlen. Den eigentlichen Kern der DBP-Modernisierungskonzepte bildete die an betriebswirtschaftlichen Kriterien orientierte evolutionäre Weiterentwicklung des Fernsprechnetzes. Neue Technologien wollte die DBP vor allem 'substitutiv' einsetzen. Digitalsysteme und Glasfaserübertragungssysteme sollten vorhandene Techniken ersetzen, wenn damit Kostenvorteile bei der Bereitstellung bestehender Fernmeldedienste einhergingen (BMPF 1986a: 7).

Dennoch erschöpfte sich das Modernisierungskonzept der DBP nicht im 'substitutiven' Einsatz neuer Technologien. Sie ergänzte vielmehr ihre Netzausbauphilosophie um Elemente einer angebotsorientierten Strategie. Zentraler Bestandteil dieses 'additiven Einsatzes' neuer Technologien war der Aufbau eines Glasfaseroverlay-Netzes. Die Bundespost leistete damit erhebliche Vorausinvestitionen, deren betriebswirtschaftliche Rentabilität angesichts der Ungewißheit über den tatsächlichen Bedarf nach Diensten der Breitband-Individualkommunikation noch fraglich war. Das Engagement entsprang vornehmlich den eigenen Interessen: "(Es) geht für die Deutsche Bundespost... darum, den Markt zu sondieren und dafür zu sorgen, daß sich die zweifelsohne vorhandenen Bedürfnisse für Breitbandkommunikation in einem konkreten Bedarf ausdrücken können..., dies (kann) aber nur bedeuten, mit 'Probeangeboten' auf den Markt zu gehen" (Broß/Pickavé 1987: 17). In einer Vielzahl von Stellungnahmen hat die Bundespost in der Folgezeit betont, daß die Geschwindigkeit, mit der sie sich schließlich auf ein flächendeckendes Breitband-ISDN hin bewegen würde, in erster Linie von der Entwicklung der Nachfrage bestimmt sei. So verständlich der Wunsch sein möge, daß sie ihr Investitionsvolumen gezielt der Förderung der Technologieentwicklung und damit indirekt der Stärkung der Wettbewerbsfähigkeit der deutschen Fernmeldeindustrie widme, wandte sich Postminister Schwarz-Schilling bei der Präsentation des 'Mittelfristigen Programms' an die geladenen Firmenvertreter, so habe er solchen Überlegungen doch immer mit Nachdruck widersprochen. "Neue Technologien und deren Verwendung müssen von der Bundespost... immer unter dem Aspekt gesehen werden, ob und von welchem Zeitpunkt an sie eine wirtschaftliche oder leistungsmäßige Alternative zum Bestehenden sind" (1986: 9). Das

Etablierte Kooperationsformen unter Druck

'Breitband-Universalnetz', das Dienste der Individual- und Massenkommunikation integrieren und über eine einzige Glasfaserleitung zum Teilnehmer bringen würde, wurde im 'Konzept zur Weiterentwicklung der Fernmeldeinfrastruktur' lediglich als "Option" (BMFP 1984a: 30) gewertet.[31]

Die **Herstellerindustrie** reagierte auf die Modernisierungspläne durchweg positiv. Siemens-Direktor Ohmann lobte das Konzept der DBP als "das fortschrittlichste und ehrgeizigste aller in der Welt bekannten Ausbaupläne der nationalen Fernmeldeinfrastrukturen" (1986: 28). Für SEL-Vorstandsmitglied Zeidler bot es der deutschen nachrichtentechnischen Industrie international "eine gute Ausgangslage im Wettbewerb" (1986: 62). Nach den Worten von H.-P. Friedrichsen, Philips Kommunikations Industrie, stellte sich die Bundespost den "Herausforderungen der Telekommunikation" (1986: 65). Ihr Lob für die Bundespost verbanden die Firmen jedoch durchgängig mit dem Wunsch nach dem möglichst zügigen Regeleinsatz der Glasfaser im Ortsnetz. Für die Hersteller lagen hier die eigentlich interessanten Märkte, die Errichtung eines flächendeckenden Breitband-ISDN würde - je nach Schätzung - DBP-Investitionen von zwischen 300 Mrd. DM und 500 Mrd. DM nach sich ziehen. Siemens machte sich für das Breitband-ISDN, als ein "leistungsstarkes und wirtschaftliches Universalnetz für jedermann", das "die wachsenden Telekommunikationswünsche" erfülle, stark (Armbrüster 1986). Zeidler, SEL, fragte, "ob der beschleunigte internationale Wettbewerb auf dem Gebiet der Glasfaser-Ortsnetztechnik nicht eine "Akzelerations-Strategie" geradezu erzwingt" (1986: 52). Auch PKI forderte die Bundespost auf, von einer nachfrageorientierten, reagierenden zu einer angebotsorientierten, agierenden Netzpolitik überzugehen (Friedrichsen 1986: 65). Bei ihren Planungen hatte sich die Bundespost von den optimistischen Bedarfsprognosen, die die Herstellerfirmen für Breitbanddienste der Individualkommunikation abgaben, nicht beeindrucken lassen. Sie kündigte an, bis Anfang der neunziger Jahre Anschlußmöglichkeiten für "einige Tausend Breitbandteilnehmer" (BMPF 1986a: 29) bereitzustellen. Die Bedarfsschätzungen der Firmen schwankten indessen zwischen 100.000 und 1,2 Millionen Glasfaseranschlüssen für 1995.

Ein Element der Modernisierungsstrategien war für die Herstellerindustrie kurz- und mittelfristig von zentraler Bedeutung. Die Bundespost gab bekannt, daß sie sich für einen *beschleunigten Übergang zur Digitaltechnik*

---

[31] Auch das 'Zukunftskonzept Informationstechnik', das Nachfolgeprogramm des Regierungsberichts, bezeichnet das Breitband-ISDN weiterhin als Option: "Der Übergang zum Integrierten Breitband-Fernmeldeorts-Netz (IBFN), das Verteil- und Individualkommunikation zusammenführen soll, ist zur Zeit nur als Option zu bewerten. Über ihre Realisierung kann erst dann eine Aussage gemacht werden, wenn sich die Akzeptanz der Breitbandkommunikation nicht nur im geschäftlichen, sondern auch im privaten Bereich deutlicher abzeichnet und die ökonomischen Randbedingungen den Vollzug dieses Integrationsschrittes zulassen" (BMFT/BMWi 1989: 100).

entschieden hatte. Elektromechanische Anlagen sollten schneller abgeschrieben und Ersatzinvestitionen zügiger durchgeführt werden als noch Anfang der achtziger Jahre geplant. Diese Entscheidung hatte die DBP aus betriebswirtschaftlichen Motiven heraus getroffen: Für den Betrieb eines digitalisierten Netzes fielen im Vergleich zur Analogtechnik wesentlich geringere Kosten an. Umgesetzt auf das Investitionsverhalten der Bundespost bedeutete die beschleunigte Digitalisierung, daß der noch 1980 *prognostizierte - und von der Industrie gefürchtete*[32] *- Rückgang der Investitionsausgaben ausblieb*. Bis 1995 sollten in die Digitalisierung 35 bis 40 Mrd. DM investiert werden, die Zusatzinvestitionen für das ISDN bis zum flächendeckenden Angebot im Jahr 1993 setzte die DBP auf 2,6 Mrd. DM an (Bundestagsdrucksache 11/6325: 6). Die für die volle Digitalisierung des Fernsprechnetzes und seine Weiterentwicklung zum ISDN bis zum Jahre 2020 anfallenden Gesamtinvestitionen schätzte die DBP 1986 auf nahezu 140 Mrd. DM - der Wiederbeschaffungswert des analogen Netzes lag Mitte der achtziger Jahre bei 100 Mrd. DM (Schön 1986: 16ff.).

---

[32] So Peters, SEL, 1982: "(W)as erwarten wir aus Industriesicht speziell von dem Telecom-Ingenieur einer Fernmeldeverwaltung, um erwartungsvoll in die Zukunft blicken zu können? Die nicht vorhandene Zwangsläufigkeit zwischen Erreichen der Sättigungsgrenze bei Fernsprechhauptanschlüssen und rückläufigen Investitionsvolumina" (1982: 44).

C. Liberalisierung und Internationalisierung

1. Die Reform von Post- und Fernmeldewesen

Nachdem die Kritik am Fernmeldemonopol der Bundespost zunächst politisch folgenlos geblieben war, erhielt die Debatte um eine Reform des Fernmeldewesens mit dem **Regierungsbericht Informationstechnik** vom März 1984 einen neuen Anstoß.[1] Die Bundesregierung kündigte an, daß sie eine mit Vertretern von Wirtschaft, Wissenschaft und Politik besetzte "Kommission Post- und Fernmeldewesen" einberufen würde. Diese sollte "prüfen, ob für die Hoheits- und Unternehmensaufgaben der DBP neue Strukturen gefunden werden können, die ein rascheres Reagieren auf technische, wirtschaftliche und politische Entwicklungen ermöglichen" (Bundesregierung 1984: 36). Implizit gab der Regierungsbericht bereits Auskunft über die Eckpunkte einer Reform - die Bundesregierung ließ keinen Zweifel daran, daß die Verantwortlichkeit für Ausbau und Modernisierung der Telekommunikationsinfrastruktur bei der Bundespost liegen sollte. Einer Liberalisierung des Fernmeldewesens waren somit enge Grenzen gesetzt. "Zum einen schloß dies eine Zulassung von Netzwettbewerb weitgehend aus, da dadurch (gesamtwirtschaftlich) nicht nur die - ohnehin enormen Investitionen dupliziert, sondern auch der DBP Ressourcen für ihre Investitionen entzogen würden. Und zweitens restringierte dies die Möglichkeit zur Einführung von Dienstewettbewerb, sofern dieser die Finanz- und damit die Investitionskraft der DBP schwächen würde" (Grande 1989: 209).

Daß die Bundesregierung lediglich eine moderate Reform anstrebte, kam in der Aufgabenstellung der am 13. März 1985 einberufenen **Regierungskommission Fernmeldewesen** zum Ausdruck.[2] Dem Bericht sei erstens der Regierungsbericht Informationstechnik zugrunde zu legen. Zweitens sollte die Kommission von den Vorgaben des Grundgesetzes ausgehen. Schließlich erwartete die Bundesregierung, daß die Kommission, "die Meinungen aller für diese Fragestellungen relevanten gesellschaftlichen Gruppen" er-

---

[1] Zu Verlauf und Ergebnis der bundesdeutschen Postreform vgl. insbesondere Grande 1989.
[2] Vorsitzender war der Münchner Betriebswirt Professor Dr. Eberhard Witte, der bereits die KtK geleitet hatte. Vier der insgesamt 12 Mitglieder wurden von den Parteien gestellt; die im Bundestag vertretenen Grünen waren nicht repräsentiert. Hinzu kamen vier Vertreter der Wirtschaft bzw. der Wirtschaftsverbände, ein Vertreter der Deutschen Postgewerkschaft und drei wissenschaftliche Experten. Verbraucherorganisationen bzw. Nutzerverbände waren nicht vertreten. Als Sachverständiger des Post- und Fernmeldewesens nahm Staatssekretär Dr. Florian vom BMPF regelmäßig an den Sitzungen teil.

mittelte und in ihre Überlegungen einbezog (Regierungskommission Fernmeldewesen 1987: 9). Die Bundesregierung strebe, so Postminister Schwarz-Schilling, "über parteipolitische Erwägungen hinaus" einen "Grundkonsens" über die politischen Weichenstellungen im Fernmeldewesen an (zit. nach ZPF 7/1985: 35).

Eine *radikale Reform des Fernmeldewesens nach britischem Vorbild stand in der Bundesrepublik außerhalb jeglicher Diskussion.* Pläne für eine Privatisierung der Bundespost wären bereits an den *institutionellen Schranken* gescheitert. Für eine Änderung des Grundgesetzes waren Zwei-Drittel-Mehrheiten in Bundestag und Bundesrat und damit die Zustimmung der SPD-Opposition und der Länder erforderlich; die Forderung, die Bundespost zu privatisieren, war - in den achtziger Jahren - allein aufgrund ihrer fehlenden politischen Durchsetzbarkeit "kaum ernsthaft erhoben worden" (Webber 1986: 408). Zumindest bei den Regierungsparteien CDU/CSU *fehlte der politische Handlungswille* für eine tiefgreifende Veränderung. Eckpunkte der Reformpläne waren die partielle Öffnung des Fernmeldewesens für den Wettbewerb bei gleichzeitiger Gewährleistung der staatlichen Infrastrukturaufgabe sowie der Erhalt einer finanzstarken und leistungsfähigen Deutschen Bundespost. Auf der konstituierenden Sitzung der Regierungskommission machte Minister Schwarz-Schilling noch einmal deutlich, daß diese mit ihrer Untersuchung "nicht alles Gewachsene und Bewährte grundsätzlich in Frage zu stellen" habe: "Ich hoffe, daß sich die Kommission bei ihren Überlegungen sehr wohl von der Überzeugung der Bundesregierung leiten läßt, daß im Zweifelsfalle einem gesunden Wettbewerb der Vorzug vor einem staatlichen oder auch privaten Monopol zu geben ist, daß *entsprechende Änderungen aber nur gerechtfertigt sind, wenn sie der breiten Masse der Verbraucher und nicht nur einigen wenigen von Nutzen sind*" (zit. nach ZPF 7/1985: 37; Hervorhebung cr). Lediglich die Freien Demokraten und das von ihnen geführte Bundeswirtschaftsministerium hatten für eine umfassende Liberalisierung plädiert. Gegenüber ihren Koalitionspartnern konnte sich die FDP nicht durchsetzen. Vor allem die CSU sperrte sich. "Es wäre eine falsche Entscheidung, das Feld der Telekommunikation allein dem Markt und dem freien Spiel seiner Kräfte zu überlassen, wie (die FDP) es mit den Vertretern eines ideologischen und puritanischen Wirtschaftsliberalismus immer wieder fordert. Eine solche Position kann man nur annehmen, wenn man wie die FDP... nur die Interessen der Großbanken und der Großkunden der Deutschen Bundespost, nicht aber auch die Interessen von Millionen privater Telefonkunden sieht" (Stoiber 1987). Auch auf Seiten der *Wirtschaft* und der geschäftlichen *Nutzer* blieben die Verfechter einer umfassenden Liberalisierung in der Minderheit. Die Regierungskommission bescheinigte der Bundespost nach Anhörung von Verbänden und Benutzergruppen, daß "die Qualität der Infrastruktur, deren hoher technischer Entwicklungsstand und das flächendeckende Kommunikationsangebot

Liberalisierung und Internationalisierung

für jedermann" generell anerkannt würden. "Im Vordergrund der kritischen Anregungen stehen nicht die herkömmlichen Dienste, sondern die neuen und zum Teil noch nicht hinreichend entwickelten kombinierten Dienstleistungen der Telekommunikation und Datenverarbeitung" (Regierungskommission Fernmeldewesen 1987: 25).

Die Regierungskommission legte im September 1987 ihren Bericht vor. In ihren *ordnungspolitischen Empfehlungen* sprach sie sich für eine bedingte und zeitlich begrenzte Aufrechterhaltung des *Netzmonopols* der Bundespost aus. Die Kommission unterschied drei Gattungen von *Telekommunikationsdiensten* - Monopoldienste, Pflichtleistungen und freie Leistungen -, für die sie jeweils unterschiedliche ordnungspolitische Empfehlungen formulierte. Die Bundespost sollte nur das Monopol am Telefondienst behalten. Der *Endgerätemarkt* sollte vollständig liberalisiert werden. Die Vorschläge zu einer *organisatorischen Neugestaltung* zielten auf eine Trennung von Hoheits- und Unternehmensaufgaben. Post- und Fernmeldewesen seien voneinander zu trennen und die Subventionen des Fernmeldebereichs (der "TELEKOM") an das Postwesen innerhalb von fünf Jahren stufenweise abzubauen. Rechtlich bliebe die von einem Vorstand zu leitende TELEKOM weiterhin ein öffentliches Unternehmen und Bestandteil des Sondervermögens des Bundes. Der Bericht der Kommission beanspruchte für sich "realistisch und konsensfähig" zu sein (Regierungskommission 1987: VII).[3]

Die **Deutsche Postgewerkschaft** (DPG) hatte sich als einzige Gruppe prinzipiell gegen eine Reform gewandt und versuchte, mit einer großangelegten Kampagne ("Sichert die Post - Rettet das Fernmeldewesen") die Öffentlichkeit zu mobilisieren (van Haaren 1986).[4] Bei Wirtschaft und Wirtschaftsverbänden stießen die ordnungspolitischen Empfehlungen der Kommission auf weitgehende Zustimmung. Von der **Herstellerindustrie** wurden aus naheliegenden Gründen alle "bedeutenden Veränderungen im Fernmeldewesen" abgelehnt (Webber 1986: 402). "(E)ine zukunftssichere und finanzstarke Bundespost" sei, so ihr Vertreter in der Regierungskommission Wigand (Telenorma), "überlebenswichtig für die gesamte Industrie" (Telenorma Mitarbeiterzeitung 4/1987: 2). Die verbandliche Interessenvertretung, der ZVEI, war der Wirtschaftsverband, der "am stärksten für den telekommu-

---

[3] Was die Kommission selbst anging, war das Ziel, zu einem Konsens zu gelangen, verfehlt worden. Der Kommissionsbericht wurde zwar mehrheitlich - bei einer Enthaltung und zwei Nein-Stimmen - verabschiedet. Vier Kommissionsmitglieder - Fertsch-Röver (FDP), Möschel (Universität Tübingen), Necker (BDI) und Terrahe (Commerzbank) - brachten jedoch in einem Sondervotum zum Ausdruck, daß ihnen "wichtige Empfehlungen nicht weit genug" gingen (Regierungskommission Fernmeldewesen 1987: 134). Zwei Mitgliedern - Glotz, SPD, und Stegmüller, DPG - reichten die Vorschläge der Kommission wiederum zu weit (Regierungskommission Fernmeldewesen 1987: 140ff.).

[4] Zu den Motiven der DPG und ihrer weiteren Rolle im Verlauf der Postreform sowie zur sozialen Interessenstruktur der bundesdeutschen Telekommunikationspolitik insgesamt vgl. Grande 1989: 297ff.

nikationspolitischen *Status quo*" eintrat (Webber 1986: 402). Trotzdem bildeten die Lieferanten der Bundespost nicht - wie Webber vermutet - eine einheitliche Front, die "alles beim alten" lassen wollte (Grande 1989: 301). Den Großunternehmen ging es vor allem darum, Netz- und Telefondienstmonopol zu erhalten. Die Verpflichtung des Bundes für den zukunftssicheren Ausbau der gesamten Telekommunikationsinfrastruktur müsse, so (exemplarisch) Zeidler von der SEL, "uneingeschränkt erhalten bleiben", ebenso habe der Telefondienst im Monopol der Bundespost zu verbleiben, damit die notwendigen Investitionsmittel erwirtschaftet werden könnten (Zeidler 1988: 9). Ein uneingeschränktes Eintreten für das hergebrachte Fernmeldemonopol hätte jedoch die Chancen der bundesdeutschen Hersteller auf den ausländischen Märkten beeinträchtigt (Dörrenbächer 1988). Von einer partiellen Liberalisierung des Dienstesektors versprachen sie sich - vor allem Siemens als größtes bundesdeutsches Unternehmen der Datenverarbeitungsbranche - eigene Marktchancen. Einer Aufgabe des Endgerätemonopols der DBP stand aus der Sicht der Großunternehmen wenig entgegen: der Markt für einfache Telefonapparate, der von der Liberalisierung in erster Linie betroffen war, hatte für sie nur geringe Bedeutung. Hier unterschied sich ihre Position deutlich von den Forderungen der kleineren und mittleren 'Nachbaufirmen', die Telefonapparate direkt an die Bundespost lieferten und keine eigenen Vertriebsnetze aufgebaut hatten. Von den Unternehmen der **Computerbranche** und ihrer verbandlichen Interessenvertretung, dem VDMA (Verband Deutscher Maschinen- und Anlagenbauer e. V.) wurden die ordnungspolitischen Empfehlungen der Regierungskommission "uneingeschränkt begrüßt" (Grande 1989: 305). Nixdorf wie IBM hatten noch Ende der siebziger Jahre zu den wichtigsten Verfechtern einer Liberalisierung gehört; Heinz Nixdorf hatte als einziger bedeutender deutscher Unternehmer sogar eine Privatisierung der Bundespost gefordert (Webber 1986: 405). Beide Unternehmen hatten ihre Forderungen mittlerweile jedoch weit zurückgesteckt, ihre "Angriffe auf das Monopol der Bundespost (wurden) in dem Maße abgeschwächt, in dem sie bei Beschaffungsentscheidungen der Bundespost auch zum Zuge (kamen)" (Webber 1986: 405). Eine starke Interessenvertretung der geschäftlichen **Nutzer** existierte in der Bundesrepublik nicht. Anwender- (und Hersteller)interessen wurden von den **Spitzenverbänden** der deutschen Wirtschaft vertreten. Hier gab es zwar durchaus Stimmen, die sich für eine Zulassung von Netzwettbewerb und die Lockerung des Telefondienstmonopols stark machten, innerverbandlich waren diese Forderungen jedoch nicht konsensfähig (Möschel 1988).

Gegen eine partielle Liberalisierung der Telekommunikationsmärkte sperrte sich auch die **Bundespost** nicht mehr. Nachdem sie noch 1983 erklärt hatte, daß eine Revision des hergebrachten fernmelderechtlichen Rahmens "nicht notwendig" sei (vgl. Grande 1989: 207) und als "entschiedenste(r) und bedeutendste(r) Verteidiger des bestehenden Fernmeldewesens"

Liberalisierung und Internationalisierung 113

gelten mußte (Webber 1986: 402), hatte sie ihre Position Mitte der achtziger Jahre modifiziert. Es bestehe zwar keine Notwendigkeit, "die Telekommunikation in der Bundesrepublik Hals über Kopf zu revolutionieren", man könne und wolle sich aber "einer Entwicklung zu mehr Wettbewerb in der Telekommunikation nicht verschließen" (BMPF 1986b: 11f.). Hinter diesem Kurswechsel standen gute Gründe: Für die Bundespost war das Fernmeldemonopol "prekär geworden" (Grande 1989: 338). Ihre Versuche, in neue Dienste- und Endgerätemärkte im Schnittfeld von Telekommunikation und Datenverarbeitung vorzustoßen, hatten seit Ende der siebziger Jahre regelmäßig das Bundeswirtschaftsministerium auf den Plan gerufen. Um dessen Widerstand gegen ihre Betätigung auf den neuen Telekommunikationsmärkten zu brechen, drängte die Bundespost auf eine Neudefinition ihres unternehmerischen Handlungsspielraums. "Weder kann die Post den Markt für Fernmeldedienste für sich allein beanspruchen, noch sollte eine ausschließlich ordnungspolitisch geprägte Wirtschaftspolitik das Angebot von modernen Text- und Datenkommunikations-Endgeräten oder von Datenabruf- und -verarbeitungsdiensten untersagen" (Schön 1986: 42). Die Liberalisierungsvorstellungen der Bundespost beschränkten sich auf die neuen Dienste und die Endgeräte (Schön 1986: 43).

Der von Postminister Schwarz-Schilling vorgelegte Referentenentwurf für die Neustrukturierung des Post- und Fernmeldewesens wich denn auch in einem zentralen Punkt von den Empfehlungen der Regierungskommission ab. Der Vorschlag einer nur bedingten Garantie des Netzmonopols der Bundespost wurde verworfen, dieses sollte grundsätzlich bestehen bleiben. Eine weitere zentrale Empfehlung blieb unberücksichtigt: An der Quersubventionierung zwischen Post- und Fernmeldewesen sollte festgehalten werden.

Am 20. April 1988 verabschiedete der Deutsche Bundestag das Gesetz zur Neustrukturierung des Post- und Fernmeldewesens und der Deutschen Bundespost, **Poststrukturgesetz** (PostStruktG), gegen die Stimmen der Oppositionsparteien SPD und Die Grünen. Nachdem der Bundesrat am 12. Mai 1988 seine Zustimmung erteilt hatte, konnte das Gesetz zum 1. Juli 1989 in Kraft treten. Der *ordnungspolitische Teil* des Poststrukturgesetzes schränkte das ausschließliche Recht des Bundes auf die Errichtung und Betreibung von Fernmeldeanlagen ein. Das *Netzmonopol* - definiert als das ausschließliche Recht auf die Errichtung und Betreibung von Übertragungswegen[5] - blieb bei der Bundespost. Ausgenommen wurden zwei "Randbereiche", die Satellitenkommunikation zu niedrigen Bitraten und der Mobilfunk.[6] Der Be-

---

[5] Vermittlungsstellen fallen damit nicht unter das Monopol des Bundes.
[6] Im Dezember 1989 erhielt die Mannesmann Mobilfunk GmbH, ein Konsortium aus Mannesmann, Pacific Telesis (USA), Cable and Wireless (GB) und mehreren kleineren Gesellschaftern, den Zuschlag für Errichtung und Betreibung des neben dem Netz der Telekom (D1) zweiten öffentlichen digitalen Mobilfunknetzes in der Bundesrepublik (D2). Um die Lizenz hatten sich zehn international besetzte Firmengruppen beworben (vgl. ntz 2/1990: 94ff.). Bis

reich der *Telekommunikationsdienste* wurde für den Wettbewerb geöffnet. Eine Ausnahme hiervon bildete der *Telefondienst* - d. h. die Vermittlung von Sprache für andere.[7] Die DBP Telekom hatte "im besonderen öffentlichen Interesse, vor allem aus Gründen der Daseinsvorsorge" (BMPT 1989: 16) *Pflichtleistungen* bereitzustellen. Die Pflichtleistungen sollten von der Bundesregierung festgelegt werden und bis dahin der bisherige Umfang der Dienstleistungen aufrechterhalten bleiben. *Freie Leistungen* durfte die TELEKOM ohne Auflagen und in einem freien Wettbewerb mit privaten Unternehmen anbieten. Der Markt für *Endgeräte*, einschließlich des einfachen Telefonhauptanschlusses, wurde vollständig für den Wettbewerb geöffnet. Hier konnte sich die DBP Telekom nach eigenem Ermessen beteiligen. Alle Endgeräte bedurften einer Zulassung.

Das Gesetz über die Unternehmensverfassung der Deutschen Bundespost, **Postverfassungsgesetz** (PostVerfG), gliederte die unternehmerischen Aufgaben aus dem Ministerium aus und übertrug sie den *drei öffentlichen Unternehmen* Deutsche Bundespost POSTDIENST, Deutsche Bundespost POSTBANK und Deutsche Bundespost TELEKOM. Der Status als bundeseigene Verwaltung blieb bestehen, ebenso das gemeinsame Sondervermögen des Bundes "Deutsche Bundespost". Für jedes der drei Unternehmen schrieb das PostVerfG den Grundsatz der Eigenwirtschaftlichkeit vor. Ein Finanzausgleich war vorzunehmen, wenn finanzielle Ungleichgewichte ausgeglichen werden mußten. Das PostVerfG sah jeweils eine Leitungsstruktur mit Vorstand und Aufsichtsrat vor. Der *Vorstand* führte die Geschäfte und bediente sich hierzu einer Generaldirektion. Der *Aufsichtsrat* - im Falle der TELEKOM je sieben Vertreter des Bundes, der Anwender und Kunden und des Personals - überwachte die Geschäftsführung des Vorstands und verfügte über eine Reihe von Mitwirkungsrechten. Vorstand und Aufsichtsrat nah-

---

Juni 1992 waren 29 Lizenzen für regionalen Bündelfunk an insgesamt elf Firmengruppen vergeben worden (BMPT 1992: 42ff.). Im Februar 1993 vergab Postminister Bötsch schließlich eine dritte Lizenz für digitalen Mobilfunk an ein Konsortium aus Thyssen und Veba. Die Telekom war aus dem Wettbewerb um die Lizenz für das sogenannte E-Netz, das auf anderen technischen Grundlagen beruht als die Netze D1 und D2, aus Gründen der Wettbewerbsgleichheit ausgeschlossen worden (Handelsblatt 5./6.3.1993: 1).

[7] Im Oktober 1991 konkretisierte das Bundesministerium für Post und Telekommunikation per Verwaltungsvorschrift die Reichweite des Netzmonopols des Bundes und die Pflichten der Telekom zur Bereitstellung von Übertragungswegen: Die technischen, betrieblichen und ökonomischen Bedingungen, zu denen die Telekom Leistungen für private Anbieter bereitstellt, dürfen für diese nicht ungünstiger sein, als die Bedingungen, zu denen sie selbst diese Leistungen für Wettbewerbsdienste nutzt. Die Leistungsentgelte für die Übertragungswege müssen nutzungsneutral, nutzungsunabhängig und nach Höhe und Struktur kostenorientiert sein. Für die Veranschlagung kostenorientierter Tarife wird der Telekom eine Übergangsfrist eingeräumt (Funkschau 23/1993: 12). Eine Verwaltungsvorschrift vom 13. Juli 1992 konkretisierte das Telefondienstmonopol. Der Monopolbereich wird dabei äußerst eng gefaßt, er beschränkt sich auf Funktionen, die für die Abwicklung des Telefondienstes unabdingbar sind. Alle Erweiterungen - Ansagedienste, Informationsdienste, Rufumleitung etc. - können auch von Privaten bereitgestellt werden.

Liberalisierung und Internationalisierung

men ihre Aufgaben nach Maßgabe des Gesetzes eigenverantwortlich wahr. *Unternehmensziele* und Grundsätze der *Wirtschaftsführung* wurden vom PostVerfG vorgegeben. Die Unternehmen der DBP hatten ihr Diensteangebot "unter Berücksichtigung der Marktverhältnisse entsprechend der wirtschaftlichen und technischen Entwicklung zu gestalten"; Infrastrukturdienste (Monopoldienste und Pflichtleistungen) und die notwendige Infrastruktur waren "im Sinne der öffentlichen Aufgabenstellung, insbesondere der Daseinsvorsorge, nach den Grundsätzen der Politik der Bundesrepublik Deutschland zu sichern und der Entwicklung anzupassen", dabei waren jedoch "die Grenzen der wirtschaftlichen Möglichkeiten der Unternehmen zu beachten" (4 PostVerfG). Die Unternehmen waren so zu leiten, daß die Erträge die Aufwendungen deckten; in Hinblick auf das erforderliche Eigenkapital - für die TELEKOM ein Drittel des Gesamtkapitals - sollte ein angemessener Gewinn erwirtschaftet werden. Auch für die einzelnen Dienste sollten in der Regel jeweils die vollen Kosten und angemessene Gewinne erwirtschaftet werden, wobei ein finanzieller Ausgleich zwischen den Diensten eines Unternehmens unter bestimmten Voraussetzungen zulässig war. Das System der Ablieferungen an den Bundeshaushalt wurde nach einer Übergangszeit abgeschafft. Ab 1996 sollten die DBP-Unternehmen steuerlich wie selbständige Unternehmen behandelt werden.[8] Für das Personalwesen sah das PostVerfG eine Reihe von Sonderregeln vor, die den Unternehmen künftig einen größeren Handlungsspielraum einräumen sollten.

Beim *Bundesminister für Post und Telekommunikation* (BMPT) lag weiterhin die *politisch-parlamentarische Verantwortung*. Er hatte dafür zu sorgen, daß die Deutsche Bundespost nach den Grundsätzen der Politik der Bundesrepublik Deutschland geleitet wurde und legte die mittel- und langfristigen Ziele für die Unternehmen fest. Über Genehmigungs- und Widerspruchsrechte konnte er Einfluß auf deren *Geschäftsführung* nehmen. Er übernahm die *Regulierungsaufgaben* für den Telekommunikationsbereich. Seine Aufgabe war es, "(f)aire Wettbewerbsbedingungen für die Konkurrenz zwischen privaten Unternehmen und der Deutschen Bundespost zu schaffen" (BMPT 1989: 20). Bei Entscheidungen des Bundesministers, "die von infrastruktureller Bedeutung sind und die wesentlichen Belange der Länder tangieren" (34 PostVerfG) wirkte ein beim BMPT angesiedelter *Infrastrukturrat* mit.

---

[8] Im Kern bedeutete diese Neuregelung, daß die herkömmliche Form der Umsatzbeteiligung des Bundes durch eine Mehrwertsteuerpflicht der Bundespost abgelöst wurde. Das hatte vor allem Konsequenzen für den Finanzminister. Er mußte mit erheblichen Mindereinnahmen rechnen, da einerseits am Mehrwertsteueraufkommen die Länder beteiligt waren und andererseits Bundespost wie Geschäftskunden vorsteuerabzugsberechtigt waren (vgl. Regierungskommission Fernmeldewesen 1987: 120f.). Den sechsjährigen Aufschub der Neuregelung hatte der Bundesfinanzminister bei der Behandlung des Gesetzentwurfs innerhalb der Bundesregierung durchsetzen können (Grande 1989: 228).

Die Kompetenzen der *Bundesregierung* bei der Regulierung des Fernmeldewesens beschränkten sich im wesentlichen auf die Festlegung von Pflichtleistungen per Rechtsverordnung. Die Mitwirkungskompetenzen anderer *Bundesministerien* waren eingeschränkt worden. Der Bundesminister für Post und Telekommunikation mußte bei der Genehmigung von Wirtschaftsplan, Jahresabschluß und den Bestimmungen der Wirtschaftsführung der Unternehmen das Benehmen - also die Stellungnahme - des *Finanzministers* einholen. Ein Benehmen mit dem *Wirtschaftsministerium* war bei der Genehmigung von Tarifen für den Monopolbereich erforderlich. Schließlich besaß der *Innenminister* ein Einvernehmensrecht - also einen Zustimmungsvorbehalt - für beamten- und besoldungsrechtliche Regelungen.

2. DBP Telekom: Von der Verwaltung zum Unternehmen

2.1. Die Anpassung der Angebotspolitik

Am 1. Januar 1990 nahmen DBP Postdienst, DBP Postbank und DBP Telekom ausgestattet mit eigenen Vorständen, Aufsichtsräten und Generaldirektionen ihre Arbeit auf. Zum Vorstandsvorsitzenden der DBP Telekom berief die Bundesregierung den Unternehmer Helmut Ricke. Manager aus der Privatwirtschaft besetzten schließlich sechs der insgesamt zehn Telekom-Vorstandsposten. Auch die Geschäftsbereichsleiter der Generaldirektion stammten zum großen Teil aus der Wirtschaft (Tenzer 1990: 5). Unbenommen davon, daß die Telekom weiterhin den Status einer unmittelbaren Bundesverwaltung einnahm und unter dem Schutz von Netz- und Telefondienstmonopol agieren konnte - noch 1990 erwirtschaftete sie mit dem Telefondienst mehr als drei Viertel ihres Umsatzes (DBP Telekom 1991a: 11) - präsentierte die neue Führungselite ein völlig gewandeltes **Selbstverständnis**. Zentrale Aufgabe sei es, so Telekom-Chef Ricke, möglichst rasch den Wandel von der "Postbehörde" zum "Wirtschaftsunternehmen im Wettbewerb" zu bewerkstelligen (1990a). Man wolle sich in allen Bereichen den Herausforderungen des Wettbewerbs stellen, "mit dem Ziel, unsere Position am Markt zu sichern und auszubauen... Wir wollen ein leistungsorientiertes Unternehmen sein, und wir müssen unser Handeln auf die Bereitstellung innovativer Produkte und Dienstleistungen mit hoher Produktivität ausrichten" (Ricke 1990b: 4). Ein "Als-ob"-Wettbewerbsverhalten werde die Telekom zukünftig auch dort praktizieren, wo sie Monopoldienste anbiete, denn sie sei auch hier wettbewerbstypischen Einflüssen ausgesetzt, die sich aus den internationalen Vergleichen von Preisen, Leistungen und Dienstequalität ergäben. Dies mache eine Überprüfung des Angebotsverhaltens erforder-

Liberalisierung und Internationalisierung

lich. "Auch die Tarifpolitik im Telefondienst und bei Mietleitungen wird sich an größerer Kostenorientierung, einer verstärkten Differenzierung und einer flexiblen Handhabung orientieren" (Tenzer 1990: 6).[9] Im Telefondienst hätten sich die Gebühren in der Vergangenheit "an einer Vielzahl von nicht kostenrelevanten Einfluß- und Bewertungsfaktoren orientiert und sich damit immer weiter von der Kostenstruktur des Netzes entfernt"; die Folge seien "Tarifverzerrungen" und eine mit den Zielsetzungen eines liberalen Marktes nicht in Einklang stehende "Behinderung für die Entfaltungsmöglichkeiten der Telekommunikationsnachfrager" (Tenzer 1990: 6).[10]

Auf den liberalisierten Märkten wollte sich die Telekom "(ü)ber die Differenzierung und die Qualität ihrer Dienste... erfolgreich positionieren" (DBP Telekom 1991a: 8). Die neue Devise hieß "mehr Kundennähe" - mit der Postreform war auch der Begriff des (passiven) Nutzers bzw. Teilnehmers beiseite gelegt worden. Kundenspezifische Dienstleistungen sollten neben das Angebot von standardisierten Massendiensten treten. "Reichte es in der Vergangenheit aus, universelle, für jedermann gleichermaßen nutzbare Fernmeldedienste und -dienstleistungen bereitzustellen, so müssen heute mehr und mehr für einzelne Anwendungsfälle maßgeschneiderte Telekommunikationslösungen geschaffen werden" (Aukes et al. 1990: 24). Nur wer auf die individuellen Kundenwünsche als erster eine Antwort habe, könne sich am Markt behaupten. Von der bislang vornehmlich technisch orientierten Telekom verlange dies ein Umdenken: "Die Technologie kann noch so perfekt sein, wenn aber das Produkt und der dazugehörige Service nicht den Bedürfnissen der Kunden entsprechen, ist Mißerfolg vorprogrammiert. Kundenorientierung darf bei Telekom nicht heißen, zuerst eine Technologie zu entwickeln und dann nach Verkaufsmöglichkeiten zu suchen. Wir müssen vielmehr genau die Produkte und Dienstleistungen entwickeln und bereitstellen, die die Kunden haben wollen" (Ricke zit. nach net 12/1992: 606).

---

[9] Die Mietleitungsgebühren waren Anlaß für einen heftigen Konflikt zwischen DBP Telekom einerseits und dem privaten Betreiber des zweiten digitalen Mobilfunknetzes Mannesmann sowie dem Bundesminister für Post und Telekommunikation andererseits. Der Minister weigerte sich, die Tarife, die Telekom von Mannesmann für die Nutzung der Übertragungswege forderte, zu genehmigen, da sie "im Interesse der Bundesrepublik Deutschland nicht verantwortet werden könnten", und "die Entwicklungschancen des digitalen Mobilfunks" stark einschränkten, es könne Verdacht entstehen, die Telekom mißbrauche ihre marktbeherrschende Stellung (zit. in Funkschau 15/1991: 16). Die Telekom war zu einer erheblichen Senkung ihrer Tarifforderungen gezwungen. 1992 wurde eine generelle Reform des Tarifgefüges für Mietleitungen vollzogen (vgl. Datacom 10/1992: 64ff.).

[10] Für den Telefondienst war schon im Vorfeld der Neuordnung eine Gebührenreform beschlossen worden ('Tarif 90'), mit einer dreimaligen Senkung der Tarife für Inlandsferngespräche - insgesamt um 43 Prozent gegenüber 1988. Im Mai 1992 senkte die DBP Telekom ihre Gebühren für Gespräche in die USA um 37 Prozent (Funkschau 6/1992: 16). Im Frühjahr 1993 kündigte Ricke schließlich eine Erhöhung der "unverhältnismäßig niedrigen Ortstarife" an; "(d)ie Konkurrenz wird uns zwingen, die Ferntarife drastisch zu reduzieren. Wenn wir unsere nicht kostendeckenden Ortstarife behalten, gerät das ganze Unternehmen in arge Bedrängnis" (zit. nach Der Spiegel 18/1993: 128).

Um ihre Angebotspalette im Bereich der Mehrwertdienste und ihr zielgruppentypisches Know-how zu erweitern, ging die Telekom erstmals strategische Allianzen mit Unternehmen aus verschiedenen Branchen ein.[11]

1990 eröffnete die Telekom ihre ersten **Auslandsbüros** in New York, Brüssel, Tokio, London und Paris. Weil sich die Märkte zunehmend internationalisierten, richtete die Telekom auch ihre eigenen Aktivitäten nicht mehr allein auf den deutschen Markt aus: "Globalisierung gehört zu den zentralen Unternehmenszielen der Telekom" (DBP Telekom 1991a: 34). Wichtigster Partner auf internationaler Ebene ist der französische Netzbetreiber *France Télécom*. Bereits in den achtziger Jahren war eine gemeinsame Tochter zum Angebot von Mehrwertdiensten geschaffen worden (Eucom); 1992 wurde die Gründung eines gemeinsamen Tochterunternehmens zum Angebot globaler Sprach- und Datenkommunikationsdienste für Unternehmen (Eunetcom) vereinbart (Handelsblatt 29.3.1993: 20). Als **Netzträger** im Ausland engagierte sich die Telekom bislang vorsichtig. Die Strategien richten sich hier in erster Linie auf die osteuropäischen Staaten. Im Mai 1992 beteiligte sie sich an einem Joint-Venture zum Aufbau eines digitalen Mobilfunknetzes in der Ukraine, gemeinsam mit dem dortigen Kommunikationsministerium, der niederländischen PTT und Telecom Dänemark. Ende 1992 wurde ein weiteres Joint-Venture zum Ausbau des terrestrischen Netzes in der Ukraine für die Betreibung des internationalen Verkehrs, des Fernverkehrs und des Großkundenverkehrs geschlossen; Partner sind in diesem Fall die Ukraine, AT&T und die niederländische PTT (FAZ 24.11.1992: 17). Verhandlungen mit einigen GUS-Republiken zum Aufbau eines Satellitensystems sind noch im Gange. Das Engagement der Telekom im Ausland traf auf schwerwiegende verfassungsrechtliche Bedenken (vgl. Plagemann 1992). Als Teil der Bundesverwaltung durfte sie nur international tätig werden, wenn das die Erfüllung ihrer Leistungsaufgabe für die Bundesrepublik erforderte. Die Auslandsaktivitäten wurden dennoch vorangetrieben. Man wolle nicht zusehen, so Telekom-Chef Ricke, wie die internationale Konkurrenz die Märkte unter sich aufteile. "Für die Telekom würden Hemmnisse bei ihren internationalen Aktivitäten einen erzwungenen Verzicht auf potentielle Märkte und einen kaum zu überschätzenden Wettbewerbsnachteil bedeuten" (zit. nach ntz 3/1992: 203).

Unmittelbar nach Inkrafttreten der Postreform wurden innerhalb der Telekom **Umstrukturierungsmaßnahmen** eingeleitet. Um zukünftig im Wett-

---

[11] Ein Beispiel ist die 1990 gemeinsam mit der IBM-Deutschland gegründete 'Telecash Kommunikations-Service GmbH'. Sie betreibt ein DV-gestütztes Netz für den bargeldlosen Zahlungsverkehr an der Ladenkasse (DBP Telekom 1992a: 50). - Ende 1990 war die Telekom an insgesamt 18 Unternehmen verschiedener Branchen und Rechtsformen beteiligt. Der Nominalwert der Telekom-Beteiligungen lag bei rund 150 Mio. DM, je nach Interessenschwerpunkt der Telekom und Aufgabenstellung des Unternehmens betrug die Beteiligungsquote bis zu hundert Prozent (DBP Telekom 1991a: 46). Einen aktuellen Überblick über die Beteiligungsgesellschaften und die rechtlichen Rahmenbedingungen gibt Plagemann 1992.

Liberalisierung und Internationalisierung 119

bewerb zu bestehen, brauche sie eine "marktnahe, schlagkräftige, flexible und zukunftsorientierte Organisation" (DBP Telekom 1991a: 18). Die jetzige Struktur sei die einer Verwaltungsbehörde: "Wir haben ausgeprägt hierarchische Strukturen - oft mit der Tendenz zur Bürokratie. Wir haben eine teilweise äußerst differenzierte, verrichtungsorientierte, technisch geprägte Arbeitsteilung und sequentielle Arbeitsabläufe. Der Behördenaufbau war angemessen, um den rechtmäßigen Vollzug hoheitlicher Verwaltungsakte sicherzustellen. Er rückt jedoch den Kunden aus dem Blickfeld und behindert den Spielraum des Unternehmens Telekom im Wettbewerb" (DBP Telekom 1992c: 18). Die seit 1990 eingeleiteten Organisationsreformen zielten auch darauf, die *Effizienz des Personaleinsatzes* zu verbessern. Bei einem Mitarbeiterstamm von 257.000 (umgerechnet auf Vollzeitkräfte) und einem Umsatz von 47 Mrd. DM (1991) blieb die Pro-Kopf-Leistung der DBP Telekom weit hinter der anderer Netzbetreiber - vor allem der amerikanischen Gesellschaften - zurück, diese erwirtschafteten pro Mitarbeiter 20 Prozent höhere Umsätze. Damit besaß die Telekom im sich verschärfenden internationalen Wettbewerb eine ungünstige Ausgangsposition. Das Umsatzziel für das Jahr 2000 von 80 Mrd. DM - und damit gegenüber 1991 fast eine Verdoppelung - sollte mit einem um 20.000 Mitarbeiter verringerten Personalbestand erreicht werden (Handelsblatt 26.11.1992: 15). Neuorganisiert wurde zunächst der *Vertrieb*, als "unternehmerischer Schlüsselbereich" (DBP Telekom 1991a: 82). Die 'alte' Bundespost hatte hier keine organisatorische Differenzierung nach Produkten oder Kundengruppen gekannt. Die 12.000 Vertriebskräfte hatten "alles an jeden" verkauft: Anschlüsse und Endeinrichtungen für Telefon, Btx, ISDN und Telefax usw. ebenso wie Dienstleistungen im Bereich der Datenübertragung; sie hatten Geschäftskunden wie Privatkunden gleichermaßen bedient. Die Bundespost hatte für ihre Vertriebskräfte weder Zielvorgaben formuliert, noch unterlagen sie Leistungskontrollen (manager magazin 10/1990: 294). Das neue Vertriebskonzept nahm auf allen Organisationsebenen eine Trennung zwischen Privat- und Geschäftskundenvertrieb und eine Spezialisierung auf Produktbereiche vor. Neueingeführt wurden außerdem klare Leistungsvorgaben und ein System von Leistungsanreizen.[12] Neben diesen Maßnahmen beschränkte sich die Neuorganisation der Telekom in der Startphase im wesentlichen auf die Berufung des Vorstands und die Einrichtung der Generaldirektion. Ein Novum gegenüber der hergebrachten ministeriellen Leitungsorganisation war, daß klare Abgrenzungen zwischen technischen sowie kunden- bzw. vertriebsorientierten Vorstands- und Unternehmensbereichen geschaffen wurden. Im Herbst 1992 leitete die Telekom unter dem Titel 'Telekom Kontakt' ein *Reorganisationsprogramm* ein. Es stellt eines der größten Restruk-

---

[12] Zwei Prozent der Bruttogehaltssumme von 250 Mio. DM, die dem Vorstand 1992 für Leistungsauflagen zur Verfügung standen, sollten ausschließlich Vertriebskräften zugute kommen (Frankfurter Rundschau 5.9.1992).

turierungsprojekte dar, das je in der deutschen Industrie umgesetzt worden wurde (FAZ 23.3.1993: 20). 'Telekom Kontakt' bricht mit allen Prinzipien der hergebrachten dreistufigen Ablauforganisation.[13] Alle bisherigen Versuche, Arbeitsabläufe zu optimieren, hätten die bestehenden Probleme nicht gelöst: "Die Telekom benötigt deshalb eine grundlegend neue Organisationsstruktur" (DBP Telekom 1992c: 19). Die Reorganisation sei dabei unabhängig von der zukünftigen Rechtsform des Unternehmens.

Die Bemühungen richteten auch darauf, eine "neue Identität mit unternehmerischen Grundsätzen" (DBP Telekom 1991a: 86) im Selbstverständnis der Führungskräfte und Mitarbeiter zu verankern. Der angestrebte Wandel von der Behörde zum kundenorientierten Dienstleistungsunternehmen sei nur über das Verhalten der Mitarbeiter realisierbar. Diese müßten "eine neue Einstellung zu den Erfordernissen des neuen Umfelds finden" (DBP Telekom 1991a: 16) und - nach Rickes Worten - "mehr und mehr Verständnis dafür entwickeln", daß man sich von nun an "in wichtigen Bereichen (seiner) Haut wehren müsse" (zit. nach Funkschau 21/1989: 27). Oberster Grundsatz war wiederum die Orientierung an den Bedürfnissen des Kunden, dieser stehe von nun an immer "am Anfang aller Überlegungen" (DBP Telekom 1992c: 29). Für die Telekom-Mitarbeiter bedeutete dieser angestrebte **kulturelle Wandel in der Organisation**, daß sie von ihrem hergebrachten Selbstverständnis - eine Consulting Firma brachte es auf die Formel: "Ich bin kein Verkäufer, sondern ein Beamter und diene dem deutschen Volk" (manager magazin 10/1990: 294) - Abschied nehmen mußten. Schulungen und Seminare sollten diese Mentalitätsveränderung bewirken und den Mitarbeitern die neue Unternehmensphilosophie näherbringen.[14] Die Telekom bemühte sich auch **nach außen**, das Image der "Post" - die Fachzeitschrift 'net' belegte es mit den Attributen "langsam, behäbig, hoheitlich, unfreundlich, verschwenderisch, inflexibel, nicht marktgerecht oder teuer" (net 5/1992: 22) - abzulegen und eine neue 'Corporate Identity' zu vermitteln. Das äußere Erscheinungsbild wurde mit Hilfe eines neuen Firmenlogos verändert, großangelegte Werbeaktionen sollten die Telekom als leistungsfähigen Anbieter auf dem Telekommunikationsmarkt profilieren.[15]

---

[13] Einzelheiten finden sich in DBP Telekom 1992c.
[14] Zum Ist-Zustand der späten achtziger Jahre vgl. Taubitz 1990.
[15] Zwei Jahre später haben diese Bemühungen bereits ihre Früchte getragen. Die Fachzeitschrift 'net': "So langsam wird es jetzt auch allen Bürgern unserer Republik klar: Die Deutsche Bundespost Telekom ist nicht mehr die 'Post'... Man nimmt heute... zur Kenntnis, daß hier eine fortschrittliche, dynamische, technologiebewußte und kundenfreundliche Telekom sich aufbaut und ist bereit, sein früheres negatives Urteil zu revidieren. Man ist nicht mehr überzeugt, daß private Angebote an Telekommunikationsdienstleistungen besser sind und ist nicht abgeneigt, Angebote der Telekom ernsthaft zu prüfen... Man ist auch zunehmend bereit, sich auf Stellenangebote der Telekom zu bewerben... Ich glaube, daß die Telekom zufrieden sein kann: gute PR-Arbeit, verbunden mit Öffnung zur Information über das eigene Handeln und Darstellung der Stärken der Telekom und ihrer Leistungsfähigkeit, haben dies vollbracht" (net 5/1992: 229).

2.2. Der Aufbau des Telekommunikationsnetzes in den neuen Bundesländern

Auf die DBP Telekom kam gleich im ersten Jahr eine gewaltige Herausforderung zu. Mit der deutschen Vereinigung wurde ihr die Verantwortung für den Aufbau des Telekommunikationsnetzes in den fünf neuen Bundesländern übertragen. Ausbau und Instandhaltung des öffentlichen Telefonnetzes waren in der DDR systematisch vernachlässigt worden. Die jährlichen Investitionen pro Einwohner im Bereich des Fernmeldewesens hatten nur ein Zehntel dessen betragen, was in der Bundesrepublik investiert worden war (Monopolkommission 1991: 11).[16] *Technisch* hinkte das Fernmeldenetz dem neuesten Stand um Jahrzehnte hinterher. Die Vermittlungstechnik bestand ausschließlich aus elektromechanischen Einrichtungen. Fast zwei Drittel des Bestands entfiel auf Hebdrehwählersysteme. Sie waren teilweise noch von der Reichspost installiert worden. Im Bereich der Übertragungstechnik sah die Lage ähnlich aus. Hier waren zu 90 Prozent analoge Systeme im Einsatz. Vier Fünftel der Kabel im Fernnetz und drei Fünftel der Ortskabel waren formal nach dem Buchwert völlig abgeschrieben, es handelte sich nahezu ausschließlich um Kupferkabel (Tenzer/Uhlig 1992: 13). Bei der Versorgung mit *Telefonanschlüssen* lag die DDR im internationalen Vergleich weit zurück, unter 34 europäischen Ländern nahm sie die 30. Stelle ein (Monopolkommission 1991: 11). Auf hundert Haushalte kamen 17 Telefonanschlüsse, in der Bundesrepublik dagegen 95 (Weber 1992: 168). Zehn bis zwanzig Jahre Wartezeit auf einen Anschluß waren für DDR-Bürger die Regel (Funkschau 6/1991 I Spezial: 9). *Neue Dienste* der Text- und Datenübertragung waren nahezu unbekannt. In der Versorgung mit Datenanschlüssen lag die DDR mit ca. 4.500 Teilnehmer weltweit an vierzigster Stelle (Buchheim 1990: 26, Köhler 1990: 51).

Die Situation im Telekommunikationssektor der DDR und der mangelhafte Ausbau der Nachrichtenwege zwischen den beiden deutschen Staaten wurden *nach der Wende* rasch zum Gegenstand der bilateralen Gespräche auf Regierungsebene. Im Januar 1990 wurde eine *erste Phase der Zusammenarbeit* zwischen der Deutschen Post (DP) und der DBP Telekom eingeleitet. Vertreter der Telekom und der DP erarbeiteten gemeinsam Sofortmaßnahmen zur Bewältigung des neuentstandenen Kommunikationsbedarfs.

---

[16] Die auf den Schreibtischen von DDR-Funktionären nebeneinandergereihten Telefonapparate zeugten davon, daß neben dem öffentlichen Fernsprech- und Telexnetz eine Vielzahl von Sondernetzen existierte, über die staatliche Einrichtungen, aber auch bestimmte Industrie- und Wirtschaftszweige ihren Kommunikationsverkehr abwickelten. Sondernetze unterhielten beispielsweise die Nationale Volksarmee, die Westgruppe der sowjetischen Streitkräfte, das Ministerium des Innern, der Ministerrat, das Ministerium für Staatssicherheit, aber auch die Gasversorgungsbetriebe, die Kohleförderungsbetriebe, die Betriebe der Chemischen Industrie. Die Sondernetze waren weder mit dem öffentlichen Fernsprechnetz noch untereinander verbunden (vgl. Günther/Uhlig 1992: 169ff.).

Die Telekom unterstützte die Deutsche Post in technischen Belangen und übernahm Planung und Umsetzung der Netzmodernisierung, außerdem stellte sie aus ihren Beständen technische Einrichtungen für den Netzausbau zur Verfügung.[17] Die frühzeitige intensive Kooperation machte die Entwicklung des Telekommunikationsnetzes für die DDR rasch zu einer exklusiven 'deutsch-deutschen' Angelegenheit. Lukrative Angebote ausländischer (vor allem amerikanischer) Netzbetreiber, die sich in der DDR engagieren wollten, wurden von der Deutschen Post ausgeschlagen. "(E)s hätten", so DDR-Postminister Schnell im Frühjahr 1990, "die infrastrukturelle Basis und die Kompatibilität zur Bundespost gefehlt. Es geht nicht, daß wir die DDR als Versuchsfeld aufmachen, wo sich alle tummeln" (zit. nach Funkschau 19/1990: 49). Zudem wurden die Infrastrukturmaßnahmen nahezu vollständig von der Bundesrepublik finanziert - über die bereits in der Vergangenheit an die DDR entrichtete Postpauschale, die allerdings bis zur Wende zweckentfremdet in andere Bereiche des DDR-Staatshaushalts geflossen war.[18] Die technische Anlehnung der Deutschen Post an die Telekom zog ein Weiteres nach sich. Es kam die Technologie zum Einsatz, die auch in der Bundesrepublik verwendet wurde; die Aufträge für Vermittlungs- und Übertragungseinrichtungen gingen dementsprechend an den Lieferantenkreis der Telekom.[19] Die bundesdeutschen Hersteller hatten sich bereits kurz nach der Wende um den Einstieg in die nachrichtentechnische Industrie der DDR bemüht; die vier führenden Firmen teilten sie bis 1991 unter sich auf (vgl. Drescher 1992).

Als sich nach den Volkskammerwahlen vom 18. März 1990 die politische Vereinigung abzeichnete, ging die Zusammenarbeit von Deutscher Post und DBP Telekom in eine *zweite Phase* über. Die Telekom engagierte sich erstmals finanziell. Sie stellte der DP für 1990 ein Darlehen von 240 Mio. DM bereit.[20] Ein gemeinsamer Unternehmensausschuß begann mit der Erarbeitung eines 'Aufholprogramms' mit dem Ziel der Niveauangleichung. Anfang Mai 1990 strukturierte sich die Deutsche Post nach dem Vorbild der Bundespost in DP Postdienst, DP Postbank und DP Telekom um. Am 17. Mai

---

[17] So stellte die Telekom beispielsweise Container-Vermittlungsstellen bereit, die teilweise aus den Reservebeständen stammten, die regulär für Katastrophenfälle bereitgehalten werden.

[18] In der Vergangenheit waren jährlich 200 Mio. DM aus dem Bundeshaushalt zur Verfügung gestellt worden, bei dem Besuch von DDR-Ministerpräsident Modrow hatte Bundeskanzler Kohl im Dezember 1990 eine Erhöhung auf 300 Mio. DM zugesagt, "unter der Bedingung, daß der Gesamtbetrag ab sofort ausschließlich für den Ausbau des Post- und Fernmeldewesens verwendet wird" (DBP 1991a: 16).

[19] SEL und Siemens konnten dabei an bestehende Kontakte anknüpfen. SEL hatte bereits auf der Leipziger Messe vom März 1989 mit der Deutschen Post die Lieferung einer System-12-Vermittlungsstelle vereinbart, diese war Ende 1989 in Betrieb genommen worden. Siemens stand seit 1987 in Verhandlungen mit der Deutschen Post, hier ging um die Lieferung eines Paketvermittlungssystems zur Datentragung. Das Geschäft war jedoch an der COCOM-Liste gescheitert (Tenzer/Uhlig 1992: 25).

[20] Weitere 110 Mio. DM wollte die Telekom in den Ausbau des C-Netzes und das Angebot von Übertragungsdiensten per Satellit investieren (Tenzer 1990: 42).

Liberalisierung und Internationalisierung

1990 vereinbarten die Postminister schließlich eine "Postunion", "um sowohl auf politisch-hoheitlichem Gebiet als auch auf unternehmerischem Gebiet die Phase bis zur endgültigen staatsrechtlichen Vereinigung der Verwaltungen zu gestalten" (zit. nach Gallist 1992: 49). Am 4. Oktober 1990 schlossen sich die DBP Telekom und die DP Telekom zusammen.

Für die Telekom hatten Vereinigung und Fusion folgenschwere Implikationen. Die Telekom, die gerade eine Reform der eigenen Organisation in die Wege leitete, hatte die regionalen und örtlichen Behörden der Deutschen Post zu integrieren; sie erhielt mit einem Schlag über 40.000 neue Mitarbeiter.[21] Ihr Wirkungsbereich erweiterte sich um die fünf neuen Länder, was zunächst bedeutete, daß sie auch die volle politische Verantwortung für den zügigen Aufbau der Telekommunikationsinfrastruktur sowie die damit verbundenen Kosten übernehmen mußte. Postminister Schwarz-Schilling hatte hierfür bereits im Juni 1990 ein Konzept präsentiert. **Telekom 2000** stellte ein - wohl im Weltmaßstab - einzigartiges Crash-Programm dar. Innerhalb *kürzester Zeit* - von 1991 bis 1997 - sollte der Versorgungsrückstand in den neuen Ländern aufgeholt und das Niveau der Alt-Bundesrepublik erreicht werden. Zur Realisierung des Aufholprogramms waren *Investitionen* von insgesamt 55 Mrd. DM vorgesehen. Durchschnittlich sollten jährlich fast 8 Mrd. DM in den neuen Bundesländern investiert werden. Zum Vergleich: 1990 hatte die Telekom in der Alt-Bundesrepublik rund 19 Mrd. DM investiert (DBP Telekom 1991a: 11). Wie ehrgeizig die Pläne waren, wird deutlich, wenn man die denkbar ungünstigen *Ausgangsbedingungen* miteinbezieht. Das vorhandene Netz mußte vollständig erneuert werden. Die Telekom plante, bis Mitte der neunziger Jahre sowohl auf Ortsnetz- als auch Fernnetzebene eine "komplett neue und moderne Telekommunikationsinfrastruktur" aufzubauen (Gawron et al. 1992: 79).[22] Hierbei war wiederum

---

[21] In Gesprächen, die die Autorin mit Mitarbeitern der Telekom geführt hat, wurde wiederholt darauf hingewiesen, daß sich aufgrund der extremen Zentralisierung von Entscheidungskompetenzen bei der DP nach dem Zweiten Weltkrieg völlig unterschiedliche Organisationskulturen in beiden deutschen Postverwaltungen entwickelt hatten. Den ehemaligen Mitarbeitern der Deutschen Post bereitete vor allem der Umgang mit eigenen Ermessensspielräumen große Schwierigkeiten. Unterschiede in Mentalität und Arbeitsweise bringt auch Gallist zur Sprache: "Wegen der fehlenden Telefonanschlüsse waren in vielen Fällen die Kundenkontakte weniger ein Service als vielmehr eine reine Beschwerdebearbeitung und Abwehrstrategie... Auffallend auch die unterschiedlichen Terminologien und Fachausdrücke zwischen Telekom-Ost und Telekom-West... Unterschiedliche Mentalitäten zeigten sich auch an der Dienstvorschrift, die Büros von Führungskräften bei jedem Verlassen abzuschließen und abends zum Teil auch zu versiegeln" (1992: 48). Gallist hebt auch hervor, daß die veraltete Technik, große Beschaffungsprobleme und geringe Investitionsmöglichkeiten die Mitarbeiter der Deutschen Post "zu großer Improvisation" befähigt hätten. "Besonders augenfällig" sei schließlich "der hohe Anteil von sehr sachkundigen Damen auch im Bereich der Führungskräfte". "Hier gibt die Deutsche Bundespost Telekom bis heute ein überwiegend männliches Bild ab" (Gallist 1992: 48).

[22] Helmut Ricke im Spiegel-Interview: "Wir müssen, wenn Sie so wollen, ein Kanalnetz in die Wüste legen" (Der Spiegel 48/1990: 141). Zur Ausbaustrategie der Telekom und zur Entwicklung des Diensteangebots vgl. Schön et al. 1992 und Gawron et al. 1992.

die Kompatibilität mit dem westdeutschen Netz sicherzustellen. Bei der Planung von Einzelprojekten konnte nicht, wie in der Alt-Bundesrepublik, auf jahrelange Vorarbeiten zurückgegriffen werden. Hinzu kamen personelle Engpässe. Die Telekom mußte vor allem in der Anfangsphase Personal aus dem Westen abziehen, weil die von der Deutschen Post übernommenen Mitarbeiter für die neuen Anforderungen nur unzureichend qualifiziert waren (Tenzer/Uhlig 1992: 30). In den neuen Bundesländern wurde sie schließlich mit Problemen bisher unbekannter Natur konfrontiert: ungeklärte Eigentumsfragen bei Grundstücken, Engpässe in der Justiz, in den kommunalen Verwaltungen und bei den Liegenschaftsämtern behinderten die zügige Durchführung der Bauvorhaben (DBP Telekom 1992a: 19).

Die Situation im Telekommunikationssektor der Ex-DDR hatte sich im Laufe des Jahres 1990 eher verschlechtert als verbessert, die Qualität der Dienste war weiter abgesunken und das Netz vollständig überlastet. Der Bestand an Telefonanschlüssen wuchs bis Ende 1990, aufgrund der knapp bemessenen (540 Mio. DM!) Investitionsmittel der Deutschen Post, lediglich um 70.000. Zugleich war die Nachfrage nach neuen Anschlüssen und Ost-West-Verbindungen sprunghaft gestiegen. Westdeutsche Unternehmen setzten in Umfragen die fehlende Versorgung mit Telekommunikationsmöglichkeiten an die Spitze der Hemmnisse, die wirtschaftlichen Aktivitäten in den neuen Bundesländern entgegenstanden (vgl. Tenzer/Uhlig 1992: 2). Kaum hatte die Telekom die Verantwortung für das Fernmeldewesen in den neuen Bundesländern übernommen, wurde sie Zielscheibe der Unzufriedenheit. Stimmen aus Politik und Wirtschaft forderten die Zulassung privater Netzbetreiber in den neuen Bundesländern (vgl. Der Spiegel 45/1990: 152-156).[23] Im November 1990 kamen die akuten Mißstände in den neuen Ländern im Bundeskabinett zur Sprache. Erkennbares Resultat der Angriffe war das **Zusatzprogramm 'Turn Key'**, das die Telekom im Anschluß vorstellte. Das Aufbautempo für das Jahr 1991 wurde forciert, die im Rahmen des Regelprogramms 'Telekom 2000' geplanten Investitionen von 5 Mrd. DM um 1,8 Mrd. DM aufgestockt. Das Turn-Key-Programm zielte in erster Linie auf die Verbesserung der Kommunikationsversorgung von Unternehmen und Verwaltung. 1991 sollten neben den geplanten

---

[23] Bereits im Juni 1990 hatte Postminister Schwarz-Schilling "aufgrund übergeordneter politischer Zielsetzungen" die Entscheidung getroffen, privaten Betreibern von Satellitennetzen das Recht einzuräumen, im Verkehr mit und in der DDR - auch für Dritte - Telefongespräche zu übertragen. Hierbei handele es sich um zeitlich befristete (bis 1997) Ausnahmen vom Telefondienstmonopol. Genehmigungen würden nur unter der Voraussetzung erteilt werden, daß keine andere Möglichkeit zum Telefonieren bestehe und keine terrestrischen Anschlußmöglichkeiten geschaffen seien. Die Freigabe des Telefonverkehrs über Satellit mit der DDR war für Telekom-Vorstand Ricke "nicht ganz frei von Überraschungen", die Entscheidung des Postministers sei aber in erster Linie als Beitrag zur schnellen Verbesserung der deutschdeutschen Fernmeldeverbindungen zu verstehen (Süddeutsche Zeitung 23./24.06.1990: 33). Bis zum Sommer 1992 waren bereits 11 privaten Betreibern - davon drei mit Sitz im Ausland - derartige Lizenzen erteilt worden (BMPT 1992: 82f.).

Liberalisierung und Internationalisierung

300.000 Telefonanschlüssen weitere 200.000 bereitgestellt werden (Gawron et al. 1992: 90). In einer Anzeigenkampagne versprach die Telekom den Geschäftskunden: "Schon 1991 werden alle vorliegenden Wünsche auf einen Telefonanschluß erfüllt sein". 1992 korrigierte die Telekom ihre Pläne ein weiteres Mal. Das ursprünglich nur für 1991 vorgesehene Turn-Key-Programm wurde 1992 neu aufgelegt.[24] Die Investitionen in Ostdeutschland stiegen auf 10 Mrd. DM allein im Jahr 1992 (FAZ 16.6.1992: 16).

Das Turn-Key-Programm stellte ein Novum in der bisherigen Praxis der Telekom dar. Sie erteilte hier Aufträge an Generalunternehmer für den Aufbau kompletter, 'schlüsselfertiger' Netzabschnitte. Das bedeutete, daß die Generalauftragnehmer alle Planungen und die gesamte Ausführung der Bauvorhaben in Eigenverantwortung zu übernehmen hatten. Derart umfassende Projekte waren, so Telekom-Vorstand Ricke, "bislang noch nicht an Dritte vergeben worden" (zit. nach Der Spiegel 48/1990: 143). Die Aufträge für Turn-Key-Maßnahmen wurden in einem vereinfachten Verfahren[25] an die Lieferanten der Vermittlungseinrichtungen - vergeben: Siemens, SEL, Bosch Telenorma und DeTeWe.[26]

2.3. Die DBP Telekom in Finanznot

Die DBP Telekom war nach den Worten von Postminister Schwarz-Schilling 1990 in "guter wirtschaftlicher Verfassung" an den Start gegangen (zit. nach Funkschau 20/1990: 34). Die Umsätze der Bundespost im Bereich Fernmeldedienste waren in den achtziger Jahren durchschnittlich um über 5 Prozent jährlich gewachsen.[27] Mit einem Umsatzvolumen von rund 25,1 Mrd. Dollar (oder rund 40 Mrd. DM) nahm die DBP Telekom in der Rang-

---

[24] Um akute Versorgungsengpässe weiter zu lindern, war 1992 erneut zu einem ungewöhnlichen Mittel gegriffen worden. Sogenannte "Drahtlose Anschlußleitungen" (DAL), Endgeräte, die über Funk mit der nächsten Vermittlungsstelle verbunden waren, sollten für eine Übergangszeit Lücken im vorhandenen Leitungsnetz überbrücken. Die Aufträge (Gesamtwert 200 Mio. DM) für die "DAL"-Systeme gingen an die skandinavischen Unternehmen Ericsson und Nokia (Handelsblatt 15.7.1992: B3).

[25] Die Preise für die einzelnen Projekte berechnete das FTZ nach folgendem Muster: es wurden die Ergebnisse der letzten Preiswettbewerbe für die einzelnen Netzkomponenten (Vermittlungseinrichtungen, Übertragungseinrichtungen etc.) zugrunde gelegt. Darüber hinaus zahlte die Telekom einen pauschalen Zuschlag für die weiteren Kosten der Generalunternehmer. Diese Kostenpauschale betrug 1991 rund 10 Prozent, für die Turn-Key-Projekte 1992 4 bis 5 Prozent (Interview FTZ).

[26] Zumindest Siemens und SEL konnten bei der Ausführung der Turn-Key-Maßnahmen auf Erfahrungen aus dem Exportgeschäft zurückgreifen, wo häufig schlüsselfertige Projekte vergeben wurden (Hardt/Schmücking 1992: 235, Zeidler 1992: 220).

[27] Die Bundespost hatte ihre Gesamterträge von 1981 bis 1988 um durchschnittlich 4,8 Prozent jährlich steigern können (eigene Berechnung auf der Grundlage von Geschäftsberichten der DBP, verschiedene Jahrgänge).

liste der größten Telefongesellschaften der Welt den zweiten Platz ein. 1990 erwirtschaftete lediglich die japanische NTT mit 44,2 Mrd. Dollar höhere Umsätze (Télécom Magazine 10/1991: 57). Zwischen 1980 und 1989 hatten sich die Gewinne der Bundespost auf rund 25 Mrd. DM summiert, nachdem bereits 10 Prozent des Umsatzes - im gleichen Zeitraum waren das rund 42 Mrd. DM - an den Eigentümer Bund überwiesen worden waren.[28]

Die "gute wirtschaftliche Verfassung" der DBP Telekom hat sich zu Beginn der neunziger Jahre dramatisch verschlechtert. Während 1990 noch ein Überschuß von 1,25 Mrd. DM erzielt worden war, konnte sie seit 1991 keinen Gewinn mehr verbuchen. Die Gewinn- und Verlustrechnung wies zwar weiterhin positive Geschäftsergebnisse auf, diese Überschüsse wurden jedoch von den Ablieferungen an den Bund und dem Verlustausgleich für die Schwesterunternehmen Postdienst und Postbank vollständig aufgesogen. "Die Ertragskraft des Unternehmens", mußte Vorstandsvorsitzender Ricke im Frühjahr 1991 konstatieren, "ist gefährlich geschwächt" (zit. nach FAZ 15.4.1991: 13). Tarifpolitische Maßnahmen forderten ihren Tribut: Gebührensenkungen für Ferngespräche im Rahmen der Tarifreform 'Tarif 90', eine Reduktion der Grundgebühren für das Mobilfunk-Netz C und die Angleichung der Telefongebühren in Ostdeutschland an Westniveau brachten der Telekom 1991 Mindereinnahmen von rund einer Milliarde DM (DBP Telekom 1992a: 9). 1992 kamen Sonderbelastungen im Zuge der Umstellung von der kameralistischen auf die betriebswirtschaftliche Buchführung hinzu, das Anlagevermögen der Telekom von über 100 Mrd. DM mußte um einige Prozentpunkte nach unten korrigiert werden (Funkschau 12/1991: 30).

Hauptursache für die Verschlechterung der wirtschaftlichen Lage waren jedoch die **Belastungen, die im Zuge der deutschen Einheit** auf die Telekom zugekommen sind. Zunächst sind die Anforderungen aus dem DBP-internen *Finanzausgleich* mit der Ausdehnung des Tätigkeitsbereichs der Bundespost auf die fünf neuen Bundesländer und durch die Integration der Deutschen Post der DDR drastisch - um 20 Prozent - gestiegen. 1990 hatte die Telekom an Postdienst und Postbank noch insgesamt 1,95 Mrd. DM überweisen müssen. 1991 betrug der Verlustausgleich bereits 2,35 Mrd. DM (DBP Telekom 1991a: 11, DBP Telekom 1992a: 9). Gravierendere Auswirkungen auf die finanzielle Lage hatte die enorme Steigerung der *Investitionsausgaben* (vgl. Schaubild II-4). Mit dem Anlaufen des Aufbauprogramms 'Telekom 2000' im Jahr 1991 gingen die Investitionsausgaben schlagartig in die Höhe. Sie stiegen von 18,5 Mrd. DM 1990 auf 26,6 Mrd. DM 1991 und damit um rund 8 Mrd. DM. Für die neunziger Jahre plant die Telekom jährliche Investitionssummen von 30 Mrd. DM für die gesamte Bundesrepublik. Nach eigener Aussage hat sie sich zum "größten industriellen Investor der Welt" entwickelt (Handelsblatt 30.11.1992: 17).

---

[28] Eigene Berechnungen nach Geschäftsbericht der DBP 1989: 106.

Liberalisierung und Internationalisierung 127

Schaubild II-4: Fernmeldeinvestitionen der DBP, achtziger Jahre

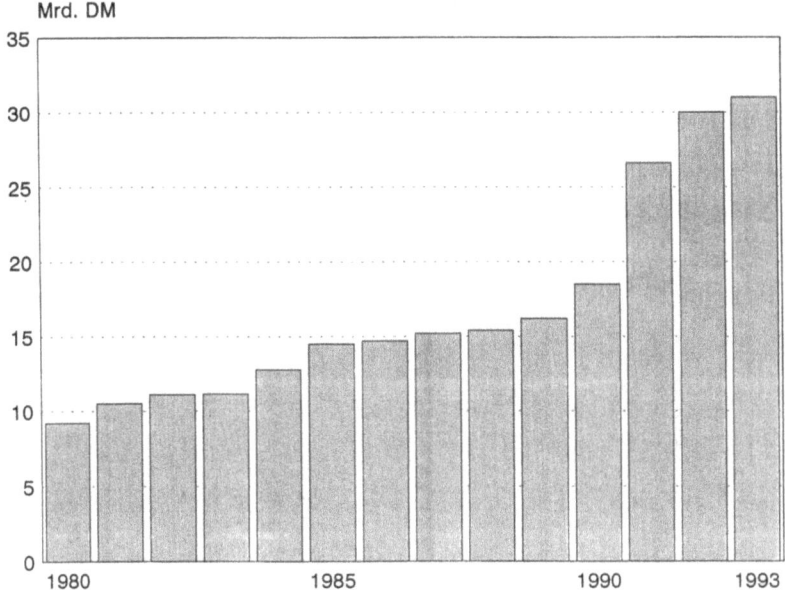

Quelle: Geschäftsberichte der DBP und der DBP Telekom, verschiedene Jahrgänge

Daran, daß die Investitionen in den neuen Bundesländern längerfristig rentabel sein würden, bestand für die Telekom "kein Zweifel" (Tenzer/Uhlig 1992: 40). "Die Telekom betrachtet die Investitionen in den neuen Bundesländern... nicht nur als eine nationale Aufgabe, sondern auch als Beitrag zur langfristigen Unternehmenssicherung; politischer Auftrag und Produktpolitik des Unternehmens decken sich" (DBP Telekom 1992a: 38). Kurz- und mittelfristig hielten jedoch die Aufwendungen mit den Erträgen nicht Schritt, die Telekom hatte nicht allein die Investitionsaufwendungen sondern auch die Verluste in den neuen Bundesländern zu tragen. "Der Teilbereich neue Bundesländer der Telekom wird zunehmend bis 1995 Verluste in Milliardenhöhe bringen... Die kumulierten Ergebnisse werden erst dann wieder positiv werden, wenn das Aufholprogramm im wesentlichen verwirklicht ist, also nach 1997" (Tenzer/Uhlig 1992: 40). Finanziert wurden die Vorlaufinvestitionen in Ostdeutschland durch die Aufnahme von Fremdkapital. Die *Nettokreditaufnahme* der DBP hatte 1989 2 Mrd. DM betragen, 1991 war sie bereits auf 12 Mrd. DM angewachsen (DBP Telekom 1992a: 9). Der Eigenkapitalanteil der Telekom, der bereits zum Jahresende 1990 unter den im Postverfassungsgesetz festgeschriebenen Sollwert von 33 Prozent gesunken war, fiel weiter ab.

Das Finanzierungsgefüge der Telekom war mit den Investitionen für die neuen Bundesländer nach den Worten des Vorstandsvorsitzenden in eine "bedrohliche Schieflage" geraten (zit. nach Handelsblatt 16.6.1992: 15). 1993 rechnete sie damit, allein 14 Prozent ihres Umsatzes - oder rund 8 Mrd. DM - für den Schuldendienst aufbringen zu müssen (FAZ 28.11.1992: 11, Handelsblatt 29.11.1992: 17). Die Telekom konnte angesichts der angespannten Haushaltslage des Bundes nicht damit rechnen, daß der Finanzminister ihr zusätzliches Eigenkapital zuführte. Ebensowenig politisch durchsetzbar war eine Verringerung der Ablieferungsbelastungen: sie überwies weiterhin 10 Prozent ihrer Umsatzerlöse an den Bundeshaushalt. Der Finanzminister verweigerte ihr - dem größten Investor in Ostdeutschland - auch die privaten Unternehmen gewährte Investitionszulage von 12 Prozent.

Für die Telekom wog in dieser Situation umso schwerer, daß ihre Leistungskraft bereits im Startjahr schwächer war, als die positiven Jahresergebnisse der achtziger Jahre vermuten ließen. Verglichen mit der internationalen Konkurrenz arbeitete sie mit hohen **Kosten**. So lag sie nicht allein in der Pro-Kopf-Leistung der Mitarbeiter weit hinter ausländischen Netzträgern zurück, sondern auch in der Effizienz der Investitionen: die US-Gesellschaften investierten beispielsweise im Verhältnis zum Umsatz nur halb so viel, entsprechendes galt für British Telecom (FAZ 13.8.1992: 9, Handelsblatt 26.11.1992: 15). Vorstandsvorsitzender Ricke kündigte an, daß die Telekom *Effizienz von Personal und Investitionen* "deutlich verbessern" wolle - nur ein deutlich höheres Produktivitätsniveau gebe ihr den Spielraum für einen offensiven Wettbewerb. "Alle Entscheidungen werden künftig konsequent unter dem Blickwinkel der Ergebniswirksamkeit zu betrachten sein. Investitionen müssen sich z. B. in überschaubaren Zeiträumen amortisieren. Gerade auch enorm aufwendige Infrastrukturinvestitionen dürfen sich nicht mehr nur am technisch Machbaren orientieren, sondern müssen sich harten Rentabilitätsprüfungen unterziehen lassen" (DBP Telekom 1992c: 17). Auch im Bereich des *Dienstleistungsangebots* wollte die Telekom *kostenorientierter* arbeiten. Grundsätzlich gelte, so Ricke in einem Spiegel-Interview: "Alle Dienste, die wir anbieten, müssen innerhalb weniger Jahre profitabel sein. Wenn das nicht realisierbar ist, wird man auch daran denken müssen, einen Dienst wieder einzustellen" (Der Spiegel 48/1990: 147). Konkrete Entscheidungen über die Einstellung von defizitären Diensten sollten allerdings erst dann getroffen werden, wenn der Bundespostminister die Verordnung mit den Pflichtdiensten erlassen habe.[29]

---

[29] Der Pflichtleistungskatalog, den das BMPT im August 1992 definierte, war sehr restriktiv: Telefonauskunft, Teilnehmerverzeichnis, öffentliche Telefonzellen und Notruf sowie Telex- und Telegrammdienst. Die Telekom konnte sich demnach problemlos aus anderen Dienstesparten zurückziehen (vgl. net 11/1992: 561).

Liberalisierung und Internationalisierung 129

Profitabel war in der Vergangenheit vor allem der Telefondienst, in anderen Dienstebereichen waren dagegen hohe Verluste erwirtschaftet worden. Neben der *Telefonauskunft* (mit jährlichen Verlusten von rund 600 Mio. DM), den öffentlichen *Telefonzellen* (- 500 Mio. DM) und dem *Telegrammdienst* (- 250 Mio. DM) zählten Bildschirmtext und Breitbandkabeldienste zu den größten Verlustbringern (Funkschau 12/1991: 31). Seit 1983 hatte die Bundespost jährlich zwischen 1 und 1,5 Mrd. DM in den Aufbau des *Kabelfernsehnetzes* investiert. Ende 1991 bestanden 9,9 Millionen Teilnehmeranschlüsse. Mehr als die Hälfte der Haushalte, denen ein Anschluß vor die Haustür gelegt worden war, machte allerdings keinen Gebrauch davon. Zwischen Einnahmen und Kosten für die Breitbandverkabelung klaffte eine riesige Lücke, die Verluste für 1991 bezifferte die Telekom auf eine Milliarde DM (FAZ 6.7.1992: 18).[30] Der 1983 gestartete *Bildschirmtext-Dienst* (Btx) bescherte jährlich Verluste in dreistelliger Millionenhöhe. Die Erwartung der frühen achtziger Jahre, Btx würde sich rasch zu einem Massendienst entwickeln, hatte sich nicht erfüllt. 1991 lag die Zahl der Anschlüsse am Btx-Netz, dessen technische Infrastruktur für eine Million Teilnehmer angelegt war, bei rund 300.000.[31] In den Aufbau des Btx-Netzes hatte die Bundespost nahezu eine Milliarde DM investiert, dem standen jährliche (Btx-spezifische-)Einnahmen von unter 50 Mio. DM gegenüber (Funkschau 6/1992: 51). Dem Bundesrechnungshof zufolge, der 1988 den Btx-Dienst kritisch unter die Lupe genommen hatte, konnten über diese Einnahmen nur 11 Prozent der Kosten gedeckt werden (Süddeutsche Zeitung 13.11.1988). Genutzt wurde Btx schließlich in erster Linie nicht wie anvisiert von privaten Kunden (Stichwort 'Volks-EDV'), sondern von Geschäftsteilnehmern.[32]

---

[30] Bereits 1984 hatte der Bundesrechnungshof der Bundespost zu bedenken gegeben, daß "eine Amortisation der beabsichtigten Investitionen in BK-Netze... nicht zu erwarten (sei)" (zit. nach ZPF 8/1984: 5). In seinem Prüfungsbericht 1986 rügte er erneut das Fehlen von Kriterien der Rentabilität beim Ausbau des Netzes, 1985 habe der Breitbandverteildienst einen Kostendeckungsgrad von nur 15 Prozent und einen Jahresverlust von 640 Mio. DM eingetragen (Süddeutsche Zeitung 13./14.9.1986: 1). Im November 1991 erhöhte die Telekom ihre Gebühren für Kabelfernsehanschlüsse von bis dahin monatlich 12,50 DM auf 15,90 DM (FAZ 29.11.1991: 15).

[31] Die Implementationsprobleme bei der Einführung des Btx-Dienstes analysiert Schneider 1989.

[32] Im Frühjahr 1992 stellte die Telekom ein umfangreiches Paket zur Rundumerneuerung des Btx-Dienstes vor. Über ein neues Netzkonzept sollten die Kosten für Betrieb und Administration des Dienstes drastisch gesenkt, die Einnahmen über die Einführung eines zeitabhängigen Nutzungsentgelts gesteigert und die Teilnehmerzahlen durch eine gezielte Vermarktung erhöht werden. Gerade in der schlechten Vermarktung des Dienstes hatte eine wesentliche Ursache für seine mangelnde Akzeptanz gelegen. Weder Hersteller noch Diensteanbieter hatten sich dafür zuständig gefühlt, den Teilnehmern Btx näherzubringen. Die Bundespost ihrerseits sah ihre Aufgabe im Aufbau der Infrastruktur erfüllt (Funkschau 6/1992: 48). Ein gemeinsames Tochterunternehmen der Telekom mit dem Axel Springer Verlag zur Entwicklung und Vermarktung von neuen Programmangeboten sollte hier Abhilfe schaffen. Btx erhielt einen neuen Produktnamen 'Datex-J' mit 'J' für 'Jedermann'. Die Telekom gab - nach den Worten des Vorstands für den Bereich Mehrwertdienste Meißner - zwar endgültig die Hoffnung auf,

Verluste erwirtschafteten auch der 1982 von der Bundespost als weltweit erster Fernmeldegesellschaft eingeführte Bürofernschreibdienst '*Teletex*' und der Fernwirkdienst '*Temex*'.[33]

Hochzufrieden sein konnte die Telekom dagegen mit der Entwicklung der *Mobilfunkdienste* und des *Telefaxdienstes*. Daß der Anteil des Telefondienstes am Umsatz der Telekom immer stärker rückläufig ist - 1985 hatte er noch 90 Prozent des Umsatzes der Fernmeldedienste erwirtschaftet, 1991 waren es nur noch 74 Prozent - ist vor allem auf die überdurchschnittlichen Wachstumsraten in diesen Angebotsbereichen zurückzuführen. Die Zahl der zugelassenen Telefax-Geräte stieg in den Jahren 1987 bis 1991 von 84.000 auf nahezu eine Million. Mit mehr als einer halben Million Teilnehmern hat sich die Zahl der Funktelefonanschlüsse am C-Netz von 1987 bis 1991 mehr als verzehnfacht (DBP Telekom 1992b: 10ff.). Der Markt für Mobilfunk wird der bis dahin konkurrenzlosen Telekom allerdings seit 1992 vom privaten Anbieter Mannesmann Mobilfunk streitig gemacht. Eine positive Entwicklung hat auch das - in der Presse bereits totgesagte[34] - *ISDN*-Angebot der Telekom aufzuweisen. 1989 waren die ersten ISDN-Anschlüsse bereitgestellt worden, 1993 sollte schließlich die Flächendeckung in den alten Bundesländern erreicht sein. Die Mitte der achtziger Jahre anvisierten Teilnehmerzahlen von 1,5 Millionen sind zwar mittlerweile drastisch nach unten korrigiert worden, die Telekom ist jedoch "bei der Anwenderakzeptanz in puncto ISDN weltweiter Vorreiter" (Handelsblatt 12.3.1992: 21). Ende 1992 hatte sie bereits 100.000 einfache ISDN-Anschlüsse und weitere 9.000 Mehrfach-Anschlüsse geschaltet, bei weiterhin hohen Wachstumsraten von 300 bis 400 Prozent.[35]

"daß jeder zweite Telefonbesitzer Btx macht" (Funkschau 6/1992: 53), strebte aber bis 1997 mit dem neuen Dienste-Konzept Teilnehmerzahlen von rund einer Million an. Meißner: "Wir werden und müssen ab 1996 Gewinne mit diesem Dienst machen" (Handelsblatt 15.10.1992: 21).

[33] Die Zahl der Teletex-Anschlüsse stieg bis 1989 auf magere 18.000 - erwartet waren für 1987 40.000 - und ist seither rückläufig. Der Temex-Dienst zur Fernüberwachung und Fernsteuerung von Gebäuden (z. B. Steuerung von Heizungs- und Klimaanlagen, Verbrauchskostenablesung, Schaltung von Beleuchtungen) war 1992 mit 27.300 Schnittstellen zu weniger als 50 Prozent ausgelastet. Die Telekom kündigte im Sommer 1992 an, den Dienst bis Ende 1995 vollkommen einzustellen (Handelsblatt 15.7.1992: B8).

[34] Illustrativ sind die Schlagzeilen der Telekommunikationszeitschrift Funkschau: "ISDN - Kratzer im Lack" (6/1989: 26); "ISDN - Ich Seh' Da Nichts" (7/1990: 28); "ISDN - Ein Wundernetz sucht Anschluß" (25/1990: 30).

[35] Die hohe Zunahme an ISDN-Anschlüssen seit 1991 ist vor allem auf eine veränderte Marketing-Strategie der Telekom zurückzuführen. In der Vergangenheit hatte sie herausgestellt, daß das "Wundernetz" ISDN über einen Anschluß Sprach-, Daten-, Text- und Bildübertragung ermöglichen würde und darauf gesetzt, daß der Kunde angesichts dieser Vorzüge von sich aus zu hohen Investitionen in die Endgeräteausstattung bereit war. Heute - nach der zunächst sehr zögerlichen Akzeptanz - vermarktet die Telekom ISDN als preiswerte und komfortable Möglichkeit der Datenübertragung, die mit Hilfe von Adapterkarten über standardmäßige Personalcomputer erschlossen werden kann.

2.4. Ausblick: Telekom AG

Die Finanznöte der DBP Telekom haben eine Debatte in Gang gebracht, die vor wenigen Jahren noch kaum denkbar erschien: ihre Umwandlung in eine private Aktiengesellschaft. Angestoßen wurde die Diskussion um eine Postreform II von der sozialdemokratischen Opposition im Sommer 1991. Unmittelbarer Anlaß für das Vorpreschen der SPD war die Ankündigung des Finanzministers, der Telekom über vier Jahre eine jährliche Sonderabgabe von zwei Milliarden DM als Finanzierungshilfe für die Kosten der deutschen Einheit aufzuerlegen. Die Telekom sollte diese Sonderabgabe über eine Erhöhung der Telefongebühren aufbringen (FAZ 19.04.1991: 19).[36] Neben der geplanten Telekom-Sonderabgabe, die deren finanzielle Leistungsfähigkeit "in besorgniserregender Weise" untergrabe, kritisierte die SPD die ihrer Auffassung nach gegenüber der Telekom zu restriktive Regulierungspolitik von Minister Schwarz-Schilling.[37] "Unter dem Mantel der regulierenden und fachspezifischen Einflußnahmen", so der postpolitische Sprecher der SPD, Börnsen, trage der Postminister "heftig zur finanziellen Destabilisierung der Bundespost bei" (Deutscher Bundestag, 12. Wahlperiode, Stenogr. Berichte, 12/28: 2193). Die willkürlichen politischen Eingriffe in die Unternehmenspolitik erforderten von Seiten der SPD "Initiativen zur Schadensbegrenzung": angesichts der "nicht in Zweifel zu ziehenden ernsten Situation der Postunternehmen" müsse man "über eine Änderung des Artikels 87 des Grundgesetzes - Sondervermögen des Bundes" diskutieren (Deutscher Bundestag, 12. Wahlperiode, Stenogr. Berichte, 12/28: 2194). Konkret schlug Börnsen in der Folge die Umwandlung der DBP-Unternehmen in Aktiengesellschaften und ihre Teilprivatisierung vor, wobei

---

[36] Für die zusätzliche Belastung der Telekom über ihre regulären Ablieferungsverpflichtungen hinaus genügt die Verabschiedung eines Haushaltsbegleitgesetzes. Die Telekom selbst kann hier keinen Einfluß nehmen, da das Poststrukturgesetz dem Eigentümer Bund Eingriffsmöglichkeiten in ihre Finanzwirtschaft belassen hat. - Mit Postminister Schwarz-Schilling hatte der Finanzminister die geplante Sonderabgabe nicht abgesprochen. Schwarz-Schilling setzte sich in der Folge für eine Senkung ein; er erhielt politische Rückendeckung von Bundeskanzler Kohl, der einer Erhöhung der Telefongebühren aus dem Weg gehen wollte (FAZ 19.04.1991: 19). Postminister und Finanzminister trafen sich schließlich auf halbem Wege: Die ursprünglich anvisierte Sonderablieferung wurde fallengelassen, im Gegenzug mußten die DBP-Unternehmen bis zum Jahr 1996 weiterhin den vollen Ablieferungssatz von 10 Prozent ihres Umsatzes zu überweisen, das Poststrukturgesetz hatte hier ab 1993 eine Reduktion vorgesehen (Deutscher Bundestag, 12. Wahlperiode, Stenogr. Berichte, 12/28: 2191). Im Herbst 1991 konnte Schwarz-Schilling mit Hinweis auf die ungünstige wirtschaftliche Situation der Telekom bei Finanzminister Waigel durchsetzen, daß die Telekom für ihre Umsätze in den neuen Bundesländern bis 1995 keine Ablieferungen an den Bund zahlen muß (FAZ 26.11.1991: 15).

[37] Hauptkritikpunkte waren die (wenn auch zeitlich begrenzte) Zulassung von privaten Telefondienstanbietern über Satellit in Ostdeutschland, die enge Fassung von Netz- und Telefondienstmonopol und die Weigerung des Ministers, die von der Telekom geforderten Nutzungsgebühren für Mannesmann Mobilfunk zu bewilligen (Deutscher Bundestag, 12. Wahlperiode, Stenogr. Berichte, 12/28: 2193).

die Mehrheit der Aktien in Bundesbesitz verbleiben sollte (Handelsblatt 13.8.1991: 2).

Zwischen Regierungskoalition und Opposition zeichnete sich rasch ein breiter Konsens über die Notwendigkeit einer neuerlichen Postreform mit dem Ziel einer (Teil-)Privatisierung der DBP-Unternehmen ab. Die Langwierigkeit des Reformprozesses - er wurde im Frühsommer 1994 abgeschlossen - war auf den Widerstand der Deutschen Postgewerkschaft (DPG) zurückzuführen. Die inhaltlichen Akzente der Diskussion um eine Postreform II haben sich gegenüber dem vorangegangenen Reformprozeß deutlich verlagert. *Nicht mehr die Infrastrukturaufgabe Telekommunikation steht im Vordergrund, sondern die internationale Wettbewerbsfähigkeit der DBP Telekom.* Die "dynamische Entwicklung im Post- und Fernmeldewesen", so die Bundesregierung als Antwort auf eine Kleine Anfrage im Bundestag, mache eine Überprüfung der Postreform "dringend erforderlich": "Zur Herstellung der vollen Wettbewerbsfähigkeit der Unternehmen der Deutschen Bundespost muß ihnen neben den Handlungsfreiheiten auf dem Gebiet der internationalen Märkte und im Bereich des Finanzwesens auch größerer Entscheidungsspielraum auf dem Personalsektor gegeben werden" (Bundestagsdrucksache 12/2457: 1f.).[38]

Der Telekom-Vorstand gehörte zu den nachdrücklichsten Befürwortern einer Privatisierung. Für den Vorstandsvorsitzenden Ricke war der Gang zur Börse unumgänglich, um das für die Wahrung der internationalen Wettbewerbsfähigkeit des Unternehmens "dringend erforderliche" Eigenkapital zu mobilisieren - rund 20 Mrd. DM würden benötigt, um wieder eine Quote von 40 Prozent zu erreichen (zit. nach Handelsblatt 26.11.1992: 15). Die hohen Kapitalkosten", so Ricke, "schränken den Spielraum der Telekom ein "die bestmögliche Dienstequalität zu Preisen an(zu)bieten, die internationalen Vergleichen standhalten und am Ende des Jahrzehnts weltweit zur Spitzengruppe der Dienstleister (zu) gehören. Die Telekom befindet sich in einem Wettlauf gegen die Zeit, denn sie muß im internationalen Wettbewerb fast ausschließlich gegen Aktiengesellschaften mit gefüllten Taschen antreten. So beträgt die EK-Quote von British Telecom 70%" (zit. nach Handelsblatt 26.11.1992: 15). Zudem müsse die Auslandstätigkeit der Telekom auf eine solide rechtliche Basis gestellt werden, sie brauche hier uneingeschränkte unternehmerische Handlungsfreiheit. Schließlich schränke das öffentliche Dienstrecht die Chancen der Telekom im Vergleich zu ihren frei agierenden Wettbewerbern in erheblichem Umfang ein (DBP Telekom 1992a: 7). Ohne die rasche Zufuhr des dringend benötigten Eigenkapitals, die Aufhebung der Unsicherheit bei internationalen Aktivitäten und schließlich die Befreiung von den Fesseln des öffentlichen Dienstrechts drohe der

---

[38] Antwort der Bundesregierung (Bundestagsdrucksache 12/2457) auf die Kleine Anfrage der Abgeordneten Dr. Willfried Penner et al. und der Fraktion der SPD (Bundestagsdrucksache 12/2162).

Liberalisierung und Internationalisierung 133

Telekom, so Ricke im Frühjahr 1993, "das schleichende Aus" (zit. nach FAZ 23.3.1993: 20). Die "Grenzen des Handlungsspielraums für ein dauerhaftes und erfolgreiches Bestehen im nationalen und internationalen Telekommunikationsmarkt" würden "immer deutlicher erkennbar"; deshalb unterstütze der Vorstand der Telekom "in vollem Umfang die derzeitigen Denkmodelle, die auf eine Umwandlung der Telekom in eine Aktiengesellschaft ziel(t)en" (DBP Telekom 1992a: 7).

3. Wettbewerb auf den Beschaffungsmärkten

3.1. Beschaffungspolitische Strategien

Die Telekom kündigte in ihren Geschäftsberichten von 1990 und 1991 an, nunmehr auch im Bereich der Einkaufspolitik "(n)eue Akzente" zu setzen und "historische Trends in der Beschaffung" zu überwinden (DBP Telekom 1991a: 76, 1992a: 38). "Zwar verzichtet die Telekom auf eigene Produktionsstätten, aber sie *überprüft die Schnittstellen zu den Lieferanten unter dem Gesichtspunkt der kostenmäßigen Optimierung*" (DBP Telekom 1992a: 38; Hervorhebung cr). Weil sie sich mit ihren Angeboten einem weltweiten Preiswettbewerb stellen müsse, sei sie entschlossen, alle sich bietenden Kostensenkungsmöglichkeiten im Einkauf auszuschöpfen: "Wer zu internationalen Tarifen anbieten soll, der muß auch zu international wettbewerbsfähigen Preisen einkaufen können" (DBP Telekom 1992a: 72).

Im Bereich ihrer Beschaffungspolitik hatte die Bundespost schon im Vorfeld ordnungspolitischer Veränderungen einen Strategiewechsel vollzogen. Die Leitlinien, die dem Einkauf der digitalen Vermittlungstechnik zugrundelagen - "Wettbewerb zu veranstalten, eine Marktverengung zu verhindern und die Abhängigkeit von marktbeherrschenden Unternehmen zu verhindern" (Ankirchner 1990: 18) -, waren zu einem neuen Programm verdichtet worden. Im Laufe der achtziger Jahre hat die DBP dieses sukzessive in die Tat umgesetzt, es gilt für die DBP Telekom unverändert weiter. Kern ist die Erlangung stärkerer Handlungsfreiheit gegenüber den Anbietern. "(E)ine starke Einkaufsposition ist... einer der entscheidenden Schlüssel zum Erfolg, d. h. zur Stärkung der Wettbewerbsfähigkeit des Unternehmens DBP TELEKOM" (Roggenkamp 1990: 62).

Erster und zentraler Grundsatz für die Einkaufspolitik ist es, daß neue nachrichtentechnische Systeme und Geräte nur noch auf der Basis von **Innovations- und Preiswettbewerben** eingeführt werden. Der Rückzug geht so weit, daß die Telekom heute jegliche Mitverantwortung für die Entwicklungsaktivitäten der Hersteller von sich weist. "Die Entscheidung, ob und wann, in welche Richtung und mit welcher Intensität entwickelt wird, liegt allein bei den einzelnen Firmen" (Ankirchner 1990: 14). Die Haltung zu Entwicklungsaufträgen hat sich nicht geändert: "Entwicklungsaufträge werden nicht erteilt" (Ankirchner 1990: 14). *Zweiter* Grundsatz der Einkaufspolitik ist, daß **mehrere Systeme des gleichen Typs** beschafft werden. Auf diese Weise sollten technologische Sackgassen vermieden und die Wettbewerbsintensität auch bei der Deckung des laufenden Bedarfs erhalten werden. *Drittens* werden **Wettbewerbsverfahren auch für die Deckung des laufenden Bedarfs** - die 'Regelbeschaffung' - angewandt. Für die erfolgreichen Systeme garantiert die Telekom zwar eine bestimmte Mindestlaufzeit und schließt damit den Markt für neue Anbieter. Die Hersteller müssen jedoch von Jahr zu Jahr um Marktanteile am Gesamtbeschaffungsvolumen in den sogenannten *Jahrespreiswettbewerben* konkurrieren. Die Anteile am Beschaffungsvolumen werden jährlich neu vergeben und können - je nach Technik - erheblich schwanken. Die Verteilung von Aufträgen nach festen Quoten hatte damit ein Ende. "(D)ie Reaktionsmöglichkeiten der DBP (Telekom) werden nicht mehr durch zugesicherte oder unabhängig vom Angebot zugeteilte Marktanteile beschränkt" (Ankirchner 1990: 16).[39]

Die Einführung von Entwicklungs- und Preiswettbewerben als Basis für Systemauswahlentscheidungen hatte Rückwirkungen auf die Verfahren der Erstellung von *technischen Leistungsmerkmalen* für neue Geräte und Systeme. Die Mitwirkung der Firmen blieb zwar weiterhin in den sogenannten Technischen Arbeitskreisen des FTZ institutionalisiert. Diese wurden jedoch über den Kreis der etablierten Hersteller hinaus für alle interessierten 'fachkundigen, leistungsfähigen und zuverlässigen' Firmen geöffnet; nach Angaben des FTZ denkt man sogar daran, die Veranstaltung von Arbeitskreisen international anzukündigen. Als Ausgangspunkt für die gemeinsame Erarbeitung 'Technischer Lieferbedingungen' - sie haben die Pflichtenhefte der Vergangenheit ersetzt - zieht die Telekom so weit wie möglich *internationale Standards* heran. Bei der unumgänglichen Anpassung dieser Standards an die spezifischen Bedürfnisse des deutschen Netzes zielt die Telekom auf die Formulierung "firmenneutraler" technischer Konzepte, über die sie frei verfügen kann. "Wenn sie nicht erreicht und immer wieder durchgesetzt werden kann, dann ist die Bildung von Lieferantenmonopolen unvermeidlich mit dem Ergebnis, daß überhöhte Monopolpreise die Wirtschaftlichkeit der Bedarfsdeckung und der Investitionen der DBP Telekom beeinträchtigen" (Roggenkamp 1990: 62). Die Aufnahme von Firmen in die jeweiligen FTZ-Arbeitskreise wird deshalb von ihrer Bereitschaft abhängig

---

[39] Je nach den Bedingungen des jeweiligen Teilmarkts wurden dabei unterschiedliche Methoden angewendet. Bestimmend für die konkrete Ausgestaltung der Wettbewerbsverfahren sind die technischen Besonderheiten des nachgefragten Systemtyps, die Marktsituation auf der Angebotsseite und die Höhe des eigenen Bedarfs. Die neuen Einkaufsverfahren sind ausführlich dargestellt bei Ankirchner 1990 und Rieper/Meyer 1991.

Liberalisierung und Internationalisierung 135

gemacht, auf Schutzrechte an den gemeinsam erarbeiteten Konzepten zu verzichten.

Die ausschließliche Inlandsorientierung der Beschaffung hat die Bundespost bereits Ende der siebziger Jahre aufgegeben. Für den **Auslandseinkauf** galten zunächst zwei Einschränkungen. So lange es nicht gelinge, "die Fernmeldemärkte durch rechtlich verbindliche internationale oder supranationale Regelungen *allgemein* zu öffnen", schloß die Bundespost erstens die 'Kernbereiche' vom Auslandseinkauf aus - exemplarisch war hier der Einkauf der digitalen Vermittlungstechnik (Dohmen 1982: 399). Zweitens handelte sie nach dem Prinzip der Gegenseitigkeit; es kamen nur Anbieter in Frage, deren Heimatländer auch für deutsche Firmen offen waren (vgl. Dohmen 1980). Von dieser Haltung rückte die Bundespost bereits Mitte der achtziger Jahre ab: "Ausländische Bewerber und Erzeugnisse werden bei der Vergabe von Postaufträgen - auch bei fehlender Gegenseitigkeit - nicht benachteiligt" (Detjen 1985: 62). Am Zustandekommen der *Fernmeldeempfehlung des EG-Ministerrats vom 12. November 1984* - Lieferaufträge für neue Telematik-Endgeräte sowie mindestens 10 Prozent des Gesamtauftragsvolumens für Telekommunikationseinrichtungen sollten EG-weit ausgeschrieben werden - hatte der deutsche Postminister einen maßgeblichen Anteil. Daß die Bundespost nach 1985 die vorgeschriebene Wertgrenze von 10 Prozent des Beschaffungsvolumens regelmäßig überschritten hat und in den Jahren 1987 und 1989 mehr als ein Drittel ihres Bedarfs EG-weit ausschrieb, zeigt ihr Bestreben, ihren Einkauf zu internationalisieren (Stolle 1990: 77). Auch die Initiativen der EG-Kommission für eine Liberalisierung der öffentlichen Beschaffungsmärkte hat die Bundespost voll mitgetragen. *EG-Politik und wirtschaftliche Interessen der Bundespost waren gleichgerichtet.* Die Internationalisierung der Beschaffung versprach einen "stärkere(n) Preis- und Technologiewettbewerb" (Käferle 1990a: 12). Im Unterschied zu anderen Fernmeldeverwaltungen der EG hatte die DBP jedoch immer deutlich gemacht, daß sie ihren internationalen Einkauf nicht auf den Raum der EG beschränken wollte (Stolle 1990: 78).

Obwohl die DBP seit Mitte der achtziger Jahre den Empfehlungen der EG zur Liberalisierung der Beschaffung "nicht nur formal nachkommen", sondern - sofern es sich um das "technisch/wirtschaftlich günstigste" Angebot handele - auch grenzüberschreitend Aufträge erteilen wollte (Detjen 1985: 63), stießen ihre Ausschreibungen bei ausländischen Firmen zunächst auf nur mäßige Resonanz. Wichtigste Ursache waren die noch immer bestehenden hohen technischen und ökonomischen Marktzutrittsbarrieren, die nicht "einfach auf dem Wege des Beschaffungsverfahrens übersprungen werden (konnten)..., sondern nur durch eine aufeinander abgestimmte Angebotspolitik der Fernmeldeverwaltungen bei Netzen, Diensten und netztechnischen Einrichtungen" (Neumann 1987: 39). Dies erklärt auch, warum Bundespost wie Telekom bei den Bemühungen um die Erarbeitung *harmonisierter grenzüberschreitender Standards* in den internationalen Normungsgremien CCITT und ETSI (dem 1988 geschaffenen europäischen Normungsinstitut) eine führende Rolle einnahmen: "Diese auf Marktöffnung gerichteten Ziele stimmen überein mit der einkaufspolitischen Zielsetzung der DBP Telekom, Abhängigkeiten von Geräte- und Systemlieferanten zu vermeiden" (Roggenkamp 1990: 64).

Mit den Resultaten der 'beschaffungspolitischen Wende' zeigte sich die Telekom durchaus zufrieden. Es sei "beim Einkauf vermittlungs- und übertragungstechnischer Systeme gelungen, den Spielraum für wettbewerbliche Einkaufsentscheidungen weiter auszudehnen" (Ankirchner 1990: 18). Dennoch bleibe Nachholbedarf. "Unter dem Strich ist das Weltmarkt-Preisniveau in einigen Einkaufsbereichen noch nicht erreicht" (DBP Telekom 1992a: 73). Man werde sich deshalb, kündigte Vorstandsvorsitzender Ricke an, von nun an "stärker als bisher auf Märkte außerhalb des traditionellen Beschaffungsmarkts für Fernmeldetechnik ausrichten" (zit. nach FAZ 5.2.1992: 12). Alle Großaufträge sollen künftig international ausgeschrieben werden. "Das vergangene Geschäftsjahr markiert den unwiderruflichen Einstieg in eine internationale Einkaufspolitik... Der Kerngedanke: Wettbewerb ist das bestimmende Prinzip unseres Einkaufs, und zwar auf internationaler Basis" (DBP Telekom 1992a: 72).

Die Ankündigung der Telekom, auf dem Weltmarkt einzukaufen, stellte keine leere Drohung dar. 1991 kam mit der schwedischen Systemfirma Ericsson erstmals ein **ausländischer Anbieter in einem Kernbereich der Netztechnik** zum Zuge. Das Konsortium Flexnode (Ericsson gemeinsam mit den deutschen Herstellern Fuba und DeTeWe) erhielt neben Siemens/PKI und SEL/ANT den Zuschlag für die Lieferung des Netzknotens NKÜ-2000.[40] Der Beschaffung dieser neuartigen Übertragungssysteme - das Gesamtauftragsvolumen belief sich auf "mehrere Milliarden Mark" (Funkschau 23/1991: 10) - war ein mehrstufiger Wettbewerb vorangegangen. Als Ergebnis führte die Telekom drei unterschiedliche Systemtechniken ein, mit jährlich deutlich wechselnden Anteilen der Firmen bzw. Konsortien am Beschaffungsvolumen. Siemens hat sowohl technisch - es gibt keinen 'Systemführer' mehr -, als auch ökonomisch seine dominante Rolle verloren. Noch bemerkenswerter ist es, daß mit dem Flexnode-Konsortium eine Bietergemeinschaft zum Zuge kam, die vollständig mit 'Newcomern' besetzt ist - einerseits Ericsson, andererseits DeTeWe und Fuba, die auf dem Markt für Übertragungstechnik bis dahin überhaupt nicht (DeTeWe) bzw. nur in Randbereichen (Fuba) präsent waren.

---

[40] 'Netzknoten' sind neuartige Übertragungssysteme, die Netzsteuerung und Netzmanagement erleichtern. Vorteile sind die bessere Ausnutzung der Leitungskapazität des Netzes und die schnellere und flexiblere Bereitstellung von Mietleitungen (ntz 12/1990: 901f., Allmis 1991).

Liberalisierung und Internationalisierung 137

Es gab auch **interne Hindernisse**, die einer Intensivierung des Wettbewerbs entgegenstanden. Die Einführung wettbewerbsorientierter Beschaffungsverfahren war in den achtziger Jahren vom Postministerium und den Einkaufsreferaten des FTZ getragen worden. Innerhalb des FTZ war die neue Linie vor allem auf Seiten der technischen Referate auf Widerstände gestoßen. "Einer Verschiebung der Prioritäten von 'vorwiegend Bedarfsdeckungssicherheit' zu 'mehr Wettbewerb' standen damals und stehen auch heute massive Bedenken der für die Planung und den Betrieb zuständigen technischen Fachseiten entgegen" (Rieper/Meyer 1991: 426). Einwände erhoben die Techniker vor allem gegen die Abkehr von der Einheitstechnik und die jährlichen Schwankungen der Beschaffungsvolumen für unterschiedliche Systemtypen infolge der Preiswettbewerbe; die begrenzte Kompatibilität der Techniken erschwere die Planung und mache den Betrieb weniger wirtschaftlich. Das wesentliche interne Hindernis für die Durchsetzung von Wettbewerb stellte allerdings nach Auffassung der Einkaufsreferate *"das Bedürfnis vieler Materialgestaltungsverantwortlicher dar, nur die beste verfügbare Technik und, wenn möglich, diese nur von bekannten und bewährten Firmen einzusetzen"* (Rieper/Meyer 1991: 455; Hervorhebung cr).[41] Hier müsse auf Seiten der Techniker noch grundlegend umgedacht werden. "Nicht das alleinige Wahrnehmen spezifischer Fachaufgaben oder das Hervorheben der Bedeutung von einzelnen Aufgaben innerhalb eines Beschaffungsvorhabens, sondern das von allen Beteiligten vertretene DBP TELEKOM-Ziel gegenüber den Industrieinteressen kann zu wirtschaftlichem Erfolg verhelfen" (Rieper/Meyer 1991: 456).

3.2. Neue Wege bei Forschung und Entwicklung

Im Herbst 1992 hatte die Telekom nicht allein angekündigt, von nun an mit "historischen Trends in der Beschaffung" zu brechen. Im gleichen Zug präsentierte sie eine "grundlegend neue Strategie" in der Forschungs- und Entwicklungspolitik (DBP Telekom 1992a: 46).

Die inhaltliche Ausrichtung der *Entwicklungsaktivitäten* des FTZ hatte sich bereits im Laufe der achtziger Jahren verändert. In den Vordergrund rückte neben der Vorbereitung und Planung neuer Netze und Dienste die

---

[41] Ähnliche DBP-interne Konflikte hatten sich schon bei der Beschaffung von digitaler Vermittlungstechnik ergeben. Der Übergang von einer festen Zuteilung von Lieferquoten auf die einzelnen Firmen zu jährlich schwankenden Anteilen - je nach Ausgang der Preiswettbewerbe - bedeutete für die einzelnen Fernmeldeämter, daß sie unter Umständen auf einen neuen Lieferanten umsteigen mußten. Die örtlichen Ämter, die jahrzehntelang mit 'ihrer' Amtsbaufirma zusammengearbeitet hatten, setzten sich dagegen zum Teil vehement (wenn auch erfolglos) zur Wehr. Die Einkäufer des FTZ berichteten gar von einem Fall, in dem der zuständige Fernmeldeamtsleiter seine vorzeitige Pensionierung einreichte.

Erstellung von Technischen Lieferbedingungen als Grundlage der Einkaufswettbewerbe. Außerdem beteiligte sich das FTZ in zunehmendem Maße an den *Standardisierungs- und Normungsarbeiten internationaler Gremien.* Sach- und Investitionsaufwand und Personaleinsatz für Entwicklung sind in den achtziger Jahren stark angestiegen.[42] 1988 war der Gesamtaufwand nach Schätzungen von Schnöring/Neu auf ca. 350 Mio. DM pro Jahr angewachsen. Im Bereich der Entwicklung beschäftigte die Bundespost mittlerweile insgesamt 1500 Mitarbeiter, mehr als zwei Drittel hiervon beim FTZ. Auch die Aufwendungen für *posteigene Forschung* waren deutlich erhöht worden, von rund 40 Mio. DM im Jahr 1980 auf insgesamt rund 70 Mio. DM 1988 (Geschäftsbericht der DBP 1981: 58, Schnöring/Neu 1991: 326ff.). Innerhalb der Bundespost nahm das Forschungsinstitut beim FTZ (FI) jedoch weiterhin eine relativ isolierte Stellung ein. Den wichtigsten Beitrag leistete es über seine Mitarbeit im Rahmen europäischer Forschungsprojekte, wie COST, RACE, ESPRIT und EUREKA.

Die Bundespost vergab auch nach Auslaufen des Programms Technische Kommunikation an die Industrie weiterhin Aufträge für **Pilotprojekte** und Feldversuche. Im Laufe der achtziger Jahre wurde die im Bereich der Regelbeschaffung eingeführte *Formalisierung der Auftragsvergabe* auch auf die Beschaffung von Piloteinrichtungen ausgeweitet.[43] Aufträge erhielten zunächst ausnahmslos inländische Firmen. 1988 wurde erstmals ein ausländischer Anbieter miteinbezogen.[44]

Wichtigste Gegenstandsbereiche für Pilotversuche blieben Glasfasertechnologie und vermittelte Breitbandkommunikation. Das Projekt BERKOM (BERliner KOMmunikationssysteme), begonnen 1986, sollte die Entwicklung von Diensten, Endsystemen und Anwendungen für das Breitband-ISDN anstoßen und fördern. An 60 Einzelprojekten waren Mitte 1988 vierzehn Forschungseinrichtungen, siebzehn Industrieunternehmen und fünf Anwender beteiligt. Der Gesamtaufwand belief sich bis 1992 auf ca. 300

---

[42] In den Geschäftsberichten der achtziger Jahre weist die DBP ihre Personal- und Sachaufwendungen auf dem Gebiet der 'Entwicklungssteuerung' (1979; 1980) bzw. 'Entwicklung und Entwicklungsberatung' (ab 1983) aus: 1979: 25,4 Mio. DM; 1980: 31,7 Mio. DM; 1983: 64,6 Mio. DM; 1984: 64 Mio. DM; 1985: 105 Mio. DM. Diese Daten sind unvollständig, weil sie wesentliche Teile der Entwicklungsarbeiten nicht erfassen, trotzdem spiegeln sie die Erhöhung des Entwicklungsaufwands wider (vgl. Schnöring/Neu 1991: 335).

[43] So schrieb die Bundespost beispielsweise die Lieferung von Piloteinrichtungen für ISDN-Bildtelefone 1987 aus. 26 Firmen, darunter amerikanische und japanische, bekundeten ihr Interesse. Aufträge für Prototypen gingen schließlich an sieben deutsche Hersteller. Es folgten Pilot- und Laborversuche, aus denen dann 1989 eine Ausschreibung für die Lieferung einer weiteren Generation von Piloteinrichtungen hervorging. Letztlich beauftragte die Telekom die drei Firmen AEG (heute wird dieser Auftrag von Dornier weitergeführt), PKI und SEL. ANT, Siemens und Telenorma gingen leer aus (Funkschau 7/1992: 36).

[44] Es handelte sich dabei um das amerikanische Unternehmen Raynet im Rahmen des OPAL-Projekts. Den Zuschlag für das 'Intelligente Netz' erhielt 1991 neben Siemens und SEL der kanadische Hersteller Northern Telecom (Funkschau 13/1991: 11).

Mio. DM, das Projekt wird anteilig von Bundespost, dem Land Berlin und den beteiligten Firmen finanziert (vgl. Klein 1991). Mit der Projektdurchführung wurde erstmals nicht das FTZ betraut, sondern die Deutsche Telecom Consulting GmbH (DETECON), eine DBP-Beteiligungsgesellschaft.[45]

Das von der Bundespost 1988 gestartete Pilotprojekt OPAL (OPtische AnschlußLeitung) erprobte die Einsatzmöglichkeiten von Glasfasersystemen im Teilnehmeranschlußbereich. Hinter dem OPAL-Projekt stand eine "wesentliche Neuausrichtung" der *Telekom-Strategie beim Glasfasereinsatz im Ortsnetzbereich:* Glasfasersysteme wurden nicht mehr unter dem Aspekt betrachtet, daß mit ihrer Hilfe breitbandige Dienste angeboten werden konnten, sondern "als das herausragende Medium für den Ersatz der Kupferkabelnetze für die vorhandenen schmalbandigen Dienste", das zu gegebener Zeit für Breitbanddienste hochgerüstet werden kann (Tenzer 1991b: 47). Die Bundespost testete im Rahmen von OPAL zunächst eine Systemtechnik, die die amerikanische Firma Raynet für den US-Markt entwickelt hatte. 1988 schloß sie mit Raynet einen Kooperationsvertrag für drei Pilotprojekte ab - eine bislang einzigartige Zusammenarbeit mit einem ausländischen Unternehmen im Bereich von FuE (Tenzer 1991a: 63). 1990 wurde das Projekt erweitert. Im Anschluß an den internationalen Konzeptwettbewerb 'Wirtschaftlicher Einsatz von Glasfaser-Systemen im Teilnehmer-Anschlußbereich' erhielten auch SEL, Siemens, Bosch und ein Konsortium aus AEG-Kabel, ANT und PKI Aufträge für vier weitere Pilotprojekte.[46]

Die **neue Strategie für Forschung und Entwicklung**, die die Telekom im Herbst 1992 präsentierte, enthielt drei wesentliche Elemente. Erstens wollte sie ihr Engagement deutlich verstärken. Die direkten Aufwendungen für

---

[45] Die Detecon wurde 1977 als GmbH gegründet. An ihrem Stammkapital sind neben der DBP (30 Prozent) drei Großbanken beteiligt. Das Personal der Detecon wurde in der Vergangenheit hauptsächlich aus der DBP rekrutiert. Ursprüngliches Tätigkeitsfeld war die technische und organisatorische Beratung von Fernmeldeverwaltungen aus Entwicklungsländern im Auftrag der Bundespost. Mit dem BERKOM-Projektmanagement übernahm die Detecon erstmals ein Projekt in der Bundesrepublik. 1989 wurde der Detecon von der Bundespost der Auftrag zur Planung des digitalen Mobilfunknetzes D2 erteilt. "Aus der DETECON hat sich damit für die Bundespost ein Instrument entwickelt, das begrenzte Aufträge kurzfristig und flexibel erledigen kann oder das vorübergehend überall eingesetzt werden kann, wo die entsprechenden Verwaltungsstrukturen noch nicht vorhanden sind, sondern erst entwickelt werden müssen. So paaren sich hier in sinnvoller Weise die Flexibilität eines kleinen Unternehmens mit den Notwendigkeiten einer längerfristigen Unternehmensstruktur der Deutschen Bundespost" (Detecon 1990: 10).

[46] 1992 forderte die Telekom die Firmen, die an den OPAL-Projekten beteiligt waren, zur Abgabe von Angeboten für die serienmäßige Errichtung von Ortsnetzen auf Glasfaserbasis für rund 220.000 Haushalte in den neuen Bundesländern auf (Projekt OPAL 93). Hierbei galten harte Wettbewerbsbedingungen: die Telekom wollte nur Angebote berücksichtigen, die einen wirtschaftlichen Einsatz der Glasfaser im Teilnehmeranschlußbereich im Vergleich zur Kupfertechnik zuließen (Funkschau 12/1992: 8). Aufträge gingen Presseberichten zufolge an das Konsortium aus AEG-Kabel, ANT und PKI sowie an die Raynet Corporation (Funkschau 25/1992: 8).

FuE sollten von 510 Mio. DM im Jahr 1991 auf 910 Mio. DM im Jahr 1993 - also um ca. 80 Prozent - steigen, hiervon waren allein 400 Mio. DM für die Forschung vorgesehen (Ricke 1992: 389).[47] Zweitens sollte die inhaltliche Ausrichtung von FuE korrigiert werden. Forschung und Entwicklung - so Ricke - müßten zukünftig einen größeren Beitrag zur Steigerung von Effizienz und Produktivität von Diensten und Netzen leisten. In Zukunft sollten die Entwicklung anwendungsnaher Dienste und Netze sowie - als vollkommen neues Feld - die Marktforschung im Mittelpunkt stehen. Drittens kündigte die Telekom eine Reorganisation von Forschung und Entwicklung an. Das *Forschungsinstitut* beim FTZ wurde aufgelöst und ein neues Forschungszentrum mit den Standorten Berlin und Darmstadt geschaffen, und dem Vorstandsvorsitzenden zugeordnet. Zugleich wurden die Investitionen in die Telekom-eigene Forschung deutlich erhöht, sie sollten 1992 auf 280 Mio. DM anwachsen (DBP Telekom 1992a: 47). Die *Entwicklungsaktivitäten* der Telekom blieben weiterhin hauptsächlich beim FTZ (neue Bezeichnung: 'Forschungs- und Technologiezentrum') angesiedelt. Das FTZ verlor jedoch seine Eigenständigkeit. Die einzelnen Abteilungen wurden direkt den entsprechenden Vorstandsbereichen zugeordnet. Außerdem plante die Telekom eine erhebliche Ausweitung der *Verbundforschung* - also der gemeinsamen Forschung mit anderen Instituten bzw. Firmen (Beispiel Berkom) - und der *Vergabe von Forschungsaufträgen*. "Mittelfristig soll rund die Hälfte des gesamten FuE-Budgets der Telekom in die Verbund- und Vertragsforschung fließen" (DBP Telekom 1992a: 47). 1993 waren hierfür Aufwendungen von rund 400 Mio. DM vorgesehen - gegenüber rund 50 Mio. DM im Durchschnitt der achtziger Jahre (Ricke 1992: 389).

Die beachtliche Steigerung der Aufwendungen für externe FuE darf *nicht als Beitrag der Telekom zur Förderung der Telekommunikationsindustrie* mißverstanden werden. Sie finanzierte auch weiterhin keine FuE-Arbeiten für Geräte und Systeme, die zur Regelbeschaffung anstanden. "(W)ir werden den bewährten Grundsatz nicht verlassen, wie bisher die Forschungs- und Entwicklungsaufwendungen für die von uns beschafften Produkte über die Einkaufspreise zu bezahlen" (Ricke 1992: 389). Ebensowenig handelte es sich bei Verbundprojekten mit der Industrie und der Vergabe von Forschungsaufträgen um eine technologiepolitisch motivierte, 'zweckfreie' staatliche Forschungsförderung. Dies blieb Aufgabe des BMFT.[48] Die exter-

---

[47] Daß die Telekom in Sachen Forschung und Entwicklung im Vergleich zu anderen Netzträgern weit zurücklag, zeigt der internationale Vergleich. British Telecom wandte bereits in den späten achtziger Jahren rund 2,1 Prozent des Umsatzes für FuE auf, die Telekom dagegen nur 1,1 Prozent (Schnöring/Neu 1991: 435). Die Telekom steigert mit ihrem neuen FuE-Konzept ihre Aufwendungen auf rund 1,7 Prozent des Umsatzes (DBP Telekom 1992a: 47).
[48] Das BMFT hatte unter dem Druck der eigenen angespannten Haushaltslage (Engagement in der Weltraumforschung) in der zweiten Hälfte der achtziger Jahre den Versuch unternommen, die Verantwortung für die Forschungsförderung im Bereich der Telekommunikation auf die DBP zu übertragen (vgl. Schnöring/Neu 1991: 286f., Neu 1990). Eine derartige Neuverteilung

Liberalisierung und Internationalisierung 141

nen FuE-Aufträge der Telekom richteten sich statt dessen - wie die gesamte Forschungs- und Entwicklungspolitik - an den eigenen unternehmerischen Zielen aus. "Forschungs- und Entwicklungsarbeit soll Antwort auf folgende Fragen geben: Wie können wir die Relation von Investment und Umsatz verbessern? Wie können wir den Umsatz pro Telefonanschluß erhöhen? Wie können wir die Netz- und Diensteeffizienz verbessern? Wie können wir die Reaktionszeiten auf neue Dienste und Kundenwünsche verkürzen?" (Ricke 1992: 388). Daß die Telekom in den Grenzgebieten der Technologieentwicklung eng mit der zuliefernden Industrie zusammenarbeiten wollte und darüber hinaus die Industrie zur Mitarbeit in einem Beirat für künftige Infrastrukturen einlud, entsprang ihrem Interesse an der Gewinnung von externem Know-how. Die Bemühungen um möglichst intensiven Wettbewerb bei der Einführung und Regelbeschaffung neuer Geräte und Systeme blieben von diesen gemeinsamen Aktivitäten unberührt. Schließlich muß bei genauerer Betrachtung selbst die Ankündigung der Telekom, daß sie im Bereich von FuE einen "Schulterschluß" mit der einheimischen Industrie anstrebe (DBP Telekom 1992a: 46), relativiert werden. Aufträge für Pilotprojekte und Feldversuche schrieb sie bereits in den späten achtziger Jahren international aus. Im Rahmen von OPAL hat sie z. B. drei der insgesamt sieben Pilotprojekte an den amerikanischen Anbieter Raynet vergeben.

Über die FuE-Kooperation mit nationalen und internationalen Herstellerunternehmen hinaus richteten sich die Bemühungen der Telekom auf die *Zusammenarbeit mit anderen europäischen Netzbetreibern*. "Erklärtes Ziel der Telekom ist darüber hinaus, wo immer möglich die Kräfte in Europa zu bündeln. Intensive Kooperation und Arbeitsteilung mit anderen europäischen Netzbetreibern soll kostspielige Doppelarbeit verhindern und helfen, die teure Aufsplitterung des Marktes 'Europa' zu überwinden" (DBP Telekom 1992a: 46). An den europäischen Verbundprojekten wie RACE hatte sich die Bundespost aktiv beteiligt, sie war von Anfang an in den wichtigsten Gremien vertreten, "um die Definition und Ausführung des Programms mitzugestalten" (Ottenbreit 1992: 194). Von der Bundespost war auch die Initiative zur Schaffung eines "Europäischen Instituts für Forschung und Strategische Studien in der Telekommunikation" (Eurescom) ausgegangen. Dieses Forschungsinstitut mit Sitz in Heidelberg hatten 1991 22 Netzbetrei-

---

der Aufgaben ist jedoch weder vom Postverfassungsgesetz, dem zufolge die Telekom "(z)ur Erfüllung ihrer Aufgaben... in angemessener Weise Forschung zu betreiben" hat (PostVerfG 4 Abs. 1), vorgesehen, noch vom 'Zukunftskonzept Informationstechnik'. In diesem Förderkonzept, das die Bundesregierung 1989 vorgelegt hat, wird zwischen "der Aufgabenstellung der staatlichen Forschungspolitik im Bereich der Grundlagen- und Technologieforschung" - als Sache des BMFT - und den "Forschungsschwerpunkten, die sich an den zukünftigen unternehmensstrategischen und gesamtwirtschaftlichen Aufgaben der Telekom ausrichten", unterschieden (BMFT/BMWi 1989: 103). Die seit Mitte der achtziger Jahre rückläufigen Haushaltsansätze des BMFT für den Bereich Technische Kommunikation sind seit 1989 wieder deutlich nach oben korrigiert worden, 1992 waren Ausgaben von 110 Mio. DM vorgesehen (Handelsblatt 9.12.1991: 15).

ber aus 20 europäischen Ländern gegründet. Ziel ist es, im Vorfeld von Standardisierung und Wettbewerb gemeinsame Forschung für europaweit einheitliche Netze und Standards zu betreiben (vgl. Ottenbreit 1992: 196).

4. Die bundesdeutsche Herstellerindustrie in den achtziger Jahren: Umstrukturierung und Internationalisierung

Die **Siemens AG** ist nach wie vor die unangefochtene Nummer Eins unter den bundesdeutschen Herstellerunternehmen mit einem Marktanteil von 38 Prozent (Handelsblatt 13./14.3.1992: 25). Siemens ist der einzige Universalanbieter und in allen Teilmärkten der Informations- und Nachrichtentechnik aktiv. Dem Unternehmen gelang es in den frühen achtziger Jahren, seinen technischen Rückstand auf dem Gebiet der digitalen Vermittlungssysteme aufzuholen. Die Siemens AG, der in der Vergangenheit nach den Worten des neuen Vorstandsvorsitzenden von Pierer das "Image eines verschlafenen Riesen mit hoher Liquidität" (Handelsblatt 29./30.5.1992: 24) anhaftete - das Unternehmen galt in der Branche als "ansehnliche Bank mit angegliedertem Fertigungsbetrieb" (Funkschau 7/1983: 24) -, ist Mitte der achtziger Jahre zur Offensive übergegangen. Erklärtes Ziel ist die Erhöhung des Weltmarktanteils. Siemens-Vorstandsmitglied Baur: "Unser Ziel sind 15 Prozent. Wir liegen mit den heutigen 10 Prozent immer noch an der unteren Überlebensgrenze" (Süddeutsche Zeitung 27.1.1987: 21).

1986 startete Siemens mit der Übernahme der Übertragungstechnik der amerikanischen General Telephone and Electric (GTE)[49] eine Offensive in den *USA*. 1987 kaufte Siemens die Aktienmehrheit des Unternehmens Tel Plus Communications, das private Telekommunikationsanlagen vertreibt. 1992 wurde Tel Plus vollständig übernommen. 1989 übernahm Siemens von ITT den Telefonanlagenbauer Rolm (Marktanteil in den USA: 18 Prozent). Das Abkommen mit IBM schloß ein, daß IBM in Europa künftig Siemens-Telekommunikationsanlagen vertrieb. Mit der fast 2 Mrd. Dollar teuren Akquisition von Rolm stieg Siemens zum weltweit größten Anbieter von privaten Telekommunikationsanlagen auf (Süddeutsche Zeitung 10.7.1989: 19). Im Bereich der Glasfaserentwicklung und -herstellung war Siemens über ein Gemeinschaftsunternehmen mit Corning Glass (Siecor)

---

[49] GTE zählt zu den vertikal integrierten amerikanischen Telefongesellschaften. Als regionale Telefonbetriebsgesellschaft rangierte GTE mit einem Jahresumsatz von 8,2 Mrd. Dollar 1985 an sechster Stelle. Das Gemeinschaftsunternehmen GTE/Sprint war drittgrößter Anbieter von Ferngespräche; bei einem Jahresumsatz 1986 von 862 Mio. Dollar allerdings mit weitem Abstand hinter AT&T (Jahresumsatz 18,6 Mrd. Dollar) und MCI (1,8 Mrd. Dollar) (Harmsen/Grupp 1991: 61ff.). Als Anbieter von Telekommunikationseinrichtungen hielt GTE 1985 einen Anteil von 11,4 Prozent am amerikanischen Markt (IDATE 1987: 11).

Liberalisierung und Internationalisierung 143

bereits seit den siebziger Jahren auf dem amerikanischen Markt aktiv. Gemeinsam mit der britischen GEC gelang Siemens 1989 die 'feindliche Übernahme' des Telekommunikations- und Rüstungsunternehmens Plessey und damit der Einstieg in den *britischen Markt* für Telekommunikation. Siemens hält seitdem 40 Prozent der GEC Plessey Telecommunications (GPT) - des erst 1988 aus der Fusion der Telekommunikationsbereiche von GEC und Plessey entstandenen größten britischen Herstellerunternehmens (Marktanteil in Großbritannien: 60 Prozent). Mit dem Einstieg bei GPT - für mehr als 4 Mrd. DM erkauft - konnte Siemens im gleichen Zug seine Marktposition in den USA über die Nutzung der Vertriebswege der GPT-Tochter Stromberg-Carlson verbessern. Mit der Fusion von Siemens-USA und Stromberg-Carlson stieg Siemens hinter AT&T und Northern Telecom zum drittgrößten Hersteller für öffentliche Netztechnik in den USA auf (Marktanteil: 8 Prozent). Siemens lieferte 1990 EWSD-Vermittlungstechnik an sechs der sieben Regional Bell Companies (Funkschau 15/1991: 38). 1990/1991 übernahm Siemens *Nixdorf* und avancierte damit zum größten europäischen Computerhersteller. Über Joint-Ventures zur Herstellung von EWSD-Vermittlungstechnik war es Siemens bis 1992 gelungen, in allen größeren *osteuropäischen* Staaten Fuß zu fassen. Während der osteuropäische Markt vor allem langfristig von Bedeutung ist - 1992 wurde hier nur ein Prozent des Gesamtumsatzes im Bereich öffentliche Netze erwirtschaftet (Süddeutsche Zeitung 6.7.1992: 18) - richten sich die mittelfristigen Strategien auf die großen *ostasiatischen Märkte*. 1992 erhielt Siemens im Verein mit den japanischen Anbietern Hitachi und Comsys einen Großauftrag für EWSD-Vermittlungstechnik in Thailand. Ein Jahr zuvor hatte sich die Tür zum japanischen Markt einen Spalt breit geöffnet. Siemens kam als erstes europäisches Unternehmen bei einem Breitband-Pilotprojekt der Netzgesellschaft NTT zum Zuge (Funkschau 4/1991: 19). Neben diese erfolgreichen Markteinstiege reihten sich auch Rückschläge: 1987 gelang es Siemens - trotz Intervention der Bundesregierung - nicht, beim französischen Hersteller CGCT einzusteigen;[50] zwei Jahre später unterlag Siemens der AT&T beim Versuch der Beteiligung an der staatlichen italienischen Fernmeldegruppe Italtel.

Über Beteiligungen und Aufkäufe hinaus unterhält Siemens ein dichtes Netz von Kooperationen und strategischen Allianzen mit anderen Unternehmen der Computer- und Telekommunikationsbranche. Im Bereich des digitalen Mobilfunks ist Siemens eine Kooperation mit einem Konsortium aus PKI und ANT/Bosch eingegangen. Siemens liefert bei Aufträgen für digitale Mobilfunknetze die Vermittlungstechnik, PKI und ANT/Bosch übernehmen als Unterauftragnehmer die Lieferung von Funkeinrichtungen (Mobilcom 1/1990: 20). Für den Netzknoten NKÜ-2000 hat sich Siemens mit PKI zusammengeschlossen. 1992 vereinbarten schließlich Siemens und

---

[50] Vgl. Teil III, D, Abschnitt 1.2.

die DBP Telekom eine langfristige Kooperation bei der Vermarktung von privaten Telekommunikationsanlagen (ntz 5/1992: 401).

Anfang der neunziger Jahre ist es Siemens gelungen, seine Position als *weltweit drittgrößter Telekommunikationshersteller* zu festigen. Mit einem Gesamtumsatz von fast 14 Mrd. DM (1991)[51] sowie den Umsätzen der Tochterfirma Rolm bzw. der Beteiligung an GTP von zusammen knapp 2,8 Mrd. DM konnte ein Weltmarktanteil von 11 Prozent erreicht werden. Indiz für die erfolgreiche Internationalisierung des Geschäfts ist der deutlich gewachsene Anteil des Auslandsumsatzes. Er stieg von knapp 40 Prozent Anfang der achtziger Jahre auf mehr als 50 Prozent im Jahr 1990 (FAZ 13.3.1992: 20).

Die Struktur der Angebotsseite auf den bundesdeutschen Fernmeldemärkten hat sich im Laufe der achtziger Jahre kaum gewandelt. So war es zunächst keinem ausländischen Unternehmen gelungen, nennenswerte Marktanteile zu gewinnen. Was sich verändert hat, sind die **Eigentumsverhältnisse** auf Seiten der etablierten Fernmeldeunternehmen. Mit Ausnahme von Siemens richteten die Firmen ihre Aktivitäten weiterhin vor allem auf den bundesdeutschen Markt aus. Seit Ende der achtziger Jahre ist aber auch hier eine verstärkte Internationalisierung erkennbar.

Im Zuge der Sanierung des AEG-Konzerns ist mit dem Aufkauf der maßgeblichen nachrichtentechnischen Kernbereiche von AEG die **Robert Bosch AG**, Europas größter Kraftfahrzeug-Ausrüster, neu ins Telekommunikationsgeschäft eingestiegen und mittlerweile zum zweitgrößten bundesdeutschen Herstellerunternehmen avanciert. Die zunächst weitgehend unabhängig voneinander geführten Töchter Telenorma (früher Telefonbau und Normalzeit; private Telekommunikationsanlagen - 63 Prozent des Umsatzes - und öffentliche Vermittlungstechnik - 11 Prozent des Umsatzes -, Datenverarbeitungssysteme und Sicherungssysteme) und ANT (hervorgegangen aus den Geschäftsbereichen Weitverkehr und Kabeltechnik der AEG; Übertragungstechnik, Funktechnik, Mobilfunk, Kupfer- und Glasfaserkabel) wurden 1987 zum Geschäftsbereich Bosch-Telekommunikation zusammengefaßt und intern neu gruppiert. Bosch-Telekom erreichte 1990 einen Gesamtumsatz von 7,2 Mrd. DM - worin allerdings die fast 2 Mrd. DM enthalten sind, die von der Sparte Blaupunkt-Autoradios umgesetzt wurden (net 5/1992: 221, Funkschau 16/1991: 10). Während Telenorma und ANT ihr Geschäft zunächst noch weitgehend auf die Bundesrepublik konzentriert hatten - 1986 lag der Anteil des Auslandsumsatzes noch bei 13 respektive 15 Prozent (Süddeutsche Zeitung 1.10.1987: 33) - bemüht sich Bosch in den letzten Jahren um eine Internationalisierung seiner Aktivitäten im Telekommunikationsbereich. Im Bereich der privaten Telekommunikationsanlagen - Kerngebiet von Bosch/Telenorma - wurden Kooperationen mit Telettra

---

[51] Hiervon 9,1 Mrd. DM im Bereich öffentliche Kommunikationsnetze und 4,8 Mrd. DM im Bereich private Kommunikation (Geschäftsbericht der Siemens AG 1991: 21).

Liberalisierung und Internationalisierung 145

(Italien), Hasler (Schweiz) und Mitsubishi (Japan) eingegangen. 1987 stieg Bosch über Telenorma beim französischen Telekommunikationsanlagenbauer Jeumont-Schneider ein und hat ihn mittlerweile fast vollständig übernommen. Nach Siemens und Alcatel ist Bosch damit die Nummer Drei auf dem europäischen Markt für private Telekommunikationsanlagen. Im Bereich des digitalen Mobilfunks hat sich Bosch über ANT mit PKI zu einem Konsortium zusammengeschlossen, das wiederum mit Siemens kooperiert. Darüber hinaus ist Bosch/ANT gemeinsam mit Matra und Telettra an einem französischen Mobilfunkkonsortium beteiligt. Bei der Lieferung des Netzknotens NKÜ-2000 für die DBP kooperiert Bosch/ANT mit der SEL.

Mit einem Umsatz von rund 3 Mrd. DM im Bereich der Telekommunikation war die **SEL AG** 1990 drittgrößter Anbieter in der Bundesrepublik. Sie ist seit der Übernahme der europäischen Telekommunikationsfilialen der ITT durch die französische Compagnie Générale d'Electricité 1987 Teil des neugeschaffenen Konzerns Alcatel NV.[52] SEL wurde organisatorisch eng an den Mutterkonzern angebunden, die defizitären Unternehmensbereiche Unterhaltungselektronik und Informationstechnik liquidiert. SEL konzentriert sich seitdem auf die Nachrichtentechnik und die Bürokommunikation. Im Bereich der Nachrichtentechnik entwickelt und produziert SEL Vermittlungseinrichtungen, Übertragungseinrichtungen, Fernmeldekabel (Kupfer und Glasfaser), Richtfunk- und Mobilfunksysteme sowie Endgeräte. Besonders erfolgreich war das maßgeblich von SEL entwickelte digitale Vermittlungssystem ('System 12'), mit dem beachtliche Exporterfolge erzielt werden konnten. Insgesamt konzentriert sich SEL jedoch vor allem auf den bundesdeutschen Markt, was sich in dem relativ geringen Exportanteil am Umsatz von 16 Prozent widerspiegelt. Mittelfristig ist zu erwarten, daß die als ITT-Tochter weitgehend selbständig operierende SEL in die Gesamtaktivitäten des Alcatel-Konzerns integriert und die industrielle Führung auf die Muttergesellschaft übergehen wird (Schnöring/Neu 1991: 264).

Mit einem Jahresumsatz von 1,9 Mrd. DM 1990 ist die achtzig-prozentige Tochter des niederländischen Philips-Konzerns **Philips Kommunikations-Industrie (PKI)**, in der die vormaligen Philipsbeteiligungen Felten & Guilleaume und TeKaDe integriert sind, viertgrößter Anbieter auf dem bundesdeutschen Markt. PKI konzentriert sich mittlerweile auf die Bereiche Bürokommunikation und Übertragungstechnik. Der Versuch, sich als Anbieter öffentlicher Vermittlungstechnik zu etablieren, war in der Bundesrepublik Anfang der achtziger Jahre gescheitert; die in wirtschaftliche Schwierigkeiten geratene Mutterfirma hat sich 1989 endgültig aus der Vermittlungstechnik zurückgezogen, PKI mußte im Zuge der Sanierung des Mutterkonzerns seine Computeraktivitäten 1991 veräußern. Wie Bosch und SEL hat sich PKI bislang in erster Linie auf den deutschen Markt konzentriert, der Anteil des Auslandsgeschäfts lag 1991 bei ca. 20 Prozent (FAZ 19.5.1992: 19).

---

[52] Vgl. Teil III, D, Abschnitt 1.1.

Von den ehemals umfangreichen Telekommunikationsaktivitäten des **AEG-Konzerns** sind im Zuge der Sanierung des Konzerns Anfang der achtziger Jahre wesentliche Teile veräußert worden. Die AEG, mittlerweile Teil des Daimler-Benz-Konzerns, ist heute vor allem auf dem Gebiet der Funktechnik aktiv. Die Kabelproduktion wurde 1991 von der französischen Alcatel Câble S.A. aufgekauft (FAZ 25.10.1991: 21). Im Bereich des digitalen Mobilfunks arbeitet die AEG eng mit der französischen Matra-Communication zusammen. 1991 wurde ein wechselseitiger Kapitaleinstieg vereinbart (Le Monde 21.6.1991: 29).

Der Schwerpunkt der Aktivitäten von **DeTeWe** (Jahresumsatz des Stammhauses 1990: 630 Mio. DM (FAZ 5.9.1991: 22)) liegt auf den Gebieten der privaten und analogen Vermittlungstechnik sowie der Endeinrichtungen. DeTeWe, an dem bis 1988 die Siemens AG maßgeblich beteiligt war, gehört inzwischen zur Gebr. Röchling AG.

Hinter diesen sechs wichtigsten bundesdeutschen Unternehmen der Telekommunikationsbranche folgen eine Anzahl **mittlerer Unternehmen**, die in Teilbereichen der Telekommunikation tätig sind. Hier zeichnet sich eine Tendenz zur Kooperation mit großen ausländischen Anbietern ab.

Im Laufe der achtziger Jahre haben die Herstellerunternehmen ihre **Forschungs- und Entwicklungsaktivitäten** deutlich ausgeweitet. Im Durchschnitt stieg der Anteil der FuE-Aufwendungen am Gesamtumsatz in den Jahren 1979 bis 1987 von 10,7 auf 15,3 Prozent (Schnöring/Neu 1991: 366). Die erhöhten FuE-Anstrengungen der Unternehmen schlugen sich auch auf der Personalseite nieder. Die Zahl der Beschäftigten im FuE-Bereich ist im gleichen Zeitraum um fast 40 Prozent gestiegen und liegt heute bei fast 40.000 (Schnöring/Neu 1991: 373). Die Siemens AG ist zwar nach wie vor der zentrale Akteur in der FuE-Landschaft. In den achtziger Jahren haben sich aber auch die anderen Großunternehmen stärker im Bereich Forschung und Entwicklung engagiert, dies gilt insbesondere für den Bosch-Konzern und die SEL. Außerdem haben auch die kleineren und mittleren Unternehmen Forschungs- und Entwicklungskapazitäten aufgebaut (Schnöring/Neu 1991: 368).

Mit der Einführung wettbewerbsorientierter Beschaffungsverfahren durch die DBP haben sich auch die **Beziehungen der Hersteller untereinander verändert**. An die Stelle von Gemeinschaftsentwicklungen bzw. Lizenznahmen sind konkurrierende Forschungs- und Entwicklungsaktivitäten getreten. Über den Entwicklungswettbewerb hinaus konkurrieren die Firmen heute um Anteile an den laufenden Beschaffungsaufträgen. Es kommt dabei - wie das Beispiel der digitalen Vermittlungstechnik zeigt - zu mitunter erheblichen Marktanteilsverschiebungen (vgl. Tabelle II-4).

Liberalisierung und Internationalisierung 147

Tabelle II-4: Marktanteile für digitale Vermittlungstechnik in der Bundesrepublik, 1987 und 1990

	1987	1990
Siemens	55%	49%
SEL	32%	32%
DeTeWe	10%	8%
Telenorma	3%	11%

Quellen: Berger et. al. 1990: 14, Funkschau 26/1990: 3

Der verstärkten Konkurrenz unter den Anbietern steht nicht entgegen, daß die Unternehmen - dem generellen Trend in der Branche entsprechend - in Teilbereichen eng miteinander zusammenarbeiten. Entsprechende Kooperationen bei Forschung und Entwicklung, Produktion und/oder Vermarktung sind außerdem mit ausländischen Unternehmen eingegangen worden. Hierbei handelt es sich jedoch nicht mehr um 'Gemeinschaftsentwicklungen' aller Firmen eines Marktsegments nach altem Muster. Statt dessen treten wechselnde Firmen-Koalitionen gegeneinander an. 1990 ist es mit Ericsson erstmals einem ausländischen Anbieter gelungen, sich in Kernbereichen der Netztechnik auf dem deutschen Markt zu etablieren. Den ersten größeren Auftrag erhielt Ericsson nicht von der Telekom, sondern vom privaten Mobilfunkbetreiber Mannesmann. Neben Siemens und seinen Unterauftragnehmern PKI und Bosch/ANT kam Ericsson als Lieferant für die Netztechnik des digitalen Mobilfunknetzes D2 zum Zuge (ntz 7/19990: 558).[53] 1991 stieß Ericsson dann in den Lieferantenkreis der Telekom vor.

5. Herstellerindustrie und DBP Telekom

Die Beziehungen zwischen Bundespost und Herstellerfirmen haben sich bereits im Laufe der achtziger Jahre deutlich gewandelt. Wechselseitige Abstimmung und Zusammenarbeit in sämtlichen Phasen des Beschaffungsprozesses sind durch stärker marktförmige Beziehungen ersetzt worden. Die bis dahin geschlossenen Anbieterkreise sind über die etablierten 'Hoflieferanten' hinaus geöffnet worden, auch wenn es sich dabei zunächst um inländische Anbieter handelte. Schließlich hat sich durch die Einführung von Beschaffungswettbewerb das Verhältnis der Firmen untereinander verändert. Sie treten der Telekom heute nicht mehr als Kartelle gegenüber, sondern konkurrieren miteinander.

---

[53] Die Telekom hatte sich für Siemens/PKI/ANT sowie SEL/AEG/Nokia entschieden.

Mit den neuen Beschaffungsverfahren und den gewandelten Spielregeln in der Zusammenarbeit mit der Bundespost haben sich die Herstellerunternehmen zunächst arrangiert, wenn auch der nun erstmals von der DBP ausgeübte Preisdruck naturgemäß auf wenig Zuspruch stieß. Insgesamt betrachtet, war die Lockerung der Beziehungen zur Bundespost für die Firmen durchaus mit Vorteilen verbunden. Siemens war durch die Auflösung der engen Zusammenarbeit mit der DBP im Bereich von Forschung und Entwicklung von den Zwängen einer spezifisch bundesdeutschen Posttechnik befreit worden. Zugleich hat das Beharren der Bundespost, fortan für "Weltmarkttechnik" auch (nur) "Weltmarktpreise" zu zahlen, das Unternehmen frühzeitig dazu angehalten, Systeme zu entwickeln, die an die Bedürfnisse ausländischer Nachfrager flexibel anzupassen und gut zu exportieren waren (Schnöring/Neu 1991: 349). Den anderen Unternehmen gab die Einführung von Entwicklungskonkurrenz die Chance, sich technologisch und ökonomisch von der dominierenden Siemens AG zu emanzipieren und sich als eigenständige Systemlieferanten - auch mit Blick auf die internationalen Märkte - zu etablieren. Profitiert haben von den neuen Beschaffungsverfahren auch die kleineren Unternehmen. Sie erhielten erstmals die Möglichkeit, in bisher von den 'Hoflieferanten' besetzte Märkte einzudringen, dies ist vor allem im Bereich der Übertragungstechnik gelungen.

Solange die bundesdeutschen Hersteller auf den Beschaffungsmärkten der Bundespost unter sich blieben, wurde wenig Kritik an deren neuen Einkaufsmethoden laut. Eine Woge von kritischen Verlautbarungen in Presse und Öffentlichkeit folgte dagegen auf die Ankündigung der Telekom vom Herbst 1991, ihren Einkauf nunmehr "unwiderruflich" zu internationalisieren.[54] Zum Sprachrohr der Firmen machten sich dabei auf der eine Seite Siemens,[55] auf der anderen die verbandliche Interessenvertretung, der ZVEI.[56] Die Industrie, so der ZVEI, richte sich nicht prinzipiell gegen eine Marktöffnung, so würden die diesbezüglichen Bemühungen der Europäischen Gemeinschaft beispielsweise im Grundsatz "begrüßt" und "unterstützt" (ZVEI 1991: 2). Zum gegenwärtigen Zeitpunkt käme eine verstärkte Internationalisierung des Telekom-Einkaufs jedoch faktisch einer Benachteiligung deutscher Hersteller gleich; diese müßten dann mit ausländischen Anbietern konkurrieren, die "aus der Marktverfassung ihrer Heimatländer weitreichende Wettbewerbsvorteile" mitbrächten (ZVEI 1991: 2). "Wettbewerbsverzerrungen" auf den internationalen Märkten - inklusive desjenigen der Europäischen Gemeinschaft - ergäben sich, so Siemens-Vorstand Baur,

---

[54] Deutlich ausgesprochen wurde dies von dem für den Einkauf verantwortlichen Vorstandsmitglied Kröske 1991: "Telekom shall for all areas of purchasing no longer look at national supplier markets alone but shall increasingly give technologically competent, efficient and reliable vendors access to the bid procedures for its contracts" (Kröske 1991: 20).
[55] Vgl. Handelsblatt 13./14.3.1992: 25, FAZ 13.3.1992: 20, Baur 1993.
[56] Vgl. FAZ 14.10.1991: 17, ntz 11/1991: 774, Funkschau 23/1991: 16, ntz 5/1992: 370f.

Liberalisierung und Internationalisierung 149

durch "die Finanzierung von Forschung und Entwicklung, die in anderen Ländern in erheblich höherem Umfang als in Deutschland vom Staat oder Netzbetreiber getragen werden; das Beschaffungsverhalten der Netzbetreiber, ihren heimischen Industrien große Marktanteile einzuräumen und den Marktzutritt für ausländische Wettbewerber zu erschweren; die vertikale Integration und Verknüpfung zwischen Staat, Netzbetreiber und Hersteller, die sich für den letzteren vorteilhaft auswirken" (Baur 1993: 21).[57]

Während man sich bei Siemens noch darauf beschränkte, eine aktive Rolle der Bundesregierung bei der Schaffung "einheitlicher" und "fairer" Bedingungen für den internationalen Wettbewerb zu fordern (FAZ 13.3.1992: 20, ntz 5/1992: 5),[58] wurde der ZVEI deutlicher. Die marktwirtschaftlich und industriepolitisch beste Lösung sei zwar die Einführung gleicher Spielregeln auf dem Weltmark. Bis dies aber durchsetzbar sei, müßten - "wenn nicht die deutsche Telekommunikationsindustrie durch unfaire Handelspraktiken zerstört oder an den staatlichen Subventionstopf gedrängt werden (solle)" - vorübergehende Maßnahmen ergriffen werden (ZVEI 1991: 7). National sei vor allem die Telekom gefordert - aus deren Monopolrechten und ihrer Macht als Monopolbeschaffer erwachse eine "industriepolitische Mitverantwortung für die Erhaltung der nationalen Herstellerindustrie" (ZVEI 1991: 7). Die Telekom müsse bis zur Durchsetzung europaweit und international harmonisierter Rahmenbedingungen und Spielregeln "nationale Beschaffung präferieren" (ZVEI 1991: 9). Konkret forderte der ZVEI: "(d)ie Abstimmung der langfristigen Dienste- und Netzausbaustrategien zwischen der Deutschen Bundespost Telekom und der deutschen Industrie; (d)ie Vergabe von Entwicklungsaufträgen für neue Systeme und Dienste an die deutsche Telekommunikationsindustrie sowie von Pilotprojekten, die die Regelbeschaffung vorbereiten; (d)ie Anwendung von Bonus-Malus-Systemen gegenüber Herstellern, um Wettbewerbsnachteile oder -vorteile auszugleichen" und schließlich "(d)ie laufende Überprüfung und Anpassung der nationalen Vergaberichtlinien an die aktuellen, international praktizierten Spielregeln" (ZVEI 1991: 10).

Die Telekom reagierte auf die Vorstöße der Industrie mehr als verhalten. Sie sehe sich zwar "der Förderung von Lieferanten gegenüber, sie solle akti-

---

[57] Während Baur die Marktzugänglichkeit in der Bundesrepublik als "relativ leicht" einstufte, sei sie in Frankreich und Kanada "sehr schwer", in Japan und Schweden "schwer", in den USA sowie Italien schließlich "relativ schwer" (Baur 1993: 21).

[58] Eine offene Aufforderung zum Protektionismus wäre gerade für Siemens kontraproduktiv. Siemens hatte hier bereits unangenehme Erfahrungen machen müssen. Das Unternehmen war 1986 bei seinem Versuch, sich in die französische Firma CGCT einzukaufen - und dabei die amerikanische AT&T aus dem Feld zu schlagen - von der Bundesregierung unterstützt worden (vgl. Teil III, D, Abschnitt 1.2.). Effekt war ein massiver handelspolitischer Druck der US-Regierung. Diese protestierte gegen die Intervention der Bundesregierung und die vermeindlich protektionistischen Beschaffungsmethoden der Bundespost und drohte ihrerseits mit protektionistischen Maßnahmen gegenüber der Siemens AG, die sich gerade als Lieferant der Bell Operating Companies etablieren wollte (Washington Post 22.10.1986: G 5).

ven industriepolitischen Einfluß ausüben", betreibe "jedoch keine Industriepolitik zum Zwecke der Markterhaltung und -gestaltung" (DBP Telekom 1992a: 39). Dies gelte auch, wenn sich Branchen oder Firmen durch ihre eigene Geschäftspolitik von Aufträgen der Telekom abhängig gemacht hätten. Der Leitsatz der Telekom - "Nur wer sich dem Wettbewerb stellt, hat die Chance zu überleben" - "sollte gerade hierzulande breite Unterstützung finden und gefördert werden", schließlich sei die Wirtschaft in der Bundesrepublik Deutschland hochgradig von Exportmöglichkeiten abhängig. "Eine protektionistische Rückwärtsstrategie über administrative Mechanismen kann nicht in unserem Interesse liegen" (DBP Telekom 1992a: 73).

Der industriepolitische Maßnahmenkatalog, den die Herstellerindustrie präsentiert hatte, stieß auf dementsprechend geringe Resonanz. Die Telekom werde, wie angekündigt, ihre Beschaffung weiter internationalisieren und dabei nicht zu Bonus-Malus-Regelungen greifen, die Vergabe von Entwicklungsaufträgen stehe nicht zur Debatte. Bei ihrer Neuorientierung sei sich die Telekom, so Vorstandsvorsitzender Ricke, ihrer Verantwortung für die Erhaltung einer leistungsfähigen heimischen fernmeldetechnischen Industrie bewußt, sie brauche eine innovative und erfolgreiche Fernmeldeindustrie in Deutschland und in Europa (FAZ 5.2.1992: 12). Obwohl sie entschlossen sei, alle sich bietenden Kostensenkungspotentiale im Einkauf auszuschöpfen, bleibe die Telekom doch ein "verläßlicher und berechenbarer Partner der deutschen Telekommunikationsindustrie" (DBP Telekom 1992a: 72). Zum einen werde man auch in Zukunft forciert darauf hinwirken, daß für alle Marktteilnehmer in allen Ländern gleiche und faire Bedingungen herrschen. Zum andern erhielten die deutschen Hersteller eine angemessene Übergangsfrist, um sich den neuen Wettbewerbsbedingungen anzupassen, die Telekom wolle die Industrie nicht überfordern (Handelsblatt 9.10.1991: 17, FAZ 5.2.1992: 12). 1992 wurde die Industrie zur Mitarbeit in einem Beirat für zukünftige Infrastrukturen aufgefordert (Ricke 1992: 389).

Teil III: Frankreich

A. Die Politik des Arsenals

1. Die Direction Générale des Télécommunications

1.1. Organisation und Rechtsstellung

Die Rechtsgrundlage für das französische Post- und Fernmeldewesen stellte der Code des Postes et Télécommunications (Code des P&T) von 1952 dar.[1] Art. L 33 definierte das staatliche Fernmeldemonopol: "Telekommunikationseinrichtungen dürfen ausschließlich durch den Minister für Post und Fernmeldewesen oder mit seiner Genehmigung errichtet oder für die Übertragung von Nachrichten genutzt werden". Ein expliziter *Infrastrukturauftrag* der Fernmeldeverwaltung - wie er in der Bundesrepublik vom Postverwaltungsgesetz vorgeben wurde - *fehlte* im französischen Fernmelderecht. Ebenso verlangte das Post- und Fernmeldegesetz nicht, daß Fernmeldenetze und -dienste von der PTT selbst bereitzustellen waren. Gemäß Art. L 33 Code des P&T konnte der Minister auch Dritten die Genehmigung für die Errichtung und Betreibung von Fernmeldeanlagen erteilen. Faktisch ist hiervon jedoch nur in Ausnahmefällen Gebrauch gemacht worden - die Reichweite der Fernmeldemonopole war in Frankreich und der Bundesrepublik vergleichbar umfassend.[2] Nur im Bereich der Teilnehmerendeinrichtungen verzichtete die französische PTT - ähnlich wie die Bundespost - von Fall zu Fall auf die Ausübung ihres Angebotsmonopols (Dondoux 1983: 26).

Post- und Fernmeldewesen waren in einer Behörde vereinigt. Die PTT war Teil der unmittelbaren Staatsverwaltung und wurde von einem Minister oder einem Staatssekretär geführt. Die Grundlagen für die **Organisation des Fernmeldewesens** legte das Vichy-Regime mit der Schaffung einer **Direction Générale des Télécommunications (DGT)**. An der Spitze der DGT stand ein Generaldirektor. Querschnittsaufgaben wie Personal, Haushalt, Liegenschaften und Postbankdienste wurden innerhalb der PTT von den Generaldirektionen für Fernmeldewesen bzw. Post gemeinsam wahrge-

---

[1] Der französische Staat hatte 1837 als einer der ersten der Welt ein Fernmeldemonopol für sich beansprucht. Der Geltungsbereich wurde 1850 auf die elektrische Telegrafie und 1879 auf die Telefonie ausgedehnt. Im Fall des Telefons wurde zunächst auf die Wahrnehmung des Monopols verzichtet. 1879 erhielten drei private Gesellschaften Konzessionen zur Betreibung örtlicher Netze. Zehn Jahre später beschloß die Nationalversammlung deren Nationalisierung (vgl. Bertho: 175ff.).
[2] Vgl. Coustel 1986.

nommen (Libois 1983: 237ff.). Das **Vermögen** der französischen PTT wurde als staatliches Sondervermögen geführt. Sie verfügte wie die Deutsche Bundespost über ein vom allgemeinen Staatshaushalt losgelöstes Budget ('budget annexe'). Ein Anspruch auf Zuschüsse aus dem Staatshaushalt bestand nicht, die Ausgaben mußten aus den eigenen Einnahmen bestritten werden. Eine dem Verwaltungsrat der Deutschen Bundespost vergleichbare Einrichtung fehlte in Frankreich, das Budget der PTT wurde nach den gleichen Regeln erstellt wie der allgemeine Staatshaushalt und jährlich vom Parlament verabschiedet. Die Haushaltspolitik der PTT lag damit de facto in den Händen des Finanzministeriums und seiner Budgetabteilung, die bei der Erarbeitung des Staatshaushalts die bestimmende Rolle spielte (vgl. Hayward 1987: 177ff.). Der **Finanzminister** entschied letztlich über die Ausgestaltung des PTT-Haushalts, er bestimmte, ob und in welcher Höhe die PTT Fremdkapital aufnehmen durfte. Der Rechnungshof war für die expost-Kontrolle der Wirtschaftstätigkeit zuständig. Die **Gebühren** für PTT-Dienstleistungen wurden auf Vorschlag des PTT-Ministers durch **Verordnungen des Premierministers** verfügt, hier hatten Finanz- und Wirtschaftsministerium zunächst ihre Zustimmung zu erteilen (vgl. Giraud 1987: 34).

1.2. Der Aufbau des Telefonnetzes

In den sechziger Jahre lag Frankreich in puncto Telefonversorgung gegenüber anderen Industriestaaten weit im Rückstand. Auf hundert Einwohner entfielen 1970 acht Hauptanschlüsse; in Großbritannien waren es dagegen 15, in der Bundesrepublik 14, in Italien elf. Nur 16 Prozent der Haushalte verfügten über einen Telefonanschluß (Giraud 1987: 141). Während das bundesdeutsche Netz bereits vollständig automatisiert war, war in Frankreich 1965 noch ein Drittel der Teilnehmer an Handvermittlungsämter angeschlossen (Nouvion 1982: 244). Im internationalen Vergleich war das Telefonieren eine teure Angelegenheit: die Gebühren für Anschluß und Gespräche waren dreimal so hoch wie in Großbritannien, in der Schweiz oder in Skandinavien.[3] "In summary, viewed internationally, France was a country where telephones were scarce (the telephone density was one of the lowest in the OECD), expensive and of extremely poor quality" (Ergas 1983: 9). Die Mißstände im französischen Fernmeldewesen waren ein beliebter Gegenstand von Kabarett und Satire, ein kanadischer Journalist empfahl 1970 seinen heimischen Lesern: "In Paris sollten Sie zwei Dinge nicht versäumen: die Katakomben und das Telefon" (zit. nach Giraud 1987: 44).

---

[3] Allein die Gebühr für die Einrichtung eines Anschlusses war für die privaten Haushalte kaum aufzubringen. 1968 belief sie sich auf 600 Franc, der Mindestlohn im öffentlichen Dienst lag bei 661 Franc im Monat (Pinaud 1985: 145).

Die Politik des Arsenals

Unmittelbar zurückzuführen war die Situation im französischen Fernmeldewesen auf den **chronischen Mangel an Investitionskapital** zur Finanzierung des Netzaufbaus. Die Wirtschaftspläne der Nachkriegszeit wiesen dem Fernmeldewesen eine untergeordnete Rolle zu. Im 1. Plan (1946 bis 1953) fehlt jegliche Erwähnung. Kaum weniger vernachlässigt wurde es während der Laufzeit des 2. Plans, er sah zwischen 1954 und 1957 Gesamtinvestitionen von 125 Mrd. alten Franc vor. Der 3. Plan (1957 bis 1961) und der 4. Plan (1962 bis 1965) stellten im Jahresdurchschnitt rund 1 Mrd. neue Franc für Investitionen in das Fernmeldewesen bereit, die Deutsche Bundespost investierte in dieser Periode mehr als das Doppelte. Eine Wende leitete erst der 5. Plan (1966 bis 1970) ein, die Gesamtinvestitionen stiegen während seiner Laufzeit auf 12 Mrd. FF (Libois 1983: 254f.).[4]

Bis 1968 hatte die Fernmeldeverwaltung die in den aufeinanderfolgenden Wirtschaftsplänen ausgewiesenen Investitionssummen nahezu vollständig aus eigenen Erträgen aufzubringen. Gelder aus dem allgemeinen Staatshaushalt wurden nicht bereitgestellt, zugleich verwehrten die Finanzminister der vierten und fünften Republik der PTT bis 1968 den Zugang zum privaten Kapitalmarkt. Selbst die Einlagen der Postscheckdienste durften von der PTT nicht selbst genutzt werden, der Finanzminister setzte sie statt dessen zur Finanzierung anderer öffentlicher Investitionsvorhaben ein (Nouvion 1982: 238). Gewinne aus dem Fernmeldewesen wurden - wie in der Bundesrepublik - herangezogen, um die Defizite der Post- und Postscheckdienste auszugleichen (Ruges 1970: 42).

Hinter der fehlenden Bereitschaft des französischen Staates, Kapital in den Aufbau des Telefonnetzes zu lenken, stand eine von den politischen und wirtschaftlichen Eliten geteilte Auffassung über Nutzen und Aufgabe des Fernmeldewesens: *Das Telefon galt als Luxusgegenstand*, als - so Staatspräsident de Gaulle - "Spielzeug für sensible Frauen" (zit. nach Giraud 1987: 49). Es sollte von denen finanziert werden, die es gerne haben wollten. *Der Infrastrukturcharakter wurde dem Fernmeldewesen explizit abgesprochen.* Selbst der PTT-Minister konnte im Telefon - noch 1965 - nicht mehr als "eine Art Haushaltsgerät" sehen (zit. nach Ruges 1970: 43). Die Entwicklung der Nachfrage schien die Vernachlässigung des Fernmeldewesens zunächst zu rechtfertigen. In den fünfziger Jahren wurden jährlich etwa 100.000 Anträge auf Einrichtung eines Telefonanschlusses gestellt; sie konnten in der Regel innerhalb eines Jahres befriedigt werden. Anfang der sechziger Jahre belebte sich die Nachfrage: die Zahl der Anträge stieg von 139.000 im Jahr 1961 auf über 400.000 im Jahr 1966 (L'année politique 1966: 364). Das Angebot hinkte dem Bedarf weit hinterher. "By the end of the 1960's it could quite be said that the French population was divided in two: half of France

---

[4] 40 Prozent der Investitionsaufwendungen wurden zwischen 1951 und 1955 von der NATO finanziert; der Zustand des französischen Netzes war als Sicherheitsrisiko betrachtet worden (Ergas 1983: 9).

was waiting for a telephone, while the other half was waiting for a dialing tone" (Ergas 1983: 9).

1.3. Die Beschaffungspolitik der DGT

Die französische Fernmeldeverwaltung verfügte wie die Deutsche Bundespost über keine eigenen Kapazitäten zur Herstellung von Telekommunikationseinrichtungen. Auch die DGT hat ihren Bedarf in der Vergangenheit vollständig auf dem inländischen Markt gedeckt. Mit einem Anteil am Jahresabsatz von konstant über 60 Prozent war sie der wichtigste Kunde der heimischen Herstellerfirmen (Giraud 1987: 45).

1.3.1. Das Centre National d'Etudes des Télécommunications (CNET)

Die Beschaffungspolitik der DGT wurde bis Mitte der siebziger Jahre maßgeblich vom Centre National d'Etudes des Télécommunications (CNET) bestimmt. Innerhalb der DGT nahm das CNET eine zentrale Rolle ein, auch daran abzulesen, daß sein Direktor regelmäßig an die Spitze der DGT aufrückte. Das CNET war noch vom Vichy-Regimes eingerichtet worden. Als Forschungs- und Entwicklungszentrum betrieb es eigene FuE, vergab FuE-Aufträge an Firmen und bestimmte die generelle forschungs- und entwicklungspolitische Strategie der DGT. Neue Netze und Dienste wurden hier geplant. Das CNET traf die beschaffungspolitischen Entscheidungen: die Auswahl neuer Systeme und Geräte sowie ihrer Lieferanten, die Kontrolle der Einkaufspreise und (faktisch) die Vergabe von Beschaffungsaufträgen. Schließlich fielen Standardisierung und Zulassung in seinen Aufgabenbereich. Die Zahl der Mitarbeiter erhöhte sich zwischen 1954 und 1968 von knapp 1500 auf über 3000; etwa zwei Drittel hiervon waren im engeren Bereich der Forschung und Entwicklung beschäftigt (Bata et al. 1990: 72).

1.3.2. Beschaffungspolitische Ziele und Strategien

Die Ziele und Strategien, die das CNET verfolgte, reflektieren zweierlei. Sie waren zum einen Ausdruck des geringen politischen Stellenwerts, der der Infrastrukturaufgabe Fernmeldewesen in Frankreich bis Ende der sechziger Jahre zugemessen wurde. Zum andern paßte sich die Politik des CNET nahtlos in die Vorstellungen von der Rolle des Staates innerhalb der Wirtschaft ein, die sich die politischen Eliten Frankreichs nach dem Zweiten Weltkrieg zu eigen gemacht hatten: Das CNET verfolgte von Anbeginn an *industriepolitische Ziele*. Anders als in der Bundesrepublik existierte in

Die Politik des Arsenals 157

Frankreich nach dem Zweiten Weltkrieg kein leistungsfähiges, in französischem Besitz befindliches Herstellerunternehmen. Auf der Anbieterseite standen der Fernmeldeverwaltung seit den zwanziger Jahren die Töchter ausländischer Konzerne gegenüber. Zentrales Anliegen der Beschaffungspolitik des CNET war es, dieser technischen und ökonomischen Vorherrschaft ausländischer Unternehmen ein Ende zu bereiten und eine eigenständige französische Fernmeldeindustrie zu kreieren. "Alles wird dem Imperativ der technologischen Eigenständigkeit untergeordnet. Die Unterversorgung des Landes, die schlechte Qualität des Telefondienstes, die Proteste der Teilnehmer oder die Rentabilität der Investitionen finden kaum Beachtung. Alle Anstrengungen richten sich statt dessen auf die Erlangung nationaler Unabhängigkeit. Das CNET, die technologische Speerspitze der Verwaltung, steht konsequenterweise im Zentrum dieses Dispositivs" (Cohen 1992: 90). Die kausale Verknüpfung von ökonomischer Leistungsfähigkeit und nationaler Unabhängigkeit, die die Eliten der Nachkriegszeit hergestellt hatten, findet sich exemplarisch in den programmatischen Äußerungen des ersten CNET-Direktors Henri Jannès wieder: "Die Schlachten von 1940 mündeten in eine Katastrophe, weil wir die Auswirkungen der Mechanisierung auf die Militärtechnik nicht begriffen haben. Wenn wir der französischen Fernmeldeindustrie ihre halb-handwerklichen Strukturen lassen, dann wird der ökonomische Kampf in derselben Katastrophe enden und das aus denselben Gründen" (zit. nach Griset 1990: 285).[5]

2. Die französische Herstellerindustrie

Die Schwäche der nationalen Industrie war besonders gravierend auf dem Gebiet der **Vermittlungstechnik**. Technisch und wirtschaftlich nahm hier die amerikanische *ITT* eine überragende Stellung ein. Ihre französischen Töchter 'Le Materiél Téléphonique', *LMT*, und 'Compagnie Générale de Construction Téléphonique', *CGCT*, vereinten in den dreißiger und vierziger Jahren zwei Drittel bis drei Viertel des öffentlichen Auftragsvolumens auf sich. Ein weiteres Fünftel des Marktes hielt mit der 'Société Française des Téléphones Ericsson', *SFT Ericsson*, wiederum die Filiale eines ausländi-

---

[5] So stellte auch die Einrichtung des CNET Mitte der vierziger Jahre kein singuläres Ereignis in der französischen Forschungslandschaft dar, sondern war Bestandteil einer Reorganisation und Modernisierung der französischen Verwaltungsstrukturen und der Übernahme neuer staatlicher Aufgaben im Bereich der Wirtschaft, begonnen bereits unter dem Vichy Regime. Neben dem CNET wurden weitere öffentliche Forschungseinrichtungen geschaffen bzw. neustrukturiert: das Office de la Recherche Scientifique et Technique d' Outre-Mer, das Institut National d' Hygiène, das Centre National de la Recherche Scientifique, das Commissariat à l' Energie Atomique etc. (vgl. Bertho 1990: 258).

schen Unternehmens. Die Marktanteile einheimischer Hersteller waren verschwindend gering. Rund 3 Prozent entfielen auf die 'Compagnie Industrielle des Téléphones', *CIT* - seit 1938 im Besitz der Elektrogruppe 'Compagnie Générale d'Electricité', *CGE* -, weitere 2 Prozent auf die 'Association des Ouvriers en Instruments de Précision', *AOIP*. Beide Firmen produzierten Handvermittlungsämter und - auf der Grundlage von Ericsson-Lizenzen - kleine elektromechanische Vermittlungsstellen für ländliche Gebiete (Nouvion 1982: 43).

Weniger ausgeprägt war die Schwäche der französischen Telekommunikationsindustrie auf dem Gebiet der **Übertragungstechnik**. Mit über 30 Prozent Marktanteil wichtigster Anbieter war auch hier ein Unternehmen, an dem die ITT maßgeblich beteiligt war, die 'Lignes Télégraphiques et Téléphoniques', *LTT*. Fünf französische Unternehmen, die teilweise unter Lizenz ausländischer Hersteller produzierten, teilten sich den Rest des Marktes: die CGE-Töchter *CIT* und *Câbles de Lyon*, sowie die Firmen 'Société Anonyme des Télécommunications', *SAT*, und 'Société Alsacienne de Constructions Mécanique', SACM - später *Alcatel* (Bertho 1981: 412f.).

3. Historische Weichenstellungen

Die Angebotsstrukturen auf den französischen Fernmeldemärkten nach 1945 lassen sich wie im Fall der Bundesrepublik auf Beschaffungsentscheidungen zurückführen, die Mitte der zwanziger Jahre getroffen worden waren. Sie stehen wiederum im Zusammenhang mit der Automatisierung der Ortsvermittlungsämter und dem Aufbau des Weitverkehrsnetzes.

Schon im Vorfeld der Einführung **automatischer Ortswahltechnik** stand fest, daß das französische Netz mit ausländischen Systemen ausgerüstet werden würde. Von den einheimischen Firmen war keine in der Lage gewesen, mit dem technischen Fortschritt Schritt zu halten und eigene Systemvorschläge zu entwickeln. Der Zustand der französischen Fernmeldeindustrie Mitte der zwanziger Jahre spiegelte die Entwicklung des gesamten Fernmeldewesens wider. Frankreich lag schon zu diesem frühen Zeitpunkt in der Telefonversorgung weit hinter anderen Ländern zurück. Im Unterschied beispielsweise zum Deutschen Reich, wo die Bedeutung des Telefondienstes frühzeitig erkannt und der Aufbau des Telefonnetzes systematisch betrieben worden war, hatte der französische Staat das öffentliche Fernmeldewesen seit seinen Anfängen chronisch vernachlässigt. 1923 stand Frankreich im weltweiten Vergleich der Telefonversorgung noch hinter Uruguay und Argentinien an neunzehnter Stelle (Carré 1990b: 256).

Um die spärlichen Aufträge der PTT konkurrierte eine Vielzahl von kleinen Werkstätten. In einer Phase, in der die Firmen den Übergang von der Hand- zur automatischen Vermittlung meistern mußten, fehlten die Mittel für Forschung und Entwicklung (Nouvion 1982: 21ff.). Ein weiterer Faktor kam zum Tragen. Im Unterschied zu anderen Ländern gab es im industriell rückständigen Frankreich kein leistungsfähiges elektrotechnisches Großunternehmen, das in den Fernmeldemarkt einsteigen konnte. Wichtigste französische Herstellerfirmen waren die SIT (später CIT) und Thomson-Houston mit seiner Tochter 'Compagnie des Téléphones', daneben Kleinstbetriebe wie die 'Société Téléphones Grammont' und die 'Association des Ouvriers en Instruments de Précision', AOIP. Bereits früh waren Tochtergesellschaften ausländischer Firmen auf dem französischen Markt vertreten: Ericsson mit der SFT Ericsson seit 1911, Siemens nach dem Ersten Weltkrieg. 1920 übernahm die amerikanische Western Electric die bis dahin französische Firma LMT (Bertho 1981: 226ff., Nouvion 1982: 28ff.).

Als die PTT schließlich 1925 die systematische Einführung der automatischen Ortswahl anging, war die Entscheidung darüber, wer als Lieferant zum Zuge kommen würde, völlig offen.[6] Die PTT holte von fünf Firmen Angebote ein. Die französischen Firmen SIT und Thomson-Houston boten in Lizenz Systeme ausländischer Hersteller an, die SFT Ericsson das System der Mutterfirma, die Filiale von Siemens & Halske den in Deutschland eingesetzten Hebdrehwähler. Neuer und gewichtiger Anbieter war die ITT, der mit der Übernahme des internationalen Geschäfts der AT&T 1925 auch das französische Unternehmen LMT (seit 1920 im Besitz von Western Electric) zugefallen war. In der engeren Wahl verblieben schließlich noch Thomson-Houston, die SFT Ericsson und die ITT-Tochter LMT. Für ITT war ein Erfolg auf dem französischen Markt von entscheidender Bedeutung, sie hatte sich mit ihrer Vermittlungstechnik bisher nur in Spanien durchsetzen können. ITT rückte ihrem Ziel näher, indem sie 1926 das Telefongeschäft von Thomson-Houston aufkaufte. Der PTT-Verwaltung blieb somit die Wahl zwischen drei Tochterfirmen ausländischer Konzerne. Den Zuschlag erhielt 1926 die ITT-Tochter LMT. An die Systementscheidung hatte die PTT die Bedingung geknüpft, daß ITT allen von ihr benannten Firmen Lizenzrechte zur Produktion ihrer Vermittlungssysteme einräumte. Profitiert haben von dieser Regelung die SFT Ericsson und die französische Firma Grammont, die jedoch während der Weltwirtschaftskrise aus dem Markt ausschied.

Neben technischen Erwägungen und leichten Preisvorteilen hatte zur Entscheidung für die ITT vor allem deren Beflissenheit beigetragen, alle von der PTT formulierten Auflagen zu erfüllen. ITT ging auf die technischen Sonderwünsche der Verwaltung ein[7] und erklärte sich bereit, sämtliche Ein-

---

[6] Es ging dabei zunächst um die Auswahl eines Vermittlungssystems für das Pariser Netz. Zu dieser 'Schlacht um das Wählamt Carnot' und die Strukturen der französischen Fernmeldemärkte zu Beginn des Jahrhunderts vgl. Deloraine 1974: 72ff., Bertho 1981: 280ff., Nouvion 1982: 36ff., Aurelle 1996: 51ff., Cohen 1992: 38ff.

richtungen in Frankreich zu produzieren. Zu diesem Zweck wurden neue Fertigungsstätten errichtet und ein großes Forschungszentrum in Paris aufgebaut. Um der PTT-Verwaltung gegenüber zumindest den Anschein der Konkurrenz aufrechtzuerhalten, verzichtete ITT auf eine Fusion seiner Tochtergesellschaften. Sie traten unter eigenen Namen auf und blieben weitgehend unabhängig voneinander, diese 'Unabhängigkeit' ging so weit, daß sie teilweise konkurrierende Angebote vorlegten (Ergas 1983: 5).

Die PTT-Verwaltung erntete mit ihrer Entscheidung für einen internationalen Anbieter zwar Kritik, stieß aber nicht auf ernsthaften politischen Widerstand. Der Einsatz ihrer Macht als Nachfrager für die besondere Unterstützung französischer Firmen hatte zu keinem Zeitpunkt zur Debatte gestanden. Offensichtlich wird das Fehlen industriepolitischer Erwägungen angesichts der Haltung von PTT und Regierung gegenüber der Transaktion Thomson-Houston - ITT. Mit der Übernahme des Telefongeschäfts von Thomson-Houston durch die ITT verschwand der einzige ernstzunehmende französische Anbieter. Hinzu kommt, daß die Übernahme zu dem Zeitpunkt stattfand, als der Thomson-Houston erstmals eine eigenständige 'französische' Entwicklungsleistung in der Vermittlungstechnik vorweisen konnte. Weder PTT noch Regierung hatten Einwände gegen den Aufkauf vorgebracht. In den Folgejahren wurden auch die Bemühungen der CGE, neu in den Markt für Vermittlungstechnik einzudringen, von der PTT nicht gefördert. "Frankreich verfügte am Vorabend des Zweiten Weltkriegs über keine eigene Fernmeldeindustrie. Das Resultat der Industriepolitik der Vorkriegszeit, oder besser gesagt der Nichtexistenz einer Industriepolitik, war die Vorherrschaft der ITT auf dem französischen Markt, die von einer weiteren ausländischen Firma, Ericsson, kaum gefährdet wurde" (Nouvion 1982: 43).

Während die PTT-Verwaltung den Markt für Vermittlungseinrichtungen dem technisch und ökonomisch leistungsfähigsten Anbieter ITT überlassen hatte, mußten im Fall der **Übertragungstechnik** weitere Überlegungen mit ins Kalkül einbezogen werden. Die strategische Bedeutung, die das Militär dem nationalen Fernkabelnetz zumaß, verbot hier eine alleinige Abhängigkeit von ausländischen Lieferanten (vgl. Fuchs 1991).

Einen ersten Schritt hin zu einer größeren Unabhängigkeit von ausländischen Anbietern unternahm die PTT 1924 mit der Einrichtung einer Fernlinien-Abteilung, die mit dem Aufbau des Netzes betraut wurde. Im Interesse des Infrastrukturaufbaus konnte auf ausländische Hilfe nicht verzichtet werden, der 'Service des lignes souterraines à grande distance' war

---

[7] Das von ITT vorgeschlagene Rotary-System hatte die PTT auch deshalb überzeugt, weil es - anders als die von den Mitbietern präsentierten Strowger-Systeme - erlaubte, weiterhin alphanumerische Kennziffern zu verwenden, die Kurzbezeichnungen der jeweiligen Vermittlungsämter einschlossen. Die Telefonnummer gab somit Auskunft über die örtliche Lage des Anschlusses und indirekt über die soziale Position des Teilnehmers: OPEra, PASsy, GUTenberg etc. (Bertho 1981: 289).

Die Politik des Arsenals

zunächst nicht einmal in der Lage, die benötigten Einrichtungen technisch hinreichend zu beschreiben. Die Hälfte der Aufträge erhielt die ITT-Filiale LTT. Auf Betreiben der PTT formierte sich ein weiterer industrieller Partner: die (einheimische) 'Société Anonyme des Télécommunications', SAT. In den dreißiger Jahren etablierte die Verwaltung eine enge technische und ökonomische Kooperation mit dem Unternehmen. "Between the two wars a technical system was thus involved which so closely intertwined the operating Administration and the national industry that it was difficult to know where the decisions were made, and who had the power to make them" (Bertho-Lavenir 1988: 167).

4. Forschung und Entwicklung unter Führung des CNET

Die Gründung des CNET im Jahre 1944 markierte einen Wendepunkt in der Beschaffungspolitik der PTT: "Von nun an ging es darum, die Vorherrschaft amerikanischer Firmen im französischen Fernmeldesektor zu brechen" (Bertho 1981: 414).

Am Vorabend des Zweiten Weltkriegs hatte die PTT nur über bescheidene eigene FuE-Kapazitäten verfügt. Ihr 'Service d'Etudes et de Recherches techniques' beschäftigte etwa sechzig Kräfte, darunter zehn Ingenieure. Das Zentrallabor der ITT in Paris war indessen auf mehr als 700 Mitarbeiter angewachsen (Deloraine 1974: 82, Bata 1991a: 26). Innerhalb der PTT war die Abhängigkeit von der Willfährigkeit ausländischer Firmen schon in den dreißiger Jahren ein Thema; Klagen über die "Demütigungen" und "Erniedrigungen", die die technische Vorherrschaft von ITT, Ericsson und Siemens - das im Rahmen von deutschen Reparationsleistungen lieferte - mit sich brachte, häuften sich.[8] Während der Besatzungszeit wurde der Ausbau des eigenen FuE-Labors systematisch betrieben, die Zahl der Beschäftigten stieg auf mehr als 400 (Bata et al. 1990: 72). 1944 erfolgte schließlich die Einrichtung des CNET, in dem die öffentlichen Forschungskapazitäten im Bereich der Nachrichtentechnik zusammengefaßt wurden. "Der Aufbau eines mächtigen Forschungszentrums, das eine eigene französische Technologie entwickeln würde, erschien als das geeignete Mittel, die Verwaltung von der 'ausländischen Gängelung' zu befreien; diese nationalen Beweggründe waren Leitmotiv der Entwicklung des CNET im Laufe der Jahrzehnte" (Bata 1990a: 38).

---

[8] So lieferten ITT und Siemens - um zu verhindern, daß die PTT einen Einblick in die Konstruktion ihrer Pupin-Spulen erhielt - verplombte Kabel (Bertho 1981: 301).

Das CNET bemühte sich seit seinen Anfängen um eine enge Zusammenarbeit mit den kleinen 'einheimischen' Herstellerfirmen. Im Rahmen dieser Zusammenarbeit leistete das CNET in der Regel den Hauptteil der FuE-Arbeiten: Grundlagenforschung, angewandte Forschung bis hin zur Erstellung von Konstruktionszeichnungen. Die Herstellerfirmen konnten auf die Ergebnisse dieser Arbeiten aufbauen. Ausgehend von Blaupausen und Pflichtenheften, die sie vom CNET zur Verfügung gestellt bekamen, entwickelten sie die Einrichtungen bis zur Produktreife weiter. Finanziert wurden ihre Aufwendungen durch Entwicklungsaufträge des CNET für Prototypen. Die Arbeiten in den Industrielabors fanden unter ständiger Kontrolle und mit der Hilfestellung des CNET statt (vgl. Ruges 1970: 80, Griset 1990: 305). Eine weitere Form der Zusammenarbeit waren Gemeinschaftsprojekte von CNET und Industrie. Hier wurden die Firmen bereits in einem früheren Stadium der Entwicklungsprozesse miteinbezogen (Nouvion 1982: 206).

Im Zentrum der Aktivitäten des CNET stand bis Ende der fünfziger Jahre die **Übertragungstechnik**. Hier lagen die dringendsten Anforderungen der DGT, die sich zunächst auf den Wiederaufbau des zerstörten Fernverkehrsnetzes konzentrierte. Außerdem machte die Technik rasche Fortschritte, wichtige Etappen stellen die Entwicklung von Koaxialkabelsystemen und von Verstärker- und Trägerfrequenzsystemen dar. Schließlich waren die Ausgangsbedingungen für die industriepolitischen Vorhaben des CNET im Bereich der Übertragungstechnik relativ günstig. Anders als in der Vermittlungstechnik existierte hier eine - wenn auch technologisch rückständige und zersplitterte - 'französische' Herstellerindustrie.

Um die Planungen zur Wiedererrichtung des Fernkabelnetzes mit den Herstellerunternehmen abzustimmen, war 1946 ein 'Büro für die Entwicklung der Fernmeldekabeltechnik' gegründet worden, das Betriebsstellen der DGT, CNET und Herstellerunternehmen vereinte. Ein Jahr später wurde es von der 'Société mixte pour le dévelopment de la technique des télécommunications sur câbles' - **Sotelec** - abgelöst. Am Kapital der Sotelec beteiligte sich das CNET als Vertreter der PTT mit 39 Prozent, die restlichen Anteile hielten die vier wichtigsten Herstellerunternehmen von drahtgebundener Übertragungstechnik: die 'einheimischen' Unternehmen CIT, SAT und Alcatel sowie die ITT-Tochter LTT. Eine wichtige Funktion der Sotelec war die eines Patentpools. In der Anfangsphase übernahm sie für die französischen Firmen die Verhandlungen mit der Western Electric (AT&T), in deren Besitz sich die wesentlichen Patente für neue Übertragungstechniken befanden; die erworbenen Lizenzen wurden von den Mitgliedern gemeinsam genutzt. Als in der Folge Eigenentwicklungen vorlagen, wurden die von einzelnen Mitgliedern gehaltenen Patente den anderen Partnern unentgeltlich zur Verfügung gestellt (Griset 1990: 296). Die Sotelec erhielt eigene Büros und ein Test-Labor. Das CNET konnte über die Sotelec auf die FuE-Aktivitäten der Hersteller einwirken. Faktisch wurde das Gros der

FuE-Arbeiten vom CNET geleistet: "Der große Rückstand der Industrie in diesen Jahren, ihre Zerstückelung und ihr Mangel an finanziellen Mitteln führten dazu, daß das CNET einen Teil ihrer Aufgaben übernahm: es entwickelte die Einrichtungen, deren Produktion dann der Industrie anvertraut wurde" (Ruges 1970: 97). Die beachtlichen Leistungen des CNET in Forschung und Entwicklung führten auch die Firmen zum Erfolg. Auf dem nationalen Markt konnten die einheimischen Unternehmen CIT und SAT in den sechziger Jahren der ITT die Führungsrolle streitig machen. International erfolgreich waren die beiden Hersteller auf dem Gebiet der Unterwasserkabel (Aurelle 1986: 63).

Auf dem Gebiet der **Vermittlungstechnik** hatte sich das CNET Ende der vierziger Jahre bemüht, einen technisch eigenständigen französischen Anbieter zu etablieren. Als die DGT 1948 die Einführung einer zweiten Generation von elektromechanischen Wählern anging, unterbreitete neben den ITT-Töchtern LMT und CGCT sowie der SFT Ericsson die CGE-Tochter CIT einen Systemvorschlag. Das CNET hatte technische Hilfestellung geleistet. Der Versuch mit der CIT mündete in ein Desaster. Nachdem die DGT die Einführungsentscheidung zunächst mit Rücksicht auf das Unternehmen mehrere Jahre aufgeschoben hatte, brannte der Prototyp des CIT-Wählers bei der Inbetriebnahme aus (vgl. Cohen/Bauer 1985: 190). Die CIT verzichtete fortan auf Forschung und Entwicklung im Bereich der Vermittlungstechnik und produzierte weiterhin unter Lizenz. Eingeführt wurden Anfang der sechziger Jahre wiederum Systeme von ITT und Ericsson, anders als in den zwanziger Jahren hatte das CNET deren technische Gestaltung jedoch maßgeblich mitbestimmen können (Ergas 1983: 8).

Im Zusammenhang mit der Einführung dieser zweiten Generation elektromechanischer Vermittlungseinrichtungen wurde - nach dem Vorbild der Sotelec - eine gemischtwirtschaftliche Gesellschaft ins Leben gerufen, die neben dem CNET die Anbieter zusammenfaßte. Forschung und Entwicklung spielten im Rahmen dieser 'Société d'économique mixte pour le développement de la technique de la commutation dans le domaine des télécommunications' - **Socotel** - eine untergeordnete Rolle. Die nationalen Hersteller waren aufgrund des mageren Beschaffungsvolumens der DGT nicht bereit, sich hier zu engagieren; das CNET seinerseits beschäftigte sich bereits mit der nächsten - elektronischen - Generation von Vermittlungssystemen (Le Diberder 1983: 45).

Die FuE-Tätigkeit des CNET konzentrierte sich seit Ende der fünfziger Jahre auf die Digitaltechnik (vgl. Lucas 1990). Mit seinen parallel geführten Arbeiten an halb- und vollelektronischen Vermittlungssystemen nahm es international eine Spitzenstellung ein und konnte - dies kann hier schon vorweggenommen werden - einen der größten Erfolge seiner Geschichte erzielen. 1970 nahm die DGT als weltweit erste Fernmeldeverwaltung ein vollelektronisches Vermittlungssystem in Betrieb. Produziert hatte das System

'E 10' das französische Unternehmen CIT (Lucas 1990: 187). In den fünfziger Jahren waren noch alle Versuche des CNET gescheitert, die CIT - respektive ihre Mutterfirma CGE - zum Einstieg in die Vermittlungstechnik zu bewegen. "The CNET put large sums of money in abortive co-operation with an unenthusiastic CGE which prefered to produce under license, could not export its licensed technology, did not engage in R&D, and... used its telecommunications profits to finance other areas" (Cawson et al. 1987: 17). Auch für die elektronische Vermittlungstechnik blieb dem CNET zunächst nur der Rückgriff auf die ITT-Tochter LMT, mit der gemeinsame Projekte für halbelektronische Systeme unternommen wurden. Ein erneuter Vorstoß des CNET hatte Anfang der sechziger Jahre Erfolg, die CIT beteiligte sich an seinen Projekten zur vollelektronischen Vermittlungstechnik. Die Zusammenarbeit verlief nach dem aus der Übertragungstechnik bekannten Muster. Das CNET leistete alle Vorarbeiten bei der Entwicklung des Systems und stellte seine Ergebnisse schließlich der CIT zur Verfügung. "Für das CNET war die Cit-Alcatel kaum mehr als eine Bastelstube und ihr Mutterkonzern CGE eine Finanzgruppe, die von der generösen öffentlichen Beschaffungspolitik am Leben erhalten wurde" (Cohen 1992: 155).

5. 'Marktorganisation' durch das CNET

Die gemischtwirtschaftlichen Gesellschaften Sotelec und Socotel, in denen das CNET seine Lieferanten für Übertragungs- und Vermittlungstechnik vereint hatte, dienten nicht allein als Foren der Steuerung von Forschung und Entwicklung. Unter den Mitgliedern der Sotelec und der Socotel wurden auch die laufenden Beschaffungsaufträge der DGT freihändig vergeben. Die Beschaffungsmärkte der DGT waren damit für Außenseiter geschlossen. Die Auftragsvergabe erfolgte nach einem rigiden Quotensystem. Jedes Mitglied hatte Anspruch auf einen festen Anteil am Beschaffungsvolumen der DGT (Ruges 1970: 86). Die Höhe des jeweiligen Anteils bestimmte das CNET. Es setzte dabei die Macht als Nachfrager dazu ein, die Stellung der französischen Hersteller zu verbessern. Die Filialen von ITT und Ericsson hatten - im Gegenzug für die Garantie eines festen Anteils am Beschaffungsvolumen - ihre Patente für die weiteren Mitgliedsfirmen freizugeben, sie mußten dabei eine Senkung ihrer Marktanteile zugunsten der französischen Firmen hinnehmen (Ergas 1983: 7).

Das CNET hatte seine "Politik der Marktorganisation" - "that is, of seeking to reduce foreign dependance through a gradual policy of administering market share and increasing technological capability of French firms" (Ergas 1983: 12) - zunächst in der Übertragungstechnik durchgesetzt. Das

Die Politik des Arsenals 165

vergleichsweise hohe Beschaffungsvolumen erklärt die Bereitwilligkeit, mit der sich die Firmen in ein vom CNET organisiertes Kartell einbinden ließen. "Die Aufgabe, die sich stellte, war einfach: Frankreich mußte ausgestattet werden, und alle wollten daran teilhaben" (Griset 1990: 298). Innerhalb von **Sotelec** wurden Aufträge nach folgendem Schlüssel vergeben: Auf die nationalen Firmen Alcatel und Câbles de Lyon, beides mittlerweile Töchter der CGE, entfiel ein Anteil von 40 Prozent, auf die - ebenfalls nationale - Firmengruppe G3S, der die SAT, die SAGEM und die Compagnie des Signaux angehörten, weitere 30 Prozent des Beschaffungsvolumens der DGT. Die LTT, ein Beteiligungsunternehmen der ITT, hielt 20 Prozent des Marktes, die Philips-Tochter TRT 6 Prozent (Le Diberder 1981: 47).

Die Einführung einer zweiten Generation von Vermittlungstechnik war vom CNET Ende der fünfziger Jahre dazu genutzt worden, auch in diesem Bereich die Lieferanten in ein Kartell, die **Socotel**, zusammenzufassen und damit "den Markt auf die gleiche autoritäre und colbertistische Weise zu organisieren wie in der Übertragungstechnik" (Bertho 1981: 444). Bereits in den fünfziger Jahren war der Anteil der einheimischen Firmen am Beschaffungsvolumen sukzessive erhöht worden. Das CNET machte nun seine Entscheidung für die Neueinführung der Systeme von ITT und Ericsson von deren Bereitschaft abhängig, CIT und AOIP Lizenzrechte und erhebliche Marktanteile zu überlassen. Vor allem die ITT-Töchter CGCT und LMT, die sich nur zögernd auf das neue Arrangement einließen, hatten schwere Einbußen hinzunehmen. Ihr Anteil am Auftragsvolumen sank von knapp 60 Prozent auf 47 Prozent, derjenige der SFT Ericsson auf unter 20 Prozent. Nutznießer waren die nationalen Firmen - obschon sie lediglich unter Lizenz von Ericsson produzierten. Die CIT erhielt nunmehr 25 Prozent der Aufträge, der Anteil der AOIP stieg auf 9 Prozent (Aurelle 1986: 60).

Die Politik der Marktorganisation und der Quotierung des DGT-Beschaffungsvolumens im Rahmen von Sotelec und Socotel schloß jegliche Konkurrenz unter den Lieferanten aus. **Preise** für neueingeführte Systeme und Geräte berechnete das CNET nach groben Selbstkostenschätzungen der Firmen. Während der laufenden Beschaffungen wurden diese ausgehend vom Einführungspreisniveau kontinuierlich fortgeschrieben. Grundlage war eine feste Formel, die sich aus dem Anstieg von allgemeinen Lohn- und Materialkosten ergab (Nouvion 1982: 232, Ruges 1970: 89). Dementsprechend hoch waren die Beschaffungspreise der DGT. "Das einträchtliche Nebeneinander der Lieferanten in Sotelec und Socotel, die Aufteilung des Marktes durch das Quotensystem und schließlich die Gewißheit, daß keine Außenseiter in ihren Club eindringen würden, gaben den Firmen keinerlei Anlaß, ihre Preise zu senken" (Bertho 1981: 464). Produktivitätssteigerungen wurden von den Firmen nicht weitergegeben; die Beschaffungspreise der DGT stiegen in den fünfziger und sechziger Jahren schneller als die

Inflationsrate (Nouvion 1982: 232). Absolut gesehen, zahlte sie für Telekommunikationseinrichtungen weit mehr als andere Fernmeldeverwaltungen. Ihre Beschaffungspreise lagen einer Berechnung der Internationalen Fernmeldeunion ITU zufolge in den sechziger Jahren 20 Prozent über dem internationalen Durchschnitt (vgl. Bertho 1981: 465).

Hinter diesem Verzicht auf Preiskonkurrenz (und technische Konkurrenz) standen - und diese Interpretation findet sich in zeitgenössischen Analysen der verschiedensten Provenienz[9] - industriepolitische Gründe. Die einheimischen Firmen hätten dem Wettbewerb mit den Filialen der ITT und Ericsson, die billiger produzieren konnten, nicht standgehalten. "Man wollte diese Firmen unterstützen und bot ihnen deshalb Sicherheit - also feste Quoten" (Ruges 1970: 97). Eigenwirtschaftliche Interessen der Fernmeldeverwaltung und infrastrukturpolitische Ziele ordnete das CNET seinen industriepolitischen Ambitionen unter. "Das CNET unternahm keine Anstalten, seine Beschaffungskosten zu senken, um so eine größere Zahl von Teilnehmern anschließen zu können. Statt dessen ging es darum, eine nationale Industrie aus dem Boden zu stampfen" (Cohen 1992: 43).

Ende der fünfziger Jahre wurden erstmals Proteste gegen die Beschaffungspraktiken des CNET laut. Sie kamen aus den Reihen der politischen Opposition und der ihr verbundenen Gewerkschaften CGT und CFDT. Der ehemalige CNET-Direktor Jannès veröffentlichte 1958 eine kritische Bestandsaufnahme der Situation des Fernmeldewesens in Frankreich. Sie gipfelte in dem Vorwurf, Regierung und DGT läge das Wohl einzelner Unternehmen stärker am Herzen als die Interessen der französischen Bürger. Die extrem hohen Preise des Telefondienstes, seine mangelhafte Qualität und lange Wartezeiten für neue Telefonanschlüsse würden bewußt in Kauf genommen, um eine Gruppe opportunistischer Firmen zu protegieren. Die Gewerkschaften CGT und CFDT nahmen den Bericht von Jannès zum Anlaß für eine öffentliche Kampagne gegen die Mißstände im französischen Fernmeldewesen und den Beschaffungsprotektionismus des CNET (vgl. Jannès 1970, Bertho 1981: 464, Nouvion 1982: 232).

Wenngleich weder Regierung noch DGT unmittelbar auf die Attacken der Opposition reagierten, so hatte die 'Affaire Jannès' zumindest indirekte Folgen. Der Rechnungshof richtete sein Augenmerk auf das CNET. Ein Prüfbericht von 1960 bescheinigte ihm archaische Methoden bei der Preisbestimmung. Exemplarisch war der Fall der Vermittlungstechnik. Bis 1960 waren hier die Preise des Jahres 1931 kontinuierlich fortgeschrieben worden (Bertho 1981: 466). Die Kritik des Rechnungshofes hatte Konsequenzen. 1964 erfolgte die Einrichtung einer Zentralen Preiskontrolle für Beschaf-

---

[9] So auch in einer scharfen Kritik an den beschaffungspolitischen Praktiken des CNET, die 1970 eine Gruppe von Außenseitern innerhalb des Korps der Telekommunikationsingenieure unter dem Pseudonym 'Ruges' (ein Anagramm abgeleitet aus 'Rue de Ségur', dem Sitz des PTT-Ministeriums) veröffentlichte (Ruges 1970).

Die Politik des Arsenals 167

fungen der PTT nach Vorbild des Verteidigungsministeriums. Angesiedelt wurde sie wiederum beim CNET. Eine Ergänzung des Loi de finance von 1963 räumte der Zentralen Preiskontrolle weitreichende Kontrollkompetenzen ein. Öffentliche Auftraggeber erhielten im Fall von freihändig vergebenen Aufträgen - das traf für fast 90 Prozent der Beschaffungsaufträge der DGT zu - das Recht, die Buchhaltung der Lieferanten vor Ort einzusehen (Nouvion 1982: 232). Die Einführung der Preiskontrolle zeigte Ende der sechziger Jahre deutliche Effekte. Bei steigender Inflationsrate konnten die durchschnittlichen Beschaffungspreise zwischen 1967 und 1973 um mehr als 10 Prozent gesenkt werden (Nouvion 1982: 234).

Das im internationalen Maßstab überdurchschnittliche Niveau der Beschaffungspreise war nicht allein der Kartellbildung und der industriepolitisch motivierten Indifferenz des CNET zuzuschreiben. Die französischen Hersteller produzierten verglichen mit ausländischen Anbietern mit **hohen Kosten**. Hierfür gab es mehrere Ursachen. Die wichtigste lag in den *geringen Auftragsvolumina* der DGT, die die Produktion großer Serien und damit Skalenerträge verhinderten. Indiz sind die mageren Umsätze der französischen Telekommunikationshersteller. Zusammengenommen erreichten die fünf größten Anbieter 1968 einen Jahresumsatz von rund 1,7 Mrd. FF und damit nur die Hälfte des Umsatzes, den allein die Siemens AG im Bereich der Nachrichtentechnik verbuchen konnte (Ruges 1970: 91, vgl. Tabelle III-1). Für die Produktion von kleinen Serien war auch verantwortlich, daß die DGT ihre Netzausbaupolitik *nicht an strikten einheitstechnischen Kriterien* ausrichtete. Im Fall der Vermittlungstechnik waren die Motive eindeutig, der Einsatz zweier Systeme (von ITT und Ericsson) sollte hier eine Abhängigkeit von einem einzigen 'ausländischen' Systemlieferanten, faktisch der ITT, ausschließen. Folge war eine Zersplitterung des Auftragsvolumens, zu der die industriepolitisch begründete Erweiterung des Anbieterkreises um die einheimischen Hersteller CIT und AOIP weiter beitrug. Einen Gesamtausstoß von 400.000 vermittlungstechnischen Anschlußeinheiten teilten sich in Frankreich 1970 fünf Firmen, die zwei verschiedenartige Systeme produzierten. In den USA wurden im gleichen Jahr von der Western Electric fünf Millionen Anschlußeinheiten eines Sytemtyps bzw. seines technischen Nachfolgers gefertigt (Ruges 1970: 95). Der Verzicht auf die Beschaffung einer Einheitstechnik, mit allen daraus erwachsenden Konsequenzen - kleine Serien und somit hohe Produktionskosten einerseits, Kompatibilitätsprobleme, hohe Betriebs- und Instandhaltungskosten andererseits - hatte noch andere Wurzeln. Geradezu entgegengesetzt zur Praxis des Fernmeldetechnischen Zentralamts der DBP spielten für das CNET, das sich auch über die eigenen Leistungen in Forschung und Entwicklung profilieren wollte, die Anforderungen des Betriebs eine untergeordnete Rolle. "Als gute Forscher testeten die Ingenieure des CNET jede neue Technik vor

Ort... Ergebnis war ein Sammelsurium disparater Techniken im französischen Netz" (Marchand 1987: 17).

Tabelle III-1: Vergleich der größten Herstellerfirmen der Welt und der größten französischen Herstellerfirmen, 1968

Unternehmen	Land	Umsatz in Mio. FF	Beschäftigte
Western Electric (AT&T)	USA	22.000	177.000
ITT	USA	4.600	
Siemens	BRD	3.400	
L. M. Ericsson	Schweden	2.700	49.000
Northern Electric	Kanada	2.200	24.000
Philips	Niederlande	1.500	6.000
NEC	Japan	1.250	
LMT (ITT)	Frankreich	413	5.625
CGCT (ITT)	Frankreich	288	5.945
CIT (CGE)	Frankreich	400	7.647
SFT Ericsson	Frankreich	146	4.605
SAT	Frankreich	265	4.222
TRT (Philips)	Frankreich	158	2.465

Quelle: Ruges 1970: 91

Auf die Einflußnahme des CNET war auch die dritte Ursache für die hohen Produktionskosten der französischen Firmen zurückzuführen. Das CNET hatte - das galt vor allem für die Übertragungstechnik - Forschungs- und Entwicklungsaufgaben nahezu vollständig selbst übernommen. Mangelnde Eigeninitiative der Industrie war nur ein negativer Effekt eines *Modells des Technologietransfers*, das den Firmen lediglich eine 'ausführende' Rolle zuwies. Zudem war das CNET mit den spezifischen Anforderungen der Produktion nicht vertraut. "Es kennt weder die Probleme, die seine elaborierten technischen Spezifikationen beim Übergang zur Serienfertigung aufwerfen, noch kennt es die genauen Kosten der Materialbeschaffung und der Herstellung. Es ist demnach nicht in der Lage, Wirtschaftlichkeitskriterien in die eigenen Entwicklungsarbeiten miteinzubeziehen" (Ruges 1970: 97). Die Firmen, die ihrer Marktanteile sicher sein konnten, unternahmen ihrerseits keine Anstrengungen, diesen negativen Effekten entgegenzusteuern. "Die Industrie, der die Herstellung eines Systems anvertraut worden ist, hat nur wenig Anlaß, aus Kostenüberlegungen heraus von den Vorgaben abzugehen

Die Politik des Arsenals

und sich womöglich Schwierigkeiten mit dem CNET einzuhandeln" (Ruges 1970: 97).

6. Die industriepolitische Bilanz der 'Politik des Arsenals'

Die Bilanz nach zwanzig Jahren der "Marktorganisation" durch das CNET - polemisch auch "Politik des Arsenals" genannt (Bertho 1981: 464)[10] - war wenig ermutigend. Das CNET hatte seine industriepolitischen Ziele nur in einem Punkt erreicht. Dem Einsatz der zentralen Nachfrageposition der DGT war es zu verdanken, daß die Anteile einheimischer Firmen am Beschaffungsvolumen gegenüber der Ausgangslage nach dem Zweiten Weltkrieg deutlich gestiegen waren.

Die Effekte seiner Forschungs- und Technologiepolitik waren zwiespältig. Im Bereich der Vermittlungstechnik dominierten nach wie vor die Tochterfirmen ausländischer Konzerne. Die Vermittlungseinrichtungen, die die DGT Anfang der sechziger Jahre neu ins Netz eingeführt hatte, waren - wie in den zwanziger Jahren - von ITT bzw. Ericsson konzipiert worden. Die Versuche des CNET, mit der CGE-Tochter CIT eine eigenständige nationale Systemfirma zu etablieren, waren gescheitert, zumindest was die Generation elektromechanischer Einrichtungen anging, die bis Ende der siebziger Jahre beschafft wurde. Die Mutterfirma CGE hatte sich nach dem Fehlschlagen des ersten Versuchs, der Anfang der fünfziger Jahre gemeinsam mit dem CNET unternommen worden war, auf keine Experimente mehr eingelassen. Was die Übertragungstechnik betraf, hatten die einheimischen Anbieter ihren technologischen Rückstand aufholen können. Hierzu hatten die Firmen selbst wenig beigesteuert, sie betrieben keine nennenswerte eigene Forschung und Entwicklung und verließen sich vollständig auf die Vorarbeiten des CNET. Allein die Tochterfirmen der ITT unterhielten in Frankreich größere eigene FuE-Einrichtungen. Das protektionistische System der Kartelle Sotelec und Socotel hatte ein weiteres dazu beigetragen, Eigeninitiative auf Seiten der Firmen im Keim zu ersticken.

Deutliches Indiz für das Scheitern der ursprünglichen Ambitionen - die heimische Herstellerindustrie sollte, so der erste CNET-Direktor 1946, technologisch und ökonomisch eine weltweite Spitzenstellung erlangen - war die Schwäche der Firmen im Export. In den sechziger Jahren führte die gesamte französische Herstellerindustrie nur 10 Prozent ihrer Jahresproduktion aus, die bundesdeutsche Herstellerindustrie dagegen mehr als 25 Prozent

---

[10] Der Begriff wurde ursprünglich auf die Rüstungsindustrie angewandt. Er beinhaltet das Fehlen von Konkurrenz und die Vernachlässigung von Kostenaspekten bei der Produktion (Cohen 1992: 90).

(Aurelle 1986: 65). Selbst diese niedrige Ausfuhrquote gibt die internationale Wettbewerbsposition der einheimischen Hersteller nur unzureichend wieder. Der Auslandsumsatz ging in erster Linie auf das Konto der beiden ITT-Töchter, die das Vermittlungssystem 'Pentaconta' - 1960 von der DGT eingeführt - international absetzten. Die beiden einheimischen Hersteller CIT und AOIP exportierten keine Vermittlungstechnik, ihre Lizenzverträge mit Ericsson billigte ihnen keine Ausfuhrrechte zu. Auch die Aktivitäten der SFT Ericsson beschränkten sich auf den nationalen Markt (Bertho 1981: 467). Den einheimischen Herstellern blieb somit die Ausfuhr von Einrichtungen der Übertragungstechnik. Ihre wichtigsten Kunden waren dabei Fernmeldeverwaltungen des französischen Einflußgebiets, d. h. der ehemaligen und noch bestehenden Kolonien. Ohne politische Unterstützung durch die eigene Regierung hatten sie auf ausländischen Märkten gegenüber der internationalen Konkurrenz keine Chance. Sie verfügten aus historischen Gründen nicht über feste eigene Klientele und Vertriebswege, verlangten exzessive Preise und konnten schließlich ausländischen Verwaltungen keine vollständigen Systeme liefern (vgl. Bertho 1981: 467, Le Diberder 1983: 110ff.).

B. Gesteuerte Konkurrenz

1. "Telefon für alle"

1.1. Die 'Crise du téléphone' wird zum Politikum

Die späten sechziger Jahre stellen einen Wendepunkt in der Entwicklung des französischen Fernmeldewesens dar. Industrialisierung, Wachstum des Dienstleistungssektors und Verstädterung ließen die Nachfrage nach dem Telefondienst stetig steigen, das Telefon wurde zum begehrten Kommunikationsmittel. Die Proteste derer, die vergeblich auf einen Anschluß warteten oder tagtäglich mit den Unzulänglichkeiten des Telefondienstes zu kämpfen hatten, waren nicht mehr zu überhören. "Ein Sturm der Entrüstung erhob sich; lokale Abgeordnete und Mandatsträger, Unternehmerverbände und Ärztevereinigungen, ganze Teile der Bevölkerung sprachen mit einem Mal vom 'scandale du téléphone'" (Nouvion 1982: 230).

Die Mißstände im Fernmeldewesen und die Untätigkeit der Regierung wurden in der Krisensituation, die das gesamte Staatswesen erfaßt hatte, zum Politikum: "Das Telefon galt als das Symbol für das Versagen und die Unbelehrbarkeit des französischen Staatsapparats" (Bertho 1981: 471). Die Attacken gegen Regierung und PTT-Verwaltung gipfelten in der Forderung nach einer radikalen Reform. Valéry Giscard d' Estaing, gerade als Finanzminister von Georges Pompidou entlassen, brachte 1967 einen Gesetzentwurf ein, der bei Wirtschaft und Verbänden auf einhellige Zustimmung stieß. Die DGT sollte demnach aus der PTT-Verwaltung herausgelöst und in ein öffentliches Unternehmen ('Compagnie du Téléphone') umgewandelt werden, an dem sich auch private Anteilseigener beteiligen könnten. Während des Präsidentschaftswahlkampfs von 1969 gestand Georges Pompidou die 'misère du téléphone en France' offen ein und kündigte eine beträchtliche Erhöhung der Investitionen an. Der 1971 beschlossene 6. Wirtschaftsplan setzte klare Ziele für Modernisierung und Netzausbau. Bis 1975 sollten nach ursprünglicher Planung insgesamt 35,5 Mrd. FF in die Telekommunikationsinfrastruktur fließen; der vorangegangene 5. Plan (1966 bis 1970) hatte gerade 12 Mrd. FF bereitgestellt (L'année politique 1971: 387, Libois 1983: 261, Le Diberder 1983: 63f.).

1.2. Erste Reformen der PTT

Das Projekt einer 'Compagnie du Téléphone', dem auch Pompidou durchaus zugeneigt war, nahm angesichts des massiven Widerstands der Gewerkschaften gegen eine "Zerschlagung der PTT" keine Gestalt an (vgl. Le Diberder 1983: 66ff.).[1] Zwischen 1967 und 1974 wurde jedoch - in der Regel über den Verordnungsweg - eine Reihe von Reformen umgesetzt, die die Organisation des Post- und Fernmeldewesens grundlegend veränderten.

Die Reformen betrafen erstens das traditionelle **Finanzierungssystem** der PTT. Sie erhielt den Zugang zum privaten Kapitalmarkt, den die Finanzminister in der Vergangenheit verweigert hatten. 1967 wurde eine Caisse Nationale des Télécommunications eingerichtet, die die Akquirierung von Fremdkapital übernahm. 1969 wurde der PTT die Schaffung von privatrechtlichen Finanzierungsgesellschaften erlaubt. Sie übernahmen die Vorfinanzierung von Immobilien und von Telekommunikationseinrichtungen über Leasing-Verträge mit der DGT (vgl. Le Diberder 1983: 75ff.).[2]

Zweitens wurde die **interne Organisation** der PTT radikal umgestaltet. Haushalts-, Personal- und Liegenschaftsangelegenheiten wurden bis dahin für Post- und Fernmeldewesen gemeinsam wahrgenommen. Der enge Verbund hatte einen Effekt, der für die Mißstände im Fernmeldesektor mitverantwortlich war: Das Engagement, mit der die PTT die Entwicklung der beiden Dienstzweige betrieb, wurde zur Frage des Kräfteverhältnisses zwischen der Direction Générale de la Poste (DGP) und der DGT, respektive zweier konkurrierender Korps: der 'administrateurs des Postes' - Absolventen der Ecole nationale supérieure des PTT - und der 'ingénieurs des télécommunications' - Absolventen der Ecole nationale supérieure des télécommunications. Dabei hatten die Post und ihre 'admnistrateurs' eindeutig die Oberhand, sie bestimmten die Politik der PTT und ihrer aufeinanderfolgenden Minister (Giraud 1987: 51). Diese Machtbeziehungen setzten sich auf der Ebene der Außenorganisation fort. Die 'directeurs départementals de la Poste' waren den 'directeurs départementals des télécommunications' übergeordnet (Giraud 1987: 54).

Der latente Konflikt zwischen den beiden Dienstzweigen brach Mitte der sechziger Jahre offen aus. "Die 'administrateurs', die innerhalb der PTT den

---

[1] In Frankreich existierte keine 'Hausgewerkschaft' der PTT. Innerhalb der PTT waren die Richtungsgewerkschaften CGT, CFDT, CFTC und FO am stärksten vertreten. Insgesamt war das Personal "außerordentlich" stark organisiert (Le Diberder 1983: 66). "Trade Unions have no official channel of influence on the DGT. The latter, being a public administration, has the tradition of 'neutrality' which precludes any type of intervention of the so called 'private interests' on the 'public interest'. Trade Unions, although rather mighty, are thus confined to the mere defence of the labor force working conditions" (Dang Nguyen 1988: 109).

[2] Zwischen 1970 und 1975 wurden fünf derartige privatwirtschaftliche Finanzierungsgesellschaften gegründet: Finextel, Codetel, Agritel, Creditel und Francetel. Kapitaleigner waren die großen französischen Banken und private Aktionäre (vgl. Le Diberder 1983: 75f.).

Ton angaben, waren nicht gewillt, gegen das 'Elend des Fernmeldewesens' anzugehen. Sie ließen es mit dem Hinweis darauf bewenden, daß die Telekommunikationsingenieure 'unfähig seien, sich mit Dingen zu befassen, die mehr als nur technischen Sachverstand erforderten'" (Giraud 1987: 54). Die Telekommunikationsingenieure - an vorderster Front die Direktoren der Regionaldirektionen - machten sich ihrerseits zum Sprachrohr des öffentlichen Protests und versorgten die Presse mit Analysen über die Zustände im französischen Telefonnetz und den Rückstand gegenüber anderen Industriestaaten (vgl. Ruges 1970). Der Gelben Post und ihrem "bleiernen Korsett", so der Tenor ihrer Polemiken, sei die Krise anzulasten, dementsprechend vehement waren die Telekommunikationsingenieure für eine Verselbständigung der Fernmeldeverwaltung und die von Giscard d'Estaing aufgebrachte Idee einer Compagnie Générale du Téléphone eingetreten (Giraud 1987: 55).

Die *Abkopplung von Post- und Fernmeldeverwaltung*, die ab 1968 vollzogen wurde, spiegelte den veränderten politischen Stellenwert des Fernmeldewesens und die damit einhergegangene Machtverschiebung innerhalb der PTT wider. 1968 wurden Post- und Fernmeldewesen auf regionaler, departementaler und lokaler Ebene voneinander getrennt. Eine Reform des PTT-Ministeriums schloß sich an. Die Direktionen für Post bzw. Telekommunikation erhielten jeweils eigene Abteilungen für Personal, Haushalt und Liegenschaften. Die verbleibenden gemeinsamen Abteilungen hatten in der Folge lediglich symbolhaften Charakter - sie sollten gegenüber den Gewerkschaften die "Einheit der PTT" demonstrieren (Le Diberder 1983: 63). DGT und DGP erhielten 1971 weitgehende Autonomie bei der Gestaltung ihrer Geschäftspolitiken, sie erarbeiteten nunmehr ihre Haushalte unabhängig voneinander. Die Haushalte wurden von Ministerrat und Parlament einzeln behandelt, innerhalb des Sonderhaushalts der PTT getrennt ausgewiesen und autonom umgesetzt (Le Diberder 1983: 64).

Weitere Maßnahmen betrafen die interne Organisation der *DGT*. Erstmals wurden Abteilungen für die mehrjährige Finanz- und Investitionsplanung, für Erfolgskontrolle und Marketing eingerichtet. 1973/74 erfolgte eine Neugliederung der Außenorganisation (Nouvion 1982: 261ff.).

1.3. Das Programm zur Modernisierung der Infrastruktur

Ausbau und Modernisierung der Telekommunikationsinfrastruktur rückten mit der Wahl Giscard d'Estaings zum Staatspräsidenten im Sommer 1974 an die oberste Stelle des wirtschaftspolitischen Zielkatalogs; "the backward state of the French network was seen as a national scandal, calling for a radical political initiative" (Cawson et al. 1990: 143).

Die Krisensituation im Fernmeldewesen hatte sich bis dahin - trotz deutlich erhöhter staatlicher Investitionen - weiter verschärft. Die Nachfrage war explosionsartig in die Höhe gegangen; seit 1970 wuchs sie um jährlich 30 Prozent. Obwohl die Fernmeldeverwaltung die Zahl der jährlich geschalteten Anschlüsse gegenüber 1965 mehr als verdreifachen konnte - 1972 stellte sie rund 570.000 neue Anschlüsse bereit - wurden die Wartelisten immer länger: 1969 lagen 378.000 unerledigte Anträge vor, 1973 bereits über eine Million. Die mittlere Wartezeit stieg im gleichen Zeitraum von 12 auf 16 Monate (L'année politique 1973: 368, Regards sur l'Actualité 4/1977: 26, vgl. Schaubild III-1).

Schaubild III-1: Entwicklung der Warteliste für den Telefondienst in Frankreich, 1958 bis 1985

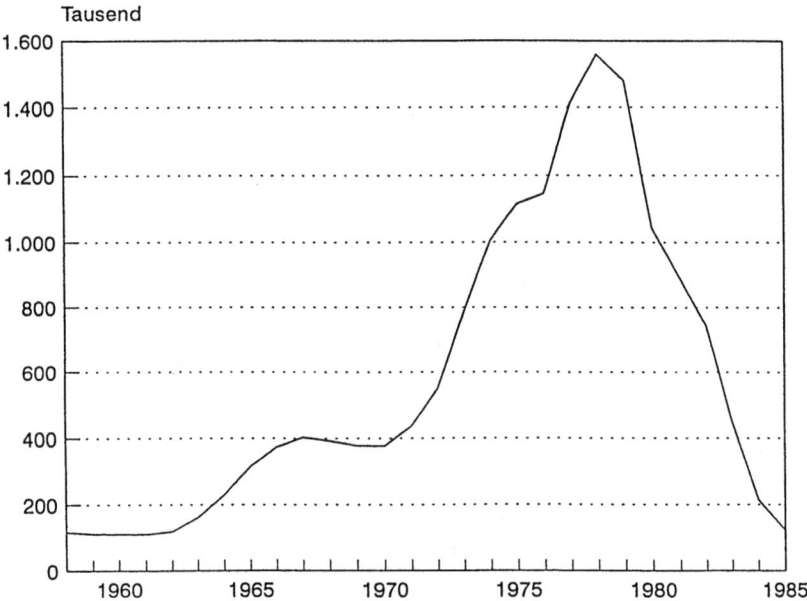

Quelle: Annuaire Statistique de la France, verschiedene Jahrgänge

Im Mai 1975 bewilligte der Ministerrat zusätzliche Investitionsmittel von 4,2 Mrd. FF für den Ausbau des Fernmeldenetzes (L'année politique 1975: 265). Der 7. Plan für die Jahre 1976 bis 1980 erklärte die Telekommunikation zum 'Prioritären Investitionsbereich' und schrieb ein 'Programm zur Verbesserung der Telefonversorgung des Landes' - kurz: **Telefon für alle** - fest. Im Zuge einer weltweit beispiellosen Aufholjagd sollte den Mißständen ein rasches Ende bereitet werden. "Dieses Programm... zielt darauf, den französischen Rückstand in der Telefonversorgung aufzuholen und ein unseren Nachbarländern vergleichbares Niveau zu erreichen. Es wird zur Förderung des Wirtschaftswachstums... und zum Erhalt von Arbeitsplätzen beitragen. Schließlich soll damit die internationale Wettbewerbsfähigkeit der französischen Industrie auf einem Wachstumsmarkt gesteigert werden" (Regards sur l'Actualité 4/1977: 27). Bis 1980 sollte die Zahl der Hauptanschlüsse von sieben auf 15,5 Million erhöht werden, 1982 schließlich mit 19,2 Millionen Anschlüssen die Telefondichte Großbritanniens und der Bundesrepublik erreicht sein. Für die Umsetzung des Programms veranschlagte der 7. Wirtschaftsplan eine Summe von 120 Mrd. FF, damit wurden fast 60 Prozent des gesamten staatlichen **Investitionsbudgets** von 206 Mrd. FF für die Telekommunikation freigegeben (Libois 1983: 262, L' année politique 1976: 527). Finanziert werden sollten die Investitionsaufwendungen zu zwei Dritteln aus den laufenden Erträgen der DGT, zu einem Drittel über Fremdkapital. Ziel war es, 1980 eine Selbstfinanzierungsquote von 80 Prozent zu erreichen (Regards sur l' Actualité 4/1977: 29).

Zwei Faktoren erklären das Zustandekommen dieses ambitiösen Modernisierungsprogramms. *Erstens* war Staatspräsident Giscard d' Estaing bereits mit dem erklärten Ziel angetreten, den 'scandale du téléphone' zu beheben. In seinen Augen stellte die Unterversorgung des Landes mit Telekommunikationsmöglichkeiten einen wesentlichen Hemmschuh für die wirtschaftliche Entwicklung dar. *Zweitens* - und daher rührte die Entschiedenheit, mit der die Modernisierung vorangetrieben wurde - paßte sich das 'Programm zur Verbesserung der Telefonversorgung' nahtlos in die wirtschafts- und strukturpolitischen Strategien der neuen Regierung ein. Mit dem Beginn der Amtszeit von Giscard d' Estaing war Frankreich von der schwersten Krise der Nachkriegszeit heimgesucht worden. Das Wirtschaftswachstum hatte sich von durchschnittlich 5,6 Prozent zwischen 1969 und 1973 auf 2,8 Prozent 1974 verringert und erreichte 1975 gerade 0,3 Prozent. Die Arbeitslosenquote stieg von 1,8 Prozent 1973 auf 4,1 Prozent 1975 (Neumann/ Uterwedde 1986: 54, Steinacker/Westphal 1985: 52ff.). Das Telekommunikationsprogramm stellte eine Antwort der Regierung auf diese Krise dar. Es war zum einen - auf der Ebene *makroökonomischer Politik* - Element eines klassischen keynesianischen Konjunkturbelebungsprogramms über massive öffentliche Investitionen. Es war zum andern - auf der Ebene der *Strukturpolitik* - Bestandteil einer Strategie des 'Redéploiement industriel': "Das Telefonprojekt besaß damit für die politischen Entscheidungsträger eine ganze Reihe von Vorzügen: Befriedigung einer überbordenden Nachfrage, Schaffung von Fabriken und Arbeitsplätzen in der Provinz, Förderung einer Zukunftsbranche und Verbesserung der Position der 'nationalen Champions' auf dem Weltmarkt" (Cohen 1992: 94).

2. Neue beschaffungspolitische Strategien

2.1. Die Entmachtung des CNET

Für die Fernmeldeverwaltung hatte die neue Bedeutung, die die Regierung dem Fernmeldewesen beimaß, unmittelbare personalpolitische Konsequenzen. Giscard d' Estaing griff als erster Präsident in die Besetzung der Spitzenpositionen ein. Er übertrug die Leitung der DGT einem engen politischen Verbündeten, Gérard Théry, Telekommunikationsingenieur aus der Pariser Regionaldirektion. "Vom Tag seines Amtsantritts an konnte Théry auf die volle Unterstützung des Präsidenten bauen, was ein völliges Novum für das Fernmeldewesen darstellte" (Charon/Cherki 1984: 14). Théry war kein unbeschriebenes Blatt. Er zählte zu jener Gruppe innerhalb des Korps der Telekommunikationsingenieure, die in den ausgehenden sechziger Jahren mit einer scharfen Polemik gegen die 'crise du téléphone' an die Öffentlichkeit getreten war (Ruges 1970). "Ihm eilte der Ruf eines Liberalen voraus, der dem Kampf um die technologische Unabhängigkeit weniger Bedeutung zumessen würde als seine Vorgänger. Er galt als Anhänger einer Netzmodernisierung zu möglichst geringen Kosten, als Befürworter einer Umwandlung der DGT in ein öffentliches Unternehmen" (Cohen 1992: 57).

Als DGT-Direktor hatte Théry "nur ein Ziel vor Augen: die erfolgreiche Umsetzung des Netzaufbauprogramms" (Marchand 1987: 17). Weder die Fernmeldeverwaltung selbst, noch ihre Lieferanten waren - so die Diagnose Thérys - für diese Herausforderungen gerüstet. Mit Théry war ein vehementer Kritiker des CNET und seiner 'Politik des Arsenals' an die Spitze der DGT gelangt. "Die neue Generation von Entscheidungsträgern..., sah auch die Probleme der französischen Fernmeldeindustrie in einem gänzlich veränderten Licht. Ihr Erfahrungshorizont war nicht mehr derjenige der Besatzungszeit. Entscheidend war für sie das Bild, das die Herstellerindustrie in den sechziger und frühen siebziger Jahren geboten hatte: träge und von der Verwaltung über Gebühr behütet" (Griset 1989: 48). Auch Planung und Steuerung des Netzaufbaus durften nach Auffassung Thérys nicht länger einem Forschungszentrum überlassen werden. Die neuen Prioritäten - Infrastrukturaufbau als oberstes Ziel - verlangten ein neues Machtgefüge innerhalb der Verwaltung: eine Zurückdrängung der Forschung ("als der alten 'Aristokratie'") zugunsten des "'prosaischen' Betriebs, der in der Vergangenheit stets ohne Mittel und Einfluß war" (Marchand 1987: 17).

Die **Entmachtung des CNET** gehörte zu den ersten Amtshandlungen Thérys. Die Planung von Netzen und Diensten ging auf die für den technischen Betrieb verantwortliche 'Direction de la Production' über. Im Zentrum der Umstrukturierung stand die Schaffung einer 'Direction des Affaires Industrielles' (DAI). Das CNET wurde der DAI unterstellt und hatte alle Kompetenzen abzugeben, die über die eigentliche Forschung hinausgingen. "Die Schaffung einer 'Directions des Affaires Industrielles'", so mußte CNET-Direktor Dondoux konstatieren, "entbindet das CNET von der Rolle, die es im Laufe der letzten Jahrzehnte in der Industriepolitik des Landes gespielt hat" (1975: 2). Die Entmachtung des CNET traf auf heftige interne Widerstände - die Ingenieure griffen sogar zum ungewöhnlichen Mittel des Streiks, um gegen die 'Zerschlagung' ('le démantellement') zu protestieren.[3] Ihren symbolischen Ausdruck fand sie in der Berufung eines Außenseiters an die Spitze der DAI: sie wurde nicht einem Telekommunikationsingenieur sondern einem Mitglied des Corps des Mines unterstellt (Marchand 1987: 15ff.).

Mit der Ausschaltung des CNET war der Weg für eine **Kehrtwende in der Beschaffungspolitik** geebnet. Oberste Richtschnur waren nunmehr die infrastrukturpolitischen Ziele der DGT und damit ihre Interessen als Nachfrager an tragfähigen und ausgereiften Technologien zu möglichst günstigen Preisen. Die Kartelle Sotelec und Socotel, Symbole der staatlichen Bevormundung einer schläfrigen Industrie, wurden aufgelöst. Die DAI kündigte an, daß sie von der Zuteilung von Aufträgen nach festen Quoten schrittweise abgehen würde. "Die Verwaltung wollte von nun an Beschaffungsaufträge im Wettbewerb vergeben: bei der Auftragsvergabe sollten die Firmen bevorzugt werden, die die günstigsten Preise boten und die besten Leistungen in bezug auf Termintreue, Qualität und Export aufweisen konnten" (Barreau/Mouline 1987a: 111).

Die DAI leitete auch im Bereich von Forschung und Entwicklung eine neue Politik ein. Das CNET hatte sich fortan auf die Grundlagenforschung und langfristige Forschungsprojekte zu beschränken. Die Produktentwicklung sollte auf die Firmen übergehen. "Die gesamte Logik, der die Entwicklung des Fernmeldewesens in Frankreich bis dahin gefolgt war, wurde auf den Kopf gestellt. Das Ziel, der einheimischen Industrie mittels öffentlicher Forschung auf die Beine zu helfen, wurde aufgegeben" (Griset 1989: 48).

2.2. Die 'Frankonisierung' der Herstellerindustrie

Anfang der siebziger Jahre war das CNET dem Ziel seiner Forschungs- und Entwicklungspolitik greifbar nahe gerückt. Die neue DGT-Führung "schaltete das CNET genau in dem Augenblick aus, als dieses endlich eine 'französische Vermittlungstechnik' vorweisen konnte" (Cohen 1992: 94). Dem

---

[3] Jacques Dondoux blieb nicht lange Direktor des CNET. Als einer der 'Anführer' der Rebellion gegen die neue Führung wurde er ins zweite Glied zurückversetzt. Die Linke setzte ihn 1981 an die Spitze der DGT.

CNET und seinem bevorzugten Partner Cit-Alcatel[4] war es 1970 gelungen, erstmals in der Welt ein *vollelektronisches Vermittlungssystem* ins Netz einzuführen. Alle wesentlichen Vorarbeiten hatte für das 'E 10' das CNET geleistet. Der Mutterkonzern der Cit-Alcatel, die CGE, hatte sich nach anfänglichem Zögern "angesichts der mehr als günstigen Konditionen" auf das Kooperationsangebot eingelassen; die Ausführung und Finanzierung überließ sie jedoch weitgehend dem staatlichen Forschungszentrum (Griset 1989: 45).[5] Das CNET hatte mit dem E 10 *weitreichende industriepolitische Ambitionen verbunden*. Nach seinen Vorstellungen sollte es als 'Einheitssystem' - nach bundesdeutschem Vorbild - die Basis für die Netzmodernisierung bilden, damit sollte zugleich die Führungsrolle unter den Herstellerunternehmen von den Töchtern der ITT auf den 'nationalen Champion' Cit-Alcatel übergehen (Bustarret 1972: 41f.).

Diese Pläne zerschlugen sich 1975. DGT-Präsident Théry - er hatte J.-L. Libois, den 'Vater der elektronischen Vermittlungstechnik', an der Spitze der DGT abgelöst - kündigte an, daß die Modernisierung des Netzes auf der Grundlage *halbelektronischer Vermittlungssysteme* erfolgen würde. Das volldigitale System E 10 hatte die neue Führung verworfen. Vorschläge für eine Weiterentwicklung, die CNET und Cit-Alcatel gemeinsam unterbreitet hatten, fanden zunächst keine Unterstützung (vgl. Cohen 1992: 57ff.). Ausschlaggebend für diese Entscheidung waren der hohe Preis und die noch zu geringe Kapazität des Systems - es war zunächst nur für die Bewältigung geringer Verkehrsaufkommen geeignet. Darüber hinaus hatten erhebliche Zweifel an seiner Zuverlässigkeit bestanden. Der Erfolg des Netzaufbauprogramms sollte nicht durch die Wahl einer unausgereiften Technologie in Gefahr gebracht werden (Griset 1989: 48).

Die DGT leitete im Juni 1975 das **Beschaffungsverfahren für halbelektronische Vermittlungssysteme** ein. Sie ging dabei, entsprechend ihrer wettbewerbsorientierten Philosophie, neue Wege. Zur Angebotsabgabe forderte sie nicht allein die traditionellen Lieferanten von Vermittlungseinrichtungen auf, sondern alle in Frankreich produzierenden Unternehmen. Die DGT erklärte zudem ihre Bereitschaft, alle auf dem Weltmarkt verfügbaren halbelektronischen Systeme zu prüfen. Neben den ehemaligen Mitgliedern des Kartells Socotel - der Cit-Alcatel, den ITT-Töchtern CGCT und LMT sowie der SFT Ericsson - gaben drei weitere Herstellerunternehmen Angebote ab: die SAT und die französische Philips-Tochter TRT, beide etablierte Lieferanten von drahtgebundener Übertragungstechnik und ehemalige Mitglieder des Kartells Sotelec, sowie das (nationale) Unternehmen Thomson-CSF, das

---

[4] Die Cit-Alcatel war aus einer Fusion der CGE-Töchter Cit und Alcatel im Jahre 1970 hervorgegangen.
[5] Der eigentliche Kooperationspartner war nicht die Cit-Alcatel selbst, sondern eine Tochterfirma, die Société Lannionnaise d' Électronique (SLE), an der die SFT Ericsson eine Minderheitsbeteiligung hielt (Griset 1989: 45).

bislang nur im Bereich der Funkübertragungstechnik aktiv gewesen war (Lorenzi/Le Boucher 1979: 122f.). "Zentrales Element dieses 'ersten Akts' war eine Liberalisierung: Abkehr von den Quoten, Erhöhung der Konkurrenz durch den Eintritt von Thomson, Angebotsanforderungen von Firmen außerhalb der Socotel" (Le Diberder 1983: 95).

Keine der 'einheimischen' Firmen war imstande, eine Eigenentwicklung vorzuweisen. Die SAT bot das System EWS von Siemens an, Thomson das der kanadischen Firma Northern Electric. Auch die Cit-Alcatel verfügte über kein eigenes 'halbelektronisches' System. Sie hatte sich angeleitet vom CNET - und seit dem Erfolg von 1970 mit wachsendem Engagement - auf die vollelektronische Technik konzentriert. Vom Kurswechsel der DGT überrumpelt, blieb ihr lediglich die Kooperation mit einem ausländischen Hersteller; sie beschaffte sich die Lizenzrechte für ein System des japanischen Unternehmens NEC. Die Filialen von Ericsson und Philips schlugen ihrerseits die Vermittlungstechnik ihrer Mutterhäuser vor. Die einzigen Firmen, die der DGT originär 'französische' Entwicklungen präsentieren konnten, waren die Filialen der ITT, LMT und CGCT. Es handelte sich dabei um Varianten des ITT-Systems Metaconta, die in den sechziger Jahren in Zusammenarbeit mit dem CNET entwickelt worden waren (Le Diberder 1983: 95). "Alles lief darauf hinaus, daß die ITT-Töchter bei diesem Wettbewerb am besten abschnitten...[6] Die Entscheidung der DGT zugunsten der Einführung halbelektronischer Systeme verschaffte der ITT wiederum eine Position der technischen Überlegenheit und konterkarierte die Politik der vergangenen zwanzig Jahre" (Griset 1989: 49).

Spekulationen darüber, wie der Beschaffungswettbewerb ausgehen würde, sorgten über Monate hinweg für Schlagzeilen. "Telecommunications procument became a hotly contested political issue, with product lines compared in the front pages and market share eventually allocated in cabinet meetings" (Ziegler 1989: 305). Die Entscheidung fiel schließlich auf höchster Ebene. Im Mai 1976 beschloß der französische Ministerrat unter Leitung von Präsident Giscard d' Estaing auf Vorschlag der DGT die Einführung der Systeme von ITT und Ericssons, "um auf diese Weise den französischen Bürgern den bestmöglichen Telefondienst bereitstellen zu können, wie es bereits im 7. Wirtschaftsplan angekündigt worden war" (Décision du Comité Interministeriel du 13 Mai 1976, zit. nach Nouvion 1982: 291).

Die DGT hatte ihre infrastrukturpolitischen Pläne nicht durch die Wahl eines noch nicht ausgereiften Vermittlungssystems französischer Provenienz gefährden wollen. *Weder Regierung noch DGT waren jedoch dazu bereit, den Markt für Vermittlungstechnik wiederum - wie schon in den zwanziger*

---

[6] Die Systeme von Siemens, Philips und Northern Electric waren bereits nach einer ersten Prüfung aus dem Wettbewerb gefallen; das Siemens-System war 40 Prozent teurer als die der Konkurrenz, die Systeme von Philips und Northern veraltet. Mit dem japanischen System hatten sich die Techniker nicht anfreunden können (Bertho 1981: 491).

Jahren - den Tochterfirmen ausländischer Firmen zu überlassen. "Damit wären die französische Herstellerfirmen aufs neue zu einer jahrzehntelangen Abhängigkeit von den Amerikanern verdammt. Trotz ihres Bekenntnisses zum Liberalismus konnten die neuen Verantwortlichen der DGT eine derartige Verantwortung gegenüber der Öffentlichkeit und dem Parlament [wo die linke Opposition auf eine Nationalisierung der Telekommunikationsindustrie drängte, cr] nicht auf sich nehmen" (Griset 1989: 49). Angesichts dieses Dilemmas hatte die DGT-Führung der Regierung einen Weg aufgezeigt, der die denkbar dirigistischste Lösung darstellte. "Ostensibly just a technical selection process, the DGT used this opportunity to 'de-colonize' the switching industry" (Cawson 1990 et al.: 138). *Die Einführung der Systeme von ITT und Ericsson wurde an die Bedingung geknüpft, daß die Mutterfirmen ihre französischen Filialen aufgaben.*

Die beiden Konzerne hatten sich nach monatelangen geheimen Verhandlungen mit der DGT zu dieser 'Gegenleistung' für die Auswahl ihrer Systeme, die ihnen für die Zukunft hohe Lizenzeinnahmen sicherte, bereit erklärt. Im Juni 1976 verkaufte die ITT ihren Anteil von 67 Prozent an der LMT dem französischen Unternehmen Thomson-CSF. Thomson übernahm zugleich die Kontrolle über die SFT Ericsson. 1979 fusionierten die LMT und die Ex-SFT Ericsson zur 'LMT Thomson-CSF'.

Ergebnis war eine 'Frankonisierung' der Herstellerindustrie. **Thomson** - neben der CGE der zweite große Elektrokonzern in Frankreich, aber in den klassischen Bereichen der Telekommunikation, Vermittlungstechnik und drahtgebundener Übertragungstechnik bis dahin nicht vertreten - avancierte quasi über Nacht zum größten nationalen Anbieter. Auf die von Thomson produzierten Vermittlungssysteme Metaconta (in Lizenz von ITT) und AXE (in Lizenz von Ericsson) fielen 42 Prozent der Marktanteile (Le Diberder 1983: 97).[7] Die **ITT** - in der französischen Presse als der große Verlierer der Operation dargestellt - war aus dieser Transaktion nur scheinbar geschlagen hervorgegangen. Ihr blieben die deutlich über dem Wert liegende Summe von 160 Mio. Dollar, die Thomson für die Übernahme der LMT gezahlt hatte, außerdem hohe Lizenzeinnahmen aus der Produktion ihres Vermittlungssystems Metaconta durch Thomson, Cit-Alcatel und AOIP und schließlich ein Marktanteil von 18 Prozent, der ihrer verbleibenden Tochter CGCT eingeräumt worden war (Griset 1989: 49f.). Eigentlicher Verlierer war die **Cit-Alcatel**. Bereits die Entscheidung der DGT zur Einführung halbelektronischer Vermittlungstechnik hatte ihren Ambitionen, zum nationalen 'Systemführer' aufzusteigen, ein jähes Ende bereitet. Der Cit-Alcatel mußte weiterhin - wie in der Vergangenheit - ITT-Systeme unter Lizenz produzieren. Ihrem volldigitalen System E 10, das - wie der Ministerrat ver-

---

[7] Der Aufkauf der ITT-Tochter LMT verschaffte Thomson über deren Beteiligung an der Firma LTT einen Marktanteil von 26 Prozent in der drahtgebundenen Übertragungstechnik. 1978 übernahm Thomson die vollständige Kontrolle über die LTT (Nouvion 1982: 295).

lauten ließ - "die Technik der Zukunft darstellte, der weiterhin Priorität zukommen sollte", gestand die DGT einen Marktanteil von nur 12 Prozent zu (Nouvion 1982: 297). Darüber hinaus erhielt die Cit-Alcatel, über drei Jahrzehnte hin vom CNET hofiert und protegiert, mit Thomson einen Konkurrenten, der ihr die Rolle eines nationalen Champions streitig machte. "Als Sieg über die ITT präsentiert, stellte der kometenhafte Aufstieg Thomsons auch ein neues Kapitel der Grabenkämpfe in den Reihen der französischen Industrie dar und bedeutete eine Niederlage für die CGE" (Griset 1989: 49).

Die Abkehr von der Cit-Alcatel und die Schützenhilfe für Thomson, den alten Rivalen des Mutterkonzerns CGE, gaben Anlaß für mannigfaltige Spekulationen. Der Vorstandsvorsitzende der CGE, Ambroise Roux, ehemaliger Berater von Pompidou, hatte während des Präsidentschaftswahlkampfs 1973/74 den gaullistischen Kandidaten Chaban-Delmas unterstützt und war unter Giscard in Ungnade gefallen. Thomson dagegen verfügte über direkte Kontakte zum Elysée.[8] Das Unternehmen war schon seit einigen Jahren an einem Einstieg ins Telekommunikationsgeschäft interessiert, aus dem es sich - gemäß eines 1969 mit der CGE geschlossenen Abkommens - heraushalten sollte.[9]

Bei aller politischen Opportunität standen hinter der Förderung Thomsons jedoch in erster Linie *nachfragepolitische Überlegungen*. Durch die Schaffung eines zweiten nationalen Champions sollte Konkurrenz auf dem Inlandsmarkt erhalten und die prospektive Marktmacht der Cit-Alcatel begrenzt werden, die im Bereich der vollelektronischen Vermittlungstechnik eine Monopolstellung besaß. "The DGT did not want Cit-Alcatel to gain excessive bargaining power; and had the firm emerged as the sole French source of electronic switching equipment, a change in the balance of forces seemed inevitable" (Ergas 1983: 15). In der Verlautbarung des Ministerrats vom Mai 1976 kommt diese Absicht explizit zum Ausdruck. Ziel der Industriepolitik im Telekommunikationssektor sei es zwar erstens, "eine französische Herstellerindustrie zu schaffen, die sich vollständig in nationaler Hand befindet". Zweitens solle aber auch "ein ausgewogenes Gleichgewicht unter den französischen Firmen hergestellt werden..., um so die *Grundlagen für eine gesunde Konkurrenz unter den Lieferanten* zu legen".

---

[8] So mutmaßte das Wochenmagazin 'Le Point': "In einem ihrer wichtigsten Geschäftsfelder verliert die CGE somit alle Hoffnungen und die nationale Führungsrolle. Geschäftliche Niederlage oder politische Kabale?... Hierzulande, wo in den politischen Gefilden alles seinen Anfang nimmt und alles sein Ende findet, pfeifen es die Spatzen von den Dächern: die Regierung, angeführt von Giscard d'Estaing, macht sich daran, den Freunden von Georges Pompidou den Garaus zu machen" (Le Point, 17. 5. 1976, zit. nach Griset 1989: 49).

[9] Dieses 'Yalta der Elektronik' - mit politischer Rückendeckung zustandegekommen - zielte auf die Schaffung von zwei international konkurrenzfähigen französischen Firmengruppen, die jeweils die gesamte Produktpalette abdeckten. Die CGE sollte sich demgemäß auf die Geschäftsbereiche Energieerzeugung und öffentliche Telekommunikation beschränken, Thomson im Gegenzug auf die Funkübertragungstechnik, die Unterhaltungselektronik und die elektronischen Bauelemente (Aurelle 1986: 58).

Konkurrenz zwischen den Firmen werde "der DGT und damit letztlich den Teilnehmern die Möglichkeit bieten, die besten Produkte zum günstigsten Preis zu beziehen". Der Industrie würde der Wettbewerb "eine neue Dynamik eingeben, die der beste Garant für ihre Wettbewerbsfähigkeit sei", und "verhindern, daß bestimmte Unternehmen, die sich auf dem nationalen Markt zu bequem eingerichtet haben, den Export vernachlässigen"; denn schließlich gehe es darum, "aus Frankreich ein großes Exportland für Telekommunikationseinrichtungen zu machen" (Décision du Comité Interministeriel du 13 Mai 1976, zit. nach Nouvion 1982: 291f.).

Die technologische Entscheidung, die den Anlaß für die Frankonisierung der Industrie geboten hatte, hatte indessen nur für wenige Monate Bestand. Noch bevor die ersten halbelektronischen Systeme serienmäßig produziert wurden, vollzog die DGT eine erneute Kehrtwende. DGT-Chef Théry kündigte 1977 den beschleunigten Übergang zur volldigitalen Vermittlungstechnik an. Die Strategie, zwei nationale Champions in Konkurrenz zueinander zu setzen, wurde auch hier weiterverfolgt. Die DGT orderte eine Weiterentwicklung des E 10 (das 'E 12') von Cit-Alcatel und beauftragte im gleichen Zug Thomson mit der Lieferung eines digitalen Systems (vgl. Nouvion 1982: 298).

2.3. Gesteuerte Konkurrenz

Auf den Beschaffungsmärkten der DGT standen sich seit 1976 zwei nationale Anbieter vergleichbarer Größe und Produktbreite gegenüber: die Cit-Alcatel und LMT Thomson-CSF. Was ihre Beschaffungspolitik anging, schlug die DGT eine neue Strategie ein. Die protektionistischen Praktiken der Vergangenheit wurden durch neue Spielregeln ersetzt: Preiswettbewerb zwischen den Unternehmen, Einsatz der eigenen Nachfragemacht zur Erzielung von Preisvorteilen sowie Innovationskonkurrenz. Die Einführung von Wettbewerb unter den Lieferanten sollte dazu dienen, "sowohl die Interessen des öffentlichen Nachfragers zu wahren, als auch für die Industrie Anreize zur Produktivitätserhöhung und Kostensenkung zu schaffen" (Bonnetblanc 1985: 174).

Neue, **wettbewerbsorientierte Beschaffungsverfahren** führte die DGT generell bei der Beschaffung von einfachen Geräten und von Übertragungseinrichtungen ein. Die DGT ging hier von der Zuteilung fester Lieferanteile zum international gebräuchlichen 'Set-aside'-Verfahren über. Ein Teil des Auftragsvolumens wurde, um den Herstellern Planungssicherheit zu verschaffen, nach wie vor freihändig und nach festen Quoten vergeben; ein zweiter Teil - in manchen Fällen bis zu 50 Prozent - im Rahmen einer beschränkten Ausschreibung, mit entsprechend höheren Zuschlägen für die günstigsten Bieter (Ergas 1983: 14, Bonnetblanc 1985: 176).

Im Bereich der *Vermittlungstechnik* behielt die DGT feste Lieferquoten bei. Dahinter standen technische und betriebliche Überlegungen. Die DGT baute ihr Netz nicht nach einheitstechnischen Kriterien auf, sondern setzte stets mehrere funktionsgleiche Systeme nebeneinander ein. Um Komptabilitätsprobleme zu minimieren, war Frankreich in einzelne Regionen unterteilt worden, die jeweils mit einem bestimmten System ausgerüstet wurden. Der Abkehr von festen Lieferquoten standen im Bereich der Vermittlungstechnik auch die Vereinbarungen im Wege, die mit der ITT und Ericsson geschlossen worden waren. Das Mittel, um auch hier zu möglichst niedrigen Einkaufspreisen zu gelangen, waren die *Preiskontrollen*, die die DAI - seit 1976 DAII ('Direction des Affaires Industrielles et Internationales') - bei den Herstellerfirmen durchführte. Der Fernmeldeverwaltung war 1963 das Recht eingeräumt worden, im Fall von freihändig vergebenen Aufträgen in die Buchhaltung der Unternehmen Einsicht zu nehmen. Preiswettbewerb fand somit indirekt statt: die Verwaltung konnte die Kostenrechnungen der Firmen miteinander vergleichen. Die Einkaufspreise wurden überdies seit 1975 jährlich - statt wie in der Vergangenheit im Abstand von mehreren Jahren - neu ausgehandelt (Le Diberder 1983: 97, Nouvion 1982: 306f.). Die DGT machte von dem Instrument der Preiskontrolle sehr wirkungsvoll Gebrauch. Sie konnte zwischen 1977 und 1980 eine durchschnittliche Preissenkung um 30 Prozent durchsetzen. Betrachtet man die Entwicklung der DGT-Beschaffungspreise in der zweiten Hälfte der siebziger Jahre, so wird der Erfolg der neuen wettbewerbsorientierten Einkaufspraktiken offensichtlich: Der französische Verbraucherpreisindex stieg von 1974 bis 1979 um 80 Prozent, der Index der DGT-Beschaffungspreise um lediglich 28 Prozent (Ergas 1983: 14).

Im Bereich von **Forschung und Entwicklung** hatte die neue DGT-Führung die Devise ausgegeben: Stärkung der Eigeninitiative auf Seiten der Industrie durch Rücknahme des staatlichen Einflusses und Einführung von Innovationskonkurrenz (Barreau/Mouline 1987a: 110).

Umgesetzt wurden diese Leitsätze jedoch nur halbherzig. Das CNET behielt seine führende Rolle in der nachrichtentechnischen Forschung, sein Budget verdoppelte sich bis 1980 auf nahezu 700 Mio. FF (Le Bolloc'h 1986: 771). Auch in die Forschungs- und Entwicklungspolitik der Firmen griff die DAII steuernd ein: sie vergab - entsprechend einer seit 1970 geübten Praxis - *Forschungs- und Entwicklungsaufträge* und Lieferaufträge getrennt voneinander (vgl. Moulon 1974, vgl. Schaubild III-2). Grundlage der FuE-Aufträge waren detaillierte Vorgaben in Form von Pflichtenheften, die vom CNET entwickelt worden waren; das CNET begleitete und überwachte die Umsetzung durch die Industrie. "Grundsätzlich werden die Forschungs- und Entwicklungsarbeiten auf Industrieseite in Form von sogenannten

'Forschungs- und Entwicklungsaufträgen' entweder ganz oder teilweise von der DGT finanziert. Diese Art der Finanzierung ermöglicht es der DGT, ihre Prioritäten hinsichtlich der Entwicklung von neuen Telekommunikationssystemen geltend zu machen, bestimmte Entwicklungen voranzutreiben und schließlich die Orientierung der Entwicklungsarbeiten an den von der Verwaltung definierten technischen Kriterien durchzusetzen... Ein weiterer Vorteil der getrennten Vergabe von Forschungs- und Entwicklungsaufträgen ist darin zu sehen, daß die DGT das Eigentum an den technischen Lösungen erwirbt und in der Folge Beschaffungsaufträge an Firmen vergeben kann, die nicht an der Entwicklung beteiligt waren" (Lacout 1982: 876). Die DGT verzichtete jedoch darauf, ihre Ansprüche auf Schutzrechte geltend zu machen (Bonnetblanc 1985: 199). Zudem erhielt bei der Ausschreibung von Lieferverträgen durchgängig das Unternehmen den Zuschlag, das schon den FuE-Auftrag ausgeführt hatte.

Schaubild III-2: Entwicklung des DGT-Budgets für externe FuE-Aufträge, siebziger Jahre

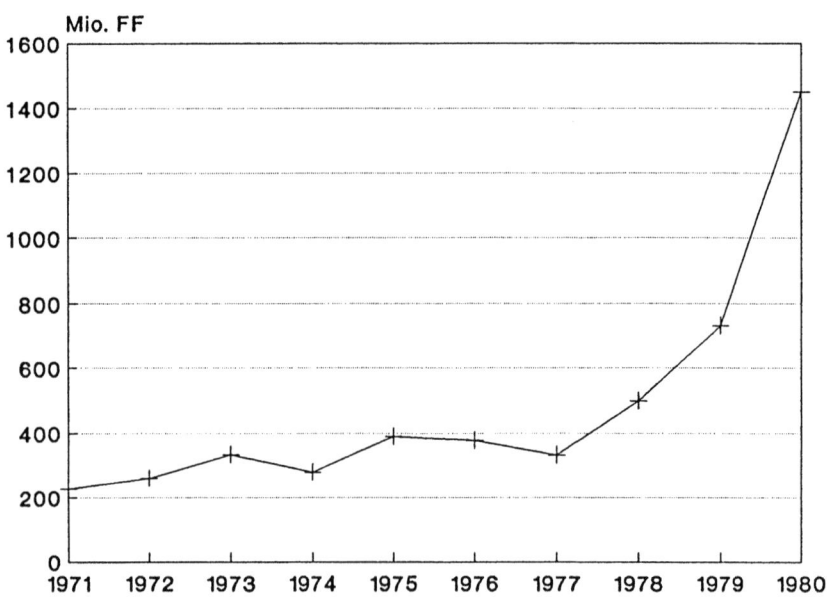

Quellen: Le Bolloc'h 1986: 771, Griset 1990: 309

Die DGT bemühte sich grundsätzlich um die Stimulierung von Innovationswettbewerb. "In der Regel werden mehrere Unternehmen mit der Entwicklung betraut und der Wettbewerb bis zum Abschluß der Entwicklungsarbeiten beibehalten, damit die verschiedenen technischen Lösungen miteinander verglichen werden können" (Lacout 1982: 876). Das Instrument der gesondert vergüteten FuE-Aufträge wurde ab 1977 dazu eingesetzt, Thomson als zweiten Systemlieferanten für vollelektronische Vermittlungstechnik zu etablieren. Während die Cit-Alcatel bereits ein System anbieten konnte, das sie seit Anfang der siebziger Jahre serienmäßig produzierte, stand Thomson mit (fast) leeren Händen dar. Thomson konnte sich lediglich auf Blaupausen stützen, die es bei der Übernahme der ITT-Tochter LMT in den Schubladen vorgefunden hatte (Cohen 1992: 70). Technische Hilfestellung bei der Entwicklung des Thomson-Systems lieferte - wie schon in den sechziger und frühen siebziger Jahren im Fall des E 10 - das CNET. "(Die DGT) griff Thomson beim Übergang zur vollelektronischen Vermittlungstechnik massiv unter die Arme. Sie hielt damit die Konkurrenz am Leben und die Firmen in einer Position der Unterordnung" (Cohen 1992: 70).

3. Die Bilanz des Netzmodernisierungsprogramms

3.1. Die infrastrukturpolitischen Erfolge

Anfang der achtziger Jahre waren die infrastrukturpolitischen Ziele erreicht: "In zehn Jahren hat Frankreich den Rückstand eines Jahrhunderts aufgeholt. Das Netz ist vollständig automatisiert, die Verkehrsabwicklung flüssig, die Wartezeit auf einen neuen Anschluß hat sich von ein bis zwei Jahren zu Beginn der 'Aufholjagd' auf zwei bis fünfzehn Tage im Jahr 1982 verkürzt" (Cohen/Bauer 1985: 193). Die Anzahl der Telefonhauptanschlüsse überschritt 1983 die Marke von 20 Millionen, was eine Verfünffachung gegenüber 1969 bedeutete. Auf hundert Einwohner fielen 37,6 Hauptanschlüsse. Frankreich hatte damit ein Versorgungsniveau erreicht, das mit demjenigen in der Bundesrepublik vergleichbar war und über dem in Großbritannien oder Japan lag. Die DGT hatte das marode Netz von Grund auf modernisiert. Es gab keine Handvermittlungsämter mehr - 1975 hatten sie immerhin noch 5 Prozent des Bestands ausgemacht. Auch die Drehwählersysteme der zwanziger Jahre waren vollständig ausgewechselt worden. 1980 lief die Beschaffung der letzten Generation elektromechanischer Systeme (Crossbar) aus. 1983 war bereits mehr als ein Drittel der Teilnehmer an elektronische Vermittlungseinrichtungen angeschlossen, ein Fünftel allein an modernste - digitale - Systeme. Hier rangierte Frankreich weltweit an der Spitze, so konnte beispielsweise die Bundespost erst 1985 digitale Vermittlungseinrichtungen ins Netz einführen. Die Kapazität des Fernverkehrsnetzes war zwischen 1970 und 1980 verfünffacht worden. Die DGT hatte Ende der siebziger Jahre mit der Digitalisierung des Weitverkehrsnetzes begonnen.

Grundlage für die Modernisierung und den zügigen Ausbau der Fernmeldeinfrastruktur war eine massive Steigerung der Investitionsaufwendungen (vgl. Schaubild III-3). 1977 erreichten sie den Wert von 25 Mrd. FF und verharrten in den darauffolgenden Jahren auf diesem Niveau. Die DGT stieß damit in die Spitzengruppe der französischen Investoren vor, sie machte zeitweise dem öffentlichen Elektrizitätsversorgungsunternehmen EDF den Rang als größter Investor des Landes streitig.

Schaubild III-3: Investitionen der DGT in den siebziger Jahren

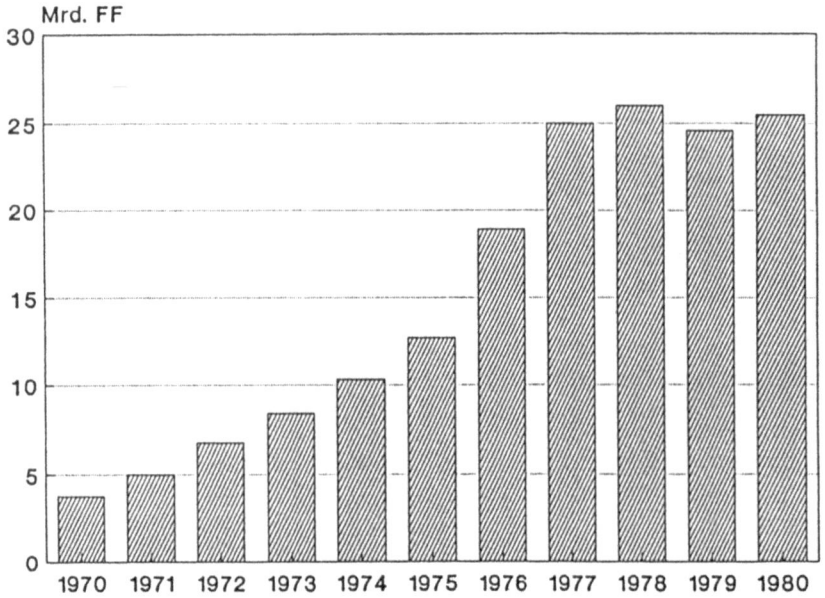

Quellen: Regards sur l'Actualité 4/1977: 26, Libois 1983: 262

Die Festschreibung des Investitionsbudgets für den Netzaufbau im 7. Wirtschaftsplan hatte der DGT weitgehende Autonomie gegenüber dem Finanzminister verschafft: "Sie wurde von der Bürde befreit, von Jahr zu Jahr aufs neue den Finanzminister von der Dringlichkeit ihres Finanzbedarfs überzeugen zu müssen... Der Finanzminister ließ ihr eine bevorzugte Behandlung zukommen: Sie durfte nunmehr nach eigenem Gutdünken Gelder auf den nationalen und internationalen Kapitalmärkten aufnehmen" (Cohen 1992: 53). Mitte der siebziger Jahre beschaffte die DGT mehr als die Hälfte der Investitionsmittel über Anleihen der Caisse Nationale bzw. über die privaten Finanzierungsgesellschaften. Wachsende Erträge ermöglichten seit 1978 eine stärkere Eigenfinanzierung. Die Verschuldung blieb jedoch gewaltig. 1982 hatte die DGT langfristige Verbindlichkeiten von über 90 Mrd. FF angehäuft, bei einem Jahresumsatz von knapp 60 Mrd. FF (France Télécom, Statistiques 1988: 15).

3.2. Der politische Aufstieg der DGT

Die DGT konnte in den ausgehenden siebziger Jahren auf eine beachtliche Bilanz zurückblicken. Es war ihr nicht allein gelungen, alle infrastrukturpolitischen Ziele umzusetzen, die die Regierung Mitte der siebziger Jahre anvisiert hatte; sie hatte sich darüber hinaus als Architekt der sektoralen Industriepolitik bewährt und dafür gesorgt, daß die staatlichen Mittel für den Ausbau des Telekommunikationsnetzes wieder in französische Unternehmen zurückflossen (vgl. Tabelle III-2).

Tabelle III-2: Umsätze der wichtigsten französischen Herstellerfirmen in Millionen FF, 1974 und 1978

Unternehmen	1974	1978
Cit-Alcatel	1.992	3.144
LMT (ITT)	822	
LTT (ITT)	343	
SFT Ericsson	664	
Thomson-CSF		2.965
CGCT (ITT)	990	1.411
SAT	330	1.477
TRT (Philips)	98	990
AOIP	250	832

Quellen: Vaneau 1979: 61, Le Bolloc'h 1986: 134

Die DGT war in die Gruppe der zehn größten 'Unternehmen' des Landes vorgestoßen und erwirtschaftete steigende Gewinne. Ihre Umsätze versechsfachten sich von 10,6 Mrd. FF im Jahre 1973 auf 61,9 Mrd. FF 1983. 1983 konnte sie einen Jahresgewinn von 6 Mrd. FF verbuchen. Die Anzahl der Beschäftigten war kräftig ausgeweitet worden: sie wuchs von 120.000 im

Jahr 1970 auf 165.000 im Jahr 1983 (Darmon 1985: 263). Die Zahl der Beschäftigten pro hundert Anschlüsse war dabei von 18 im Jahr 1975 auf elf im Jahr 1979 gesunken (Giraud 1987: 82). Ihr Erscheinungsbild hatte sich gewandelt. "Eine Verwaltung, die bis dahin ob ihrer notorischen Ineffizienz im ganzen Land verschrien war und die selbst zur Lösung der Probleme nicht mehr beizusteuern wußte, als herauszustellen, daß ihr die Hände gebunden waren, und sich dann denjenigen anzuschließen, die über die Mißstände im Fernmeldewesen klagten, hat sich innerhalb weniger Jahre um hundertachtzig Grad gedreht. Sie schlug einen neuen Ton an und präsentierte sich in einem neuen Gewand: als dynamisches Telekommunikationsunternehmen" (Cohen 1992: 54).

Théry und seine Mannschaft hatten Struktur und Arbeitsweise der DGT von Grund auf reformiert (vgl. Théry 1978). Sie "nahm die Gestalt einer hybriden Institution an: obschon nach wie vor eine Verwaltung, funktionierte sie wie ein Unternehmen" (Le Diberder 1983: 68). Eine *Strategische Gesamtplanung* zerlegte die langfristigen Zielvorgaben in einzelne Etappen und bestimmte - entsprechend der Entwicklung der Nachfrage - die Marschroute für die Regionen, ermittelte den Finanzbedarf sowie schließlich den Bedarf an Personal und Fremdleistungen. Die konkrete Planung und Ausführung des Netzausbaus vor Ort wurde den zwanzig *Regionaldirektionen* übertragen, die eigene Haushalte erhielten und selbständig wirtschaften durften. Alle Ebenen innerhalb der DGT - örtliche Einheiten, Regionaldirektionen und die Zentrale selbst - hatten monatlich Rechenschaft über den Stand des Netzausbaus abzugeben. Dieses System der *Erfolgskontrolle* ('tableau de bord') erfaßte 49 unterschiedliche Indikatoren der Kategorien Haushaltslage, Anzahl der neueingerichteten Anschlüsse, Entwicklung der Nachfrage, Dienstequalität, Produktivität und Beschäftigtenzahlen. Zur besseren Kontrolle der Wirtschaftlichkeit wurde parallel zur kameralistischen Buchhaltung eine Kostenrechnung nach dem Prinzip der *doppelten Buchführung* eingeführt. Ein System von *Zulagen* schuf auf Seiten der Mitarbeiter Anreize zur Leistungssteigerung und erweiterte den personalpolitischen Handlungsspielraum, die DGT schöpfte hier alle Möglichkeiten des öffentlichen Dienstrechts aus. Schließlich legte sich die DGT ein von der Post, mit der sie formal nach wie vor in einem Ministerium vereinigt war, *unabhängiges Erscheinungsbild* zu: ein eigenes Logo, eine eigene Unternehmensfarbe (Grau statt dem traditionellen Gelb), eigene Vertriebsniederlassungen (die sogenannten 'Teleboutiquen'). Ihre Führung hatte ein klares Ziel vor Augen: auf mittlere Sicht sollte die DGT in ein unabhängiges öffentliches Unternehmen nach Vorbild der staatlichen Elektrizitätsversorgungsgesellschaft EDF umgewandelt werden. Teil dieser Verselbständigungsbestrebungen war der Aufbau von privaten Tochtergesellschaften (Ergas 1983: 18).

Das Netzmodernisierungsprogramm hatte der DGT, die über Jahrzehnte ein Schattendasein innerhalb des französischen Regierungsapparats gefristet hatte, zu Macht und Prestige verholfen. Die Festschreibung ihres Investitionsbudgets im 7. Wirtschaftsplan entzog sie dem Zugriff des Finanzministers, was ab 1976, als die Regierung Barre zu einer restriktiven Ausgabenpolitik überging, von besonderer Bedeutung war. "Thanks to the very rapid growth of the network and the high political visibility telecommunications has achieved, the DGT had developped formidable administrative and political power - best symbolized by Théry's direct access to the president" (Ergas 1983: 18).

Analog stellte die baldige Vollendung des Programms eine Bedrohung dar. "(D)ie DGT sah den Tag nahen, an dem ihr Investitionsbudget eingefroren, wenn nicht sogar beschnitten werden würde. Wollte sie ihren Status innerhalb der politisch-administrativen Hierarchie bewahren, mußte sie sich eine neue Mission erschließen" (Cohen 1992: 118). Dies galt um so mehr, als sich auch für die Herstellerindustrie düstere Wolken am Horizont abzeichneten. Die Firmen hatten ihre Produktionskapazitäten stark ausgeweitet, die Zahl der Beschäftigten in der französischen Telekommunikationsindustrie hatte sich zwischen 1968 und 1977 auf 94.000 verdoppelt. Es war abzusehen, daß sich dieses Beschäftigungsniveau nicht halten ließ. Die Nachfrage der DGT schwächte sich ab. Die Herstellung einer elektromechanischen Vermittlungseinrichtung für tausend Anschlüsse beanspruchte 8,8 Mannjahre, die einer entsprechenden elektronischen Vermittlungseinrichtung lediglich 2,6; dies entsprach einer Produktivitätserhöhung von 70 Prozent (Ergas 1983: 17). Eine Studie aus dem Jahr 1978 sagte den Verlust von 20.000 Arbeitsplätzen bis 1982 voraus (Vaneau 1979: 61).

4. Der Aufbruch in die Telematik

Am 30. November 1978 verabschiedete der französische Ministerrat unter Vorsitz von Präsident Giscard d' Estaing ein 'Programm zur Förderung der Informations- und Kommunikationstechniken' (vgl. Le Monde 2.12.1978: 1, 39). Der sogenannte 'Plan télématique', der die Einführung neuer Telekommunikationsdienste zum Ziel hatte, ging auf die Initiative der DGT zurück. Für die Fernmeldeverwaltung stellte er eine Antwort auf die Probleme der ausgehenden siebziger Jahre dar: "The developments of new markets... offered several major benefits to the DGT; it would consolidate its position vis-à-vis the supplying industry; reaffirm the DGT's role in meeting with the Government's overall objectives of employment maintenance and of greater export competitiveness; and advance the DGT's long-run strategy for increasing its independence" (Ergas 1983: 18f.).

Die DGT-Führung hatte die französische Regierung mit Leichtigkeit für ihre Pläne gewinnen können. Das Programm stand in vollem Einklang mit deren Bemühungen um die Förderung der Verbreitung von Informations- und Kommunikationstechnologien (vgl. Charon/Cherki 1984: 25ff.). Ausgelöst worden war die Debatte um die 'Informatisierung der Gesellschaft' von dem **Nora/Minc-Bericht**, der im Auftrag des Staatspräsidenten erstellt und im Januar 1978 vorgelegt worden war. Thesen und Handlungsanleitungen hatten bei der französischen Politik wie in der Öffentlichkeit ein überwältigendes Echo hervorgerufen.[10] Valéry Giscard d'Estaing erhob die 'Informatisierung der Gesellschaft' zum wirtschafts- und gesellschaftspolitischen Projekt der späten siebziger Jahre. Der große Gewinner war die DGT. Ihr Generaldirektor Théry, "hatte schon seit dem Herbst 1977 all seine Energie darauf verwendet, die politische Führung von der Notwendigkeit zu überzeugen, daß die DGT eine große Offensive im Bereich der neuen Telekommunikations- und Informationsdienste starten müsse" (Marchand 1987: 29). Der Nora/Minc-Report machte politisch den Weg frei. Das Aktionspaket, das Théry im November 1978 vorschlug, "fand den sofortigen Zuspruch des Präsidenten und seiner Berater. Diese sahen in der Strategie der DGT... eine opportune Antwort für ihre Bemühungen um die 'Informatisierung der Gesellschaft'" (Charon/Cherki 1984: 29).

Im Zentrum der Telematik-Initiative standen zunächst zwei Programme: Bildschirmtext und Telefax. Bis 1990 - so die ursprüngliche Zielvorstellung - wollte die DGT dreißig Millionen Endgeräte für den Bildschirmtextdienst und zwanzig Millionen Telefaxgeräte in Frankreich absetzen (Charon/Cherki 1984: 25, Darmon 1985: 103). Diesen ambitiösen Plänen lag die einfache Rechnung zugrunde, daß die privaten Haushalte - in naher Zukunft allesamt mit Telefonanschlüssen ausgestattet - als 'geborene' Kunden für Telematikdienste bereitstanden. Hinter der Telematik-Offensive der DGT stand eine klare industriepolitische Strategie nach japanischem Muster. Sie wollte der französischen Herstellerindustrie einen Massenmarkt für einfache Telematikendgeräte eröffnen, der dieser die Produktion großer Serien ermöglichte und zu entsprechend niedrigen Produktionskosten führte. Hierauf aufbauend könnte die Industrie die Eroberung des Weltmarkts in Angriff nehmen und darüber hinaus ihre Produktpalette auf anspruchsvolle Geräte für den geschäftlichen Bedarf erweitern (Darmon 1987: 103).

Das Projekt eines **Telefax-Geräts** für den Massenbedarf erwies sich bald als undurchführbar. Die DGT hatte einen Gerätepreis von 1000 FF anvisiert,

---

[10] Als die deutsche Ausgabe 1979 erschien, waren in Frankreich bereits 90.000 Exemplare verkauft, alle größeren Zeitungen hatten dem Nora/Minc-Bericht mehrspaltige Besprechungen gewidmet. Allein in den ersten Monaten nach seiner Veröffentlichung war der Bericht Gegenstand von über zwanzig Rundfunk- und Fernsehsendungen (Nora/Minc 1979: 18).

die Prototypen, die die Industrie 1979 vorstellte, waren mehr als zehnmal so teuer. "Für Telefaxgeräte dieser Preisklasse gab es keinen Massenmarkt... Der einzige Weg, um zum Erfolg zu kommen, hätte darin bestanden, daß die Verwaltung den Haushalten die Geräte frei zur Verfügung stellte, das heißt, alle Kosten selbst übernahm. Vor den Ausgaben, die das mit sich gebracht hätte, schreckte selbst die DGT zurück" (Darmon 1987: 104). Das Vorhaben wurde 1980 aufgegeben, die DGT konzentrierte sich statt dessen auf ein vielversprechenderes: die Entwicklung eines 'Elektronischen Telefonverzeichnisses' - **Minitel** -, das gleichzeitig als Endgerät für den Bildschirmtext-Dienst (in Frankreich Télétel genannt) genutzt werden konnte. Die DGT schlug somit einen Weg ein, der sich vom Ansatz ausländischer Fernmeldeverwaltungen, beispielsweise der Deutschen Bundespost, unterschied. Diese setzte für die Einführung des Btx-Dienstes in den privaten Haushalten auf eine Kombination von Telefon (zur Dateneingabe) und Fernsehgerät mit Dekoder (als Bildschirm). Die Strategie der DGT entsprang industriepolitischen Überlegungen, ein eigenständiges Endgerät für den Btx-Dienst - so die Auffassung der DGT-Verantwortlichen - würde den erwünschten neuen Markt für die Telekommunikationsindustrie schaffen: "the introduction policy was not based on a mere telecommunications infrastructure policy primarily oriented toward assumed societal needs, but on a voluntaristic sector-specific industrial policy which aimed to create new markets in order to develop industry" (Mayntz/Schneider 1988: 283). Die industriepolitischen Ambitionen der DGT machten nicht bei ihrer traditionellen Klientel - den Herstellerfirmen - halt. Die Nachfrage nach elektronischen Bauelementen, die die Produktion des Endgeräts auslösen würde, sollte auch der Mikroelektronikindustrie zu einem Wachstumsschub verhelfen. "Es war nicht zu bestreiten, daß die DGT die Führungsrolle in der gesamten Informations- und Kommunikationstechnik übernehmen wollte. Sie befand sich damit voll im Einklang mit den Vorschlägen des Nora/Minc-Reports" (Charon/Cherki 1984: 27).[11]

Ein Problem war damit noch offen: für den neuen Dienst, respektive das entsprechende Endgerät, mußte auch eine Nachfrage geschaffen werden. Die DGT löste es auf originelle Weise. Das französische Btx-System bot als Basisdienst das Abfragen eines elektronischen Telefonverzeichnisses. Das an die Haushalte gratis - und zwangsweise (!) - abgegebene Minitel-Gerät sollte das herkömmliche Telefonbuch ersetzen. "Die Telematikpolitik... stützte sich auf die gleichen Prinzipien, die bereits beim Telefon zum Erfolg geführt hatten: Die allgemeine Einführung eines einfachen Endgeräts ('des simpelsten Telematik-Terminals der Welt')... würde den Anreiz für die Ent-

---

[11] Die DGT hatte 1977 in Grenoble eine Dependance des CNET zur Entwicklung integrierter Schaltkreise eingerichtet, hierfür wurde 1981 ein Viertel des CNET-Budgets - von insgesamt 800 Mio. FF - aufgewandt (Le Bolloc'h 1986: 188). Zwischen 1981 und 1984 vergab die DGT für 725 Mio. FF FuE-Aufträge für die Entwicklung elektronischer Bauelemente (Le Bolloc'h 1986: 371).

wicklung eines breitgestreuten Diensteangebots schaffen und damit die Nachfrage der privaten Haushalte stimulieren" (Charon/Cherki 1984: 25).

Die Minitel-Strategie stieß auf Implementationsprobleme, die die DGT nicht vorausgesehen hatte. Bereits die Durchführung des ersten Feldversuchs in der Bretagne - bei sämtlichen Telefonteilnehmern eines Departements, insgesamt 250.000, sollte anstelle des herkömmlichen Telefonbuchs zwangsweise ein Minitel-Terminal installiert werden - rief heftige Widerstände hervor. Die DGT geriet in Kollision mit einem für sie völlig neuen Kreis von Akteuren. Ihr Hauptkontrahent war die örtliche Presse, die um Auflagen und Anzeigeneinnahmen fürchtete. Minitel würde, so hatte Théry unvorsichtigerweise propagiert, "das Papier überflüssig machen" (zit. nach Marchand 1987: 40). Lokale Abgeordnete, allen voran die sozialistische Opposition, wandten sich gegen seine Zwangseinführung; in diese Kritik stimmten Kulturminister, Premierminister sowie - aus naheliegenden Beweggründen - der Finanzminister ein. Nach dem Regierungswechsel 1981 verfolgte die DGT ihre Minitel-Strategie in modifizierter Form weiter. Departement um Departement wurde mit Minitel-Endgeräten ausgestattet, die Einführung jedoch von der Zustimmung der lokalen Akteure abhängig gemacht, die Installation in den privaten Haushalten erfolgte nunmehr auf freiwilliger Basis.[12] Ende der achtziger Jahre verfügte Frankreich mit fast 6 Millionen Anschlüssen über das teilnehmerstärkste Btx-System der Welt.

Aus betriebswirtschaftlicher Sicht war Minitel für die DGT ein Mißerfolg. Der französische Rechnungshof errechnete 1987 Ausgaben der DGT von bis dahin insgesamt acht Milliarden FF, denen Einnahmen von drei Milliarden FF gegenüberstanden. Zu den Hauptnutznießern gehörten die Produzenten der Terminals. Ihnen brachte die Minitel-Offensive bis 1987 Lieferaufträge im Gesamtwert von fast fünf Milliarden FF (vgl. Humphreys 1990: 220).

Die Entwicklung des Minitel-Terminals war nach dem altbekannten Muster vonstatten gegangen. Das CNET leistete die Vorarbeiten und gab zwischen 1975 und 1985 mehr als eine halbe Milliarde FF dafür aus. Die Weiterentwicklung erfolgte in den Industrielabors auf der Basis von FuE-Aufträgen der DAII. Die Aufwendungen hierfür summierten sich zwischen 1976 und 1984 auf fast 3 Mrd. FF; zwischen 1981 und 1984 floß nahezu ein Drittel des Gesamtvolumens für FuE-Aufträge in das Programm Minitel (eigene Berechnung nach Le Bolloc'h 1986: 161ff., 534f.).

Die DGT hatte bei der Entwicklung des Minitel zunächst mit den beiden nationalen Champions der Telekommunikationsindustrie, Thomson und Cit-Alcatel zusammengearbeitet. 1979 erhielten die Firmen die ersten Aufträge zur Lieferung von Prototypen. Für die DGT war das Ergebnis ernüchternd.

---

[12] Die politische Debatte um die Minitel-Strategie der DGT soll an dieser Stelle nicht weiter verfolgt werden. Nachzulesen ist sie bei Charon/Cherki 1984 und Marchand 1987.

Thomson und Cit-Alcatel boten Geräte zum Stückpreis von 5000 FF an, die DGT hatte einen Preis von 500 FF anvisiert (Marchand 1987: 36). "Es wäre untertrieben, die anfängliche Haltung der Industrie als 'wenig enthusiastisch' zu bezeichnen. Die Perspektive, in großen Stückzahlen Endgeräte einfachster Art zu produzieren, schien ihnen wenig vielversprechend und bot aus ihrer Sicht kaum Möglichkeiten, neues Know-how zu erwerben" (Marchand 1987: 37). Théry und der Leiter der DAII, Souvignon, begegneten dem Attentismus der Firmen indem sie den Markt für zwei Außenseiter öffneten: Matra, das führende französische Rüstungsunternehmen, und die Philips-Tochter TRT. "Diese Politik der Marktöffnung war ein wichtiges Element der industriepolitischen Strategie... und nicht ohne Risiken. Die Aufsplitterung des Markts ist ihnen häufig zum Vorwurf gemacht worden; in ihren Augen stellte die Öffnung für Außenseiter aber das geeignete Mittel dar, die Gewohnheiten, die sich die Hersteller unter dem Regime des Arsenals zugelegt hatten, durch die Einführung von Wettbewerb zu brechen" (Marchand 1987: 36). Die DGT gab sich schließlich mit einem Stückpreis zufrieden, der mit 1200 FF mehr als doppelt so hoch war, wie ursprünglich geplant, und bot den Firmen ab 1981 tatsächlich einen Massenmarkt. Bis Ende der achtziger Jahre vergab sie jährlich Aufträge für die Lieferung von über einer halben Million Terminals.

Die gewünschten industriepolitischen Anstöße sind vom Minitel-Programm nicht ausgegangen. Die Erfolge, die die französischen Hersteller mit dem Minitel-Gerät auf den Auslandsmärkten erzielten, blieben bescheiden. Ende 1987 waren gerade 50.000 Terminals international verkauft worden (Darmon 1987: 109). Die DGT hatte sich in ihrem Bestreben, das Gerät möglichst einfach und kostengünstig zu gestalten, über die international vereinbarten Normen hinweggesetzt. Die Firmen stützten sich weiterhin auf die Nachfrage der DGT. Sie produzierten ein einfaches Gerät, dessen elektronische Bauteile sie aus Südost-Asien bezogen. Die DGT hatte damit auch ihr Ziel, mit der Entwicklung eines 'französischen' Telematik-Terminals der heimischen Bauelemente-Industrie auf die Sprünge zu helfen, verfehlt. "The manufacture of Minitel... might effectively be counted as a massive subsidy to French industry" (Humphreys 1990: 220).

C. DGT und Herstellerindustrie unter den Sozialisten: Neue Kräfteverhältnisse

1. Nationalisierung der Herstellerindustrie und 'Aktionsprogramm Produktionskette Elektronik'

Die Regierungsübernahme durch die Linke im Sommer 1981 leitete eine neue Etappe in den Beziehungen zwischen Staat und Telekommunikationsindustrie ein. Kurz nach seiner Wahl zum Präsidenten bekundete François Mitterrand, daß Frankreich "auf allen Gebieten der Informations- und Kommunikationstechnologien eine internationale Spitzenposition" erobern müsse (zit. nach Revue Française des Télécommunications 41/1981: 7). Der 'Plan intérimaire' für die Jahre 1981 bis 1983 und der 11. Wirtschaftsplan (1984 bis 1988) erklärten die Elektronikindustrie zum vorrangigen Bereich staatlicher Industriepolitik. Die Ziele waren ehrgeizig: Frankreich sollte zum drittgrößten Produzenten der Welt aufsteigen. Die führenden französischen Elektronikunternehmen wurden im Laufe des Jahres 1982 nationalisiert bzw. mehrheitlich vom Staat übernommen: die Compagnie Générale d'Electricité, Thomson, Saint Gobain (mit Chemie, Anlagenbau, Elektronik und Informatik als wichtigsten Geschäftsbereichen), CII-Honeywell-Bull (Computer) und Matra (Rüstung, Luft- und Raumfahrt, Telekommunikation und Informatik). Nach schwierigen Verhandlungen mit der ITT erwarb der französische Staat auch deren verbliebene Tochter CGCT für eine Summe von 215 Mio. FF (Le Bolloc'h 1986: 311).

Im Sommer 1982 wurde ein **'Aktionsprogramm für die Produktionskette Elektronik'** ['filière électronique'] verabschiedet. Über einen Zeitraum von fünf Jahren sollten insgesamt 55 Mrd. FF an staatlichen Mitteln für die Entwicklung der Elektronikindustrie bereitgestellt werden. Das Programm erstreckte sich auf alle Bereiche - Telekommunikation, Mikroelektronik, Unterhaltungselektronik, Datenverarbeitung, Bürokommunikation, Industrieautomatisation, Weltraumtechnik und Medizinische Elektronik; auf eine selektive Spezialisierung, die Eroberung nur weniger Marktnischen, sollte demnach verzichtet werden (Hauer/Huwe 1984: 231). Zentrale Elemente waren die Lancierung gemeinsamer Forschungsprojekte von staatlichen Einrichtungen und Industrie sowie horizontale Maßnahmen wie die Verbesserung der Ausbildung von Ingenieuren und die Förderung der Anwendung von Informations- und Kommunikationstechnologien. Das Gros der Mittel sollte den Unternehmen des Sektors, und vornehmlich den nationalisierten Großkonzernen, direkt zugeleitet werden: als finanzielle Hilfen für Forschung und Entwicklung, Investitionen und Restrukturierungsmaßnahmen. Ziele des Elektronikprogramms waren jährliche Wachstumsraten der Inlandsproduktion von 9 Prozent - statt bisher 3 Prozent -, eine ausgeglichene Handelsbilanz - Defizit 1982: 11 Mrd. FF - sowie die Schaffung von 80.000 neuen Arbeitsplätzen (vgl. Barreau/Mouline 1987a: 169).

Als Folge der Nationalisierung ihrer Mutterkonzerne waren die wichtigsten Hersteller für Telekommunikationseinrichtungen in staatlichen Besitz übergegangen bzw. staatlich kontrolliert: Cit-Alcatel und Thomson-Télécommunications, daneben die Ex-ITT-Tochter CGCT. Diese nunmehr öffentlichen Unternehmen hatten 1981 drei Viertel des Umsatzes der Branche auf sich vereint. Die Telekommunikationsindustrie galt als einer der 'Trümpfe' der nationalen 'Produktionskette Elektronik', sie sollte gegenüber den anderen Industrien des Sektors eine Lokomotivfunktion übernehmen (Le Bolloc'h 1986: 477). Bei Lichte betrachtet befand sich die französische Herstellerindustrie jedoch in einer schweren **Krise**. Während der Weltmarkt für Telekommunikationseinrichtungen hohe jährliche Wachstumsraten aufwies, stagnierten ihre Umsätze. Die Zahl der Beschäftigten war auf 70.000 abgesunken, gegenüber 94.000 im Jahr 1978 (Aurelle 1986: 107).

Eine der wesentlichen Ursachen für die Probleme der französischen Telekommunikationsindustrie lag in dem seit 1977 real *rückläufigen Beschaffungsvolumen der DGT*. Besonders gravierend war der Nachfragerückgang im Bereich der Vermittlungstechnik, so bestellte die DGT 1984 nur noch halb so viele Anschlußeinheiten wie 1980 (Le Bolloc'h 1986: 501).[1] Der Anteil der DGT am Gesamtabsatzvolumen der Industrie sank von über 60 Prozent im Jahr 1977 auf unter 50 im Jahr 1983 (Aurelle 1986: 107). Dies ging in erster Linie auf das Konto der gestiegenen inländischen Nachfrage nach privaten Telekommunikationseinrichtungen. Die Stellung der französischen Herstellerfirmen auf den *Auslandsmärkten* war nach wie vor schwach. Von der im Plan 'Telefon für alle' von 1975 anvisierten Zielmarke eines Exportanteils von 30 Prozent war sie weit entfernt. 1981 setzte sie nur 14 Prozent ihrer Produktion im Ausland ab, kaum mehr als Ende der sechziger Jahre (Le Bolloc'h 1986: 206). Mehr als zwei Drittel des Exports ging 1981 in den Nahen Ostens und nach Schwarzafrika. Zu verdanken hatten die französischen Hersteller die Erfolge auf diesen Märkten in der Regel direkter politischer Intervention. "(T)he contracts were... generally negociated on a bilateral basis between governments... which advantaged the suppliers who acted through their governments, as did the French... the awarding of con-

---

[1] Technologischer Fortschritt und Nachfragerückgang der DGT hatten 1980 ein erstes Opfer gefordert. Die auf die Produktion elektromechanischer Vermittlungseinrichtungen spezialisierte Arbeiterkooperative AOIP mußte sich aus dem Markt zurückziehen und wurde je zur Hälfte von Thomson und der Cit-Alcatel aufgesogen (vgl. Bonnetblanc 1984: 188).

tracts was sensitive to political criteria - for example, the supplying country's position on Middle East issues - which also favored France" (Ergas 1983: 20).

Die wirtschaftliche Verfassung der drei nationalisierten Unternehmen spiegelte die prekäre Lage der Branche wider. Lediglich die Cit-Alcatel, respektive deren Muttergesellschaft CGE, machte Gewinne. Thomson und die Ex-ITT-Tochter CGCT schrieben seit 1981 rote Zahlen (vgl. Tabelle III-3).

Tabelle III-3: Jahresergebnisse der nationalisierten Elektronikunternehmen in Milliarden FF, 1980 bis 1984

Unternehmen	1980	1981	1982	1983	1984
Thomson	0,5	-0,2	-2,2	-1,3	-0,04
CGE	0,6	0,6	0,6	0,7	0,8
CGCT	-0,1	0	-0,3	-0,6	-1

Quelle: Uterwedde 1988: 155

Thomson war es nicht gelungen, sich im Telekommunikationsgeschäft erfolgreich zu etablieren. Zwischen 1980 und 1982 summierten sich die Verluste allein aus der Sparte Vermittlungstechnik auf über eine Milliarde FF (Le Bolloc'h 1986: 485). Die wechselnden Einführungsentscheidungen der DGT hatten das Unternehmen - ein Newcomer der Branche, dessen Markteintritt allein dank staatlicher Hilfestellung zustande gekommen war - vor schier unlösbare Aufgaben gestellt. Thomson produzierte 1980 unter Lizenz von ITT und Ericsson vier unterschiedliche Vermittlungssysteme, deren Beschaffung auslief: zwei Modelle elektromechanischer Systeme und zwei Modelle halbelektronischer Systeme. Die gerade erst erstellten Produktionsanlagen für die Herstellung halbelektronischer Vermittlungseinrichtungen mußten nach dem Schwenk der DGT auf volldigitale Systeme vorzeitig abgeschrieben werden. Die Entwicklung des eigenen Digitalsystems stockte. "The heavy R&D costs of its crash digital programme turned out to be one of the main reasons for Thomson's desparate financial plight in the early 1980s" (Cawson et al. 1990: 140). Die Blaupausen, die Thomson in den Labors der ITT-Tochter LMT vorfand, hatten sich bald als völlig unausgereift erwiesen; es war überdies nicht gelungen, die von Ericsson und ITT übernommenen Forschungsgruppen miteinander zu verschmelzen. Der von der DGT geforderte Liefertermin (1981) hatte trotz Unterstützung durch das CNET nicht eingehalten werden können. Thomson war es zudem im Bereich der Vermittlungstechnik nicht gelungen, auf den Auslandsmärkten Fuß zu fassen. Für elektromechanische und halbelektronische Systeme gab es keinen Markt mehr (überdies war Thomson selbst nur Lizenznehmer), ein vorzeigbares Digitalsystem lag noch nicht vor.

Noch bedenklicher war die Lage der ehemaligen ITT-Tochter **CGCT**. Sie produzierte hauptsächlich Vermittlungseinrichtungen, und zwar das halbelektronische System der ITT, dessen Beschaffung 1983 auslaufen sollte. Die Zukunft des Unternehmens und seiner 9.000 Beschäftigten war völlig offen, nachdem die DGT Ende der siebziger Jahre die (aus der Sicht der CGCT) nächstliegende Lösung verworfen hatte: die Einführung des digitalen Vermittlungssystems der Mutterfirma, System 12, als drittem Systemtyp im französischen Netz. 1982 standen zwei Optionen zur Debatte. Die CGCT sollte entweder der Cit-Alcatel oder Thomson angegliedert werden. Die DGT hätte letzteres bevorzugt. Zum einen würde - angesichts der schwierigen Situation Thomsons - die Angebotsposition der Cit-Alcatel durch eine Übernahme der CGCT weiter gestärkt werden. Zum anderen versprach man sich von einer Angliederung an Thomson einen neuen 'Motivationsschub' für den zweiten nationalen Champion (vgl. Le Bolloc'h 1986: 483f.).

Schließlich hatte auch die Telekommunikationsbranche der **CGE** - des einzigen nationalisierten Unternehmens, das Gewinne erwirtschaftete - mit Schwierigkeiten zu kämpfen. Während die Bereiche Übertragungstechnik (angesiedelt bei Cit-Alcatel) und private Kommunikationseinrichtungen (Cit-Alcatel und Télic Alcatel) jährliche Wachstumsraten von 10 bis 20 Prozent aufwiesen, war der Umsatz der Vermittlungstechnik rückläufig. **Cit-Alcatel** verzeichnete hier jährliche Umsatzeinbußen von 3 Prozent (Le Bolloc'h 1986: 707ff.). Cit-Alcatel hatte den technologischen Vorsprung gegenüber der internationalen Konkurrenz - als weltweit erster Anbieter von volldigitalen Systemen - nicht kommerziell verwerten können. Bis 1982 war das Vermittlungssystem E 10 in 28 Ländern abgesetzt worden, es handelte sich dabei in der Regel jedoch um Lieferungen geringen Umfangs in Länder des französischen Einflußbereichs (vgl. Ergas 1983: 21). In keinem der Industriestaaten war der Markteintritt gelungen. Mitverantwortlich war, neben protektionistischen Beschaffungspraktiken, die fehlende Repräsentation auf ausländischen Märkten: Cit-Alcatel hatte weder Produktionsstätten noch Vertriebssysteme im Ausland aufgebaut. Sie hatte sich in den siebziger Jahren vornehmlich auf die Nachfrage der DGT gestützt und sich, was den Export anbetraf, auf das Verhandlungsgeschick der französischen Regierung verlassen. Erst 1978 hatte man eine Exportabteilung eingerichtet (vgl. Barreau/Mouline 1987a: 127).

Der französische Staat griff den bedrängten Unternehmen massiv unter die Arme. Zwischen 1982 und 1986 erhielten die nationalisierten Firmen - einschließlich des Computerherstellers Bull - im Rahmen des Programms **Produktionskette Elektronik** insgesamt über 14 Mrd. FF an zusätzlichem Eigenkapital und langfristigen Krediten (vgl. Tabelle III-4). Hinzu kamen staatliche Zuschüsse für FuE sowie für sonstige Investitionsvorhaben, die sich allein im Jahr 1984 auf 3,3 Mrd. FF beliefen (Le Bolloc'h 1986: 689). Private Aktionäre hatten den vier Unternehmen zwischen 1976 und 1981 gerade 600 Mio. FF zugeführt (Mouline 1990: 103). "The nationalizations had one, and only major effect", so zitieren Cawson et al. einen Berater von DGT und Industrieministerium, "the firms recieved the cash they so desperately wanted" (1990: 132).

Tabelle III-4: Staatliche Kapitalzuschüsse für die nationalisierten Elektronikunternehmen in Millionen FF, 1982 bis 1986

	1982	1983	1984	1985	1986*	Summe
Thomson	600	1.600	1.000	1.300	400	4.900
CGE	850	870			200	1.920
CGCT		388	600	450	1.000	2.438
Bull	300	1.500	1.000	1.000	1.000	4.800
Summe	1.750	4.358	2.600	2.750	2.600	14.058

Quelle: Le Bolloc'h 1986: 688; *geplant

Die Linksregierung hatte die Politik für die Telekommunikationsindustrie in einen Gesamtrahmen der staatlichen Förderung von Informations- und Kommunikationstechnik eingebunden. Für das **industriepolitische Entscheidungsgefüge** blieb das nicht ohne Folgen. In den siebziger Jahren war es die **DGT**, die die Industriepolitik im Telekommunikationssektor entwarf und ihre Strategien allein mit den Kabinetten von Premierminister und Staatspräsident abstimmte. 1981 trat ein weiterer Akteur auf den Plan und machte der DGT ihre Rolle streitig: das **Industrieministerium**. Es übte die Aufsicht über die nationalisierten Elektrokonzerne aus und war zugleich für die Formulierung und Umsetzung des Programms 'Produktionskette Elektronik' verantwortlich. In dieser Doppelrolle als Kontrolleur und Förderer war es der wichtigste staatliche Interaktionspartner der Unternehmen. Es bestimmte auf der Grundlage von Firmeninformationen deren Finanzbedarf und handelte die entsprechenden Zuweisungen mit dem Finanzministerium, aus dessen Haushalt die Subventionen in den Jahren 1982 und 1983 vollständig bestritten wurden, aus (vgl. Barreau 1990: 88ff.). Das Industrieministerium war außerdem für die Erarbeitung der sogenannten 'Planverträge' ('contrats de plan') zuständig. Zweck dieser Planverträge, die im Laufe des Jahres 1983 mit den einzelnen nationalisierten Gruppen abgeschlossen wurden, war es, Prioritäten der Regierung und geschäftliche Strategien der Unternehmen miteinander in Einklang zu bringen.

Die **industriepolitische Praxis** des Jahres 1982 war von häufigen Eingriffen in die Geschäftsführung der Unternehmen bestimmt. Minister J. C. Chevènement, der für einen voluntaristischen industriepolitischen Kurs stand, gab sich nicht mit der Formulierung von Rahmenrichtlinien und der Zuweisung von Finanzhilfen zufrieden. "Der Staat", so Chevènement, "hat nicht einfach dabei zuzusehen, wie die Unternehmen ums Überleben kämpfen. Seine Aufgabe besteht vielmehr darin, die Firmen durch seine Interventionen zu stärken, sie zu unterstützen und gegebenenfalls auf den richtigen Kurs zu bringen" (zit. nach Barreau/Mouline 1987a: 159). Mißliebige Geschäftsleitungen wurden ausgetauscht - so im Falle Thomsons -, das Industrieministerium versagte einer Reihe von Umstrukturierungsmaßnahmen und Kooperationsverträgen mit ausländischen Unternehmen die Zustimmung (vgl. Barreau/Mouline 1987a: 187ff.).

2. Der Plan câble: Ein neues Grand Programme

Nach dem Regierungswechsel 1981 sah die DGT ihren politischen Einfluß schwinden: "Die ungünstigen Vorzeichen häuften sich: Das 'Aktionsprogramm Produktionskette Elektronik'... hatte ambitiöse Ziele für die Telekommunikation formuliert, ohne daß die DGT an der Erarbeitung beteiligt worden war. Der Innenminister plante, die Regionaldirektionen der DGT unter die Aufsicht der Präfekten zu stellen. Schließlich blieb die DGT auch bei den Verhandlungen über das Gesetz zur Rundfunkregulierung außen vor" (Charon 1988: 82). Die Linke hatte die zunehmende Verselbständigung der Fernmeldeverwaltung - die sich "wie ein technokratischer Staat im Staate" gebärde (Bureau Exécutif du Parti Socialiste 1981: 9) - mit Mißtrauen beobachtet: die DGT habe über ihre Macht als Auftraggeber in der Vergangenheit die Gestaltung der Industriepolitik "an sich gezogen", falsche Entscheidungen getroffen - besonders in der Vermittlungstechnik - und eine "kohärente" staatliche Industriepolitik im Elektroniksektor verhindert (Bureau Exécutif du Parti Socialiste 1981: 3).

Im Herbst 1982 schien die Verwaltung ihre frühere Position der Stärke wiedererlangt zu haben. Der Kabinett verabschiedete am 3. November 1982 auf Vorschlag des PTT-Ministers einen 'Bericht zum beschleunigten Aufbau von Kabelnetzen in Frankreich',[2] den sogenannten **Plan câble**. Es handelte sich um ein weltweit einzigartiges Projekt. Bis 1992 sollten sechs Millionen, bis zum Jahr 2000 schließlich 12 Millionen Haushalte und Unternehmen an lokale 'Videokommunikationsnetze' angeschlossen werden. Dabei würde es sich nicht um herkömmliche Kupferkoaxialnetze für das Kabelfernsehen handeln, statt dessen plante man die Errichtung von sternförmigen Vermittlungsnetzen auf Glasfaserbasis. Es gehe darum, so der Plan câble, "durch eine kraftvolle öffentliche Infrastrukturpolitik, die mit dem

---

[2] 'Rapport de Monsieur Louis Mexandeau, Ministre des PTT, sur l' accélération de l' équipement de la France en réseaux câblés', Ministère des PTT, Paris: Oktober 1982 (im Folgenden: Plan câble 1982)

generellen Rahmen französischer Politik übereinstimmt, bei der Entwicklung neuer Möglichkeiten der audiovisuellen Kommunikation und der Informations- und Telekommunikationstechnologie eine weltweite Führungsrolle zu übernehmen und *ein französisches Modell des Kabelfernsehens, der Bürokommunikation und der Bildkommunikation* zu kreieren" (Plan câble 1982: 5). Von 1983 bis 1985 sollten 7 Mrd. FF, ab 1986 jährlich 4 Mrd. FF in den Aufbau von örtlichen Glasfasernetzen gelenkt werden; die Gesamtinvestitionen der kommenden fünfzehn Jahre veranschlagte die DGT auf 50 Mrd. FF (Électronique Actualités 28.1.1983: 18).

Der Plan câble hatte eine lange *Vorgeschichte*.[3] Innerhalb des CNET befaßte sich seit Mitte der siebziger Jahre eine Forschergruppe mit der Weiterentwicklung der Lichtleiter- und Breitbandvermittlungstechnologie. Diese 'Gruppe Glowinski' legte 1980 eine Analyse der langfristigen Entwicklungsmöglichkeiten der Telekommunikation in Frankreich vor. Im Mittelpunkt stand das Szenario von lokalen 'Videokommunikationssystemen', breitbandigen Vermittlungsnetzen auf der Basis der Glasfasertechnologie. Diese würden - so die Gruppe Glowinski - den Ausgangspunkt für die Entwicklung einer universellen Breitbandinfrastruktur bieten, die alle denkbaren Formen von Telekommunikationsdiensten in einem Netz integrieren könnte (Glowinski 1980: 222ff.). Politisch brisant war dieses Szenario, weil es implizit ein *Gegenprogramm zur Telematik-Strategie* der DGT-Führung unter Gérard Théry darstellte. "Wie das gesamte CNET, das sich an der Erarbeitung des Plan télématique nicht beteiligt hatte, war sie [die Gruppe Glowinski, cr] gegen dieses Programm. Es stellte ihrer Meinung nach nicht den richtigen Weg dar, um den Elan und das Aktivitätsniveau, das die DGT im Zuge des Netzmodernisierungsprogramms entwickelt hatte, zu sichern. Die entscheidende Entwicklung der Zukunft, auf die man sich vorbereiten mußte, war ihrer Meinung nach die Revolution der optischen Nachrichtentechnik, die sich in den achtziger Jahren unaufhaltsam anbahnen würde" (Brénac et al. 1986: 34). Innerhalb der DGT nahm die Gruppe eine Randposition ein. Ihre Arbeiten blieben jedoch nicht folgenlos. 1979 wurde ein Glasfaserpilotprojekt in Biarritz gestartet. Die DGT errichtete im Rahmen des "weltweit größten Feldversuchs" (Funkschau 11/1983: 63) ein Glasfaservermittlungsnetz für 1500 Teilnehmer, das neben der Verteilung von Fernseh- und Hörfunkprogrammen das Angebot des Telefondienstes und des Bildtelefons einschloß. Das *medienpolitische Konfliktpotential* läßt sich daran ablesen, daß mit Biarritz ein Projektstandort gewählt worden war, wo Abschattungen den herkömmlichen Fernsehempfang störten.

Der *Regierungswechsel von 1981* veränderte die Stellung der Verfechter des Breitband-Szenarios im telekommunikationspolitischen Entscheidungsgefüge. Die Führungsmannschaft der DGT um Théry, aufgrund ihrer politi-

---

[3] Vgl. hierzu Brénac et al. 1985, 1986, Charon et al. 1987, Rose 1987. Zu Zustandekommen und Umsetzung des Plan câble siehe auch Charon 1988, Tudesc 1990, Vedel/Dutton 1990.

schen Nähe zur Giscard-Administration diskreditiert, wurde von der Linksregierung ausgewechselt. An die Spitze der DGT setzte sie Jacques Dondoux, den 1974 ausgeschalteten ehemaligen CNET-Direktor. Mit Dondoux rückten Mitglieder der Gruppe Glowinski in Schlüsselpositionen der DGT auf. Entscheidender für die spätere Durchsetzung des Plan câble war, daß auch der neue PTT-Minister Mexandeau Mitglieder der Gruppe in sein Kabinett berief. Als Spezialist für Bildungspolitik besaß Mexandeau kein fest umrissenes Konzept für die zukünftige Politik. Auch die Sozialistische Partei hatte in der Opposition kein spezifisches telekommunikationspolitisches Programm ausgearbeitet; ihre Beiträge zum Thema erschöpften sich in Bekenntnissen zum staatlichen Fernmeldemonopol (vgl. Bureau Exécutif du Parti Socialiste 1981: 8f.). Das von Ministerkabinett vorgeschlagene Glasfaser-Projekt besaß unter diesen Umständen ein hohes Maß an Überzeugungskraft. Als umfassendes Infrastrukturvorhaben würde es der DGT das erwünschte 'Anschlußprojekt' bieten, das an die Stelle des kurz vor dem Abschluß stehenden Plan téléphone treten konnte; das Einschwenken auf die Zukunftstechnologie Glasfaser würde die internationale Wettbewerbsfähigkeit der Herstellerindustrie stärken und ihre wirtschaftlichen Probleme lösen. Zugleich - und das machte die besondere Attraktivität des Projekts aus - konnte es vom Minister als ein 'Alternativprogramm' zur bisher von der DGT verfolgten Linie präsentiert werden, das sich zudem - allen internationalen Tendenzen zum Trotz - auf die von den Sozialisten vertretenen klassischen Prinzipien des Service Public stützte: Einheit und Kohärenz des Netzes als Garantie des staatlichen Monopols, flächendeckende Versorgung und gleicher Zugang für alle (vgl. Brénac et al. 1986: 35). Die neue DGT-Führung um Dondoux konnte leicht für dieses Programm gewonnen werden; ihr mußte es nicht zuletzt darum gehen, die Definitionsmacht über die sektorale Industriepolitik zurückzugewinnen, die ihr das Industrieministerium streitig machte.

Als Programm, das die Errichtung einer neuen Telekommunikationsinfrastruktur zum Ziel hatte, bedurfte der Plan câble der Zustimmung des Ministerrats. Der Wirtschafts- und Finanzminister brachte dem Plan keine Vorbehalte entgegen, bot er doch die Möglichkeit, die Strategie der binnenmarktorientierten Förderung von Zukunftsindustrien umzusetzen, ohne daß damit zusätzliche Belastungen für den Staatshaushalt verbunden waren - die DGT würde das Programm über ihr Budget annexe finanzieren. Über diese 'klassische' Allianz hinaus mußte der PTT-Minister jedoch angesichts der *medienpolitischen* Implikationen des Verkabelungsprogramms weitere Verbündete finden.

Die Linksregierung war mit einem Programm der Liberalisierung des Rundfunks angetreten; im Juli 1982 wurde die herkömmliche Rundfunkordnung durch das 'Gesetz zur audiovisuellen Kommunikation' reformiert und das staatliche Programmonopol aufgegeben. Das medienpolitische Projekt war nicht das einer völligen Liberalisierung. Die im Art. 1 des Gesetzes zur audiovisuellen Kommunikation verkündete 'Freiheit' "bedeutete keineswegs, daß sich Privatinitiative frei entfalten konnte" (Musso 1984: 2). Es sollte sich statt dessen um eine 'geregelte Deregulierung' und um eine 'geregelte Freiheit' handeln, die nicht als Garantie des freien Zugangs, sondern als Freiheit von Rede und Meinung zu verstehen war. Dieser Interpretation von Rundfunkfreiheit, die vor allem vom Kulturminister verfochten wurde, kam das vom PTT-Minister vorgeschlagene Verkabelungsprojekt entgegen. "... the Plan câble was actually welcomed by the Minister for Culture, Jack Lang, as offering a convenient 'marginot line' of defence against an invasion of foreign programs, since it was (in the event rather naively) assumed that foreign programming could be regulated at the point of entry" (Dyson/Humphreys 1985: 375). Zudem würde die gewählte Struktur der Breitbandvermittlungsnetze neue Möglichkeiten des sozialen Dialogs qua 'interaktive' Kommunikation bieten; "...fibre-optics has taken on the dimension of 'la fibre démocratique'" (Dyson/Humphreys 1985: 373).

Über das Kulturministerium hinaus versicherten sich PTT-Minister und DGT eines weiteren Bündnispartners: des Innenministers Deferre. Der Plan sah vor, daß von den Kommunen die Initiative für die Verkabelung ihrer Gebiete durch die DGT ausgehen sollte. Hier würde auch die Zuständigkeit für die Betreibung der Netze liegen, und zwar in Form von gemischtwirtschaftlichen Gesellschaften, an denen private Kapitalgeber beteiligt werden durften. Im Gegenzug sollten die Kommunen einen Teil der Kosten tragen. "This scheme fit well within the governement's policy of devolving greater responsibilities on local authorities..., it gave concrete expression to the ideal of citizen participation in the control of technology as opposed to a so-called Giscardian technocracy" (Vedel/Dutton 1990: 508).

Der vom PTT-Minister präsentierte Plan câble stellte schließlich die *Verknüpfung unterschiedlichster politischen Gestaltungsabsichten* dar. "The P&T's report was a masterpiece of political craftmanship, which skillfully reconciled the organizational and technical rationale of the P&T with the social and political aims of the government" (Vedel/Dutton 1990: 496).

3. 'Téléphone de France'

Nach der Nationalisierung der führenden Telekommunikationsunternehmen blieb die Industriestruktur zunächst unangetastet. Im September 1983 kam es dann zu einer Transaktion, die in der Tagespresse als "die spektakulärste Operation seit der Restrukturierung der französischen Telekommunikationsindustrie im Jahr 1976" und "eines der wichtigsten industriellen Ereignisse des letzten Jahrzehnts" bezeichnet wurde (zit. nach Barreau/Mouline 1987a: 182). Thomson-CSF und CGE kündigten einen wechselseitigen Tausch von Geschäftsbereichen an. Im Zentrum der Vereinbarung stand der Rückzug Thomsons aus der Telekommunikation und die Übertragung seiner Aktivitäten auf die CGE.

Verlauf und Ergebnis der Transaktion Thomson-CGE - im Herbst 1983 wurde ein kompliziertes Übergabeverfahren eingeleitet, das in die Fusion von Thomson-Télécommunications mit Cit-Alcatel im Juli 1985 mündete - entsprachen den **neuen Prioritäten sozialistischer Industriepolitik**. Die Regierung hatte im Frühjahr 1983 eine radikale wirtschafts- und industriepolitische Kehrtwende vollzogen. Auf makroökonomischer Ebene löste ein rigider Sparkurs die expansive Konjunkturbelebungspolitik der ersten Phase ab (Plan de la rigueur, 'Härteplan' vom März 1983). Im Bereich der Industriepolitik wurde der Anspruch einer umfassenden staatlichen Lenkung und Steuerung industrieller Aktivitäten aufgegeben. Chevènement, Protagonist des dirigistischen Kurses, trat im März 1983 zurück. Der neue Industrieminister Fabius rückte vom 'unrealistischen', weil die finanziellen Kräfte Frankreichs überfordernden 'Produktionskettenansatz' ab. Das Programm 'Produktionskette Elektronik' wurde zwar verbal weiterverfolgt, nunmehr jedoch mit einem liberalen Ansatz. Die nationalisierten Unternehmen, bis dahin als die 'Speerspitzen' staatlicher Industriepolitik gedacht, sollten sich angesichts wachsender Verluste und enger werdender Haushaltsspielräume auf gewinnträchtige Geschäftsbereiche konzentrieren. Ihre finanzielle Rentabilität wurde zum obersten Prinzip erhoben. Fabius forderte die Firmen des nationalisierten Sektors auf, bis 1985 wieder ein finanzielles Gleichgewicht herzustellen. Die Gestaltung ihrer Geschäftspolitik sollte dabei den Unternehmen selbst überlassen bleiben; Präsident Mitterrand hatte bereits Anfang 1983 den Unternehmensvorständen völlige Autonomie zugesichert und damit die interventionistischen Praktiken Chevènements öffentlich desavouiert. "Das Unternehmen als Produktionseinheit und seine (technologische wie kosten- und preismäßige) Wettbewerbsfähigkeit im internationalen Wettbewerb erhielt einen zentralen Stellenwert für die Industriepolitik" (Uterwedde 1988: 157). Der Staat - so Fabius - sollte sich auf horizontale Maßnahmen beschränken. "Es kann nicht Aufgabe des Staates sein, Entscheidungen für die Unternehmen zu treffen. Seine Aufgabe besteht statt dessen darin..., günstige Rahmenbedingungen für ihre Entwicklung zu schaffen" (zit. nach Barreau/Mouline 1987a: 159). Die im Laufe des Jahres abgeschlossenen Planverträge mit den nationalisierten Firmen spiegeln diese Kehrtwende wider; der Staat verzichtete auf konkrete Zielvorgaben und formulierte statt dessen nur vage Verpflichtungen wie "Erhaltung der Rentabilität", "Eroberung einer starken Position am Weltmarkt", "Stärkung der Exportaktivitäten" (Barreau 1990: 62).

In diesem neuen Klima der erklärten 'Nicht-Intervention' konnten die Unternehmensführungen von Thomson und CGE einen eigenständigen Kurs einschlagen. Der Thomson-Konzern, der von Jahr zu Jahr tiefer in die roten Zahlen rutschte (Verlust 1982: 2,2 Mrd. FF), wollte sich des ungeliebten Telekommunikationsgeschäfts entledigen. Die CGE sah wiederum die Chance, den Konkurrenten aus dem Feld zu schlagen und zum dominanten Anbieter auf dem nationalen Markt aufzusteigen. Industrieminister Fabius gab früh grünes Licht. Die Übernahme durch die CGE, das einzige gewinnbringende öffentliche Unternehmen der Branche, bot einen willkommenen Ausweg zur Lösung des Problems Thomson-Télécommunications. An den Verhandlungen zwischen den Unternehmensführungen nahmen keine Regierungsvertreter teil, "ein deutliches Indiz dafür, daß der Staat von nun an nicht mehr beabsichtigte, den Firmen strategische Entscheidungen aufzuzwingen oder sie dazu zu bewegen, die 1981 formulierten Prinzipien der Industriepolitik zu beherzigen" (Barreau 1990: 77). Der Ministerrat billigte im Herbst 1983 die Vereinbarungen zwischen CGE und Thomson ohne inhaltliche Modifikation. Der französische Staat beschränkte seine Rolle auf die eines Financiers: er übernahm die finanzielle Konsolidierung von Thomson-Télécommunications - der CGE wurden insgesamt 1,25 Mrd. FF zugewiesen (Barreau 1990: 77).

Die **DGT** war an den Entscheidungsprozessen nicht beteiligt worden.[4] Diese Marginalisierung kann nicht verwundern, die DGT hatte nie einen Hehl daraus gemacht, daß sie die Operation mißbilligte.[5] Der Haupteffekt, so ihre Argumentation gegenüber Industrieminister und Regierung, sei die Schwächung ihrer Nachfragestellung. Die DGT würde in weiten Teilen des Beschaffungsmarkts einem Angebotsmonopol der Alcatel gegenüberstehen. Ein Beitrag zur Lösung der Probleme der Herstellerindustrie wäre mit der Fusion Thomson-CGE kaum geleistet: die Zukunft der hochdefizitären CGCT bleibe weiter offen und, noch wichtiger, auch dem neuen Unternehmen fehle eine Implantation auf den internationalen Märkten. Hier setzte der Alternativvorschlag der DGT an. Statt zu fusionieren sollten Cit-Alcatel und Thomson-Télécommunications eigenständig bleiben und sich internationale Partner suchen. *Um ihre Interessen als Nachfrager dauerhaft zu wahren, war die DGT somit dazu bereit, das alte Ziel der 'technologischen' Unabhängigkeit preiszugeben und ihren Beschaffungsmarkt für ausländische Unternehmen (die jeweiligen Kooperationspartner der nationalen Champions) zu öffnen.* PTT-Minister Mexandeau im Sommer 1983: "(D)er

---

[4] Zu den Verhandlungen zwischen CGE und Thomson sowie den Entscheidungsprozessen auf Regierungsebene vgl. insbesondere Quatrepoint 1986: 247ff.

[5] Paradoxerweise hatte die DGT ihren Beitrag dazu geleistet, daß sich die Lage Thomsons stetig verschlechterte. Thomson war mit hohen Säumnisstrafen - sie addierten sich von 1981 bis 1983 auf 450 Mio. FF - für die verspätete Lieferung des Digitalsystems MT belegt worden (Quatrepoint 1986: 285).

einzige Weg, auf die Dauer zwei Systemlieferanten in Frankreich zu erhalten, besteht darin, daß sich jede der beiden Gruppen mit einem ausländischen Kooperationspartner zusammenschließt" (zit. nach L'Usine Nouvelle 16.6.1983: 98).

Innerhalb der Regierung konnte sich die DGT kein Gehör verschaffen. "The DGT's interests were subordinated to those of its newly nationalized equipment suppliers" (Cawson et al. 1990: 125). In der Öffentlichkeit wurde die Fusion als Teil einer kohärenten staatlichen Industriepolitik dargestellt. Die Regierung hatte sich die Argumente der CGE zu eigen gemacht: die Fusion sei notwendig, um das langfristige Überleben der französischen Herstellerindustrie zu sichern - für die Entwicklung der nächsten Generation von Vermittlungssystemen, rechnete die CGE vor, müßte über eine Milliarde Dollar aufgebracht werden. Frankreich, so Fabius, könne sich nicht länger "den Luxus leisten, zwei nationale Champions und zwei Produktlinien [gemeint war die Vermittlungstechnik, cr] im Bereich der Telekommunikation am Leben zu halten" (zit. nach Quatrepoint 1986: 309). Die Bedenken der DGT mußten angesichts der industriepolitischen Implikationen der Fusion zweitrangig erscheinen. Die Regierung kam der DGT nur in einem Punkt entgegen. Die CGE mußte die Produktpalette Thomsons im Bereich der Vermittlungstechnik weiterführen. Mit einer Verzögerung von einem Jahr war 1982 erstmals eine Thomson-Vermittlungsstelle des Typs MT in Betrieb genommen worden. Die DGT hatte erhebliche Summen in die Entwicklung des Systems investiert, sie hielt es auch für leistungsfähiger als das E 10 von Cit-Alcatel (Quatrepoint 1986: 317).

Cit-Alcatel (seit 1985 nur noch Alcatel) hatte mit der Absorption von Thomson-Télécommunications Umsatz und Beschäftigtenzahlen auf 28 Mrd. FF respektive 50.000 im Jahr 1985 nahezu verdoppelt. Mit einem Weltmarktanteil von 7 Prozent rückte sie vom neuntgrößten internationalen Anbieter zum fünftgrößten vor (Barreau/Mouline 1987a: 191). Die Zukunft war damit jedoch noch nicht gesichert. Die Umsätze von Alcatel im wichtigsten Geschäftsbereich, der öffentlichen Vermittlungstechnik, gingen als Folge des sinkenden Nachfragevolumens der DGT stetig zurück. Die Integration von Thomson-Télécommunications schuf neue Probleme, "in the words of one CNET official, the amalgamation was 'less than the sum of its parts'" (Cawson et al. 1990: 140). Alcatel stand vor der Aufgabe, die unterschiedlichen Produktlinien der beiden Häuser zusammenzuführen; sie war zudem verpflichtet worden, zwei vermittlungstechnische Systemfamilien fortzuführen. Was die erhofften Exporterfolge anging, hatte die Fusion zunächst einen gegenteiligen Effekt. Die Auslandskunden waren verunsichert, Gerüchte über die Aufgabe der Thomson-Vermittlungstechnik machten die Runde. Die Exporte erreichten 1985 gerade das Niveau, das Cit-Alcatel für sich genommen 1983 realisiert hatte. 1984 und 1985 leitete

Alcatel Rationalisierungsmaßnahmen ein: Verkleinerung der Produktpalette (auch im Bereich der Vermittlungstechnik),[6] Entlassung von 7.000 Beschäftigten, 5.000 davon bei Ex-Thomson-Télécommunications (Quatrepoint 1986: 321).

4. Beschaffungspolitik unter dem Diktat staatlicher Industriepolitik

Nach der Fusion Thomson-Télécommunications/Cit-Alcatel stand der DGT auf allen zentralen Beschaffungsmärkten ein übermächtiger Anbieter gegenüber. Alcatel vereinigte 1985 70 Prozent des Umsatzes der französischen Telekommunikationsindustrie auf sich. Das Unternehmen hielt Marktanteile von 84 Prozent in der öffentlichen Vermittlungstechnik, von 65 Prozent in der drahtgebundenen Übertragungstechnik, von 70 Prozent in der Richtfunktechnik, von 60 Prozent im Bereich der Fernmeldekabel und 60 Prozent des Marktes für private Telekommunikationsanlagen und Endeinrichtungen (Darmon 1985: 96). Der Leitsatz, der der Beschaffungspolitik der DGT seit Mitte der siebziger Jahre zugrunde lag - die Veranstaltung von Wettbewerb zwischen zwei großen Anbietern -, war nach der Fusion gegenstandslos geworden. Weder im Bereich der Vermittlungstechnik noch in der Übertragungstechnik gab es Firmen, die es mit Alcatel aufnehmen konnten. Zweiter Lieferant für Vermittlungssysteme war die Ex-ITT-Tochter CGCT, ein 1982 gleichfalls nationalisiertes Unternehmen, das sich in einem völlig maroden Zustand befand und überdies Thomson-Systeme in Lizenz produzierte. Als Anbieter von drahtgebundener Übertragungstechnik traten neben Alcatel die SAT und die Philips-Tochter TRT in Erscheinung, der gemeinsame Marktanteil belief sich auf 35 Prozent. Funkübertragungstechnik lieferte neben Alcatel, SAT und TRT seit Anfang der achtziger Jahre auch der bis dahin auf Rüstung und Raumfahrt konzentrierte französische Konzern Matra; die drei Anbieter neben Alcatel teilten sich einen Marktanteil von 30 Prozent (Darmon 1985: 96).

Die DGT hatte wenig Handlungsspielraum, um auf die veränderte Situation auf der Herstellerseite zu reagieren. Die Maßgaben für ihre Beschaffungspolitik diktierte nunmehr die CGE - unterstützt vom Industrieminister. Die wirtschaftliche Lage des neuen 'nationalen Champions' blieb weiterhin

---

[6] Alcatel hielt an zwei vermittlungstechnischen Systemfamilien fest. Es fand jedoch eine Spezialisierung statt: das Thomson-System wurde in seiner Version MT-20 für Vermittlungsstellen großer Kapazität beibehalten und das entsprechende Cit-Alcatel-System aufgegeben. Was kleine Vermittlungsstellen anging, so entschied man sich für Weiterführung des Cit-Alcatel-Systems E 10 und stellte die entsprechende Thomson-Linie ein (Quatrepoint 1986: 318).

prekär. Mit Rückendeckung des Industrieministeriums wandte sich die CGE hilfesuchend an die DGT. Die DGT mußte die Säumnisstrafen erlassen, die sie Thomson für die verspätete Lieferung seines Digitalsystems auferlegt hatte; eine Klausel der Fusionsvereinbarung verpflichtete sie dazu, Alcatel für die Jahre 1984 bis 1987 feste Produktions- und FuE-Aufträge zu garantieren. Beschaffungsaufträge in der Höhe von insgesamt 36 Mrd. FF sollten in dieser Periode an Alcatel fließen - das bedeutete, daß die DGT Einrichtungen außerplanmäßig abschreiben mußte. Auf 'Vorschlag' von Alcatel rückte die DGT von ihrer bisherigen Praxis der jährlichen Neuverhandlung von Beschaffungspreisen ab; sie mußte überdies eine generelle Erhöhung der Abnahmepreise von 5 Prozent pro Jahr zugestehen (bei Produktivitätssteigerungen auf Seiten des Unternehmens von jährlich 4 Prozent).[7] Zudem wurde Alcatel das Gros der jährlichen FuE-Aufträge zugesichert. Von den rund 1,9 Mrd. FF, die die DGT im Jahre 1984 für externe FuE-Aufträge aufwandte, flossen 1,23 Mrd. FF - also zwei Drittel - an den Komplex Alcatel-Thomson (Le Monde 20.3.1985: 20, Barreau/Mouline 1987a: 191).

Die DGT war es auch, die - im Rahmen des Programms 'Produktionskette Elektronik' - die Rekapitalisierung von Thomson-Télécommunications zu übernehmen hatte: "Die Fusion war nicht allein gegen den ausgesprochenen Widerstand der DGT vollzogen worden. Die DGT mußte gleichermaßen für die Finanzierung einer Operation herhalten, die sie selbst in die Abhängigkeit eines Monopollieferanten brachte" (Barreau 1990: 93).[8] Im Frühjahr 1986, kurz nach der Regierungsübernahme durch die Bürgerlichen, machte DGT-Direktor Dondoux unmißverständlich deutlich, was die Fernmeldeverwaltung von den ihr auferlegten industriepolitischen Lasten hielt. Die DGT habe "dem Unternehmen permanent unter die Arme gegriffen, durch Kapitalzuweisungen, Forschungs- und Entwicklungsaufträge, Beschaffungsaufträge und Unterstützung bei Exportaktivitäten". Man sei dabei jedoch "zu weit gegangen": "Wir sind an einem Punkt angelangt, an dem zwei bis dahin voneinander sorgfältig geschiedene Rollen völlig durcheinander geraten sind, diejenige des Einkäufers und diejenige des industriepolitischen Förderers"; die übergebührliche Beanspruchung der DGT sei unmittelbar an den hohen Tarifen abzulesen, die Lasten hätten damit letztlich die Kunden zu tragen (Dondoux 1986: 12).

---

[7] Bis zu diesem Zeitpunkt hatte die DGT jährlich erhebliche Preissenkungen durchsetzen können. Für die Vermittlungstechnik liegen Angaben für die Jahre 1977 bis 1980 vor: danach sind die Einkaufspreise der DGT in diesem Zeitraum im Bereich der digitalen Vermittlungstechnik um 34% gefallen! (Ergas 1983: 25) (vgl. Teil III, B., Abschnitt 2.3.)

[8] Vgl. den Kommentar in Le Monde: "Die DGT hat die von der CGE 'vorgeschlagenen' Unterstützungsmaßnahmen mit Unwillen aufgenommen. 'Es dürfte allmählich allen klar sein, von wem uns diktiert wird, wie wir uns zu verhalten haben. Es ist an der Zeit, daß einmal deutlich gemacht wird, wer der Chef der französischen PTT ist: Herr Pebereau [der Vorstandsvorsitzende der CGE, cr] oder Herr Mexandeau [der Minister, cr]', heißt es in den Führungsetagen der DGT" (Le Monde 20.3.1985: 20).

Die Beschaffungspolitik der DGT war in ein enges industriepolitisches Korsett geschnürt worden. Sie bemühte sich gleichwohl, ihren Handlungsspielraum zu erweitern. Eine Strategie bestand in der Stärkung der Anbieter, die neben Alcatel verblieben. Am deutlichsten wurde die gezielte Förderung der Konkurrenz im Fall der Entwicklung des analogen Mobilfunksystems. Erste Entwicklungsaufträge waren 1979 an Thomson vergeben worden. Die Weiterführung der Entwicklungsarbeiten und den Auftrag zur Errichtung eines flächendeckenden Netzes vertraute die DGT jedoch Matra an. Alcatel wurde aus dem Mobilfunkmarkt geradezu "ostentativ" ausgeschlossen (Cohen 1992: 275).

Die DGT leitete gleichermaßen Schritte zu einer vorsichtigen Öffnung ihres Beschaffungsmarkts für ausländische Anbieter ein; genauer: für *Anbieter aus anderen EG-Staaten* (vgl. Shearman 1986). Sie versuchte, die Fernmeldeverwaltungen anderer EG-Staaten zu einer wechselseitigen Öffnung der nationalen Beschaffungsmärkte zu bewegen. Dabei sollte es sich zunächst nicht um eine generelle Liberalisierung - also EG-weite Ausschreibung aller großen Beschaffungsvorhaben - handeln. Die DGT schlug vielmehr reziproke Maßnahmen vor. Für die Herstellerfirmen - die ablehnende Haltung der Alcatel ist ein Beleg dafür - hätte dies kaum einen Vorteil dargestellt: was sie auswärts hinzugewännen, müßten sie zu Hause abgeben (Quatrepoint 1986: 335). Am weitesten gediehen die Bemühungen der DGT in den Verhandlungen mit der Bundespost. DGT und DBP schlossen Ende 1983 zwei bilaterale Kooperationsverträge ab. Es handelte sich erstens um die Entwicklung eines 'deutsch-französischen' Telefonapparats, bei dessen Beschaffung je 10 Prozent des Auftragsvolumens an die Hersteller aus dem jeweiligen Nachbarland gehen sollten. Zweitens, und für die weitere Entwicklung wichtiger, verabredeten DGT und Bundespost die Erarbeitung einer gemeinsamen Norm für den digitalen Mobilfunk (Barreau/Mouline 1987a: 203). Ihrer Initiative war schließlich das Zustandekommen der ersten Empfehlung des EG-Ministerrats zur Liberalisierung der Telekommunikationsmärkte Ende 1984 zu verdanken (Le Bolloc'h 1986: 621).

5. Die DGT als 'Dukatenesel' des Finanzministers

Im Zuge der Regierungsumbildung vom März 1983 verlor der PTT-Minister den Kabinettsrang und wurde dem Industrieminister untergeordnet. Dies sollte nach offizieller Darstellung eine effizientere Koordinierung der sektoralen Industriepolitik möglich machen. Wenige Monate später erhielt die DGT die Aufsicht ['tutelle'] über wesentliche Teile der 'Produktionskette Elektronik'. Das eigentliche Motiv für die Neuordnung der Zuständigkeiten war profaner: Die Unterordnung des PTT-Ministeriums gab dem Industrieminister das Recht, über die Verwendung der Gewinne der DGT zu entscheiden (Barreau 1990: 91). Mit der Aufsicht über die 'Produktionskette Elektronik' konnte es angesichts der vom Industrieminister ausgegebenen Devise eines Verzichts auf direkte Intervention und industriepolitische Vorgaben nicht weit bestellt sein. Die Aufgabe der DGT bestand vielmehr darin, die Unternehmen des Sektors finanziell auszustatten. "In this new political climate, the DGT began to view its key role in the electronics *filière* as an embarrassment rather than an honour: it had become little more than the milk cow of the *filière électronique*" (Humphreys 1990: 207).

Tabelle III-5: Entwicklung der Ablieferungsbelastungen der DGT in Milliarden FF, 1982 bis 1987

	1982	1983	1984	1985	1986	1987
Ablieferung Staatshaushalt	2,81	2	2	2,22	6,15	8,4
Produktionskette Elektronik			3,42	6,5	4,8	3,4
CNES				3,26	4,31	4,4
Plan 'Informatik für alle'					0,45	
Post				3,05	4,3	
Summe	2,81	2	5,42	15,41	20,2	16,2

Quelle: Rausch 1987: 124; DGT, Rapports d'activités, verschiedene Jahrgänge

Die Zuweisungen, die die DGT in ihrer neuen Funktion zu leisten hatte, summierten sich zwischen 1984 und 1986 auf fast 15 Mrd. FF. Die DGT wurde seit 1983 nicht allein zur Finanzierung der sektoralen Industriepolitik und zur Subventionierung der nationalisierten Elektronikkonzerne herangezogen. Die hohen Gewinne der DGT hatten in einer Periode enger Haushaltsspielräume die Begehrlichkeiten des Finanzministers geweckt. Seit 1982 führte das PTT-Ministerium erhebliche Summen an den allgemeinen Staatshaushalt ab. Die DGT hatte ab 1985 zudem das bisher dem Haushalt des Industrieministeriums angegliederte staatliche Raumfahrtzentrum Centre National d'Etudes Spatiales (CNES) - anders ausgedrückt: das ambitiöse Weltraumprogramm der französischen Regierung - zu finanzieren. Hinzu kamen schließlich Überweisungen an die Post, die chronisch rote Zahlen schrieb (vgl. Tabelle III-5).

Die Verwaltung fand sich somit in einer neuen Rolle wieder: derjenigen eines 'Dukatenesels', der die Lücken im Staatshaushalt zu füllen hatte. 1986 -

im Jahr der maximalen Belastung - führte die DGT über 20 Mrd. FF an Staatskasse, nationalisierte Unternehmen, Forschungsprogramme der 'Produktionskette Elektronik' und sonstige Einrichtungen ab. Bei einem Umsatz von 91 Mrd. FF entsprach dies einer Rate von mehr als 20 Prozent - die Bundespost hatte demgegenüber 10 Prozent ihrer Umsätze abzuführen (DGT, Statistiques 1987: 5).

Die DGT konnte die jährliche Höhe und die zeitliche Entwicklung ihrer Ablieferungslasten kaum vorhersehen. Die Probleme, die dieser Verlust an Planungssicherheit mit sich brachten, hatte die Regierung durchaus erkannt. Im Frühjahr 1983 war mit der DGT in Analogie zu den Planverträgen der nationalisierten Unternehmen eine 'Charte de gestion' vereinbart worden, die wirtschaftliche Eckdaten für die Jahre 1983 bis 1986 setzte. In der Praxis machten die zunehmenden finanziellen Nöte der Regierung die 'Charte de gestion' bald bedeutungslos. Die Vereinbarungen über die Gebührenpolitik wurden im Sommer 1984 durchbrochen. Die Regierung erhöhte gegen den Willen der DGT, die um die internationale Wettbewerbsfähigkeit ihrer Tarife besorgt war, die Gebühr für die Telefoneinheit um mehr als 10 Prozent. Die in der 'Charte de gestion' anvisierten Margen für die Neuverschuldung konnte die DGT aufgrund ihrer hohen finanziellen Belastungen nicht einhalten (Gouiffès/Roulet 1983, Quatrepoint 1986: 286). Um ihre Investitionen zu finanzieren, nahm die DGT weiterhin Fremdkapital auf, statt den Schuldenberg, der sich in der Phase des Netzaufbaus aufgetürmt hatte, abzubauen. 1985 hatten sich Verbindlichkeiten von 114 Mrd. FF angehäuft, gemessen am Umsatz von 85 Mrd. FF waren das 134 Prozent. 16,5 Mrd. FF - oder 17,9 Prozent des Umsatzes - mußten für den Schuldendienst aufgebracht werden. Die DGT war damit deutlich stärker belastet als ausländische Netzbetreiber (vgl. Tabelle III-6).

Tabelle III-6: Vergleich der Relationen Schulden/Umsatz und Schuldendienst/Umsatz bei ausgewählten Netzbetreibern, 1985

	Schulden/ Umsatz	Schuldendienst/ Umsatz
DGT	134%	17,9%
NTT (Japan)	91%	7,5%
DBP	58%	5,1%
Nynex (USA)	53%	5,0%
British Telecom	37%	3,2%

Quelle: Télécoms Magazine 5/1987: 60

Einziges Element der 'Charte de gestion', das tatsächlich Bestand hatte, war die Festschreibung des Investitionsvolumens der DGT. Der DGT war in der

Vereinbarung zugesichert worden, daß das Investitionsvolumen des Jahres 1982 erhalten bleiben sollte - das Investitionsbudget wurde somit eingefroren. Nominal ist zwar ein leichter Anstieg zu verzeichnen, aber in realen Preisen stagnierten die Investitionen (vgl. Schaubild III-4; S. 251).

6. Das Scheitern des Plan câble

Mitte der achtziger Jahre mußte auch das neue industriepolitische Projekt der DGT - der Plan câble - als Mißerfolg gewertet werden.

Im Januar 1983 waren erste Angebote bei den Herstellerfirmen eingeholt worden. Die Pflichtenhefte, die das CNET dieser Ausschreibung zugrunde legte, boten bereits Indizien dafür, daß das im Plan câble präsentierte Infrastrukturkonzept vom Stand der Technik her Zukunftsmusik darstellte. Ein Anknüpfen an die im Rahmen des Glasfaserpilotprojekts von Biarritz entworfenen Netzstrukturen stand außerhalb jeglicher Diskussion. Dieses Versuchsnetz, das die DGT 1984 in Betrieb nahm, kostete sie schließlich 600 Mio. FF - das waren umgerechnet 400.000 FF pro Teilnehmeranschluß (Darmon 1985: 111). Im Rahmen des Plan câble beschränkte sich das CNET auf die Formulierung von Anforderungen für Videokommunikationsnetze der 'Generation Eins': Glasfasersternnetze, die lediglich die Verteilung von Hörfunk- und Fernsehprogrammen sowie einen 'interaktiven' Videodienst (die Möglichkeit, Filme aus einem Archiv abzurufen) zuließen. Von sieben befragten Firmen war 1983 nur eine einzige bereit, diese Technik anzubieten: Vélec, ein mittelständisches Unternehmen. Von der Cit-Alcatel kam kein Systemkonzept; sie schlug statt dessen vor, die ersten Netze in herkömmlicher Kupferkoaxialtechnik zu errichten und im Gegenzug verstärkt in die Erforschung und Entwicklung von opto-elektronischen Vermittlungseinrichtungen zu investieren. Thomson, SAT und Philips präsentierten Modelle für sogenannte 'gemischt-technologische' Netze: Glasfaserkabel sollten nur für die großen Adern des Übertragungsnetzes verwendet, die Hausanschlußleitungen dagegen in Kupferkoaxialtechnik erstellt werden. Die Kosten eines Teilnehmeranschlusses in der vom CNET beschriebenen Technik - 'Generation Eins' - überstiegen alle Erwartungen. Vélec veranschlagte rund 15.000 FF. Das war das Fünffache dessen, was ein traditioneller Kabelfernsehanschluß kostete, und das Dreifache der Kosten, von denen die DGT zunächst ausgegangen war (Électronique Actualités 28.1.1983: 18; Le Monde 13.7.1983: 16).

Das Ergebnis der ersten Angebotsanforderung konnte nicht überraschen. Dem Plan câble war keine nennenswerte Abstimmung mit der Herstellerindustrie vorausgegangen. Externe Forschungs- und Entwicklungsaufträge für Glasfaserortsnetze hatte die DAII erstmals 1980 vergeben, sie bezogen sich auf das Biarritzer Pilotvorhaben.[9] Der Verband der französischen Elektroindustrie hatte im Juli 1981 Vorschläge für eine Wiederaufnahme der Mitte der siebziger Jahre abgebrochenen Errichtung von Kabelfernsehsystemen unterbreitet (Coditec 1981). "Der Plan câble war keinesfalls... das Produkt eines klassischen Lobbyings der Industrie. Die Kalküle, die hinter dem Programm standen, waren eindeutig diejenigen einer... hochgradig interventionistischen Industriepolitik und einer organisationsinternen Logik" (Brénac et al. 1986: 12). Der Tenor der Firmenreaktionen im Jahr 1983 war eindeutig. Die opto-elektronischen Schlüsselkomponenten waren noch nicht ausgereift, "niemand wußte, wie ein interaktives Glasfasernetz zu realisieren war" (ntz 3/1989: 170).

Der Ausgang der ersten Ausschreibung legte - zumindest für die DGT - einen Schluß nahe: Wollte sie an der technischen Konzeption der Netze bzw. dem industriepolitischen Projekt festhalten, so konnte das nur bedeuten, daß das Tempo der Verkabelung deutlich gedrosselt werden mußte. An die Bereitstellung von 1,5 Mio. Anschlüssen für Videokommunikationsnetze bis 1987 war angesichts der hohen Kosten und eines festgeschriebenen Investitionsbudgets nicht zu denken. Einer zeitlichen Streckung des Plans standen jedoch massive Hindernisse im Wege: während die DGT ihr Voranschreiten beim Plan téléphone autonom bestimmen konnte, war im Fall des Plan câble eine zentralistische Lösung ausgeschlossen. Das vom Ministerrat verabschiedete institutionelle Dispositiv wies den Kommunen eine Schlüsselrolle zu. Von ihnen sollte die Initiative für die örtlichen Projekte ausgehen, sie würden die Netze mitfinanzieren und schließlich betreiben. Ihre Resonanz auf den Plan câble war überwältigend gewesen. Mitte 1984 lagen der DGT bereits 150 Anträge von Gemeinden und Departements auf die Errichtung von Kabelnetzen vor, ein Drittel der Anträge kam aus Städten mit über 100.000 Einwohnern (Vedel/Dutton 1990: 497f.).

Es stellte sich bald heraus, daß die Pläne von PTT-Minister und DGT-Führung mit den Vorstellungen der Kommunen kaum zu vereinbaren waren: den Bürgermeistern wäre mit Kabelfernsehnetzen traditioneller Bauart gedient gewesen (Vedel/Dutton 1990: 505). Die Kommunen waren nicht bereit, Jahre auf die verhießenen 'Videokommunikationsnetze' zu warten; noch weniger dazu, die 'Mehrkosten' hierfür aufzubringen. Das vom Plan câble vorgesehene Modell einer Mischfinanzierung der Netze - der Übernahme von 30 Prozent der Investitionskosten durch die Kommunen in Form von Vorschüssen - geriet unter Druck. Erst im Mai 1984 einigten sich DGT und Kommunen auf einen regulativen Rahmen für die Verkabelung. Die DGT machte enorme Zugeständnisse: sie verzichtete auf Vorauszahlungen.

---

[9] Im Zusammenhang mit dem Start des Plan câble wurde das Volumen für FuE-Aufträge deutlich erhöht: 1983 stellte die DAII 268 Mio. FF, 1984 weitere 323 Mio. FF bereit, gegenüber 127 Mio. FF im Jahr 1981 (Le Bolloc'h 1986: 526).

Neue Kräfteverhältnisse 213

Die Mitfinanzierung erfolgte nunmehr auf freiwilliger Basis, die Höhe des Beitrags einer Kommune sollte jedoch über ihre Rangfolge in der Warteschlange entscheiden. Die Betreibung der örtlichen Netze würde, wie im Programm vorgesehen, durch gemischtwirtschaftliche Gesellschaften - die Sociétés d'économie mixte locale d'exploitation du câble - erfolgen. Diese hatten der DGT 44 FF pro genutzten Anschluß, bzw. 22 FF pro nicht genutzten zu erstatten (Le Monde 28.4.1984: 1f.).[10]

Die Blockade des Plan câble war mit dieser Einigung zwischen Kommunen und DGT noch nicht aufgehoben. Das Kulturministerium hatte die Kabelnetze zu einem Verteidigungswall für die französische Kultur gegen Kommerzialisierung und Internationalisierung des Fernsehens hochstilisiert worden. Es forderte eine scharfe Regulierung der eingespeisten Programme (Reservierung fester Quoten für französische Produkte und Einrichtung von lokalen 'Bürgerkanälen'); aus den Einnahmen der lokalen Kabelbetriebsgesellschaften sollte schließlich eine staatliche Förderung der heimischen Programmindustrie finanziert werden. Die Kommunen - und hier trafen sie sich mit der DGT - waren indessen an einer möglichst großen Freiheit der Programmgestaltung und am kommerziellen Erfolg ihrer Kabelfernsehbetriebsgesellschaften interessiert. Auch hier kam die Einigung erst mit erheblicher Verzögerung zustande. Die im Januar 1985 vom Ministerrat per Verordnung definierten 'Pflichtenhefte' für die Betreiber von Kabelfernsehnetzen formulierten strenge Auflagen.[11]

Die DGT-Führung hatte den vom Kabinett des PTT-Ministers entworfenen Plan im Herbst 1982 mitgetragen. Je schwieriger sich seine Umsetzung gestaltete, desto lauter wurden die skeptischen Stimmen innerhalb der DGT. Einzig das CNET stand voll hinter dem Plan câble. Die Haushaltsabteilung wandte sich spätestens nach dem Ergebnis der ersten Ausschreibung gegen ein infrastruktur- und industriepolitisches Projekt, das der DGT ungeheure Kosten aufbürdete und dessen Rentabilität mehr als zweifelhaft war. Die Direction des Affaires Industrielles et Internationales - die unter Théry eingerichtete industriepolitische Speerspitze der DGT - war dem Plan von Anbeginn an mit Skepsis begegnet. In ihren Augen war er das Projekt des CNET - der 1974 ausgebotenen und nach der Regierungsübernahme der Linken rehabilitierten Konkurrenz; ein Projekt, das von unrealistischen techno-

---

[10] Zum rechtlichen Rahmen der Verkabelung siehe Musso 1984 und Delcros 1985.
[11] Höchstens 30 Prozent der Kanäle durften für die Einspielung ausländischer Ketten - und das betraf auch die Programme der Luxemburger Gesellschaft RTL - verwendet werden. Mindestens 15 Prozent der Kanäle waren wiederum für lokale Programmanbieter bereitzustellen, diese hatten ein Fünftel ihrer Sendezeit für die Selbstdarstellung soziokultureller, religiöser oder politischer Gruppen zur Verfügung zu halten. Ein Drittel der Einnahmen der örtlichen Betreibergesellschaften mußte für die Produktion oder den Ankauf von französischen Originalprogrammen verwandt werden. Ähnlich restriktiv waren die Regelungen, die die Zusammensetzung der Betreibergesellschaften betrafen: private Aktionäre durften sich nur an einer einzigen Betreibergesellschaft beteiligen (Chauvet/Drujon 1985: 135).

logischen Annahmen ausging, den tatsächlichen Erfordernissen der DGT nicht entsprach, die sich besser auf die Weiterentwicklung des schmalbandigen Telefonnetzes zum ISDN konzentrieren sollte, und das schließlich auch an den Bedürfnissen der Industrie vorbeiging. Zu diesen Kritikern gesellten sich die Organisationseinheiten, die direkt mit den Kommunen zu verhandeln hatten. "Für sie war der Stein des Anstoßes, daß die vorgeschlagene Technik dem tatsächlichen Bedarf vor Ort - nämlich einem Bedarf nach mehr Fernsehprogrammen - nicht gerecht wurde: 'Man will Kunden, die einen 2-CV bestellt haben, zum Kauf eines Formel-1-Wagens überreden'" (Charon 1988: 87).

Gravierend erschienen zudem die möglichen ordnungspolitischen Konsequenzen des gewählten institutionellen Arrangements. Die DGT mußte die kommerzielle Nutzung der Glasfasernetze lokalen Gesellschaften überlassen. Potentielle Investoren standen schon bereit: die großen privaten Wasserversorgungsunternehmen Compagnie Générale des Eaux und Société Lyonaise des Eaux, daneben die Caisse des Dépôts et Consignations (CDC), der traditionelle Partner der Kommunen bei der Finanzierung von Infrastrukturvorhaben. Die DGT mußte befürchten - und diese Sorge wurde vor allem von Direktor Dondoux formuliert -, daß hier auf lange Sicht mächtige Konkurrenten in ihrem ureigenen Feld, dem Angebot von Telekommunikationsdiensten, entstehen würden (Le Monde 13.7.1987: 16).

Die internen Auseinandersetzungen mündeten in einen Kompromiß. Die DGT gab die im Plan câble entworfene technologische Option nicht vollends auf. An einzelnen Standorten - ausnahmslos Städte, in denen sozialistische Bürgermeister auf die Vorzüge der 'interaktiven Kommunikation' nicht verzichten wollten - übernahm das CNET die Federführung bei der Errichtung von Videokommunikationsnetzen der 'Generation Eins'. In diese Schaufenster französischer Hochtechnologie flossen letztendlich kaum 10 Prozent der Gesamtinvestitionen. Das Gros der Netze gestaltete die DGT in herkömmlicher Kupferkoaxialtechnik. Im März 1984 wagte sich DGT-Chef Dondoux noch einen Schritt weiter. Er schlug den Kommunen, denen es mit der Verkabelung nicht schnell genug ging, vor, freie terrestrische Frequenzen für ihre lokalen Programme zu nutzen. "Mit seinem überraschenden Plädoyer für die Nutzung von terrestrischen Frequenzen verfolgte der DGT-Direktor ein ganz klares Ziel: Abkopplung der Probleme des Kabelfernsehens von der Entwicklung der Telekommunikationsinfrastruktur... Das war geradezu das Gegenteil dessen, was der PTT-Minister im Plan câble vorgeschlagen hatte" (Le Monde 8.3.1984: 23).

Ins Zentrum der DGT-Infrastrukturpolitik war inzwischen die vollständige Digitalisierung des schmalbandigen Netzes und seine Weiterentwicklung zum *ISDN* gerückt. Die Probleme bei der technischen Umsetzung des Plan câble hatten bewiesen, daß die Idee eines breitbandigen, universellen Telekommunikationsnetzes weniger eine kurz- oder mittelfristige Option für die

Weiterentwicklung der Telekommunikationsinfrastruktur als eine Vision der CNET-Ingenieure darstellte. "Die quasi-religiöse Debatte zwischen den Verfechtern des Breitbandvermittlungsnetzes - dessen Ausgangspunkt der Plan câble darstellen würde - und denen, die für das greifbarere Projekt des Schmalband-ISDN eintraten, war von den technologischen Gegebenheiten entschieden worden: das Breitband-ISDN war vor Ende des Jahrtausends nicht zu realisieren" (Cohen 1992: 145).

Nach dem Regierungswechsel von 1986 wurde der Plan câble ad acta gelegt. Die liberal-konservative Regierung hob einen Großteil der Regelungen auf, die die Programmfreiheit der Betreibergesellschaften einschränkten. Sie beseitigte zudem das Monopol der DGT auf die Errichtung von Kabelfernsehnetzen. Die DGT hatte die Verpflichtungen, die sie bis dahin eingegangen war, zu erfüllen; bis März 1986 waren 52 Rahmenvereinbarungen mit Kommunen getroffen worden. Fortan durften jedoch auch Private lokale Netze errichten - aber ausschließlich für die Rundfunkverteilung (Le Monde 13.1.1987: 1f.). Die Liberalisierung "wurde paradoxerweise von der DGT mit Erleichterung aufgenommen... die Mehrheit der DGT hatte den Plan câble als kaum handhabbares Projekt angesehen, dessen man sich so schnell wie möglich entledigen mußte, um sich wieder auf die eigentliche Aufgabe - die Telekommunikation - konzentrieren zu können" (Charon 1988: 86).

In der französischen Presse wurde der Plan câble als völliges Fiasko gehandelt: "der Plan hat all seine Ziele verfehlt, technologische wie industrielle, kulturelle wie ökonomische" (L'Express 21.10.1988: 56). Die DGT hatte zwischen 1983 und 1987 insgesamt 7 Mrd. FF investiert. Mitte 1988 waren eine halbe Million Anschlüsse installiert worden, statt der geplanten 2,4 Millionen. Tatsächlich genutzt wurden weniger als 30.000, der Grund lag in einer prohibitiven Gebührengestaltung - die Betreibergesellschaften verlangten monatlich zwischen 130 und 150 FF von den Abonnenten. Der industriepolitische Effekt des Programms war gleichermaßen gering. Der Rechnungshof mußte 1988 feststellen, daß vom Plan câble "aufgrund seiner Reorientierung in Richtung auf herkömmliche Techniken nahezu keine Impulse auf die französische Telekommunikationsindustrie ausgingen. Die Exporte von Glasfasertechnik sind zu vernachlässigen" (zit. nach L'Express 21.10.1988: 57).

D. Internationalisierung und Liberalisierung

1. Die Internationalisierung der Herstellerindustrie

1.1. Alcatel auf Expansionskurs

Alcatel bemühte sich seit den frühen achtziger Jahre aktiv um den Ausbau des Exportgeschäfts. Im Zentrum der Expansionsstrategien standen die USA. Man rechnete sich angesichts der fortschreitenden Deregulierung und Liberalisierung des amerikanischen Telekommunikationssektors Chancen auf diesem größten regionalen Absatzmarkt der Welt aus. Bis Ende der achtziger Jahre sollte ein Marktanteile von acht bis zehn Prozent gewonnen werden. "Wenn es uns nicht gelingt, Produkte in den USA abzusetzen", so der Mutterkonzern CGE 1985, "wird uns das die Glaubwürdigkeit auf allen anderen Märkten der Welt kosten; wir werden nur noch in Frankreich verkaufen können. Und das würde das Aus für die französische Telekommunikationsindustrie bedeuten" (zit. nach Le Monde 20.3.1985: 19).

Alcatel unternahm zunächst Anläufe, über Aufkäufe, Beteiligungen und Kooperationen mit kleineren us-amerikanischen Unternehmen ein eigenes Vertriebsnetz aufzubauen. Ziel war es, insbesondere im Bereich der Vermittlungstechnik mit den kleinen unabhängigen Telefongesellschaften und ab 1984 den Bell Operating Companies ins Geschäft zu kommen. 1979 war eine Niederlassung in den USA gegründet worden. 1981 stieg die Mutterfirma CGE in die amerikanische Lynch Corporation ein, einem Vertriebs- und Serviceunternehmen für Endgeräte und Übertragungseinrichtungen. Eine Vielzahl weiterer Verträge schloß sich an (Barreau/Mouline 1987a: 192).

Diese Strategie der Marktdurchdringung stieß auf Hindernisse. Zum einen galt das Alcatel-System E 10 bereits als veraltet. Die großen Konkurrenten AT&T, Siemens, Northern Telecom und Ericsson hatten ihren früheren Rückstand mittlerweile aufgeholt und konnten leistungsfähigere Produkte anbieten. Zum anderen war die Anpassung des E 10 - und das gilt generell für 'ausländische' Vermittlungssysteme - an die Bedingungen des amerikanischen Netzes eine teure Angelegenheit, Alcatel rechnete mit Kosten von 200 bis 300 Mio. Dollar (Cawson et al. 1990: 141). Die CGE wandte sich hilfesuchend an die französische Regierung. Um dem nationalen Champion zum Exporterfolg zu verhelfen, sollte wiederum die DGT - sie hatte 1984 und 1985 bereits mehr als eine Milliarde FF in das Unternehmen gesteckt

Internationalisierung und Liberalisierung

und es mit mehrjährigen Abnahmegarantien ausgestattet - Unterstützung leisten. Im konkreten Fall bedeutete das: die Erteilung von Forschungs- und Entwicklungsaufträgen für eine Version des E 10, die ausschließlich für den amerikanischen Markt bestimmt war. Die DGT konnte sich dieses Mal zur Wehr setzen (Le Monde 20.3.1985: 20).

Nachdem sich der Versuch, den amerikanischen Markt aus eigener Kraft zu erobern, als wenig erfolgreich erwiesen hatte, schlug die CGE einen anderen Weg ein: die Suche nach einem **großen ausländischen Kooperationspartner**. 1985 war es so weit. Die CGE-Führung präsentierte der französischen Regierung eine gemeinsam mit **AT&T** verfaßte Absichtserklärung. AT&T garantierte Alcatel den Zugang zum amerikanischen Markt für Vermittlungstechnik und die Übernahme eines Teils der Kosten für die Anpassung von E 10 sowie - noch wichtiger - die Übergabe ihrer gesamten Richtfunkproduktion an ein neu zu schaffendes Gemeinschaftsunternehmen von Alcatel und der französischen Philips-Tochter TRT.[1]

Im Fall der Übereinkunft mit Thomson war die sozialistische Regierung den Vorschlägen der Unternehmensführungen gefolgt. Dieses Mal zögerte sie mit ihrer Zustimmung. Einmal, weil die CGE - ohne dies vorher mit der Regierung abzustimmen - die CGCT als Verhandlungsmasse eingebracht hatte: AT&T sollte im Gegenzug für die Starthilfe, die sie der Alcatel in den USA leistete, die Mehrheit des Aktienkapitals der ehemaligen ITT-Tochter übernehmen. Für AT&T würde dies den Einstieg in den französischen Markt bedeuten, die CGCT hielt einen Marktanteil von 16 Prozent in der Vermittlungstechnik (Quatrepoint 1987: 273ff.). In den Augen der Regierung war die CGE-Führung mit diesem Angebot zu weit gegangen; "CGE acted as thought it had the power to dispose of CGCT's share of the French market" (Cawson et al. 1990: 134). Über diese Irritationen hinaus war eine Partnerschaft CGE-AT&T politisch kaum zu vertreten. Seitdem bekannt geworden war, daß der niederländische Philips-Konzern mit AT&T über eine Beteiligung verhandelte, wurde von französischer Seite das Schreckgespenst der 'amerikanischen Gefahr' an die Wand gemalt. Präsident Mitterrand hatte die Vereinbarung Philips-AT&T öffentlich verurteilt. Über die Mißliebigkeit einer 'amerikanischen' Lösung hinaus drohte eine Kooperation AT&T - Alcatel die über Jahrzehnte hin verfolgte Politik der technologischen und industriellen Unabhängigkeit zu konterkarieren. Das gemeinschaftliche Vorgehen des 'Riesen' AT&T und der ungleich schwächeren Alcatel würde, so die Befürchtung, "schnell in die Aufgabe der französischen Technologie münden und Alcatel damit in die Rolle eines Lizenznehmers zurückfallen" (Quatrepoint 1987: 367). Ein ähnliches Argument hatte der

---

[1] Für die AT&T war dies das dritte große Kooperationsabkommen mit europäischen Unternehmen. Im Herbst 1983 hatte sich AT&T an den Telekommunikationsaktivitäten des niederländischen Philips-Konzerns beteiligt, im Dezember 1983 stieg sie bei dem italienischen Computer- und Büromaschinenhersteller Olivetti ein.

Chef der CGE angeführt, als die DGT 1983 Kooperationen mit ausländischen Partnern vorgeschlagen hatte: "Thomson mit Siemens und CGE mit AT&T zu verheiraten würde darauf hinauslaufen, daß sich beide in einer subalternen Position wiederfänden" (zit. nach Quatrepoint 1987: 346).

Die sozialistische Regierung blieb lange unentschlossen. Die Industrieministerin (zum damaligen Zeitpunkt Cresson) mußte das Dossier an Premierminister Fabius und Staatspräsident Mitterrand weiterreichen. Die heikle Angelegenheit wurde schließlich aufgeschoben. Die Entscheidung sollte erst nach den Parlamentswahlen im März 1986 fallen. Die DGT war von den Diskussionsprozessen weitgehend ausgeschlossen. Sie hatte in einer Frage, die ihre gesamte Netzplanung beeinflussen würde - die CGCT sollte, gemäß des Abkommens zwischen CGE und AT&T, fortan AT&T-Vermittlungstechnik produzieren -, lediglich ihren technischen Standpunkt erläutern dürfen (Barreau 1990: 93). Die DGT konnte dem Abkommen wenig abgewinnen. Sie drängte zwar darauf, wieder einen zweiten eigenständigen Systemlieferanten für Vermittlungstechnik zu erhalten und von der Bürde CGCT befreit zu werden. Die Modalitäten der Vereinbarung - AT&T und Alcatel hatten eine enge Kooperation und die Aufteilung des französischen Marktes miteinander verabredet - machten jedoch alle Hoffnungen auf stärkeren Wettbewerb zunichte (Barreau 1990: 79).

Die liberal-konservative Regierung, im März 1986 ins Amt gekommen, stand dem 'Deal' zwischen CGE und AT&T ebenso zwiespältig gegenüber wie ihre Vorgängerin. Der neue Premierminister Chirac hatte bereits während des Wahlkampfes gegen das Abkommen polemisiert, es sei ein Beispiel dafür, daß die sozialistische Regierung das nationale Erbe "verhökere" (Quatrepoint 1987: 354). Im Sommer 1986 überraschte die CGE-Führung die Regierung Chirac mit einer neuen Option: der **Übernahme der europäischen Telekommunikationsfilialen der ITT.**

Die ITT war in eine schwere wirtschaftliche Krise geraten. Der Konzernumsatz von rund 20 Mrd. Dollar stagnierte seit Anfang der achtziger Jahre. Der Jahresgewinn war von 685 Mio. Dollar im Jahr 1981 auf 294 Mio. Dollar 1985 geschrumpft, bei einem Gesamtumsatz von rund 20 Mrd. Dollar entsprach das einer Rendite von gut einem Prozent (manager magazin 7/1986: 40, Financial Times 4.7.1986: 6). Mißerfolge im Telekommunikationsbereich hatten einen wesentlichen Beitrag zur Krise der ITT geleistet. Die Entwicklung des digitalen 'System 12' hatte mehr als eine Milliarde Dollar verschlungen. Es war nicht gelungen, das für Europa entwickelte Flaggschiff der ITT-Nachrichtentechnik zu akzeptablen Kosten an die amerikanischen Normen anzupassen. Im Januar 1986 erklärte die ITT ihren Versuch, in den amerikanischen Markt einzusteigen, für gescheitert. Entwicklungsaufwendungen in Höhe von 105 Mio. Dollar mußten abgeschrieben werden. Wenige Wochen später kündigte ITT seinen Rückzug aus der Telekommunikation an, Verhandlungen mit der CGE und anderen internationalen Anbietern waren bereits im Laufe des Jahres 1985 geführt worden (manager magazin 7/1986: 40).

Die Regierung Chirac - der französische Staat war nach wie vor der Eigentümer der CGE - stimmte der "Hochzeit des Jahrhunderts mit ITT", so Industrieminister Madelin (zit. nach Le Monde Diplomatique 9/1986: 16), ohne Vorbehalte zu. Sie verschaffte der CGE einen Zugang zu den wichtigsten europäischen Telekommunikationsmärkten. Tochterfirmen der ITT waren in fast allen europäischen Staaten mit hohen Marktanteilen vertreten: 35 Prozent Marktanteil für öffentliche Vermittlungstechnik in der Bundesrepublik (die SEL), 20 in Großbritannien, 30 in Italien, 80 in Belgien, 33 in der Schweiz, 15 in Irland, 70 in Spanien, 100 in Norwegen, 25 in Österreich und 10 Prozent in Dänemark (01 Informatique 5.1.1987: 1).

Im Dezember 1986 wurden CGE und ITT handelseinig. Die europäischen Filialen der ITT und die Telekommunikationsaktivitäten der CGE (Alcatel, Télic Alcatel, Câbles de Lyon) wurden in ein neues Unternehmen 'Alcatel NV', mit Sitz in Brüssel überführt. Mit einem Kapitalanteil von 55,6 Prozent übernahm die CGE die industrielle Führung des Konzerns. 37 Prozent des Kapitals verblieben bei der ITT, die restlichen Anteile entfielen auf die Société Générale de Belgique und die französische Crédit Lyonnais. Der Einstieg bei der ITT kostete die CGE 577 Mio. Dollar, weitere 325 Mio. Dollar steuerten die beiden Finanzgesellschaften bei (01 Informatique 5.1.1987: 1). Durch den Zusammenschluß entstand eine neue 'Weltmacht' im Bereich der Telekommunikation. **Alcatel NV** hatte 150.000 Beschäftigte; sie erreichte einen rechnerischen Jahresumsatz von rund 80 Mrd. FF (oder 12,5 Mrd. Dollar), einen Weltmarktanteil von 12 Prozent (8 steuerte die ITT bei, 4 die Alcatel) und war damit nach AT&T das zweitgrößte Herstellerunternehmen der Welt. Alcatel NV war in 75 Staaten vertreten, 78 Prozent des Umsatzes stammten aus Europa, 13 Prozent aus den Vereinigten Staaten (01 Informatique 5.1.1987: 1). Die CGE feierte die 'Hochzeit' mit der ITT als Durchbruch auf dem Weltmarkt: "This agreement puts CGE on a truly international scale and ensures a leading position for the company on the worldwide telecommunications scene" (CGE-ITT News Release 7.1.1987: 4).

Die Regierung Chirac hatte dem Abkommen CGE-ITT früh ihre Zustimmung gegeben und der CGE völlig freie Hand gelassen. Politische Rhetorik und politische Praxis schienen an dieser Stelle zur Deckung zu kommen: "'Auf dem Weg zur Freiheit' lautet... der Titel der ersten Bilanz, die Wirtschaftsminister *Balladur* Ende 1986 vorlegte... Die französische Wirtschaft benötige, so der neue Premierminister in seiner Regierungserklärung vom 9. April 1986, 'ein Mehr an Freiheit, um eine neue Dynamik zu erleben und um wieder Arbeitsplätze zu schaffen'. Angesagt war nicht weniger als eine umfassende ordnungspolitische Neuorientierung der Wirtschaftspolitik, ein endgültiger Bruch mit dem staatlichen Etatismus" (Uterwedde 1987: 253).

Den Begriff 'Industriepolitik' hatte man aus dem offiziellen Vokabular verbannt. Unverzüglich war ein umfassendes Reprivatisierungsprogramm eingeleitet worden, die rechtlichen Grundlagen schufen die Gesetze vom 2. Juli und vom 6. August 1986. Die Privatisierung der CGE kündigte Wirtschaftsminister Balladur wenige Tage nach der Gründung von 'Alcatel NV' an (Libération 9.1.1987: 3). Die Modalitäten, nach denen die Privatisierung vollzogen wurde, relativieren jedoch die Bekenntnisse zur industriepolitischen Enthaltsamkeit. Ein Großteil der Privatisierungserlöse floß nicht in die Kasse des französischen Staates, sondern wurde der CGE im Rahmen einer Kapitalerhöhung direkt zugewiesen - zur "gesunden" Finanzierung ihrer "Hochzeit" mit der ITT (Le Monde Affaires 8.5.1987: 12).

1.2. Die 'Schlacht' um die CGCT

Die Regierung Chirac hatte der CGE-Alcatel zum Aufstieg vom 'nationalen Champion' zum Weltkonzern verholfen. Betrachtete man die Folgen für den französischen Fernmeldemarkt, so war das Gegenteil dessen erreicht, was dieselbe Regierung nach eigenem Bekunden anstrebte: eine Erhöhung des Wettbewerbs. Im Bereich der Vermittlungstechnik stand der Alcatel (Marktanteil: 84 Prozent) nach wie vor allein die CGCT (Marktanteil: 16 Prozent) gegenüber, die überdies Alcatel-Systeme in Lizenz produzierte. Als möglicher Konkurrent kam die CGCT nicht in Betracht. Die Ex-ITT-Tochter war in einem völlig desolaten Zustand und verdankte ihr Überleben allein staatlicher Hilfe. Bei einem Umsatz von gut 2 Mrd. FF hatten sich zwischen 1981 und 1985 Verluste von 1,7 Mrd. FF akkumuliert. Vom französischen Staat - d. h. in erster Linie von der DGT - waren im Rahmen des Programms 'Produktionskette Elektronik' insgesamt 2,5 Mrd. FF an Subventionen überwiesen worden (Le Bolloc'h 1986: 688, Le Monde Suppl. 7.3.1987: 2).

Die neuen Minister für Post bzw. Industrie, Longuet und Madelin, beides führende Politiker der liberalen UDF, verknüpften die Lösung des Problems CGCT mit ihrem Ziel der Wiedereinführung von Konkurrenz auf den Telekommunikationsmärkten. Im Zuge der Privatisierung des Unternehmens sollte der Fernmeldeverwaltung der seit langem gewünschte zweite eigenständige Lieferant für Vermittlungstechnik verschafft werden. Das konnte nur bedeuten: der **Einstieg eines ausländischen Unternehmens**. Im Februar 1987, wenige Wochen nach der Gründung der Alcatel NV, kündigte Wirtschafts- und Finanzminister Balladur den Verkauf der CGCT an und forderte internationale Interessenten zur Abgabe von Angeboten ab. Mit Siemens, Northern Telecom, Ericsson, Italtel und - nach wie vor - AT&T waren bereits im Vorfeld Verhandlungen geführt worden. Eine vollständige

Übernahme der CGCT durch ein ausländisches Unternehmen kam dabei nicht in Betracht. Das Privatisierungsgesetz vom August 1986 erlaubte ausländischen Käufern lediglich den Erwerb von 20 Prozent des Kapitals von reprivatisierten Unternehmen. Im Fall der CGCT stellte die Regierung eine weitere Bedingung: von einer internationalen Öffnung des französischen Fernmeldemarkts sollten auch heimische Hersteller profitieren. Drei der Interessenten für die CGCT konnten einen französischen Kooperationspartner aufweisen: AT&T tat sich mit der SAT zusammen, Siemens mit Jeumont-Schneider und Ericsson mit Matra. Die überragende strategische Bedeutung, die die Konzerne einem Einstieg in den französischen Markt zumaßen, machte den 'Kampf um die CGCT' zu einer **hochpolitischen Angelegenheit**. "(I)t was the French state, and not the free market, which despite the conservative government's neo-liberal rhetoric, played the key role in settling the affair" (Humphreys 1990: 211).

Als das Geschäft ITT-CGE bekannt wurde, trat die Bundesregierung auf den Plan um Siemens politische Rückendeckung zu geben: Mit dem Aufkauf der ITT-Tochter SEL sei ein wesentlicher Teil des deutschen Marktes in die Hände der Alcatel gefallen, die Öffnung des französischen Marktes für Siemens sei demnach ein Gebot der Fairneß. Die Intervention der Bundesregierung brachte nicht allein die französische Regierung sondern auch Siemens in Bedrängnis. Die amerikanische Regierung kündigte handelspolitische Sanktionen gegen europäische Unternehmen an. Die Aufsichtsbehörde für Telekommunikation, FCC, drohte unverhohlen mit dem künftigen Ausschluß von Siemens aus dem amerikanischen Markt (Frankfurter Rundschau 6.12.1986: 5). Zwischen Scylla und Charybdis traf die französische Regierung nach langem Zögern im Mai 1987 schließlich eine salomonische Entscheidung. Der Zuschlag für die CGCT ging an den glücklichen Dritten, das schwedische Unternehmen **Ericsson** und seinen Partner Matra. "The decision to choose Ericsson was widely seen as a diplomatic compromise on the part of the Paris government anxious to avoid a major row with either Washington, which had also been giving strong backing for its candidate, or Bonn" (Financial Times 15.6.1987: VI).

1.3. Fortschreitende Internationalisierung

Bis 1987 stand die DGT 'nationalen', d. h. in französischem Besitz befindlichen und auf den nationalen Markt ausgerichteten Unternehmen gegenüber. Kaum ein halbes Jahrzehnt später haben sich die Verhältnisse auf der Anbieterseite grundlegend gewandelt. **Alcatel** hat sich seit der mehrheitlichen Übernahme der europäischen Telekommunikationsfilialen der ITT durch die Mutterfirma CGE am 1.1.1987 in einen Weltkonzern verwandelt.

Die CGE, 1991 in Alcatel Alsthom umbenannt, hat ihre Anteile an Alcatel NV sukzessive erhöht; 1992 ging Alcatel NV durch die Übernahme der bei ITT verbliebenen Aktienanteile vollständig ihren Besitz über.[2] Alcatel NV konnte die 1987 errungene Position des weltweit zweitgrößten und des größten europäischen Telekommunikationsherstellers halten. 1990 setzte sie 94 Mrd. FF um, das entsprach einem Weltmarktanteil von 12 Prozent; 1985 hatte Alcatel einen Umsatz von 28 Mrd. FF erwirtschaftet (Télécoms Magazine 5/1991: 8, Barreau/Mouline 1987a: 191). Alcatel NV konnte glänzende Jahresabschlüsse präsentieren. 1991 machte sie einen Gewinn von 5,1 Mrd. FF. Die Umsatzrentabilität war von 1,6 Prozent im Jahr 1987 - also kurz nach der 'Elefantenhochzeit' mit ITT - auf 5,5 Prozent gestiegen (01 Informatique 5.4.1991: 18, Funkschau 10/1992: 24). Alcatel NV bezeichnet sich heute als "ein international tätiges Unternehmen mit europäischen Wurzeln" (SEL Geschäftsbericht 1991: 4). Rund 120.000 Mitarbeiter sind in 110 Ländern beschäftigt. In **Frankreich** wurden 1990 nur noch **29 Prozent des Umsatzes** erwirtschaftet. Mit einem Umsatzanteil von 15,5 Prozent, beigesteuert von Alcatel SEL, war die Bundesrepublik der zweitgrößte Markt (vgl. Tabelle III-7).

Tabelle III-7: Umsätze von Alcatel NV nach Regionen und Produktgruppen, 1990 (in Prozent des Gesamtumsatzes)

Region	Anteil am Umsatz in %	Produktgruppe	Anteil am Umsatz in %
Frankreich	29	Öffentliche Netze	37
Bundesrepublik	15,5	Kabel	28
Italien	10	Private TK-Anlagen	17
Spanien	10,5	Funkkommunikation, Rüstung, Raumfahrt	8
Belgien	4		
sonstiges Europa	13	Sonstiges	8
USA und Kanada	5		
Andere	13		

Quelle: Alcatel NV, Rapport d'Activité 1990, zit. nach Sally 1993: 80

Die Stellung auf dem Weltmarkt hat Alcatel NV sukzessive ausgebaut. Ende der achtziger Jahre wurde das us-amerikanische Kabelgeschäft von Ericsson übernommen. Im Oktober 1990 folgte der mehrheitliche Einstieg bei der Fiat-Telekommunikationstochter Telettra für 2,2 Mrd. FF. Im Juli 1991 kaufte Alcatel NV für 3,8 Mrd. FF die Übertragungstechnik der amerikanischen Rockwell International auf und wurde damit zum zweitgrößten

---

[2] Die ITT erhielt für die Abgabe der Alcatel-Anteile 18,7 Mrd. FF und eine 7%ige Beteiligung am Mutterkonzern Alcatel Alsthom (Handelsblatt 4.3.1992: 1).

Internationalisierung und Liberalisierung 223

Hersteller von Übertragungstechnik in den USA (Marktanteil 15 Prozent; nach AT&T mit 58 Prozent). Im Herbst 1991 erwarb Alcatel NV das Kabelgeschäft der AEG für 750 Mio. DM (Marktanteil in der Bundesrepublik: 25 Prozent). Der Anteil an der SEL AG wurde im Dezember 1991 von bisher 85,6 auf 98 Prozent erhöht. 1991 übernahm Alcatel NV das ehemalige DDR-Kombinat RFT Nachrichtenelektronik, es folgten zwei polnische Telekommunikationshersteller (L'Usine Nouvelle 12.3.1992: 5f.).

Der Weg, den Marktführer Alcatel NV eingeschlagen hatte, also der Ausbau der eigenen Stellung auf dem Weltmarkt durch Übernahmen und Beteiligungen, kam für die mittelgroßen französischen Anbieter angesichts ihrer geringen Ausgangsumsätze nicht in Frage. Die hier gewählten 'Überlebensstrategien' waren internationale wie nationale Kooperationen in einzelnen Technologiebereichen und: die **Öffnung des Kapitals für potente ausländische Unternehmen**.

Im Zuge der zusammen mit der schwedischen Ericsson 1987 unternommenen Übernahme der CGCT war der **Matra**-Konzern, 1988 reprivatisiert, zum zweitgrößten Telekommunikationshersteller in Frankreich aufgestiegen. Der Jahresumsatz Matras im Bereich der Telekommunikation hat sich zwischen 1985 und 1991 auf 5,8 Mrd. FF vervierfacht (Télécoms Magazine 31/1990: 37, 16/1992: 10). An der gemeinsamen Tochterfirma für öffentliche Vermittlungstechnik Matra-Ericsson-Télécommunications (MET) hält *Ericsson* seit 1988 50 Prozent. Beim digitalen Mobilfunks kooperiert Matra mit der britischen *Orbitel*, der italienischen *Telettra* (seit 1990 mehrheitlich bei Alcatel) und der finnischen *Nokia*. Im Frühjahr 1992 übernahm Matra den Mobilfunkbereich der *AEG* im Zuge eines wechselseitigen Aktientauschs.[3] Matra kaufte darüber hinaus einige kleinere Vertriebs- und Herstellerfirmen in der Bundesrepublik (die Telefonbaufirma DEG 1988), Belgien, Italien, Norwegen, Spanien etc. Im Sommer 1992 kam es zum bislang größten Coup. Das kanadische Unternehmen *Northern Telecom* - Rang vier auf der Weltrangliste der größten Hersteller - erwarb für 1,36 Mrd. FF eine Beteiligung von 20 Prozent an Matra Communications; außerdem wurden zwei gemeinsame Tochterfirmen für den digitalen Mobilfunk und für 'Öffentliche Netze' geschaffen. Die Modalitäten des Abkommens mit Northern Telecom machen deutlich, daß Matra keine autonomen Expansionsstrategien mehr verfolgt. Matra, so sein Vorstandsvorsitzender, habe sich in einem Sektor engagiert, der zu den "am meisten umkämpften und schwierigsten" gehöre, seine Stellung sei nach wie vor "relativ schwach" (zit. nach Le Monde 4.7.1992: 19). Bis 1995 soll Northern Telecom mindestens 39, wenn nicht gar 49 Prozent von Matra Communications übernehmen (Télécoms Magazine 16/1992: 10, Le Monde 4.7.1992: 19).[4]

---
[3] Die AEG hält seitdem 10 Prozent an Matra Communications (Le Monde 4.7.1992: 1992).
[4] Um einen Einstieg bei Matra Communications hatten sich gleichermaßen die AT&T und Siemens beworben. Eine Beteiligung von AT&T war auf den Widerstand der Fernmeldeverwal-

Matra war seit 1988 mit 20 Prozent am drittgrößten französischen Herstellerunternehmen, der **SAT**, beteiligt. Die SAT ist eine Tochterfirma der SAGEM und realisierte 1989 einen Jahresumsatz von 2,7 Mrd. FF. Bereits 1987 hatte sie eine Kooperationsvereinbarung mit der *Philips*-Tochter TRT geschlossen, dem viertgrößten französischen Anbieter, wie die SAT auf Übertragungstechnik spezialisiert. SAT wie TRT schrieben Ende der achtziger Jahre rote Zahlen. Zumindest bei der SAT ist ein Rettungsanker in Sicht. Das Unternehmen kooperiert mittlerweile in Forschung und Entwicklung mit *Siemens* (01 Informatique 19.10.1990: 58).

Während eine Beteiligung von Siemens an der SAT eine Option für die kommenden Jahre darstellt, ist dem bundesdeutschen Bosch-Konzern der Einstieg in ein französisches Herstellerunternehmen gelungen. 1987 erwarb **Bosch** 65 Prozent der Telekommunikationstochter von *Jeumont-Schneider*, spezialisiert auf private Telekommunikationsanlagen und Endgeräte. 1991 wurde die Beteiligung auf 95 Prozent erhöht. Bosch, respektive die Tochter Telenorma, avancierte damit zum zweitgrößten Anbieter von Endeinrichtungen auf dem französischen Markt (FAZ 27.6.1991: 22).

2. Die Reform von Post- und Fernmeldewesen

2.1. Die liberalen Reformpläne

Die liberal-konservative Regierung war 1986 mit dem Programm angetreten, das staatliche Fernmeldemonopol zu beseitigen und die DGT in ein öffentliches Unternehmen umzuwandeln. "Das Fernmeldewesen wurde von der Regierung Chirac als eine der großen *Herausforderungen für die Freiheit* ['Chantiers de la Liberté'] präsentiert" (Libération 20.10.1987).

Deregulierung und Liberalisierung des Telekommunikationssektors waren bis dahin kein Gegenstand der öffentlichen Diskussion. Unter den Sozialisten stand das staatliche Fernmeldemonopol nicht zur Disposition. Auch auf gesellschaftlicher Seite gab es keinen Druck hin auf eine Veränderung des Status quo. Von den großen gesellschaftlichen Gruppen - einschließlich der Unternehmerverbände - war keine telekommunikationspolitisch in Erscheinung getreten. Politisch aktive Vereinigungen von Telekommunikationsnutzern existierten nicht (Télécoms Magazine 4/1987: 55).

---

tung gestoßen, mit der Begründung, daß sie in direktem Wettbewerb mit dem Netzbetreiber AT&T stehe. Dem - von der französischen Regierung präferierten - Einstieg von Siemens habe, so Matra, die eigene "Unternehmenskultur" entgegengestanden (Le Monde 4.7.1992: 16).

Internationalisierung und Liberalisierung

Die technische und kommerzielle **Leistungsfähigkeit der DGT und** ihr hohes Renommee waren die Ursachen dafür, das eine Neuordnung der Telekommunikation in Frankreich kaum thematisiert worden war. "Because of its achievements and a reputation for enthusiastically embracing technological change, the DGT has faced few public pressures in the past for a curtailment of its monopoly" (Financial Times 1.2.1985: 3).

In der französischen Öffentlichkeit genoß die DGT seit der raschen Lösung der 'crise du téléphone' ein hohes Ansehen. Auch im Bereich der neuen Telekommunikationsdienste war sie weltweit führend. Der Bildschirmtextdienst zählte 1985 1,3 Millionen Teilnehmer. Die DGT hatte im Rahmen ihres Dienstleistungsangebots frühzeitig auf die Bedürfnisse der Geschäftskunden reagiert. Mit rund 22.000 Teilnehmeranschlüssen an 'Transpac' verfügte Frankreich über eines der größten Datenpaketvermittlungsnetze der Welt. Die DGT bot ein Spektrum von digitalen Datenübertragungsdiensten unterschiedlicher Übertragungsgeschwindigkeiten an.[5] Für die Vermarktung von Spezialdiensten für Geschäftskunden hatte die DGT ein flexibles Instrument geschaffen. Sie übernahm sie nicht selbst, sondern überließ sie in der Regel **Tochtergesellschaften** des privaten Rechts.[6] Auf diesem Wege sollten die Rigiditäten der eigenen Organisationsstruktur umgangen werden. Die Tochtergesellschaften konnten eigenes Investitionskapital akquirieren; sie waren nicht an das öffentliche Dienstrecht gebunden, was die Rekrutierung und marktgerechte Vergütung von Kräften insbesondere aus dem Datenverarbeitungssektor ermöglichte; sie konnten ihre Tarife flexibel an Kosten und Bedarf anpassen, weil sie nicht an die starren Regeln der Gebührengestaltung (Zustimmungserfordernis der Regierung, Verordnungscharakter) gebunden waren; als kleine Einheiten mit klar abgegrenzten Verantwortungsbereichen zeichneten sie sich schließlich durch eine größere 'Nähe zum Kunden' aus (Vedel 1991b: 150ff.).[7] Flexibilität hatte die DGT auch auf einem anderen Gebiet bewiesen. Seit Anfang der achtziger Jahre verzichtete sie de facto auf die Ausübung ihres Endgerätemonopols und beschränkte sich auf ihre Zulassungsfunktionen. Selbst der Markt für Telefon-

---

[5] Die Bereitstellung von Mietleitungen für geschäftliche Nutzer und die Zulassung von Spezialnetzen wurden indessen restriktiv gehandhabt. Der Weiterverkauf und die Vermietung von Übertragungskapazitäten an Dritte war nicht erlaubt.

[6] Erste privatrechtliche Tochtergesellschaften hatte die DGT in den fünfziger Jahren eingerichtet. Auf diesem Wege wurde umgangen, daß sie nur auf französischem Hoheitsgebiet tätig werden durfte. Die Tochtergesellschaften übernahmen die Errichtung und Betreibung von transnationalen Übertragungsstrecken sowie die technische Beratung ausländischer Fernmeldeverwaltungen, insbesondere in den ehemaligen Kolonien und der Dritten Welt (Vedel 1991b). Die Finanzierungsgesellschaften, die die DGT zur Akquisition von Mitteln auf dem privaten Kapitalmarkt eingerichtet hatte, waren ebenfalls privatwirtschaftlich verfaßt. 1987 realisierten die im Holding COGECOM zusammengefaßten DGT-Töchter einen Umsatz von 4,5 Mrd. FF, gegenüber 95,5 Mrd. FF für die DGT (DGT, Rapport d'activité 1987: 5).

[7] So wurde auch das 'Transpac'-Netz zur paketvermittelten Datenübertragung nicht von der DGT sondern von einer 'Société d'Economie mixte' betrieben. An dieser 1977 gegründeten Gesellschaft waren neben der DGT die wichtigsten Nutzer beteiligt (vgl. Vedel 1991b: 139).

geräte war frei zugänglich.[8] Die DGT lieferte zwar obligatorisch das einfache Hauptanschlußgerät, stattete die Teilnehmer jedoch seit 1980 mit einer Telefonsteckdose aus, an die privat beschaffte Apparate angeschlossen werden durften. Auf den meisten Endgerätemärkten war die DGT entweder direkt oder über Tochtergesellschaften als Mitanbieter vertreten (Le Monde 25.5.1983: 41).

Forderungen nach einer weitreichenden Deregulierung des Telekommunikationssektors nach amerikanischem oder britischem Muster hatten in Frankreich lediglich einige politische Außenseiter erhoben.[9] Das Programm der Chirac-Regierung, den Sektor unter Beibehaltung eines starken Service public 'schrittweise' für den Wettbewerb zu öffnen, war dagegen nicht neu. Derartige Vorschläge waren bereits Anfang 1985 geäußert worden: von DGT-Direktor Dondoux, der zwei Jahre zuvor das staatliche Fernmeldemonopol noch vehement verteidigt hatte (vgl. Dondoux 1983). **"Die Anstöße für eine Deregulierung des Fernmeldewesens gingen paradoxerweise von der DGT selbst aus"** (Vedel 1988: 293). Das staatliche Fernmeldemonopol und der 'Universal Service' hätten, so Dondoux im Februar 1985, in der Vergangenheit ihre ökonomische und soziale Leistungsfähigkeit bewiesen, die Zukunft gehöre jedoch einem neudefinierten staatlichen Monopol, das Konkurrenz im Bereich der Mehrwertdienste erlaube und eine differenzierte Gebührengestaltung praktiziere (vgl. Cohen 1992: 257). Was waren die Beweggründe für den Vorstoß des DGT-Direktors? Die Bedingungen auf den Märkten für Telekommunikationsdienste hatten sich in den achtziger Jahren verändert. Die DGT verfügte zwar nach wie vor über ein Angebotsmonopol, sie sah sich jedoch in mehreren Bereichen de facto dem Wettbewerb ausgesetzt. Offener Wettbewerb herrschte bei den *grenzüberschreitenden Telekommunikationsdiensten*. Die DGT war hier - gleiches galt für die übrigen europäischen PTTs - mit den Effekten der Liberalisierung des britischen und amerikanischen Telekommunikationssektors konfrontiert. Wettbewerb herrschte de facto auch im *inländischen Fernverkehr;* französische Unternehmen nutzten für ihren Fernverkehr nicht das öffentliche Netz, sondern ihre unternehmenseigenen Verbindungswege auf Mietleitungsbasis. Unter Wettbewerbsdruck setzte die DGT schließlich der (unautorisierte) *Weiterverkauf angemieteter Netzkapazitäten* an Dritte, respektive die (ebenfalls unautorisierte) Bereitstellung von Mehrwertdiensten für Dritte. "(C)ustomers... set up their own networks and resell unused capacity to third parties, irrespective of domestic rules or international recommendations which forbid such resale. Daily experience shows that the traditional mechanism of contractual protection is an illusion" (Coustel 1986: 234f.). Die DGT war ihrerseits bereit, sich auf die neuen Marktbedingungen einzustellen. "Die Deregulierung der Telekommunikation stellte [in den Augen der

---

[8] 1985 waren mehr als 350 Apparatemodelle im Handel (Financial Times 1.2.1985: 3).
[9] So der von den Sozialisten entlassene ehemalige Thomson-Manager Darmon 1985.

Internationalisierung und Liberalisierung

DGT-Führung, cr] eine unausweichliche Folge des technischen Fortschritts dar. Man mußte sich demnach so schnell wie möglich darauf einstellen und die Entwicklung antizipieren..., um so weit wie möglich davon zu profitieren" (Vedel 1988: 293). Die Fernmeldeverwaltung war jedoch, so die einhellige Meinung ihrer Führungselite, kaum für den Wettbewerb gerüstet. Verantwortlich dafür war ihr *Status als Teil der unmittelbaren Staatsverwaltung* und die *fehlende Autonomie* in wichtigen Geschäftsbereichen. "There are... signs of unease among the elite corps of engineers who make up much of the DGT's senior management... There seems little doubt that many would prefer an institutional arrangement which would guarantee the organisation greater freedom from ministerial interference" (Financial Times 1.2.1985: 3).

Während der Regierungsperiode der Sozialisten hatte sich ein tiefer Graben zwischen Fernmeldeverwaltung und Staatsführung aufgetan. Die **politische Gängelung** erklärt, warum die DGT bei der Reform des Fernmeldewesens eine Vorreiterrolle übernahm. "Die Gebührenerhöhung, die Ablieferungen an den Staatshaushalt, die diskretionären Eingriffe der Politik haben in der DGT den Glauben an die Tugenden eines 'aufgeklärten Monopols' genährt" (Cohen 1992: 257). Im Herbst 1985 war der Verband der Telekommunikationsingenieure, die Interessenvertretung des Korps,[10] mit Reformvorschlägen an die Öffentlichkeit getreten. "Für die Mehrzahl der Telekommunikationsingenieure bot die Deregulierung der Telekommunikation eine willkommene Gelegenheit, die Verselbständigung der DGT voranzutreiben, um sie schließlich in ein autonomes Unternehmen zu verwandeln" (Vedel 1988: 293). Sie plädierten für die Beschränkung des Fernmeldemonopols auf die Netzinfrastruktur sowie den Telefondienst und eine Liberalisierung aller weiteren Telekommunikationsdienste. Die DGT sollte in ein öffentliches Unternehmen umgewandelt werden. Noch weiter gingen die Vorschläge des Präsidenten der COGECOM, des Holdings der DGT-Tochterunternehmen. Seiner Vorstellung nach sollte die DGT nur das Netzmonopol behalten, alle Telekommunikationsdienste - einschließlich Telefondienst - hingegen für den Wettbewerb freigegeben werden (vgl. Encaoua/Koebel 1987: 514).

PTT-Minister Longuet hatte sich den DGT-internen Diskurs zu eigen gemacht und die **Befreiung der DGT** zu einem der wichtigsten Reformziele erklärt. "Longuet knüpfte nicht an die amerikanische oder britische Argumentation an, daß nämlich die Einführung von Konkurrenz auf den Telekommunikationsmärkten notwendig sei, um die Versorgung der Teilnehmer

---

[10] Die Association des ingénieurs des télécommunications (AIT) organisierte die "Spitze der sozialen Hierarchie der Telekommunikationsbranche", namentlich die rund 800 Mitglieder des Korps der Telekommunikationsingenieure. Etwa 500 Korps-Mitglieder waren in Schlüsselpositionen der DGT beschäftigt, die restlichen in der Industrie bzw. in anderen Bereichen des öffentlichen Sektors (Télécoms Magazine 28/1989: 48).

zu verbessern. Dieser Diskurs ließ sich kaum auf die DGT anwenden, die sich einen sehr guten Ruf bei ihren Kunden erworben... und im Rahmen ihrer Aktivitäten bereits eine kommende Deregulierung vorweggenommen hatte" (Barreau/Mouline 1987b: 177). Zentrales Argument des neuen PTT-Ministers für eine Liberalisierung und die Veränderung des Organisationsstatuts der DGT war vielmehr der zunehmende internationale Wettbewerb auf den Telekommunikationsmärkten. "Es geht heute darum, die französische Telekommunikationsverwaltung in einen Stand zu versetzen, der es ihr erlaubt, auf allen internationalen Märkten den großen ausländischen Konkurrenten mit gleichen Waffen entgegenzutreten" (Longuet 1987: 200). Deshalb sei es dringend notwendig, ihren Handlungsspielraum zu vergrößern; "(m)ein Ziel ist es, der DGT einen Status zu verleihen, der es ihr ermöglicht, diese Autonomie zu erlangen, also: den Status eines wirklichen Unternehmens" (Longuet 1987: 200).

Verselbständigung der DGT hieß auch, der "Vermengung von Aufgaben unterschiedlichster Natur" ein Ende zu bereiteten (Barreau/Mouline 1987b: 177). Longuets Vorstellungen liefen erstens - konform mit dem EG-Grünbuch - auf die Trennung von hoheitlichen und unternehmerischen Funktionen hinaus. Zweitens sollte die DGT von ihren industriepolitischen Verantwortlichkeiten - also ihrer Aufgabe als 'Tuteur' der Telekommunikationsindustrie - entbunden werden. Das neue Dispositiv würde es der DGT "erlauben, sich wieder auf ihre eigentliche Aufgaben als Netzbetreiber und Diensteanbieter zu konzentrieren" (Longuet 1987: 197). DGT-Direktor Dondoux hatte wenige Wochen nach dem Regierungswechsel gleichlautende Überlegungen laut werden lassen. "Von nun an wird es hauptsächlich darum gehen, die *Nachfrage auf dem Markt zu befriedigen und unsere Kunden zufriedenzustellen. Es ist deshalb unabdingbar, daß die DGT von einer industriepolitischen Verantwortlichkeit befreit wird*, die sie darin hindert, ihre Rolle als Käufer wahrzunehmen, also: das beste Produkt zum niedrigsten Preis zu beschaffen. Als DGT-Direktor bin ich mir der Tragweite dieser Forderung bewußt, aber *man darf von uns nicht verlangen, unsere Kunden zu vergessen*" (Dondoux 1986: 12; Hervorhebung cr). Diese Forderung des DGT-Direktors - in einem Interview mit der Financial Times bereits ein Jahr zuvor auf die Formel gebracht: "It's not my job to run the industry" (Financial Times 1.2.1985: 3) - spiegelt ein völlig verändertes Selbstverständnis der DGT wider.

Der **Referentenentwurf eines neuen Telekommunikationsgesetzes**,[11] den PTT-Minister Longuet im Sommer 1987 vorlegte, hatte mit den ordnungspolitischen Vorstellungen der DGT-Führung jedoch wenig gemein. Statt eines 'aufgeklärten Monopols' sah der Entwurf dessen vollständige Beseitigung vor: Alle Bereiche des Fernmeldewesens, inklusive der Netzinfra-

---

[11] Vgl. Texte de travail numéro 1 pour un avant-projet de loi sur les télécommunications, abgedruckt in: Télécoms Magazine 7/1987: 62ff.

struktur und des Telefondienstes, sollten *grundsätzlich für den Wettbewerb geöffnet* werden. Das Angebot von Fernmeldenetzen und 'Basisdiensten' - Dienste, die Informationen transportieren, ohne sie umzuwandeln - sollte dabei einer strengen Regulierung unterliegen. Zweck dieser restriktiven Zulassungsvoraussetzungen war der Schutz der DGT vor einer Konkurrenz des "Rosinenpickens" (also der Konzentration des Angebots auf lukrative Marktsegmente). Die DGT wäre weiterhin für die Wahrnehmung der staatlichen Infrastrukturaufgabe verantwortlich: Bereitstellung eines flächendeckenden Fernmeldenetzes, Garantie des gleichen Zugangs zum Telefondienst für alle. Der Entwurf sah die Trennung der DGT von der Post und ihre *Umwandlung in eine private Aktiengesellschaft* vor, die jedoch vollständig in staatlichem Besitz verbleiben sollte.

Das Reformprojekt Longuets kam nicht über den Status eines internen 'Arbeitspapiers' hinaus; Premierminister Chirac war nicht dazu bereit, den Entwurf dem französischen Parlament vorzulegen. Er fürchtete - wenige Monate vor den nächsten Präsidentschaftswahlen - eine Streikwelle bei der PTT. Alle bei den PTT vertretenen Gewerkschaften - Force Ouvrière, CGT, CFDT und CFTC - hatten dem Minister den Kampf angesagt. Ihr Widerstand richtete sich gegen die Trennung von Post- und Fernmeldewesen und die vorgesehene Aufhebung des Beamtenstatus bei der DGT. Für zusätzlichen sozialen Sprengstoff hatte die Ankündigung der DGT gesorgt, daß sie bis zur Jahrtausendwende die Zahl ihrer Beschäftigten von 162.000 auf 130.000 reduzieren würde (Le Monde 2.9.1987: 33, 4.9.1987: 29). Die Erhaltung des sozialen Friedens war nicht das einzige Motiv für die Zurückweisung des Entwurfs. Auch Finanzminister Balladur ging das Projekt zu weit, weil mit einer vollständigen Liberalisierung des Sektors letztlich auch die Einnahmequelle DGT versiegen würde (vgl. Cohen 1992: 265).

Wenn auch sein großes Gesetzesvorhaben von der liberal-konservativen Regierung gestoppt worden war, hatte PTT-Minister Longuet in den zwei Jahren seiner Amtszeit einige **ordnungspolitische Reformen** auf den Weg gebracht. Das 'Gesetz über die Freiheit der Kommunikation' vom September 1986 beseitigte das staatliche Monopol auf die Errichtung von *Netzen für die Verteilkommunikation* (Kabelfernsehen). Diese durften fortan von den Kommunen errichtet und betrieben werden. Es schuf darüber hinaus eine unabhängige *Regulierungsbehörde*, deren Kompetenzen jedoch bis zu einer grundlegenden Reform des Fernmeldewesens auf die technische Zulassung von Fernsehkabelnetzen und die Genehmigung von unternehmensinternen Netzen beschränkt blieben (vgl. Pospischil 1988, Blaise/Fromont 1992: 129ff.). Gestützt auf Art. L 33 Code des P et T - er räumte dem PTT-Minister das Recht ein, die Errichtung und Betreibung von Fernmeldeanlagen durch Dritte zu genehmigen - leitete Longuet auch im Bereich der Individualkommunikation Liberalisierungsmaßnahmen ein. Im September 1986 wurde der Markt für *Telekommunikationsendgeräte* vollständig freigeben. Im September 1987 folgte eine teilweise Liberalisierung des Markts für *Mehrwertdienste* auf Mietleitungsbasis. Im Juli 1987 ließ der Minister für *Funkruf* und *Funktelefon* jeweils einen zweiten Anbieter neben der DGT zu. Das Motiv für die Einführung von Wettbewerb war die vergleichsweise schlechte Versorgung Frankreichs mit Funkdiensten.[12] Die neue Konkurrenzsituation sollte auch die DGT dazu zwingen, ihr Angebot zu verbessern (Pospischil 1988: 51). Die Zulassung als zweiter Anbieter des Funkrufs erhielt die - ebenfalls staatliche und seit 1986 beim Ministerium für Kultur und Kommunikation angesiedelte - Rundfunkübertragungsgesellschaft Télédiffusion de France (TDF).[13] Die zweite Lizenz für den öffentlichen (analogen) Mobilfunk schrieb Longuet aus. Den Zuschlag erhielt die von der Compagnie Générale des Eaux angeführte Firmengruppe Société Française du Radiotéléphone (Pospischil 1988: 57ff.).[14]

Weitere Maßnahmen des PTT-Ministers zielten darauf, die unternehmerische Handlungsfreiheit der **Fernmeldeverwaltung** zu erhöhen und sie auf ein stärker wettbewerbliches Umfeld vorzubereiten. Im April 1986 wurde die DGT von ihrer Verantwortlichkeit für die Telekommunikationsindustrie befreit. Finanziell hatte die DGT zwar weiterhin - in deutlich verringertem Maße - für die Subventionierung der Firmen aufzukommen, die *Tutelle* für die Telekommunikationsindustrie ging jedoch an das Ministerium für Industrie und Tourismus über (Le Monde 28.3.1986: 21). Der Verkauf der CGCT an Matra/Ericsson war gleichbedeutend mit der Wiedereinführung von Konkurrenz auf dem *Beschaffungsmarkt* der DGT. Im Januar 1987 gab Longuet den Stopp des *Plan câble* bekannt. Die DGT hatte ihre bis dahin eingegangenen Verpflichtungen zu erfüllen, darüber hinaus durfte sie ihre

---

[12] Die DGT hatte den Aufbau eines analogen Mobilfunknetzes nicht zielgerichtet verfolgt: es war schwer, die notwendigen Frequenzen zu erhalten; die knappen Investitionsmittel wurden für die Digitalisierung des Telefonnetzes verwendet (de Guerre 1987: 191, Pospischil 1988: 58). Ende der siebziger Jahre war Thomson mit der Entwicklung eines analogen Mobilfunksystems beauftragt worden. Mit den finanziellen Schwierigkeiten des Unternehmens Anfang der achtziger Jahre kamen diese Entwicklungsarbeiten zum Stillstand. Die DGT konzentrierte sich seitdem auf die nächste technologische Generation, den digitalen Mobilfunk. 1983 war auf diesem Gebiet eine Zusammenarbeit mit der DBP vereinbart worden, die in der Folge auf andere europäische Netzträger ausgeweitet wurde und in die Formulierung der paneuropäischen Norm für den digitalen Mobilfunk GSM mündete. Als eine Art Übergangslösung sollte das analoge Mobilfunknetz der DGT Radiocom 2000 dienen, dessen Systemtechnik von Matra stammte. Das im Endausbau für 200.000 Teilnehmer ausgelegte Netz wurde 1985 eröffnet. Die Konkurrenzgesellschaft Société Française du Radiotéléphone beauftragte Alcatel mit dem Netzaufbau, eine eigene Systemtechnik hatte Alcatel nicht vorzuweisen, sie wurde von der finnischen Nokia bezogen (Cohen 1992: 275f.).

[13] Die TDF - als Betreiber des Rundfunkübertragungsnetzes zweiter großer Netzträger neben der DGT - wurde 1987 in eine private Aktiengesellschaft umgewandelt, verblieb aber weiterhin in staatlichem Besitz. Anfang 1989 übernahm France Télécom 49,8 Prozent der Kapitalanteile (Schmoch 1990: 270).

[14] Daneben hatten sich die Lyonnaise des Eaux und der Bauunternehmer Bouygues beworben (Pospischil 1988: 62).

Internationalisierung und Liberalisierung 231

Verkabelungsstrategie nach eigenem Ermessen - und eigenem betriebswirtschaftlichen Kalkül - gestalten. Der Minister setzte innerhalb der Regierung eine fünfmalige Senkung der *Telefongebühren* durch und leitete damit Schritte zu einer kostenorientierten Gebührengestaltung ein (Le Matin de Paris 4.1.1988).[15] Longuet nahm zudem eine Neuregelung der Finanzbeziehungen zwischen Staat und DGT in Angriff. Im November 1987 wurde eine *Mehrwertsteuer* auf die Umsätze der DGT eingeführt, ein erster Schritt zu einer allgemeinen Besteuerung, die, so Longuet "den willkürlichen Eingriffen des Finanzministers in das Budget der DGT ein Ende setzen sollte" (Le Figaro 14.10.1987).[16] Der Effekt war zunächst eine indirekte Gebührensenkung: geschäftliche Teilnehmer machten die in der Telefonrechnung ausgewiesene Mehrwertsteuer als Vorsteuer geltend. Für eine Übergangsperiode durfte die DGT indessen ihre Ablieferungen an den Staatshaushalt nicht auf der Basis der Mehrwertsteuer bemessen. Die Höhe ihrer Ablieferungslasten blieb vorerst weiterhin dem Gutdünken des Finanzministers anheimgestellt. Longuet konnte jedoch auch hier Zugeständnisse durchsetzen. Die Budgetentnahmen sanken von 20 Mrd. FF im Jahr 1986 auf 15 Mrd. FF 1987 und 11,4 Mrd. FF 1988 (France Télécom, Statistiques 1989: 13).[17] Um der DGT ein unabhängiges unternehmerisches Profil zu verleihen, wurde sie schließlich im Januar 1988 in *France Télécom* umbenannt.

2.2. Die sozialistische Reformpolitik

Auf den Weg gebracht wurde die Reform des Post- und Fernmeldewesens schließlich vom sozialistischen Amtsnachfolger Longuets, Paul Quilès. Am 2. Juli 1990 verabschiedete die Nationalversammlung mit den Stimmen der sozialistischen Mehrheit ein **Gesetz zur Neuorganisation von Post und Telekommunikation**.[18] Mit seinem Inkrafttreten am 1. Januar 1991 wurden France Télécom und La Poste in getrennte juristische Körperschaften des öffentlichen Rechts mit finanzieller Selbständigkeit umgewandelt. Das **Gesetz zur Regulierung der Telekommunikation** vom 29. Dezember 1990[19]

---

[15] Die Gebühren für Ferngespräche wurden zwischen Oktober 1986 und Januar 1988 um insgesamt 20 Prozent gesenkt.
[16] Die Mehrwertsteuer von 18,5 Prozent wurde in die alten Tarife eingerechnet, d. h. die alten Tarife waren die neuen inklusive Mehrwertsteuer (Pospischil 1988: 17).
[17] Politische Schützenhilfe hatte Longuet durch einen 'Bericht über die Zukunft der Telekommunikation in Frankreich und Europa' erhalten, der im Juni 1987 im Auftrag des Senats vorgelegt worden war (Rausch 1987). Der Berichterstatter kritisierte die übergebührliche Höhe der Abgabenlasten sowie ihren willkürlichen Charakter und forderte eine grundlegende Neuregelung der Finanzbeziehungen zwischen DGT und Staat (Rausch 1987: 125).
[18] Loi no. 90-568 du 2 juillet 1990 relative à l'organisation du service public de la poste et des télécommunications, Journal officiel du 8 juillet 1990.
[19] Loi no. 90-1170 du 29 décembre 1990 sur la réglementation des télécommunications, Journal

bestimmte die Monopolrechte von France Télécom und die Voraussetzungen für privaten Wettbewerb neu. Beide in ihren Aussagen recht vagen Gesetze wurden in der Folge durch vom Conseil d'Etat erlassene Verordnungen präzisiert.[20]

Der Reform war ein fast zweijähriger Diskussionsprozeß vorausgegangen. Quilès, seit dem Frühsommer 1988 Minister für Post, Telekommunikation und Raumfahrt, hatte der "wilden Deregulierungspolitik" Longuets eine Absage erteilt, gleichwohl aber "notwendige Anpassungen" an die veränderten Rahmenbedingungen auf den nationalen und internationalen Telekommunikationsmärkten angekündigt (Le Monde 20.7.1988: 22). "Die Deregulierung", so Quilès, "gründet in bisher beispiellosen technischen Entwicklungen in der Telekommunikation und deren Verschmelzung mit der Datenverarbeitung... Kein Land kann sich dieser Entwicklung verschließen und eine Adaptation seiner organisatorischen und rechtlichen Strukturen verweigern" (zit. nach Le Monde 1.9.1990: 21). Oberstes Ziel sei die **Modernisierung und Stärkung des Service public**; France Télécom müsse in den Stand versetzt werden, die Herausforderungen der Zukunft anzunehmen. Den Gewerkschaften hatte der neue Minister früh den Wind aus den Segeln genommen. Eine Privatisierung der Fernmeldeverwaltung stehe ebensowenig auf der Tagesordnung wie die Aufgabe des Beamtenstatus ihrer Beschäftigten (Le Monde 20.7.1988: 22).

Verglichen mit üblichen Gesetzgebungsverfahren nahm die PTT-Reform einen singulären Verlauf. Quilès ließ seine konkreten Pläne zunächst im dunkeln. Im Dezember 1988 beauftragte er Hubert Prévot - Mitglied des französischen Rechnungshofes und zuvor langjähriger Spitzenfunktionär der Gewerkschaft CFDT -, eine **"öffentliche Diskussion"** über "die Zukunft des Service public im Post- und Fernmeldewesen" durchzuführen (Prévot 1989b: 2). Prévot leitete eine öffentliche Debatte bisher ungekannten Ausmaßes ein. Die fast 450.000 Beschäftigten der PTT wurden eingeladen, sich mit ihren Empfehlungen an Prévot zu wenden. Über 200.000 Beschäftigte nahmen an 8.000 Diskussionsrunden und 'Videokonferenzen' teil. Prévot veranstaltete Aussprachen mit allen Gewerkschaften. An die Bevölkerung und die Unternehmen wurden zehn Millionen Fragebögen - "Sagen Sie ihre

officiel du 30 décembre 1990.

[20] Die wichtigsten im Gefolge des Gesetzes erlassenen Verordnungen sind in Hinblick auf France Télécom: Décret No. 90-1112 du 12 décembre 1990 portant statut de France Télécom, Journal officiel du 13 décembre 1990, hier werden die Kompetenzen der Leitungsorgane und die Kompetenzen anderer staatlichen Instanzen bei der Leitung von France Télécom näher bestimmt; Décret No. 90-1121 du 18 décembre 1990 portant organisation de l'administration centrale du ministère des postes, des télécommunications et de l'espace, Journal officiel du 19 décembre 1990, hierdurch wird das PTT-Ministerium neu strukturiert; Décret No. 90-1213 du 29 décembre 1990 relatif au cahier des charges de France Télécom et au code des postes et télécommunications, Journal officiel du 30 décembre 1990, hier werden die Rechte und Pflichten von France Télécom präzisiert, ebenso werden Vorgaben für die Wirtschaftsführung und die Organisation gemacht und staatliche Aufsichtsrechte bestimmt.

Meinung über die PTT" - verteilt (mit einem Rücklauf von 327.000!). Mehr als 100 öffentliche Anhörungen und sieben nationale Großveranstaltungen fanden statt und räumten Parteien, Wirtschafts- und Industrieverbänden und Verbraucherorganisationen sowie Vertretern der Herstellerindustrie, der Geschäftskunden und der Nutzer die Gelegenheit zur Stellungnahme ein (vgl. Prévot 1989a: Annexe). Im August 1989 lieferte Prévot seinen Bericht ab. Seine Empfehlungen bildeten die Grundlagen für die Reformen des Jahres 1990.

Mit seinem außergewöhnlichen Vorgehen hatte Minister Quilès vor allem einen Zweck verfolgt: die Obstruktionsmacht der Gewerkschaften gegen eine Reform der organisatorischen Strukturen der PTT sollte gebrochen werden. "Die Veranstaltung einer für das breite Publikum offenen Debatte erlaubte es, über die Fragen, die allein das Personal betreffen, hinauszugehen. Externe Interessen - insbesondere die der Nutzer - konnten in den Reformprozeß miteinbezogen werden. Seine Streckung über achtzehn Monate und sein 'demokratischer' Charakter erschwerten eine konstante Mobilisierung der Gegner" (Vedel 1991a: 275). Zur breiten Akzeptanz, auf die die Reform schließlich traf, hatten noch weitere Faktoren beigetragen. Die Notwendigkeit einer Reform war aus externen Zwängen abgeleitet worden; Frankreich müsse sich der Telekommunikationspolitik der Europäischen Gemeinschaft unterordnen (Vedel 1991a: 275, Cohen 1992: 268). Den Gewerkschaften hatte man schließlich weitgehende Zugeständnisse gemacht. Das Personal behielt seinen Beamtenstatus ['fonctionnaire']. Ein begleitender Sozialplan sicherte jedem Beschäftigten eine einmalige Prämie von 700 FF zu, eine neue Laufbahnordnung mit verbesserten Bezügen wurde eingeführt und die Erteilung von Leistungszulagen erleichtert (Les Échos 26.12.1990: 6). Das Personal erhielt erstmals Möglichkeiten der unternehmerischen Mitbestimmung. Die Aufsichtsräte von France Télécom und La Poste wurden paritätisch besetzt.[21]

Die Reform Quilès stieß auch bei den bürgerlichen Parteien grundsätzlich auf Zustimmung. "Vom ehemaligen Premierminister Barre über die Senatoren der gaullistischen Partei... bis hin zu den Liberalen wie Alain Madelin oder Gérard Longuet (UDF/PR) konnte der PTE-Minister von einem fast unerwarteten Konsens profitieren" (Bessières 1990: 53). Zu den Abstimmungen im Parlament erschienen die bürgerlichen Parteien nicht, die einzigen Gegenstimmen kamen von den Kommunisten. Zufrieden über die Reform äußerte sich auch der Conseil national du patronat français, die Gesetzesvorhaben kämen in den meisten Punkten den Vorstellungen der Unternehmen nahe (vgl. Bessières 1990: 56).

---

[21] Analysen des Reformverlaufs finden sich bei Bessières 1989a, 1989b, 1990; Vedel 1991a, Cohen 1992: 266ff.

Der **ordnungspolitische Teil** der Reform - das Gesetz zur Regulierung der Telekommunikation vom Dezember 1990 - definierte die staatlichen Monopolrechte neu und bestimmte die Voraussetzungen, unter denen private Anbieter im Telekommunikationssektor tätig werden durften. Das *Netzmonopol* blieb bei France Télécom. Ausnahmen bildeten Mobilfunknetze und Netze für den Satellitenfunk.[22] Unabhängige Netze, d. h. Netze für geschlossene Benutzergruppen, mußten vom PTT-Minister lediglich genehmigt werden. Für die Dienste, die über ein unabhängiges Netz abgewickelt wurden, mußte jedoch eine Erlaubnis eingeholt werden. *Telefon- und Telexdienst* durften allein von France Télécom angeboten werden, das galt auch für öffentliche Telefonzellen. Das Angebot aller weiteren Dienste wurde für den Wettbewerb geöffnet. Hierbei unterlagen jedoch sowohl France Télécom als auch private Anbieter einer durchgehenden staatlichen Kontrolle. Datentransportdienste, d. h. die bloße Übertragung und/oder Vermittlung von Daten ohne eine weitere Behandlung, durften von France Télécom unter Beachtung ihres Pflichtenheftes angeboten werden. Für das Angebot durch Private galten Einschränkungen.[23] Für Mehrwertdienste galten unterschiedliche Regelungen. Sollten sie über Mietleitungen von France Télécom angeboten werden und überschritten dabei eine bestimmte Kapazitätsgrenze, so bedurften sie einer Genehmigung und mußten gesetzlich vorgeschriebenen Betriebsbedingungen entsprechen. Alle Formen von Mehrwertdiensten auf der Basis des öffentlichen Netzes durften frei angeboten werden. Unter diese Kategorie fielen insbesondere die Minitel-Dienste. Das Angebot von *Endgeräten* war frei. Nicht zugelassene Endeinrichtungen durften nicht in den Verkehr gebracht werden.

Vergleicht man die **Leitlinien von französischer und deutscher Reformpolitik**, so treten deutliche Unterschiede zu Tage. Die deutsche Reform ging davon aus, daß der Wettbewerb im Fernmeldewesen zukünftig die Regel, das Monopol die Ausnahme bilden sollte. Allein die Sicherstellung der infrastrukturellen Grundversorgung der Bevölkerung rechtfertigte die verbleibenden Monopolrechte der DBP Telekom. Das Verhältnis der französischen Reformpolitik zum Wettbewerb war dagegen "eher defensiv. Für sie ist der Wettbewerb im internationalen und im nationalen Bereich eine Tatsache, der nicht mehr ausgewichen werden kann, wenn man die Idee des Service public auch in Zukunft erhalten möchte... Im Selbstverständnis des französischen Gesetzgebers geht es um den Erhalt, die Verbesserung und die Verteidigung des Service public" (Rommel 1991: 58). Die Abgrenzung

---

[22] Es durfte kein Netzbetreiber autorisiert werden, an dessen Kapital ausländische Gesellschafter mit mehr als 20 Prozent beteiligt waren, dies galt jedoch nicht für Angehörige von Staaten der Europäischen Gemeinschaft.

[23] Die besondere Hervorhebung derartiger Dienste geht darauf zurück, daß die Datenkommunikation für France Télécom eine hervorgehobene Bedeutung hat. France Télécom besaß mit Transpac das größte paketvermittelte Datennetz der Welt. Hieran waren Ende 1989 mehr als 70.000 Datenstationen direkt angeschlossen (Rommel 1991: 35).

Internationalisierung und Liberalisierung

zwischen Monopol- und Wettbewerbsbereich wich in Deutschland und Frankreich voneinander ab. Anders als in Deutschland schloß das Netzmonopol von France Télécom Vermittlungsstellen mit ein. Zu den Monopoldiensten zählte neben dem Telefondienst auch der Telexdienst. Signifikante Unterschiede bestanden auch in der Regulierung des Wettbewerbsbereichs. Die deutsche Reform unterschied hier zwischen Pflichtleistungen der DBP Telekom und freien Leistungen. Allein der Bereich der Pflichtleistungen wurde reguliert. Der Pflichtleistungskatalog wurde zudem inzwischen per Verordnung auf das Angebot des Telegrammdienstes, die Telefonauskunft und den Notruf beschränkt. In Frankreich unterlagen demgegenüber - sieht man von wenigen Ausnahmen ab - alle Wettbewerbsdienste einer strengen Kontrolle durch staatliche Pflichtenhefte (Rommel 1991: 56).

Eckpunkt der **Organisationsreform** war die Ausgliederung von Post- und Fernmeldeverwaltung aus der unmittelbaren Staatsverwaltung. Ab dem 1. Januar 1991 wurden mit 'La Poste' und 'France Télécom' zwei Einrichtungen geschaffen, die den rechtlichen Status von juristischen Personen des öffentlichen Rechts (öffentliche Unternehmen) besaßen. Sie wurden mit eigenen Leitungs- und Kontrollorganen ausgestattet und der Aufsicht des Ministers für Post und Telekommunikation unterstellt.

Aufgabe von France Télécom war es, im nationalen und zwischenstaatlichen Bereich alle "öffentlichen Telekommunikationsdienste" sicherzustellen und insbesondere den allgemeinen Zugang zum Telefondienst zu gewährleisten. Unter Beachtung der geltenden Wettbewerbsregelungen durfte France Télécom in allen Bereichen des Angebots von Telekommunikationsnetzen, -diensten und -endgeräten tätig werden. France Télécom durfte sich sowohl im Inland als auch im Ausland in allen Bereichen engagieren, die in einem wie auch immer gearteten Zusammenhang mit der Unternehmensaufgabe standen, und sich hierzu an Unternehmen oder Zusammenschlüssen beteiligen.[24] Unter den in einem Pflichtenheft definierten Bedingungen durfte France Télécom Tochtergesellschaften gründen.

Die hoheitlichen und politischen Aufgaben wurden dem *Minister für Post und Telekommunikation* übertragen. Er hatte zu gewährleisten, daß hoheitliche und unternehmerische Funktionen voneinander getrennt blieben, und darüber zu wachen, daß ein fairer Wettbewerb zwischen den Anbietern, insbesondere zwischen France Télécom und den Privaten, herrschte. Er hatte außerdem dafür Sorge zu tragen, daß alle Betreiber von Netzen und Diensten den Grundsatz der Gleichbehandlung der Kunden einhielten. Der Minister übte die Rechtsaufsicht über France Télécom und La Poste aus. Zur öffentlichen Kontrolle von France Télécom und La Poste sowie zur Aufsicht

---

[24] So durfte France Télécom beispielsweise in anderen Ländern die Netzträgerschaft übernehmen. Hier ergab sich ein wesentlicher Unterschied zur DBP Telekom, die ihre Aufgaben nur innerhalb der Bundesrepublik bzw. im interstaatlicher Bereich wahrnehmen durfte.

über die Personalpolitik und die Wahrung der Mitbestimmungsrechte wurden drei beratende Gremien beim Ministerium eingerichtet.

Als *Leitungsorgan* von France Télécom wurde ein Verwaltungsrat mit 21 Mitgliedern eingesetzt. Er setzte sich aus sieben Vertretern des Staates, sieben Fachleuten und sieben Vertretern des Personals zusammen. Seine Aufgaben und Kompetenzen wurden im Gesetz sehr allgemein gehalten; das Dekret über die Satzung von France Télécom vom 12. Dezember 1990[25] bestimmte sie näher. Die Kompetenz für die laufende Geschäftsführung wurde dem Präsidenten des Verwaltungsrats übertragen.[26] Die Rolle des Verwaltungsrats bestand in der generellen Bestimmung der Unternehmenspolitik und in Kontrollfunktionen. Er genehmigte geschäftspolitische Maßnahmen des Präsidenten und wachte über dessen Geschäftsführung, wobei die allgemeine Regierungspolitik und die Bestimmungen des Pflichtenheftes zu beachten waren. Ein vom PTT-Minister ernannter Regierungsvertreter überwachte wiederum die Tätigkeit des Verwaltungsrats.

France Télécom verfügte über einen eigenen, vom französischen Staatshaushalt rechtlich und prozedural losgelösten *Haushalt*. Damit wurde der Status des 'Sonderhaushalts' abgeschafft - der Haushalt von France Télécom wurde nicht mehr vom Parlament verabschiedet. Dem Unternehmen wurde "finanzielle Autonomie" zugestanden. Es legte seinen Mittelbedarf fest, verfügte selbständig über seine Mittel, bestimmte Charakter und Höhe seiner Investitionen und mußte selbständig für sein finanzielles Gleichgewicht sorgen. Auch über Zahl und Struktur der Beschäftigten durfte France Télécom selbst entscheiden. Die *Laufbahn- und Besoldungsprinzipien* wurden vom öffentlichen Dienst abgekoppelt. Die Beschäftigten wurden nicht mehr nach ihrem Dienstgrad, sondern entsprechend ihrer Funktion eingruppiert. Das Rechnungswesen war wie bei einem privatwirtschaftlichen Unternehmen nach Regeln des Handelsrechts zu führen. Die Abgaben und Steuern, die France Télécom zu zahlen hatte, bemaßen sich nach den Regeln der *Unternehmensbesteuerung*. Bis zum Jahre 1994 galt hier jedoch eine Übergangsregelung. Bis dahin war jährlich ein Betrag abzuführen, der - ein Novum - gesetzlich genau bestimmt wurde. 1989 bemaß er sich auf 13,7 Mrd. FF, dieser Betrag wurde in den folgenden Jahren mittels Verbraucherpreisindex fortgeschrieben. Ein mehrjähriger *Wirtschaftsplan* ['Contrat de Plan'], den France Télécom mit dem Staat abschloß, bestimmte die Eckpunkte der Wirtschaftsführung.

Das im Dezember 1990 erlassene **Pflichtenheft** konkretisierte die Rechte und besonderen Verpflichtungen von France Télécom bei der Bereitstellung des Service public sowie bei der Betätigung in Wettbewerbsbereichen. Generell war das *Diensteangebot* an den Bedürfnissen der Nutzer wie an der

---

[25] Décret No. 90-1112 du 12 décembre 1990 portant statut de France Télécom, Journal officiel du 13 décembre 1990.

[26] Am 26.12.1990 wurde Marcel Roulet, bis dahin Generaldirektor von France Télécom, per Dekret zum Präsidenten des Verwaltungsrats ernannt.

allgemeinen staatlichen Politik zu orientieren. Bei der Bereitstellung von Monopoldiensten sowie Pflichtdiensten[27] war die Gleichbehandlung der Nutzer sowie eine flächendeckende Versorgung sicherzustellen. Für diese Dienste galt ein Kontrahierungszwang. Die Tarife sollten grundsätzlich Kostendeckung ermöglichen, in Ausnahmefällen war eine Quersubventionierung möglich. Die Definition neuer Pflichtleistungen oblag dem PTT-Minister und dem Budgetminister, nach Anhörung der Kommission für Post und Telekommunikation. Über das Angebot von Diensten im Wettbewerbsbereich durfte France Télécom im Rahmen der gesetzlichen Bestimmungen selbst entscheiden, hier galten dieselben Regeln wie für private Anbieter. Privaten Anbietern mußte France Télécom den Zugang zum öffentlichen Netz diskriminierungsfrei ermöglichen. Bei der Gestaltung von *Tarifen* für Monopol- und Pflichtleistungen mußte sich France Télécom an die Vorgaben des mit dem Staat ausgehandelten Wirtschaftsplans halten. Tarifvorschläge waren den Ministern für Post und Telekommunikation sowie für Wirtschaft und Finanzen zur Zustimmung zu unterbreiten, diese konnten ohne Einwirkungsmöglichkeiten von France Télécom Änderungen vornehmen. In Wettbewerbsbereichen dagegen durfte France Télécom die Tarife selbst bestimmen. Innerhalb der Vorgaben des Wirtschaftsplans hatte France Télécom einen *jährlichen Haushaltsplan* zu erstellen ['Etat prévisionnel des recettes et des dépenses - E.P.R.D.']. Der Haushaltsplan wurde vom Verwaltungsrat verabschiedet; PTT-Minister, Wirtschafts- und Finanzminister und Budgetminister hatten zuzustimmen, dies galt auch für Jahresabschluß und Geschäftsbericht sowie für die Gewinnverwertung. Die Haushalts- und Wirtschaftsführung von France Télécom und ihrer Töchter wurde durch einen vom Wirtschafts- und Finanzminister gemeinsam mit dem PTT-Minister ernannten Wirtschaftsprüfer und dem Rechnungshof kontrolliert. France Télécom hatte keinen Anspruch auf staatliche Zuschüsse. Zur Deckung ihres Finanzbedarfs wurde sie berechtigt, auf dem Kapitalmarkt Kredite aufzunehmen. Das Pflichtenheft bestimmte auch den Charakter des **Wirtschaftsplans** näher, dem die Geschäftsführung von France Télécom unterlag. Mit dem Entwurf wurde das PTT-Ministerium betraut, daneben waren der Finanz- und Wirtschaftsminister zu beteiligen. Der Wirtschaftsplan sollte Vorgaben formulieren bezüglich der generellen Unternehmensstrategie; finanzieller, ökonomischer und sozialer Ziele der Geschäftspolitik; der Qualität der angebotenen Produkte und Dienstleistungen; der Entwicklung der Tarife im Monopol- und Pflichtbereich; des Investitionsvolumen und der Prinzipien der Gewinnverwendung.[28]

---

[27] Telefonbuch, Telefonauskunft, Leitungen für Datenkommunikation, ein öffentliches Mobilfunknetz und alle Funkdienste, die am 31.12.1990 betrieben wurden.

[28] Die Art und Weise, wie das Pflichtenheft zustande kam, belegte, daß es sich bei der 'öffentlichen Debatte' um die Reform um einen taktischen Schachzug des PTT-Ministers gehandelt hatte. Der Entwurf stammte vom Ministerium für Post und Telekommunikation und wurde allein in der Regierung zur Diskussion gestellt. Die Möglichkeiten der Einflußnahme für pri-

Durch das Instrument des Wirtschaftsplans hatte die französische Regierung die Möglichkeit, direkt in die Geschäftsführung von France Télécom einzugreifen. Hier bestand ein wesentlicher **Unterschied zur deutschen Reform.** Die DBP Telekom hatte lediglich ihren jährlichen Haushaltsplan dem Bundesminister für Post und Telekommunikation zur Genehmigung vorzulegen, der wiederum das Benehmen mit dem Bundesfinanzminister herzustellen hatte. Darüber hinaus schrieb das Poststrukturgesetz allgemeine Grundsätze der Wirtschaftsführung vor. "In Deutschland kann der Bundesminister für Post und Telekommunikation ausschließlich innerhalb eines nach ordnungspolitischen Gesichtspunkten differenzierten Systems von Rechten und Befugnissen in die jeweiligen geschäftlichen Aktivitäten der Deutschen Bundespost eingreifen... Im französischen Gesetz gibt es keine derartige wirkliche Ausgrenzung der Geschäftsbereiche von France Télécom aus dem Einflußbereich des Ministers" (Rommel 1991: 53f.).

Der **Wirtschaftsplan** für die Jahre 1991 bis 1993 wurde Anfang November 1991 nach langwierigen Verhandlungen unterzeichnet. Die Verpflichtungen, die France Télécom auferlegt wurden, ließen erkennen, daß die Regierung auf eine erneute 'Gängelung' verzichten wollte. Die Vorgaben deckten sich mit den strategischen Prioritäten von France Télécom. Sie formulierten lediglich *grobe Rahmendaten* für die wirtschaftliche Tätigkeit. Die Höhe der jährlichen *Abgabenleistungen* war bereits gesetzlich festgeschrieben worden. Der Wirtschaftsplan räumte der *Entschuldung* des Unternehmens hohe Priorität ein. Die Schulden sollten von 120 Mrd. FF im Jahre 1991 auf 105 Mrd. FF 1994 gesenkt werden; der Schuldendienst von 11 auf 7 Prozent des Umsatzes fallen. Die *Tarife* für Monopol- und Pflichtleistungen sollten nominal konstant bleiben und damit real um 3 Prozent pro Jahr (entsprechend der Inflationsrate) fallen. France Télécom wurde eine Umstrukturierung des Tarifgefüges zugestanden: Erhöhung der Ortsgebühren, Senkung

---

vate Interessenverbände blieben minimal, die Abstimmung mit Interessengruppen - im Unterschied zur Vorbereitung des Prévot-Berichts - "punktuell" und "folkloristisch", so ein Verbandsvertreter (zit. nach 01 Informatique 14.12.1990: 19). Das Ministerium für Post und Telekommunikation hatte für die "Organisationen der Partikularinteressen" einen einzigen Anhörungstermin anberaumt, bei dem eine Kurzversion des Pflichtenheftes vorgestellt wurde. Ein Vertreter eines Unternehmensverbands wird folgendermaßen zitiert: "Nach Ansicht mancher hoher Beamter und Politiker dürfen die Partikularinteressen, die wir repräsentieren, nicht gleichbehandelt werden wie das sakrosankte allgemeine Interesse. Wenn es so weitergeht, wird das Pflichtenheft verabschiedet, ohne daß wir darauf einen Einfluß hätten nehmen können. Seit einigen Monaten versuchen wir, unsere Meinung mitzuteilen. Man hat uns aber damit beschieden, daß es keinen Anlaß zur Beunruhigung gebe, da der Text unsere Interessen miteinschließen würde" (zit. nach 01 Informatique 14.12.1990: 19). Die Kritik der Nutzer- und Unternehmensverbände am Pflichtenheft bezog sich vor allem auf zwei Bereiche: Zum einen auf die unklare Abgrenzung zwischen Secteur public und Wettbewerbsbereich, die eine faire Konkurrenz von privaten Anbietern mit France Télécom gefährdete (01 Informatique 21.12.1990: 3). Zudem wurde die Frage nach der verbleibenden Handlungsautonomie von France Télécom gestellt (01 Informatique 11.1.1991: 5).

von Ferngebühren sowie der Gebühren von Diensten für geschäftliche Nutzer. Mindestens 4 Prozent des Umsatzes waren für *Forschung und Entwicklung* aufzuwenden. Für die Jahre 1991 bis 1994 wurde France Télécom ein *Investitionsvolumen* von 150 Mrd. FF zugebilligt. Der Wirtschaftsplan verpflichtete France Télécom zu einer Internationalisierung. 5 bis 10 Prozent des Investitionsvolumens sollten in internationale Aktivitäten fließen (Télécoms Magazine 10/1991: 5). Der Präsident von France Télécom äußerte denn auch seine Zufriedenheit. "Dieser Wirtschaftsplan ist ein guter Plan für France Télécom. Zum ersten Mal sind unsere Handlungsspielräume genau definiert worden" (zit. nach 01 Informatique 15.11.1991: 1). *Industriepolitische Verpflichtungen* enthielt auch der Wirtschaftsplan nicht.

3. France Télécom auf dem Weg zum wettbewerbsorientierten Dienstleistungsunternehmen

France Télécom könne, so ihr (noch von dem liberalen Minister Longuet eingesetzter und von Quilès im Amt belassener) ehemaliger Generaldirektor und neuer Präsident, Marcel Roulet, nunmehr einen "neuen Elan" entfalten: "France Télécom erhält eine Struktur, die auf ihre unternehmerischen und kommerziellen Aufgaben zugeschnitten ist... Nun ist der Weg frei, eine dynamische Strategie zur Bereitstellung eines modernen und diversifizierten Angebots an Telekommunikationsdiensten zu entwickeln, sowohl national als auch auf dem Weltmarkt; France Télécom kann nun voll und ganz an der enormen Expansion der Telekommunikationsmärkte teilhaben" (zit. nach Revue Française des Télécommunications 73/1990: 9).

Mit der Anpassung von Selbstverständnis und Geschäftspolitik an die veränderten ökonomischen Rahmenbedingungen hatte France Télécom schon weit im Vorfeld der Reform begonnen. Seit 1986 war man mit dem Entwurf eines **neuen Unternehmensbilds** beschäftigt, mehrere Werbeagenturen waren mit der Erarbeitung einer 'Corporate Identity' beauftragt worden. Im Januar 1988, zeitgleich mit dem Ersatz der hergebrachten Titulierung als 'Generaldirektion für das Fernmeldewesen' durch den Markennamen 'France Télécom', war eine erste *Imagekampagne* gestartet worden, die sich gleichermaßen an die Kunden und die eigenen Mitarbeiter richtete. "In den letzten fünfzehn Jahren haben wir alle Kräfte für den Netzaufbau mobilisiert. Es gab ein für die Öffentlichkeit wie für das Personal sichtbares Ziel: die Erhöhung der Zahl der Hauptanschlüsse... Heute... ist unsere Aufgabe viel komplexer, vielfältiger und zugleich weniger greifbar geworden: Es geht darum, so gut wie möglich auf die speziellen Bedürfnisse aller Kategorien von Kunden zu antworten" (Tscherniak 1988: 31). Für France Télécom gehe mit dieser Diversifizierung des Angebots auch der Verlust ihrer alten Identität einher. "Gestern noch waren France Télécom und Telefon gleichbedeutend. Angesichts der Vielfalt der Produkte und Leistungen, die wir heute anbieten, zerbricht dieses Unternehmensbild... Konsequenz ist, daß France Télécom als High-Tech-Unternehmen wahrgenommen wird, ohne daß man genau weiß, wohin die Reise geht... Dies gilt nicht nur für die Öffentlichkeit, sondern gleichermaßen für unser Personal" (Fréquences 25/1989: 2). Intern gelte es eine "*Identitätskrise*" zu überwinden: Wie ein Heranwachsender sei das Unternehmen "hin- und hergerissen zwischen der Herkunftsfamilie (der PTT) und dem Drang nach Unabhängigkeit, zwischen dem Erreichten (dem Telefon) und einer Öffnung für die Zukunft (Daten, Texte, Bilder)" (Tscherniak 1988: 33). Mit der Kampagne unter dem Motto 'Treten Sie in die vierte Dimension ein - Telekommunikation überwindet Raum und Zeit' wollte man diese Identitätskrise überwinden und nach innen wie außen verdeutlichen, daß sich France Télécom vom *Telefon-* in ein zukunftsorientiertes *Telekommunikations*unternehmen verwandelt habe (Fréquences 25/1989: 2). Die Kampagne sollte auch die neue Orientierung am Kunden verdeutlichen: "In der Vergangenheit wurden wir als Ort der technischen Kompetenz... und der technokratischen Kultur wahrgenommen, man muß sich bloß die Pressekampagnen über die 'aufgezwungene Telematik' in Erinnerung rufen. Dieses Erscheinungsbild verdeckte unsere kundenorientierte, 'menschliche Seite', die nun ins rechte Licht gerückt wird" (Carré 1990b: 63f.). Eine zweite Kampagne - 1989 unter dem Motto 'France Télécom: Der Zukunft ein Stück voraus' ['L'avenir en avance'] - sollte die technologische und wirtschaftliche Potenz des Unternehmens und die 'ethischen' Dimensionen seiner Tätigkeit nochmals herausstreichen: "Ethische Verantwortung: France Télécom garantiert, daß die Telekommunikation nicht dazu eingesetzt wird, den einzelnen zu überwachen. Technologische Verantwortung: Mit der Telematik, der Digitalisierung des Netzes, der Glasfaser, den Satelliten und dem ISDN hat France Télécom unter Beweis gestellt, daß es die Hochtechnologien beherrscht und auch in Zukunft beherrschen wird. Wirtschaftliche Verantwortung: Das schnelle und weltweite Wachstum läßt France Télécom zu einem Motor der wirtschaftlichen Entwicklung Frankreichs werden" (Fréquences 25/1989: 4).

Ein strategischer Schwerpunkt der neuen **Angebotspolitik** war die Erweiterung des Dienstleistungsspektrums für *Geschäftskunden*. Während private und geschäftliche Nutzer sich den französischen Telekommunikationsmarkt in den achtziger Jahren noch teilten, war für die neunziger Jahre eine deutliche Verschiebung zugunsten der geschäftlichen Kommunikation zu erwarten; France Télécom rechnete für 1995 mit einem Anteil von zwei Dritteln am Gesamtmarkt. Das bedeute: "statt standardisierter Massenware das Angebot eines diversifizierten Spektrums von neuen Diensten, die genau auf

Internationalisierung und Liberalisierung

den Bedarf einzelner Kundensegmente zugeschnitten sind, bis hin zum Angebot nach Maß für ein einzelnes Unternehmen" (Revue Française des Télécommunications 79/1990: 40). Mit der Strategie des 'maßgeschneiderten Angebots' wollte France Télécom in Marktsegmente eindringen, die bis dahin von privaten Konkurrenten besetzt waren: große Telekommunikationsanlagen, Aufbau und Management von unternehmensinternen Netzen sowie Mehrwertdienste auf Mietleitungsbasis. Man werde sich nicht mehr wie bisher mit der Bereitstellung der Infrastruktur begnügen, sondern auf den einzelnen Kunden zugeschnittene Dienstleistungen anbieten (Fréquences 39/1990: 7). Bereits 1990 und 1991 konnte France Télécom große Erfolge verbuchen. Renault, die Banque Nationale de Paris, die staatliche Eisenbahngesellschaft SNCF, Euro Disney und die Privatbank Société Générale beauftragten France Télécom mit der Errichtung und Betreibung ihrer unternehmensinternen Kommunikationsnetze und dem Management ihres internationalen Telekommunikationsverkehrs (France Télécom, Rapport d'activité 1990: 25; 01 Informatique 26.6.1991: 16). Bestandteil der neuen Politik war die Knüpfung von Partnerschaften mit Informatik- und Softwarefirmen zur Erhöhung der eigenen Kompetenz bei der Bereitstellung von unternehmensspezifischen Lösungen; 1992 gründete France Télécom ein gemeinsames Tochterunternehmen mit dem französisch-britischen Softwarehaus Sema (FAZ 26.10.1992: 23).

Weiterer strategischer Schwerpunkt der Geschäftspolitik war eine Verstärkung der **Auslandsaktivitäten**. France Télécom versah sich zwar bereits mit dem Etikett eines "internationalen Akteurs ersten Ranges" (France Télécom, Rapport d'activité 1989: 45), war aber im Ausland kaum vertreten. Der Anteil des internationalen Verkehrs (Verbindungen von Frankreich ins Ausland und umgekehrt) am Umsatz belief sich 1989 auf 10,5 Mrd. FF oder 11 Prozent. Durch Tarifsenkungen von 26 Prozent innerhalb von fünf Jahren hatte man hier an die amerikanischen und britischen Telefongesellschaften verlorenes Terrain zurückerobern können. 1989 bot France Télécom von allen europäischen Netzträgern die günstigsten Tarife für den Verkehr innerhalb Europas und in die USA (France Télécom, Rapport d'activité 1989: 45f.). Die eigentlichen Auslandsaktivitäten - Betätigung von France Télécom außerhalb der französischen Grenzen - waren jedoch verschwindend gering. Hier wurden 1989 gerade 600 Mio. FF erwirtschaftet, ein Fünfzehntel der entsprechenden Umsätze von British Telecom. Innerhalb von zehn Jahren, so das strategische Ziel von France Télécom, sollte der Anteil des Auslandsgeschäfts von 0,6 Prozent am Umsatz auf 10 Prozent gesteigert werden (Télécoms Magazine 1/1990: 40).

1987 war eine Abteilung zur Entwicklung und Kommerzialisierung von *internationalen Dienstleistungen*, wie z. B. der Bereitstellung von Mietleitungen nach Frankreich, der Abwicklung des internationalen Verkehrs in- und ausländischer Unternehmen über France Télécom, eingerichtet worden.

1988 verfügte France Télécom über acht weltweite Niederlassungen, bis 1991 kamen zehn weitere hinzu. Angesiedelt waren die Auslandsvertretungen in fünf Regionen: Nordamerika, Südamerika, West- und Osteuropa und Südostasien (France Télécom, Rapport d'activité 1990: 46). Als *Netzträger im Ausland* engagierte sich France Télécom - über eine Tochtergesellschaft - erstmals 1990. Im November 1990 übernahm sie gemeinsam mit der italienischen STET den nord-argentinischen Netzträger Entel; bis 1996 sollten 2 Mrd. Dollar in die Modernisierung des nordargentinischen Netzes investiert werden (Les Échos 12.11.1990: 8). Zusammen mit der amerikanischen Southwestern Bell und der mexikanischen Grupo Carso stieg France Télécom im gleichen Jahr beim mexikanischen Netzträger Telmex ein (Le Monde 11.12.1990: 21). In den USA erwarb die Tochtergesellschaft France Câbles et Radio 1990 eine Aktienmehrheit an der Datenübertragungsgesellschaft Cylix Communications Inc. (France Télécom 1991: 23). 1991 erhielt ein Konsortium aus France Télécom und der Bell Operating Company Ameritec (Chicago) von der polnischen PTT den Auftrag zum Aufbau des polnischen Mobilfunknetzes (Revue française des télécommunications 79/1991: 9). *Allianzen mit ausländischen Netzträgern* bilden einen weiteren Teil der Internationalisierungsstrategie. Beispiele sind die Zusammenarbeit bei der Bereitstellung von grenzüberschreitenden Mietleitungen (mit der DBP Telekom, British Telecom, Teleglobe (Kanada), Telefonica (Spanien), der niederländischen PTT, der amerikanischen MCI etc.); die Gründung eines Tochterunternehmens mit der DBP zum Angebot grenzüberschreitender Dienstleistungen (Eunetcom); die Bildung eines Konsortiums mit AT&T, British Telecom und der japanischen Gesellschaft KDD für den Aufbau und Betrieb des internationalen Netzes von General Electric; die Verbindung des französischen Videotex-Netzes mit dem deutschen Btx und dem Netz der amerikanischen Gesellschaft US West (France Télécom, Rapport d'activité 1989, 1990, 1991). France Télécom zählt sich schließlich zu einem der *"Vorreiter" bei der Schaffung eines einheitlichen europäischen Marktes* für Telekommunikationsdienste und -einrichtungen (DGT 1988: 31). Die Zusammenarbeit mit Netzträgern aus der Europäischen Gemeinschaft bildete einen weiteren Schwerpunkt der internationalen Aktivitäten.

Von der Veränderung des rechtlichen Status blieben die interne **Organisation** und die Funktionsweise von France Télécom weitgehend unberührt. Die Trennung von Post- und Fernmeldewesen unter dem gemeinsamen Dach des PTT-Ministeriums war bereits in den siebziger Jahren vollzogen worden. Die Fernmeldeverwaltung selbst war seit der Organisationsreform von 1971 mit einer Ablauforganisation ausgestattet, die derjenigen eines Unternehmens entsprach. Die Abteilungen innerhalb der Generaldirektion waren nach funktionalen Gesichtspunkten organisiert: Absatz (Direction des Affaires Commerciales et Télématiques), Einkauf (Direction des Affaires Industrielles et Internationales), Produktion (Direction de la Production),

Haushalt (Direction des Programmes et des Affaires Financières), Personal (Service du Personnel) und Recht (Délégation aux Affaires Juridiques). Die funktionale Gliederung setzte sich in der Außenorganisation fort (France Télécom, Rapport d'activité 1989: Organigramme Générale).

An der Spitze von France Télécom ergaben sich keine grundlegenden Veränderungen: die Organisation der Generaldirektion und das Leitungspersonal wurden im wesentlichen beibehalten. Ein Austausch von Spitzenbeamten durch Führungskräfte aus dem industriellen Sektor fand nicht statt.[29] Die Mehrzahl der Geschäftsbereichsleiter stellte nach wie vor das Korps der Telekommunikationsingenieure. Ausgenommen hiervon waren die großen Zentralabteilungen, ihr Leitungspersonal kam aus anderen Bereichen der Staatsverwaltung, hier dominierten die nicht-technischen Grands Corps de l'État.

Die Strukturreformen des Jahres 1990 konzentrierten sich entsprechend der neuen geschäftspolitischen Schwerpunkte auf eine Verbesserung der Vertriebsorganisation und der Organisation der internationalen Tätigkeiten. Die Organisationseinheiten, die für das 'Geschäft' mit dem Ausland verantwortlich waren, waren seit 1976 in der 'Direktion für Industrie- und internationale Angelegenheiten' (DAII) angesiedelt - ein Indiz dafür, daß die DGT ihre Auslandstätigkeit in erster Linie als Exportförderung für die heimische Telekommunikationsindustrie verstanden hatte. 1990 wurde die DAII aufgelöst und eigene Direktionen für Industrieangelegenheiten (Direction des Relations Industrielles) und für das internationale Geschäft (Direction de l'International) geschaffen. Innerhalb der Vertriebsabteilung waren bereits 1989 Sparten für Geschäfts- und Großkunden eingerichtet worden. 1990 wurde die 'Direction des affaires commerciales et télématiques' zur "Erhöhung der Kohärenz der Produktpolitik und der Effizienz des Vertriebs" reorganisiert. Eine Abteilung für 'strategisches Marketing', die für die Erarbeitung der mittelfristigen Produktpolitik zuständig war, wurde eingerichtet. Anstelle der bisherigen Orientierung an einzelnen Produktlinien trat eine Organisation des Vertriebs nach einzelnen Kundengruppen (France Télécom, Rapport d'activité 1990: 9).

---

[29] Mehr als die Hälfte der Positionen im neuen Vorstand der Deutschen Bundespost Telekom war dagegen mit Managern aus Industrie und Wirtschaft besetzt worden. Vgl. hierzu Teil II, C, Abschnitt 2.1.

4. "Buy the Best from the Best"

4.1. Die Neuorientierung der Beschaffungspolitik

Wurden in der Vergangenheit Beschaffungspolitik und Industrieförderung in einem Atemzug genannt, so hat sich die Haltung der Fernmeldeverwaltung seit Mitte der achtziger Jahre grundlegend verändert. *France Télécom betrachtet es nicht mehr als ihre Aufgabe, Industriepolitik zu betreiben.* Das Ziel, den heimischen Herstellern qua Einkaufs- und FuE-Politik auf die Sprünge zu helfen, ist aufgeben worden. "Die Handlungslogik der DGT, ihr Weltbild und ihr Rollenverständnis haben sich radikal verändert. Die DGT versteht sich nicht mehr als Architekt sektoraler Industriepolitik, als Vektor eines High-tech Colbertismus, als Beschützer der nationalen Industrie und deren Beschäftigten" (Cohen 1992: 257).

Politisch gedeckt war diese Reorientierung seit dem Transfer der 'Tutelle' über die Telekommunikationsindustrie von der DGT zum Industrieministerium im März 1986.[30] Was die Telekommunikationsindustrie anging, unternahm auch die neue sozialistische Regierung keine Versuche mehr, France Télécom in die industriepolitische Pflicht zu nehmen.[31]

Ihren Niederschlag fand die veränderte Zielsetzung der Beschaffungspolitik in den offiziellen Selbstdarstellungen. In den Geschäftsberichten der Vergangenheit waren den "Industriellen Aktivitäten" der Fernmeldeverwaltung und der Lage der französischen Telekommunikationsbranche eigene Kapitel gewidmet, die explizite industriepolitische Aussagen und Maßnahmenkataloge enthielten. Ab 1987 sucht man in den Geschäftsberichten und Selbstdarstellungen von France Télécom vergeblich nach industriepolitischen Aussagen. Der Geschäftsbericht von 1987 spricht explizit von einer "neuen Orientierung der Beschaffungspolitik" und widmet auch "Europäischen Ausschreibungen" ein eigenes Kapitel. Mit der Neuorientierung ihrer Einkaufspolitik antworte France Télécom auf "Tendenzen auf Seiten der Herstellerindustrie", namentlich auf die "Bildung großer, weltweit operierender Gruppen", und die "Entstehung eines Gemeinsamen Europäischen Marktes" (DGT, Rapport d'activité 1987: 54f.).

---

[30] Die bürgerliche Koalitionsregierung hatte Ende 1986 außerdem die bisher in den Beschaffungsrichtlinien für die öffentliche Verwaltung enthaltene Präferenzklausel für französische Produkte aufgehoben (01 Informatique 14.12.1990: 29ff.).

[31] Nicht so im Fall der beiden Unternehmen Thomson und Bull. Die Kapitalzufuhren, die die DGT seit Mitte der achtziger Jahre im Rahmen des Programms 'Produktionskette Elektronik' geleistet hatte, waren in direkte Beteiligungen umgewandelt worden: France Télécom hielt jeweils 17 Prozent Kapitalanteile. Sie mußte den Unternehmen auch nach 1986 immer wieder finanziell unter die Arme greifen (01 Informatique 3.1.1992: 1ff.).

Internationalisierung und Liberalisierung

Für die Beschaffungspolitik von France Télécom sollten künftig folgende Leitlinien gelten:

- die Orientierung an internationalen Normen, "um den besten Zugang zu Produkten und Bauelementen zu erlangen, die auf dem Weltmarkt angeboten werden";
- "die Erweiterung des Kreises der potentiellen Lieferanten zur Erhöhung des Wettbewerbs auf den eigenen Beschaffungsmärkten" über internationale Ausschreibungen;
- eine "gemeinsame europäische Beschaffungspolitik mit dem Ziel eines gemeinsamen europäischen Telekommunikationsmarkts".

France Télécom werde diese Grundsätze Schritt für Schritt umsetzen, dies allerdings von der Bereitschaft anderer Staaten zur Marktöffnung abhängig machen und - hier wird die französische Industrie zum ersten und letzten Mal erwähnt - das wirtschaftliche "Gleichgewicht" der französischen Unternehmen "nicht aus den Augen verlieren" (DGT, Rapport d'activité 1987: 55). Eine Selbstdarstellung aus dem Jahre 1991 wird noch deutlicher, Leitlinie der Beschaffungspolitik sei: "Buy the Best from the Best" (France Télécom 1991: 48). *Beschaffungspolitik stehe im Dienste der Kunden:*[32] "France Telecom's mission is to provide customers with the best, most reliable and technically advanced telecom products and services. Its procurement policies are designed to accomplish this goal by facilitating the purchase of hardware and software to the most favorable terms" (France Télécom 1991: 49).

Die neue Ausrichtung der Beschaffungspolitik schlug sich in allen Bereichen des Einkaufs nieder. Bei der **Beschaffung des laufenden Bedarfs** wurde die Wettbewerbsintensität zwischen den etablierten Lieferanten deutlich erhöht. France Télécom kehrte zu den Methoden zurück, die bereits in den siebziger Jahren angewandt worden waren. Für die Bereiche Endgeräte, Kabel und Übertragungstechnik bedeutete dies eine strikte Anwendung des Set-aside-Verfahrens: Freihändige Vergabe eines Teils des Auftragsvolumens unter den etablierten Lieferanten und anschließend beschränkte Ausschreibung der Restmenge, starke jährliche Schwankungen der Auftragsmengen für die einzelnen Bieter. Im Bereich der Vermittlungstechnik wurde aus technischen und betrieblichen Gründen ('Gebietsmonopole') an der Auftragsverteilung nach stabilen Quoten und der Preisbestimmung auf der Basis von Preiskontrollen festgehalten. Der bisherige Monopolist Alcatel bekam aber den schärferen Wind auf dem heimischen Markt deutlich zu spüren. Nach der Übernahme der CGCT durch Matra-Ericsson-Télécommunications

---

[32] Der stellvertretende Direktor der Einkaufsabteilung brachte die Neuorientierung von France Télécom auf die Formel: "Vor zehn Jahren haben wir für unsere Industrie gearbeitet, heute arbeiten wir für unsere Kunden" (Interview France Télécom, Juli 1992).

(MET) verfügte France Télécom wieder über einen zweiten Lieferanten für Vermittlungstechnik, 1989 wurde das erste System 'Axe' vom CNET abgenommen. "The new MET grouping provides the DGT with a potentially strong bargaining power vis-à-vis CGE, exactly what it had been seeking since 1983" (Cawson et al. 1990: 135).

Offensichtlich wird der Kurswechsel von France Télécom bei der **Beschaffung von neuen Telekommunikationssystemen**. Heute werden Aufträge für neue Telekommunikationssysteme grundsätzlich auf der Basis von Preis- und Qualitätswettbewerben vergeben. "Opening to competition occurs... to choose a new system. When that happens, at least two suppliers must be chosen" (France Télécom 1991: 56). France Télécom führt dabei "(the) encouragement of international competition among suppliers... to obtain more favorable pricing and delivery conditions" (France Télécom 1991: 49) als zentrales Element ihrer Beschaffungspolitik auf. "Um Wettbewerb zu begünstigen", beschreibt France Télécom heute die benötigten Einrichtungen nicht mehr konstruktiv, sondern funktional (France Télécom, Rapport d'activité 1987: 55). Dabei werden internationale Standards zugrunde gelegt, "to reduce development costs and prices" (France Télécom 1991: 49). France Télécom kündigt seit 1987 alle größeren Beschaffungsverfahren im Supplement des Amtsblatts der EG international an. Ausländische Firmen werden explizit zur Teilnahme an den Wettbewerbsverfahren aufgefordert. "France Telecom does not exclude or discriminate against foreign equipment" (France Télécom 1991: 49).

Die wesentlichen Inhalte der *EG-Sektorenrichtlinie* hatte France Télécom vorweggenommen. "France Télécom", so heißt es 1991, "has already adopted the essential tenets of this text, which will go into effect January 1, 1993" (France Télécom 1991: 49). Gemeinschaftspolitik und Interessen von France Télécom an einer Internationalisierung des Einkaufs zur Senkung der eigenen Beschaffungspreise stimmten überein. Ein weiteres kommt hinzu: die EG-Direktive besaß für France Télécom auch eine Entlastungsfunktion. Die Wendung hin zum Weltmarkt und die potentielle Einbeziehung ausländischer Lieferanten konnte gegen industriepolitisch motivierte Einwände jederzeit mit externen Zwängen gerechtfertigt werden.[33]

---

[33] Frankreich hatte bei der Erarbeitung der EG-Sektorenrichtlinie gleichwohl die sogenannte Präferenzklausel für europäische Hersteller durchgesetzt. Demnach gelten die Preise, die Hersteller aus der EG und aus Drittländern, mit denen Übereinkünfte über eine wechselseitige Marktöffnung geschlossen wurden, bieten, als "gleich", wenn sie bis zu 3 Prozent über denen des günstigsten Bieters aus anderen Drittländern liegen (Sektorenrichtlinie Art. 29 Abs.3). - In der Presse wurde dies jedoch nicht als Initiative France Télécoms dargestellt, sondern der französischen Regierung - die wiederum auf die Forderungen von Alcatel reagiert hatte (01 Informatique 5.4.1991: 35).

4.2. Die Neuorientierung der Forschungs- und Entwicklungspolitik

France Télécom wendet im internationalen Vergleich weiterhin hohe Summen für interne und externe Forschung und Entwicklung auf. 1990 waren es rund 4,2 Mrd. FF, etwa 4 Prozent des Umsatzes (France Télécom, Rapport d'activité 1990: 17). Der beschaffungspolitische Kurswechsel hat auch hier zu einer Revision bisheriger Ziele und Strategien geführt.

Mit dem **CNET** verfügt France Télécom über das bedeutendste öffentliche Forschungszentrum für Telekommunikation in Europa. In den fünf CNET-Einrichtungen (Paris A und B, Lannion A und B, Grenoble) arbeiteten 1991 insgesamt 4.300 Vollzeitkräfte, davon 1.600 Wissenschaftler und Ingenieure, und 350 assoziierte Forscher. Das Budget des CNET ist in den achtziger Jahren weiterhin kontinuierlich gewachsen, 1991 belief es sich auf rund 2,1 Mrd. FF (CNET, Rapport annuel 1991: 7). Neben der Forschung, auf die etwa zwei Drittel der CNET-Aktivitäten entfallen, nimmt das CNET für France Télécom eine weitere Aufgabe wahr. Es ist technisches Beratungszentrum für die Planung von Netzen und Diensten, die Evaluation von Angeboten im Rahmen von Beschaffungswettbewerben und die Begleitung von externen FuE-Aufträgen. Die Beratungstätigkeiten nehmen heute einen breiten Raum ein: Ihr Anteil an den Aktivitäten des CNET stieg von 27 Prozent 1980 auf 35 Prozent (Schmoch 1990: 273).

Die Förderung der heimischen Industrie durch den Transfer eigener Forschungsergebnisse zählte in der Vergangenheit zu den zentralen Aufgaben des CNET. Hierzu PTT-Minister Mexandeau im Juli 1981: "Die Stärkung unserer Industrie und die Schaffung von Arbeitsplätzen sind Daueraufgaben des CNET" (zit. nach Revue française des télécommunications 40/1981: 7). Zehn Jahre später sucht man in den Geschäftsberichten des CNET vergeblich nach industriepolitischen Aussagen. Lediglich der Technologietransfer zu den kleinen und mittleren Unternehmen findet gesonderte Erwähnung (CNET, Rapport annuel 1991: 8). Das CNET betont heute seine Rolle als technologische Speerspitze des Unternehmens France Télécom. "Angesichts der fortschreitenden Liberalisierung der Dienstemärkte und des zunehmenden Wettbewerbs auf nationalem wie internationalem Terrain, angesichts des rapiden technologischen Wandels haben Forschung und Entwicklung wesentliche Bedeutung für die Wettbewerbsfähigkeit von France Télécom. Forschung und Entwicklung bei France Télécom müssen heute dazu eingesetzt werden, eine diversifizierte Nachfrage besser zu befriedigen und das technische Niveau der Netze ständig zu erhöhen" (CNET, Rapport annuel 1991: 6). Die Veränderung des rechtlichen Status von France Télécom eröffne die Möglichkeit, "Forschung und Entwicklung an unternehmerischen Kriterien auszurichten" (CNET, Rapport annuel 1991: 3).

Ende der achtziger Jahre hatte sich das CNET im Rahmen seiner Forschungsaufgaben auf die Bereiche Grundlagenforschung und elektronische Bauelemente für die Telekommunikation sowie Telekommunikationsnetze konzentriert. Forschung für neue Endgeräte und Dienste nahm nur einen kleinen Teil - 14 Prozent - der Aktivitäten in Anspruch (vgl. Schmoch 1990: 273). Die 1991 angekündigte Neuorientierung der Forschungsstrategie zielte auf eine Verstärkung der Aktivitäten im Dienstebereich und eine Verbesserung der Zusammenarbeit mit anderen Geschäftsbereichen von France Télécom (CNET, Rapport annuel 1991: 3).

Anfang der neunziger Jahre zeichnet sich eine deutliche **Veränderung der Forschungspolitik** des CNET und seiner Zusammenarbeit mit der französischen Industrie ab: Rückzug aus der Produktentwicklung, strategische Zusammenarbeit mit der Industrie zur Erhöhung der eigenen technologischen Kompetenz, Ausweitung des Kreises der Kooperationspartner. Das CNET beschäftigt sich nach wie vor mit der Erprobung und Entwicklung von neuen Technologien, eigentliche Produktentwicklung findet jedoch - bis auf wenige Ausnahmen - nicht mehr statt.[34] Indiz für diesen Rückzug sind die Forderungen französischer Industrievertreter, das CNET solle seine Tätigkeit "stärker am Markt und am Produkt" orientieren (Télécoms Magazine 26/1989: 12). In Grenzbereichen der Technologieentwicklung arbeitet das CNET weiterhin eng mit der Industrie zusammen. Die Zusammenarbeit stellt sich indessen nicht mehr als weitgehend einseitiger Technologietransfer zu den Unternehmen, sondern als Kooperation gleichgewichtiger Partner dar. Gemeinsame Projekte von CNET und Industrie werden mittlerweile auf feste vertragliche Grundlagen gestellt. Kooperationspartner sind die großen Unternehmen der französischen Telekommunikations- und Informatikindustrie: Alcatel, Matra, Bull und Thomson. Das CNET beschränkt sich jedoch nicht auf 'nationale' Unternehmen. An einem der wichtigsten Vorhaben der frühen neunziger Jahre, dem Pilotprojekt 'Bréhat' zur Breitbandvermittlungstechnik, ist neben Alcatel auch die Philips-Tochter TRT beteiligt (France Télécom, Rapport d'activité 1991: 18). 1990 schloß das CNET mit Siemens einen Kooperationsvertrag für die Entwicklung von elektronischen Bauelementen für das ISDN ab (CNET, Rapport annuel 1990: 32).

Einen Hinweis auf die zunehmende Formalisierung der Beziehungen zwischen CNET und französischer Industrie und die Öffnung nach außen gibt die veränderte Patentpolitik. Das CNET begann Mitte der achtziger Jahre mit einer aktiven Vermarktung seiner Patentrechte, eine Form des Techno-

---

[34] Eine derartige Ausnahme stellte die Entwicklung eines Flüssigkristallbildschirms dar. Bei dem anschließenden Versuch, die CNET-Entwicklungsergebnisse an einen Hersteller weiterzugeben, habe man, so der CNET-Direktor, "erhebliche Probleme gehabt, einen französischen Kandidaten zu finden, der bereit war, unsere Forschungen in die Tat umzusetzen" (zit. nach Les Échos 4.4.1989: 8). Für die Weiterentwicklung und Vermarktung ging das CNET schließlich eine Kooperation mit der französischen SAGEM ein.

logietransfers, die in den Geschäftsberichten besonders betont wird.[35] Zu den Lizenznehmern gehören (1990) Siemens, Northern Telecom und Texas Instruments. Daß sich die Spielregeln auf dem französischen Fernmeldemarkt verändert haben, wird auch daran deutlich, daß die Firmen, die Produkte auf der Basis von CNET-Lizenzen anbieten, bei Beschaffungswettbewerben nicht von vornherein besser dastehen: "Der Kauf von CNET-Technologie bedeutet keineswegs, daß man bei Ausschreibungen bevorzugt behandelt wird (Télécoms Magazine 26/1989: 12).

Die Zusammenarbeit mit den französischen Herstellerfirmen ist weiterhin in Technischen Ausschüssen zur Erarbeitung von Produktspezifikationen institutionalisiert. Hier sind allerdings zwei Faktoren zu beachten. Erstens verfügt das CNET über die notwendige technische Kompetenz, um die Pflichtenhefte, die Ausschreibungen zugrunde gelegt werden, weitgehend selbständig zu erarbeiten. Zweitens - und damit werden die Hersteller noch stärker in eine beratende Rolle gedrängt - orientiert sich das CNET zwischenzeitlich so weit wie möglich an internationalen Normen. France Télécom hatte zu den Hauptinitiatoren für die Schaffung eines europäischen Normungsinstituts gehört. Das European Telecommunications Standard Institute (ETSI) wurde 1989 schließlich im französischen Technologieschaufenster Sophia-Antiopolis bei Nizza eingerichtet. "Bei der europäischen und weltweiten Normungsarbeit nimmt das CNET eine zentrale Rolle ein, es tritt dabei für die technischen Konzepte von France Télécom ein. Diese Tätigkeit ist für eine Liberalisierung der Telekommunikationsmärkte von grundlegender Bedeutung..." (CNET, Rapport annuel 1991: 9). Das CNET ist daneben in einer Vielzahl (1991: 50!) europäischer Forschungsprogramme für Informations- und Kommunikationstechnik engagiert (CNET, Rapport annuel 1991: 9).

Das Gros der Aufträge für **externe Forschung und Entwicklung** - 1991 rund 2 Mrd. FF - wird innerhalb von France Télécom durch die DAII, seit 1990 DRI, also durch die Einkaufsabteilung vergeben. Der hohe Umfang externer FuE-Aufwendungen wird gerne als Beleg für die "besonders stark ausgeprägte", "quasi-vertikale Integration" des französischen "Forschungs- und Entwicklungssystems" im Telekommunikationssektor angeführt (Schnöring 1991: 5). Die hohe direkte Beteiligung von France Télécom an den FuE-Aufwendungen der nationalen Firmen führe automatisch zu Wettbewerbsverzerrungen im Zuge einer Marktöffnung und zu schlechteren Chancen für Unternehmen aus Staaten, in denen sich die öffentlichen Netzträger in geringerem Umfang an den FuE-Aufwendungen ihrer Lieferanten

---

[35] Im Jahresdurchschnitt der späten achtziger Jahre ließ das CNET etwas über 100 Erfindungen patentieren; jährlich wurden rund 70 Lizenzverträge abgeschlossen (CNET, Rapport annuel 1991: 7). Im Jahr 1988 verschafften 85 Lizenzverträge dem CNET Einnahmen von 11 Mio. FF, über die Hälfte der Lizenznehmer waren kleinere und mittlere Unternehmen (Télécoms Magazine 26/1989: 12).

beteiligten - Beispiel: Bundesrepublik (vgl. Schnöring 1991). Diese Argumentation übersieht jedoch, daß France Télécom in den letzten Jahren auch hier ihre Politik deutlich modifiziert hat. In der Vergangenheit waren FuE-Aufträge fester Bestandteil des Beschaffungsprozesses. In ihrem Rahmen wurden die Forschungs- und Entwicklungsaufwendungen der Hersteller abgegolten, die Beschaffungspreise bezogen sich im wesentlichen auf die Kosten für die laufende Produktion.[36] Die Funktion von externen FuE-Aufträgen hat sich mittlerweile gewandelt. Sie sind heute nicht mehr integraler Bestandteil der Beschaffung von *neuen* Telekommunikationseinrichtungen. France Télécom hat das Prinzip der Trennung von FuE- und Beschaffungsaufträgen aufgeben.

Die Vergabe von Forschungs- und Entwicklungsaufträgen dient heute drei Zwecken. Erstens werden auf diese Weise *Weiterentwicklungen* bzw. *Anpassungsentwicklungen* für bereits beschaffte Systeme vergütet. Hierfür wurde 1990 etwa die Hälfte des Budgets für externe FuE-Aufträge verwandt (Télécoms Magazine 6/1991: 33). Diese Aufträge gehen naturgemäß an die Firmen, die bei den vorangegangenen Beschaffungswettbewerben zum Zuge gekommen sind. Wichtigstes Beispiel ist die Erweiterung von Funktionsmerkmalen der Vermittlungseinrichtungen. Derartige FuE-Aufträge werden gemeinsam von der Beschaffungsabteilung DRI und der Vertriebsabteilung formuliert. Wettbewerbsverzerrende Folgen hat der von France Télécom gewählte Finanzierungsmodus nicht; andere Netzträger gelten die Weiterentwicklungsleistungen ihrer Lieferanten gleichermaßen ab, wenn auch - wie die DBP Telekom - im Rahmen der Regelbeschaffung. Über Forschungs- und Entwicklungsaufträge finanziert France Télécom auch Anpassungen firmeneigener technischer Lösungen an die Gegebenheiten des französischen Netzes (France Télécom 1991: 57). Ein zweiter Komplex, der hierüber abgedeckt wird, ist der *Kauf von Software und Datenverarbeitungsanlagen* für die Steuerung und Überwachung des Netzes. Derartige "Lieferaufträge" - in der Terminologie der EG-Sektorenrichtlinie - rechnet France Télécom im Unterschied zu anderen Netzträgern über ihr externes FuE-Budget ab. FuE-Aufträge vergibt France Télécom drittens für *Projekte im Grenzbereich der technologischen Entwicklung*. Hier arbeitet France Télécom, bzw. das CNET, eng mit den französischen Herstellern zusammen. Die Auftragsvergabe erfolgt zunehmend auf der Basis von Ausschreibungen. Die finanzielle Beteiligung gilt nur für die Anfangsphase der Forschung und Entwicklung, France Télécom bezahlt keine Entwicklung bis hin zur Serienreife. Bei der Beschaffung neuer Systeme treten die Unternehmen, die in einer frühen Phase mit France Télécom kooperiert haben, mit anderen Anbietern in Konkurrenz. Die stärkere Orientierung an unterneh-

---

[36] Auch in der Vergangenheit hat die DGT die Forschungs- und Entwicklungsaufwendungen der Industrie nie vollständig über FuE-Aufträge abgegolten hat. Bei der Preisbestimmung auf Basis der Selbstkostenkalkulationen der Firmen ('Preiskontrolle') wurde eine Marge von 8 Prozent für Forschungs- und Entwicklungsaufwendungen eingerechnet (Darmon 1985: 154).

Internationalisierung und Liberalisierung 251

merischen Eigeninteressen ist auch an der veränderten Schutzrechtspolitik abzulesen: In der Vergangenheit durften die Firmen die Schutzrechte, die bei der Ausführung von FuE-Aufträgen anfielen, im eigenen Interesse weiterverwerten; mittlerweile fordert France Télécom eine Übertragung an das CNET. "France Télécom is now keener to safeguard its intellectual property rights, concerned that they could potentially be used by Alcatel to develop products for other clients, including the Deutsche Bundespost Telekom throught its SEL subsidiary" (Sally 1993: 88).

Der Umfang der Aufwendungen France Télécoms für externe FuE ist, nach einer starken Ausweitung Anfang der achtziger Jahre, seit 1988 zurückgegangen - ein deutliches Indiz für die sinkende Beteiligung France Télécoms an der Finanzierung von Forschung und Entwicklung im französischen Telekommunikationssektor. Noch deutlicher wird der Rückzug, wenn man die Entwicklung der Investitionen zum Vergleich heranzieht.[37]

Schaubild III-4: Budgets von DGT/France Télécom für externe FuE sowie Investitionen, achtziger Jahre

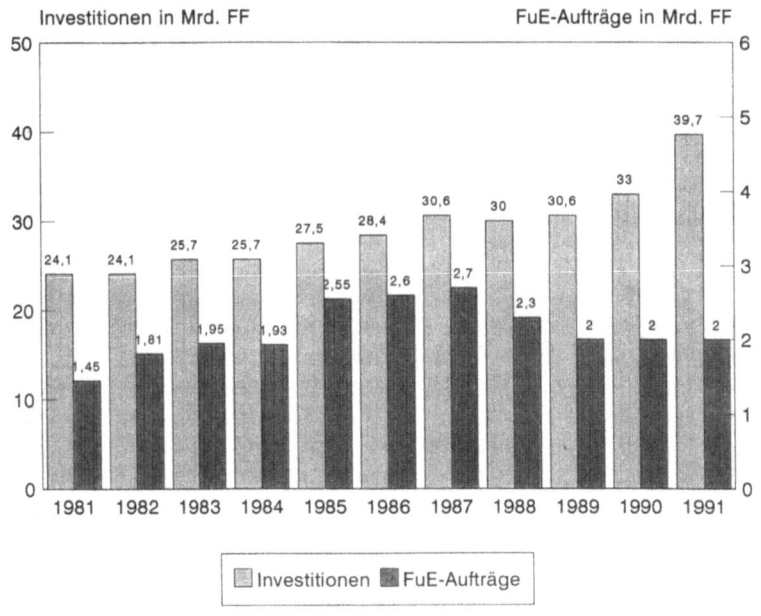

Quellen: DGT/France Télécom, Rapports d'activités, verschiedene Jahrgänge; Rausch 1987: 124; Télécoms Magazine 3/1991: 14

---

[37] Das Investitionsbudget ist natürlich nicht mit der Höhe der Einkäufe bei der fernmeldetechnischen Industrie gleichzusetzen, diese machen etwa 40 Prozent der Gesamtinvestitionen aus. Es kann aber zur Verdeutlichung der Entwicklung herangezogen werden.

5. Die neue Lage auf den Beschaffungsmärkten

Die **Wettbewerbsintensität** auf den Beschaffungsmärkten von France Télécom hat sich deutlich erhöht. Auf der Anbieterseite nimmt die *Alcatel NV* nach wie vor die unangefochtene Spitzenstellung ein. Auf Alcatel NV entfiel 1990 mehr als die Hälfte des Gesamteinkaufsvolumens von France Télécom - 9 Mrd. FF von 16 Mrd. FF.[38] Der Marktanteil von Alcatel NV ist jedoch in den letzten Jahren deutlich gesunken. 1986 hatte er noch über 70 Prozent betragen. Von der Wiedereinführung von Konkurrenz auf den Beschaffungsmärkten hat vor allem *Matra* profitiert. Mit einem Anteil von rund 16 Prozent am Beschaffungsvolumen, real 2,5 Mrd. FF, ist Matra mittlerweile zum zweitgrößten Lieferanten aufgestiegen. Die *SAT* und ihre Mutterfirma *SAGEM* sowie die Philips-Tochter *TRT* konnten ihre Anteile am Beschaffungsmarkt von France Télécom ebenfalls, wenn auch nur geringfügig, verbessern. SAT und TRT halten mittlerweile je 8,2 Prozent (Bessières 1991: 33).

Auf den Beschaffungsmärkten von France Télécom trifft man demnach auf die etablierten Lieferanten und den französischen Aufsteiger Matra. Die fünf Firmen Alcatel NV, Matra, SAT, Philips und SAGEM vereinten 1990 90 Prozent des Beschaffungsvolumens auf sich. Ausländischen Anbietern ist bis heute ein direkter Markteintritt nicht gelungen. Dennoch ist die **Internationalisierung** der Anbieterseite weit fortgeschritten. Dies trifft offensichtlich für die weltweit agierende Alcatel zu. Es gilt aber gleichermaßen für die mittelgroßen französischen Hersteller: *Hinter altbekannten Akteuren stehen heute große ausländische Telekommunikationskonzerne.* Matra produziert Vermittlungstechnik von Ericsson gemeinsam mit Ericsson; an der Tochter Matra Communications (Telekommunikation ohne Vermittlungstechnik) ist die deutsche AEG zu 10 Prozent und die kanadische Northern Telecom zu 20 Prozent (Stand Sommer 1993) beteiligt. Die SAT kooperiert in Forschung und Entwicklung eng mit Siemens, das heißt faktisch: Siemens-Produkte werden von der SAT an die Verhältnisse des französischen Netzes angepaßt. Als Kooperationspartner der SAT ist Siemens 1991 erstmals - indirekt - in den Lieferantenkreis von France Télécom vorgestoßen: neben Alcatel NV kam die SAT, ausgerüstet mit Siemens-Technik, bei der Lieferung von Glasfaserübertragungstechnik zum Zuge (Revue française des télécommunications 79/1991: 12).[39]

---

[38] Größter Einzelposten war die öffentliche Vermittlungstechnik, sie steuerte etwa die Hälfte des Umsatzes von Alcatel NV mit France Télécom bei.
[39] Siemens hatte bereits 1991 einen Großauftrag der privaten Société Française du Radiotéléphone für den Aufbau ihres digitalen Mobilfunknetzes erhalten (Funkschau 16/1991: 8).

France Télécom arbeitet bei Forschung und Entwicklung weiterhin eng mit Alcatel NV zusammen. Vom externen FuE-Budget in Höhe von rund 2 Mrd. FF erhielt Alcatel NV 1990 rund 1 Mrd. FF. Die Hälfte floß jedoch in Weiterentwicklungen existierender Einrichtungen, insbesondere der Vermittlungstechnik. Die Form der **Zusammenarbeit in Forschung und Entwicklung** zwischen France Télécom und Alcatel NV hat sich in den letzten Jahren gewandelt. Es handelt sich nicht mehr um einen weitgehend einseitigen Technologietransfer vom CNET zum Unternehmen, sondern um eine - von beiden Seiten als solche bezeichnete - "Partnerschaft" (Sally 1993: 86). Alcatel NV hat (und dies trifft darüber hinaus für alle französischen Hersteller zu) in den achtziger Jahren die eigenen Forschungs- und Entwicklungskapazitäten deutlich ausgebaut. Durch die Akquisition der ITT-Filialen sind auch deren FuE-Kapazitäten - am bedeutendsten waren die Einrichtungen der Stuttgarter SEL - an Alcatel NV gefallen. Der Anteil von FuE-Aufwendungen am Umsatz betrug bei der Alcatel NV 1990 10 Prozent; die CGE hatte 1982 lediglich 2,6 Prozent ihres Umsatzes für FuE ausgegeben (Mouline 1990: 133, Sally 1993: 79). Die Forschungs- und Entwicklungsaktivitäten des Unternehmens sind naturgemäß nicht mehr auf die alleinigen Bedürfnisse von France Télécom ausgerichtet, die nach wie vor der größte, aber mit einem Umsatzanteil von 29 Prozent bei weitem nicht der dominierende Kunde ist. "Within the confines of the bilateral relationship however, there has been much change in the last few years, primarily due to Alcatel's internationalization. The company seems to be taking increasing responsibility for the research and development of products procured by France Télécom, which finds itself in the position of rising dependence on a supplier whose vast range of multinational and cross-border operations is beyond its (France Télécom's) capacity to monitor" (Sally 1993: 89). Es ginge zu weit, wie Sally davon zu sprechen, daß sich die Abhängigkeitsverhältnisse mittlerweile umgekehrt hätten. France Télécom kann heute potente ausländische Konkurrenten gegen Alcatel NV ausspielen. Schließlich tragen auch der Umfang ihrer Forschungs- und Entwicklungsaktivitäten sowie die hohe Kompetenz des CNET dazu bei, "in Forschungskooperationen mit Großunternehmen den eigenen Zielen hinreichend Nachdruck zu verleihen" (Schmoch 1990: 279).

Vergleich und Fazit

Die beiden Fallstudien haben die Strategien nachgezeichnet, die die Fernmeldeverwaltungen in Frankreich und der Bundesrepublik im Umgang mit den nationalen Produzenten von Telekommunikationseinrichtungen angewandt haben. Verfolgt man die Entwicklung bis Mitte der achtziger Jahre, so treten deutliche **Unterschiede** zutage.

Das Modell einer staatlich-geleiteten Industrieentwicklung findet sich auch in den Strategien der französischen Fernmeldeverwaltung wieder. Nach dem Zweiten Weltkrieg hat die **Direction Générale des Télécommunications** (DGT) eine Führungsrolle gegenüber den Herstellerfirmen übernommen. Ziel ihrer Politik war es, eine eigenständige nationale, d. h. in französischem Besitz befindliche, Fernmeldeindustrie zu schaffen und damit die Vorherrschaft des amerikanischen ITT-Konzerns auf dem französischen Fernmeldemarkt zu brechen. Zentrales industriepolitisches Instrument war bis Mitte der siebziger Jahre der Technologietransfer: die Fernmeldeverwaltung baute eigene Forschungs- und Entwicklungskapazitäten auf, das Centre National d'Etudes des Télécommunications (CNET) stellte die Ergebnisse seiner Arbeiten den einheimischen Firmen zur Verfügung. Staatlich organisierte Kartelle in den Bereichen Vermittlungs- und Übertragungstechnik dienten dem CNET dazu, Beschaffungsaufträge nach industriepolitischen Kriterien auf die Unternehmen zu verteilen: die dominante Nachfrageposition der Fernmeldeverwaltung wurde gezielt dazu eingesetzt, die Marktanteile der einheimischen Hersteller zu Lasten der Tochterfirmen ausländischer Konzerne zu erhöhen.

Permanente Abstimmung und Kooperation mit ihren 'Hoflieferanten' kennzeichneten dagegen die Beschaffungspolitik der **Deutschen Bundespost**. Im Bereich von Forschung und Entwicklung stützte sich die DBP auf die Innovationskraft der Firmen. Diese, allen voran 'Systemführer' Siemens, entwickelten in enger Zusammenarbeit Telekommunikationseinrichtungen, die den am Prinzip der Einheitstechnik ausgerichteten Vorstellungen der Bundespost entsprachen. Als Kompensation für diese Entwicklungsleistungen und zur Sicherstellung der eigenen Bedarfsdeckung akzeptierte die Bundespost, daß die Unternehmen den bundesdeutschen Fernmeldemarkt durch Kartellvereinbarungen unter sich aufteilten.

Diese Unterschiede in den Strategien öffentlicher Beschaffungspolitik - staatlich-geleitete Entwicklung in Frankreich, partnerschaftliche in der Bundesrepublik - haben sich trotz weitgehenden Übereinstimmungen in der

Rechtsstellung und Organisation der Fernmeldeverwaltungen herausgebildet. In Deutschland und Frankreich existierten seit Ende des 19. Jahrhunderts umfassende staatliche Fernmeldemonopole, die sich auf die Errichtung von Fernmeldenetzen und die Bereitstellung von Fernmeldediensten und Endgeräten erstreckten. In beiden Ländern waren Post- und Fernmeldewesen miteinander vereinigt und Teil der unmittelbaren Staatsverwaltung.

Zum Verständnis der unterschiedlichen beschaffungspolitischen Strategien müssen drei Faktoren berücksichtigt werden. *Erstens* sah die wirtschaftliche Ausgangslage der Telekommunikationsindustrie in Frankreich und der Bundesrepublik unterschiedlich aus. Der industrielle Entwicklungsrückstand Frankreichs machte sich auch im Telekommunikationssektor bemerkbar - nach dem Zweiten Weltkrieg existierte kein leistungsfähiges einheimisches Herstellerunternehmen. Die Bundespost verfügte dagegen mit Siemens über einen auch im internationalen Maßstab hochleistungsfähigen Lieferanten; Siemens hatte sich bereits während der Zwischenkriegszeit einen festen Platz unter den weltweit führenden Herstellerunternehmen erobert. In der Bundesrepublik gab es dementsprechend keinen Anlaß für eine Politik der staatlich-geleiteten Modernisierung: der hohe Entwicklungsstand der Herstellerindustrie ermöglichte eine partnerschaftliche Zusammenarbeit zwischen DBP und 'Hoflieferanten', die für beide Seiten zu zufriedenstellenden Ergebnissen führte.

Es gab noch einen *zweiten* Faktor, der die Herausbildung unterschiedlicher Strategien begünstigte: die jeweilige Bedeutung, die dem Fernmeldewesen in der Bundesrepublik und in Frankreich zugemessen wurde. Während in der Bundesrepublik die Versorgung mit dem Telefondienst zu jeder Zeit als wichtige Infrastrukturaufgabe des Staates angesehen wurde, war dies in Frankreich nicht der Fall. Hier galt das Telefon bis Mitte der sechziger Jahre noch als Luxusgegenstand, Spielzeug oder Haushaltsgerät, was sich in der geringen Bereitschaft des französischen Staates ausdrückte, Mittel zur Finanzierung von Investitionen für den Ausbau der Telefonnetzes zur Verfügung zu stellen. Diese unterschiedlichen Einstellungen wirkten auf Angebotsverhalten wie Beschaffungspolitik der Fernmeldeverwaltungen zurück. Oberstes Ziel der Deutschen Bundespost war es, ihren (überdies gesetzlich normierten) Infrastrukturauftrag zu erfüllen und die überbordende Nachfrage nach Telefonanschlüssen zu befriedigen. Die festen, geradezu 'symbiotischen' Beziehungen zur Herstellerindustrie, die Abstimmung von Forschungs- und Entwicklungszielen sowie von Investitionsplänen mit den Lieferanten dienten ihr dazu, 'Bedarfsdeckungssicherheit' zu gewinnen, d. h. sicherzustellen, daß ihr qualitativer und quantitativer Bedarf an Telekommunikationseinrichtungen entsprechend ihren Netzausbauplänen jederzeit gedeckt werden konnte. Im Zielsystem der französischen Fernmeldeverwaltung trat dagegen die Versorgung der Bevölkerung mit dem Telefondienst hinter ihre industriepolitischen Ambitionen zurück. Im internationalen Vergleich unverhältnismäßig hohe Beschaffungspreise nahm die Fernmeldeverwaltung zum Schutz ihrer einheimischen Herstellerklientel in Kauf. Die Kosten hierfür hatten letztlich die Verbraucher zu tragen.

Zur Erklärung, warum es in beiden Ländern zur Ausprägung unterschiedlicher Strategien der Verwaltungen kommen konnte, muß schließlich ein *dritter* Faktor herangezogen werden: die technisch-ökonomischen Rahmenbedingungen im Telekommunikationssektor. Geringe technologische Innovationsraten, umfassende Monopolrechte der Fernmeldeverwaltungen auf den Dienstemärkten und geschlossene nationale Märkte für Telekommunikationseinrichtungen ließen in der Bundesrepublik Raum für ein symbiotisches Modell der Zusammenarbeit zwischen Bundespost und Industrie, das auf der Komplementarität wirtschaftlicher Interessen beruhte. Das etatistische Modell der Industrieförderung in Frankreich war solange zumindest relativ erfolgreich, wie der Staat - in diesem Falle die Fernmeldeverwaltung - die Marktbedingungen selbst bestimmen konnte.

Auf die Herausforderungen des **technologischen Wandels** im Telekommunikationssektor - wichtigstes Moment war der Übergang von der elektromechanischen zur digitalen Vermittlungstechnik - haben Bundespost und DGT sehr unterschiedlich reagiert. In Frankreich erreichte die Politik der gezielten Förderung inländischer Herstellerfirmen Mitte der siebziger Jahre einen ersten Höhepunkt. Die Bundespost entschloß sich zu einem radikalen Strategiewechsel in ihrer Beschaffungspolitik.

Das etablierte Muster der Kooperation zwischen **Bundespost** und ihren Hoflieferanten war in den siebziger Jahren gleich aus drei Richtungen unter Druck geraten. Hier ist zunächst das Bundesforschungsministerium (BMFT) zu nennen, das in den frühen siebziger Jahren das Fernmeldewesen als Handlungsfeld für eine 'aktive staatliche Strukturpolitik' ausmachte. Das BMFT forderte von der Bundespost eine Neuorientierung ihres Beschaffungs- wie ihres Angebotsverhaltens: die Ablösung des vorherrschenden Modus der Abstimmung zwischen Bundespost und Hoflieferanten, der letzteren - und insbesondere dem technologisch und ökonomisch führenden Unternehmen Siemens - einen entscheidenden Einfluß auf den Verlauf von Innovationsprozessen einräumte, durch eine Strategie der staatlich-geleiteten Modernisierung. Die Versuche des BMFT, die Bundespost für eine aktive Technologiepolitik zu gewinnen, scheiterten an deren Widerstand: Die Bundespost war nicht dazu bereit, ihre eigenen betrieblichen und wirtschaftlichen Interessen und die daran orientierten infrastrukturpolitischen Konzepte technologiepolitischen Ambitionen unterzuordnen. Als Ende der siebziger Jahre die ersten Angriffe auf das Fernmeldemonopol der Bundespost einsetzten - innerhalb der Bundesregierung gingen sie vor allem vom liberal geführten Bundeswirtschaftsministerium aus -, geriet die Beschaffungspolitik der DBP erneut ins Kreuzfeuer die Kritik, dieses Mal aus entgegengesetzter Richtung. Die Monopolkommission prangerte in einem

258 *Vergleich und Fazit*

Sondergutachten zur "Rolle der Bundespost im Fernmeldewesen" (1981) das Fehlen eines "wirksamen Wettbewerbs" und die "nachhaltige Verkrustung der Angebotsstrukturen" auf den Beschaffungsmärkten als Ergebnis der DBP-Unternehmenspolitik an (Monopolkommission 1981: 109).

Zur Verhaltensänderung bewegte die Bundespost jedoch weder die Forderung des BMFT nach mehr staatlicher Einflußnahme, noch die vom BMWi unterstützte Forderung nach mehr Wettbewerb auf den Telekommunikationsmärkten. Auslöser für eine grundlegende Revision der beschaffungspolitischen Strategien war das Fehlschlagen des etablierten Systems der Kooperation von DBP und Herstellerfirmen im Bereich von Forschung und Entwicklung: im Januar 1979 wurden die Entwicklungsarbeiten am analogen elektronischen Vermittlungssystem EWS eingestellt. Das EWS, eine Gemeinschaftsentwicklung der bundesdeutschen Firmen unter Systemführerschaft von Siemens, war vom technologischen Fortschritt überholt worden.

Die Bundespost zog aus diesem Debakel ihre Konsequenzen. Bei der Beschaffung digitaler Vermittlungstechnik ging sie von ihren herkömmlichen Beschaffungspraktiken ab und initiierte erstmals einen Entwicklungswettbewerb mit anschließendem Preiswettbewerb. Zwei Gründe haben die DBP zum Strategiewechsel bewogen. Erstens hatte ihr das Scheitern des EWS deutlich gemacht, wie stark sie sich durch Verzicht auf technologischen Wettbewerb vom Innovationspotential des Systemführers Siemens abhängig gemacht hatte. Zweitens - und das war ein noch gewichtigeres Argument für die Einführung von Wettbewerb unter ihren Lieferanten - konnte eine Kartellierung des Angebots angesichts der Kostenexplosion im Bereich von Forschung und Entwicklung nicht mehr hingenommen werden. Mit der beschaffungspolitischen Neuorientierung der Bundespost ging eine Lockerung ihrer Beziehungen zu den etablierten Firmen einher. Das Vorgehen der DBP beim Einkauf digitaler Vermittlungstechnik zeugt jedoch davon, daß sie deren Interessen nicht aus den Augen verlor. Die Aufgabe des analogen EWS erfolgte zu einem Zeitpunkt, als die Arbeiten an digitalen Systemen sowohl bei Siemens, als auch bei der bundesdeutschen ITT-Tochter SEL schon kurz vor dem Abschluß standen. Die zeitlichen Fristen des Wettbewerbsverfahrens wurden mit den Herstellern ausgehandelt. Vor allem aber hat die DBP zunächst darauf verzichtet, den Markt für ausländische Anbieter zu öffnen und damit die deutschen Firmen vor externer Konkurrenz geschützt.

Die **Direction Générale des Télécommunications** behielt ihre Führungsrolle gegenüber der Herstellerindustrie zunächst bei. Mitte der siebziger Jahre wurde ein ambitiöses Programm zum Ausbau und zur Modernisierung des Telekommunikationsnetzes gestartet. Die mit der Netzmodernisierung verbundene Auswahl einer neuen vermittlungstechnischen Systemgeneration nutzte die DGT zu einer tiefgreifenden Intervention in die Strukturen der Telekommunikationsindustrie. Sie setzte ihre neugewonnene Macht als

Vergleich und Fazit

Nachfrager dazu ein, um die bis dahin dominierenden Filialen der ausländischen Konzerne ITT und Ericsson aus dem Markt zu drängen: die Entscheidung für die Beschaffung der Vermittlungssysteme der Mutterfirmen wurde an deren Bereitschaft gekoppelt, ihre französischen Tochterfirmen aufzugeben. Ergebnis dieser Restrukturierung der Telekommunikationsindustrie war die Koexistenz von zwei 'nationalen Champions': einerseits der Cit-Alcatel, Tochter des Elektrokonzern CGE, die seit Kriegsende von der Fernmeldeverwaltung systematisch gefördert worden war, andererseits der Thomson-Télécommunications, Tochter des Thomson-Konzerns, der 1976 auf Betreiben der DGT eine der beiden französischen Filialen des ITT-Konzerns sowie das französische Tochterunternehmen von Ericsson aufgekauft hatte. Die DGT hatte mit der Schaffung eines zweiten nationalen Champions nachfragepolitische Ziele verfolgt: auf diese Weise sollte Konkurrenz unter den Firmen ermöglicht werden. Trotz (neuer) Bekenntnisse zum Wettbewerbsprinzip und zur Eigeninitiative der Firmen griff die Fernmeldeverwaltung weiterhin steuernd in Forschungs- und Entwicklungsprozesse ein und behielt auch das System der administrativen Zuteilung von Produktionsaufträgen im wesentlichen bei. Den krisenhaften Entwicklungen auf Seiten der französischen Telekommunikationsindustrie, die sich Ende der siebziger Jahre abzeichneten, suchte die DGT mit einem neuen Programm des binnenmarktorientierten Wachstums zu begegnen: dem Minitel-Projekt.

Ein Wandel der Beziehungen zwischen Fernmeldeverwaltung und französischer Herstellerindustrie setzte mit der Regierungsübernahme der Linken ein: die DGT büßte ihre dominierende Position gegenüber den Firmen ein. Auslöser für die Verschiebung des Kräfteverhältnisses waren die veränderten ökonomischen Rahmenbedingungen auf den Telekommunikationsmärkten. Der französische Heimatmarkt - und die prekäre wirtschaftliche Lage, in der sich die Telekommunikationsindustrie zu Beginn der achtziger Jahre befand, war ein augenfälliger Beweis - bot den Unternehmen keine ausreichende Existenzgrundlage mehr. Der Thomson-Konzern, dem die DGT 1976 zum Markteintritt verholfen hatte, zog sich 1983 zurück und überließ sein verlustreiches Telekommunikationsgeschäft der CGE. Die Fusion der nationalen Champions kam gegen den ausgesprochenen Willen der DGT zustande. Sie veränderte die Struktur der Angebotsseite nachhaltig und durchkreuzte die beschaffungspolitische Maxime der Verwaltung: an die Stelle zweier konkurrierender Angebotspole trat ein marktbeherrschendes Unternehmen. Der nunmehr einzige nationale Champion Alcatel begab sich ohne Zutun und Abstimmung mit der DGT auf einen eigenständigen Internationalisierungskurs. Im Fall des Plan câble, des von der DGT konzipierten 'grand project' für die achtziger Jahre, verweigerte die Industrie die Gefolgschaft.

Daß die Unternehmen ihre Strategien gegen die DGT durchsetzen konnten - von der sie nach wie vor ökonomisch abhängig waren -, war die paradoxe Folge der Nationalisierungspolitik der Linksregierung. Diese hatte mit den Nationalisierungen gleichermaßen die Verantwortung für die Geschicke der Unternehmen übernommen. Das bedeutete auch: Der Erfolg staatlicher Industriepolitik ließ sich an den wirtschaftlichen Ergebnissen der öffentlichen Unternehmen messen. Verlauf und Ergebnis der 1983 zustandegekommenen Transaktion CGE-Thomson entsprachen dabei den neuen Prioritäten sozialistischer Industriepolitik. Innerhalb der Regierung hatte sich im Frühjahr 1983 ein Kurs durchgesetzt, der die Rentabilität der nationalisierten Unternehmen zum obersten Kriterium erhob. Die Gestaltung der Geschäftspolitik wurde den Firmen selbst überlassen, die Regierung beschränkte sich auf die Rolle des Geldgebers. Die CGE hatte überzeugende Argumente für eine Fusion anführen können: weder Thomson noch Cit-Alcatel waren für sich allein genommen überlebensfähig, durch den Zusammenschluß wurde ein international wettbewerbsfähiger französischer Anbieter geschaffen. Die DGT - sie hatte dafür plädiert, daß sich beide Unternehmen internationale Kooperationspartner suchten - konnte demgegenüber nur ihre Interessen als Nachfrager ins Spiel bringen. Die politische Rückendeckung, die die Firmen erhielten, nahm der Verwaltung nach der Fusion jegliche Möglichkeit, im Rahmen ihrer Beschaffungspolitik auf die neue Konstellation auf der Anbieterseite zu reagieren. Sie hatte überdies die Kosten der Transaktion zu übernehmen.

Vergleicht man die Situation auf den Telekommunikationsmärkten in Deutschland und Frankreich Anfang der neunziger Jahre, so ist eine weitgehende **Konvergenz** festzustellen.

Der technologische Wandel im Telekommunikationssektor und die dadurch ausgelösten Veränderungen der Rahmenbedingungen auf den Märkten für Telekommunikationsdienste und Telekommunikationseinrichtungen haben im Laufe der achtziger Jahre *erstens* dazu geführt, daß die deutsche und die französische Fernmeldeverwaltung ihre *hergebrachten Strategien im Umgang mit der inländischen Herstellerindustrie revidiert* haben. In beiden Ländern ist es zur Ablösung der engen Zusammenarbeit mit einem kleinen, privilegierten Kreis von Firmen durch stärker marktförmige Beziehungen gekommen. Die Beschaffungsmärkte sind für neue, insbesondere für ausländische Anbieter geöffnet worden. Dem entspricht eine veränderte Rollendefinition von DBP Telekom und France Télécom: beide betrachten sich heute nicht mehr als 'Partner' respektive 'Förderer' der inländischen Industrie. Sie verstehen sich statt dessen in erster Linie als 'Kunden', die ihre Interessen als Nachfrager voll zur Geltung bringen. Mit dieser Reorientierung ihrer beschaffungspolitischen Strategien in Richtung auf eine, um Zysmans Terminologie zu verwenden, "marktgeleitete Entwicklung" befinden sich DBP

Telekom und France Télécom im Einklang mit einem in allen westlichen Industriestaaten zu beobachtenden Trend.

Die Reorientierung der Strategien im Umgang mit der Herstellerindustrie war *nicht das Ergebnis einer politischen Einflußnahme externer Akteure*, insbesondere der Telekommunikationspolitik der Europäischen Gemeinschaft. Dem Strategiewechsel lag statt dessen eine übereinstimmende Logik zugrunde, die sich aus den gewandelten unternehmerischen Interessen der öffentlichen Netzträger ergab: Ziel war die *Stärkung der eigenen Position auf den Märkten für Telekommunikationsdienste*. Reformen des Post- und Fernmeldewesens hatten Ende der achtziger Jahre in Deutschland und Frankreich zu einem ähnlichen Ergebnis geführt: Beschränkung der Fernmeldemonopole auf die Telekommunikationsinfrastruktur und den Telefondienst, Trennung von Post- und Fernmeldewesen sowie stärkere unternehmerische Unabhängigkeit von DBP Telekom bzw. France Télécom. Unter dem Einfluß einer rasanten Verschärfung der Konkurrenz auf den Märkten für Telekommunikationsdienste haben DBP Telekom wie France Télécom ein neues Selbstverständnis entwickelt und ihre Angebotspolitik modifiziert - die Passagen der Geschäftsberichte, in denen Unternehmensphilosophie und Unternehmenspolitik dargelegt werden, sind heute weitgehend austauschbar. Beide definieren sich als moderne Dienstleistungsunternehmen im internationalen Wettbewerb - die Privatisierung ist das ausgesprochene Ziel der DBP Telekom-Führung und das unausgesprochene der Führung von France Télécom. Beide setzen an die Stelle der standardisierten Massenangebote der Vergangenheit Angebote, die auf den spezifischen Bedarf einzelner Kundengruppen zugeschnitten sind. Um ihre Position auf dem rasch wachsenden Weltmarkt für Telekommunikationsdienste zu behaupten, greifen beide zu ähnlichen Mitteln: weltweites Angebot von Dienstleistungen, internationale Kooperationen mit anderen Anbietern, Engagement als Netzbetreiber im Ausland etc. Und: DBP Telekom und France Télécom stellen füreinander die jeweils bevorzugten Kooperationspartner dar. Mitte der achtziger Jahre waren bereits erste Gemeinschaftsunternehmen geschaffen worden. Ende 1993 gaben DBP Telekom und France Télécom bekannt, daß sie - so der Anzeigentext, der in allen großen deutschen Tageszeitungen erschien - "ihre Zusammenarbeit zu einer globalen strategischen Partnerschaft ausweiten" (FAZ 15.12.1993: 8).

Zweitens haben sich die *Strukturen der Angebotsseite* auf den deutschen und französischen Fernmeldemärkten verändert: um die öffentlichen Aufträge konkurrieren heute Unternehmen, die ihre Strategien an den Erfordernissen des Weltmarkts ausrichten. Die führenden Unternehmen der bundesdeutschen und der französischen Telekommunikationsindustrie, Siemens bzw. Alcatel, haben durch eine teils aggressive Aufkaufs- und Beteiligungspolitik sowie durch eine Vielzahl von Kooperationen und strategischen Allianzen Zutritt zu ausländischen Märkten gewonnen. Auf dem Weltmarkt konnte sich Siemens als drittgrößtes Telekommunikationsunternehmen erfolgreich behaupten. Alcatel nimmt hier noch vor Siemens den zweiten Rang ein - nach dem vom französischen Staat mitfinanzierten Aufkauf der europäischen Tochterfirmen des ITT-Konzerns Ende 1986, der Alcatel zudem Eintritt in den Lieferantenkreis der Bundespost verschafft hatte. Ausländische Unternehmen sind in die Beschaffungsmärkte von DBP Telekom und France Télécom sowohl auf direktem Weg - über internationale Ausschreibungen - als auch indirekt eingedrungen - über Beteiligungen an bzw. Kooperationen mit kleineren etablierten Lieferanten.

Im Mittelpunkt der Untersuchung stand die Frage nach dem Einfluß einer zunehmenden Internationalisierung von Märkten auf staatliche Strategien im Umgang mit der nationalen Industrie. Als Ergebnis der Analyse beschaffungspolitischer Strategien im Telekommunikationssektor ist festzuhalten, daß es hier in den beiden Untersuchungsländern zu einem grundlegenden Strategiewechsel gekommen ist. Der technologische Wandel im Telekommunikationssektor sowie die dadurch angestoßene Liberalisierung und Internationalisierung der Telekommunikationsmärkte haben zu einer Erosion hergebrachter Routinen geführt. Nationale Eigentümlichkeiten des Umgangs von Staat und Industrie haben an Bedeutung verloren, es ist im Ländervergleich eine Konvergenz festzustellen.

Die beiden Fallstudien belegen jedoch zugleich, daß *nationalspezifische institutionelle Strukturen und Traditionen den Modus der Anpassung an neue technisch-ökonomische Sachverhalte entscheidend mitbestimmten* (vgl. Rose 1993). Anpassungsprozesse wurden in beiden Ländern entsprechend der institutionellen Strukturen und Routinen des jeweiligen nationalen politischen Systems ausgeführt. Diese blieben wiederum vom technisch-ökonomischen Fortschritt weitgehend unbeeinflußt: "we continue to observe national paths of development, where the strategic interaction of state and administrative elites, on the one hand, and the elites of the organized society, on the other, respond to the new environmental challenges within a range of available strategic options determined by the institutional sedimentations inherited from the earlier developmental sequences" (Lehmbruch 1991: 143).

Die **Deutsche Bundespost** hat innerhalb der fragmentierten Staatsorganisation der Bundesrepublik aufgrund der Ressortautonomie, die das Grundgesetz in Art. 65 den Bundesministern zuweist, *ihre Position als zentraler staatlicher Akteur im Sektor behauptet*. An dieser institutionell garantierten Handlungsfreiheit scheiterten in den siebziger Jahren die Versuche des Bundesforschungsministeriums, die Bundespost für die Strategie einer staatlich-geleiteten Modernisierung der Telekommunikationsindustrie zu gewinnen. Ebensowenig durchsetzen konnte sich das Bundeswirtschaftsministerium mit seiner früh artikulierten Forderung nach einer stärkeren Liberalisierung des bundesdeutschen Fernmeldewesens. Die Umorientierung ihrer beschaffungspolitischen Strategien vollzog die Bundespost autonom. Sie tat es zu einem Zeitpunkt, als der herkömmliche Modus der Zusammenarbeit mit den Lieferanten und der Verzicht auf Innovations- und Preiswettbewerb mit ihren eigenwirtschaftlichen Interessen nicht mehr zu vereinbaren waren. *Die Bundespost lockerte ihre Beziehungen zu den Unternehmen wiederum nicht abrupt, sondern schrittweise und mit deren Einvernehmen - ganz im Einklang mit den bisherigen Traditionen und im Bewußtsein der wechselseitigen Abhängigkeit.*

Die **französische Fernmeldeverwaltung** hat dagegen, als die Grenzen einer auf die Erfordernisse des Heimatmarkts ausgerichteten Strategie der staatlich-geleiteten Industrieentwicklung offenkundig wurden, *ihre dominante Position im Sektor eingebüßt*. Die neuen ökonomischen Realitäten, die die französische Regierung zwangen, den internationalen Wettbewerb und die Stärkung der internationalen Wettbewerbsfähigkeit der Industrie stärker in Rechnung zu stellen, haben auch im Telekommunikationssektor zu der bereits von Friedberg (1979: 266ff.) beschriebenen Verschiebung im industriepolitischen Entscheidungsgefüge geführt: Machtverlust der sektoralen Aufsichtsbehörde und Machtgewinn der funktionalen (also für sektorübergreifende Fragen der staatlichen Wirtschafts-, Finanz- und Industriepolitik zuständigen) Ressorts innerhalb der Ministerialverwaltung. Die DGT ist innerhalb des zentralistischen Staatssystems auf einen untergeordneten Platz in der "traditionellen Pyramide" (Hall 1986: 173) der Regierungsorganisation zurückgewiesen worden. Industrie- und Finanzministerium zogen die Initiative zur Gestaltung der sektoralen Industriepolitik an sich.

Zwei Elemente kennzeichnen dabei die Entwicklung der französischen Industriepolitik im Telekommunikationssektor seit 1983. Zum einen stieg - entsprechend dem von Jobert und Muller (Jobert 1985, Jobert/Muller 1987, Muller 1992) herausgearbeiteten Modell des sektoralen Korporatismus - *ein neuer dominanter Akteur* auf: der nationale industrielle Champion (CGE)Alcatel. Der französische Staat hat - ohne daß hier parteipolitische Konstellationen eine Rolle spielten - die Expansionsstrategien des Unternehmens und seine Anpassung an die neuen Bedingungen auf den Telekommunikationsmärkten unterstützt. Die Interessen der Fernmeldeverwaltung sind dem 'nationalen Interesse' an einem international wettbewerbsfähigen Telekommunikationskonzern zunächst untergeordnet worden. Zum andern haben sich die Instrumente der Intervention und das Rollenverständnis des französischen Staates gegenüber der Industrie im Vergleich zu früheren Jahrzehnten deutlich gewandelt. Die von Muller (1992: 282ff.) konstatierte *"Wiederentdeckung des Marktes"* durch die französischen politisch-administrativen Eliten und damit die Aufgabe eines Gesellschaftsmodells, in dem der Staat die Verantwortung für die Definition und Umsetzung von Entwicklungszielen übernimmt, fand auch im Telekommunikationssektor ihren Niederschlag. Die sozialistische wie in der Folge die liberal-konservative Regierung verzichteten darauf, auf die Strategien des nationalen Champions inhaltlich Einfluß zu nehmen. Sie beschränkten sich darauf, sie finanziell abzusichern. Als das industriepolitische Projekt gelungen war - die Verwandlung Alcatels in einen Weltkonzern - und die dynamische Entwicklung der Märkte für Telekommunikationsdienste ins Blickfeld politischer Aufmerksamkeit trat, erhielt auch France Télécom die notwendige Autonomie, um ihre eigenen unternehmerischen Strategien an die gewandelten Rahmenbedingungen auf den Telekommunikationsmärkten anzupassen.

Quellennachweis

1. Gesetzestexte und amtliche Quellen

Annuaire Statistique de la France, verschiedene Jahrgänge, Paris: Institut national de la statistique et des études économiques.
Code des Postes et Télécommunications, abgedruckt in: Petits Codes Dalloz, Code Administratif. 15. Aufl., Paris 1979, 1139ff.
Deutscher Bundestag, Drucksachen, verschiedene Jahrgänge, Bonn.
Deutscher Bundestag, Sten. Berichte, verschiedene Jahrgänge, Bonn.
Empfehlung 84/550/EWG des Rates vom 12. November 1984 betreffend die erste Phase der Öffnung der öffentlichen Fernmeldemärkte. Brüssel, Abl. L 298 vom 16. November 1984.
Entschließung des Rates vom 30. Juni 1988 über die Entwicklung des gemeinsamen Marktes für Telekommunikationsdienste und -geräte bis 1992. Brüssel, Abl. C 257 vom 4. Oktober 1988.
Gesetz über die Verwaltung der Deutschen Bundespost (Postverwaltungsgesetz, PostVwG) vom 24. Juli 1953, in: BGBl. I, 676ff.
Gesetz über Fernmeldeanlagen (Fernmeldeanlagengesetz, FAG) in der Fassung vom 17. März 1977, in: BGBl. I, 459ff.
Gesetz zur Neustrukturierung des Post- und Fernmeldewesens und der Deutschen Bundespost (Poststrukturgesetz, PostStruktG), abgedruckt in: Der Bundesminister für das Post und Fernmeldewesen (Hrsg.), Reform des Post und Fernmeldewesens. Heidelberg, 1989.
Loi no. 90-1170 du 29 décembre 1990 sur la réglementation des télécommunications. Paris, Journal officiel du 30 décembre 1990, 16439ff.
Loi no. 90-568 du 2 juillet 1990 relative à l'organisation du service public de la poste et des télécommunications. Paris, Journal officiel du 8 juillet 1990, 8069ff.
Richtlinie 88/301/EWG der Kommission vom 16. Mai 1988 über den Wettbewerb auf dem Markt für Telekommunikations-Endgeräte. Brüssel, Abl. L 131 vom 27. Mai 1988.
Richtlinie der Kommission 90/388/EWG vom 28. Juni 1990 über den Wettbewerb auf dem Markt für Telekommunikationsdienste. Brüssel, Abl. L 192 vom 24. Juli 1990.
Richtlinie des Rates 90/387/EWG zur Verwirklichung des Binnenmarkts für Telekommunikationsdienste durch Einführung eines offenen Netzzugangs (Open Network Provision - ONP). Brüssel, Abl. L 192 vom 24. Juli 1990.
Richtlinie des Rates 90/531/EWG vom 17. September 1990 betreffend die Auftragsvergabe durch Auftraggeber im Bereich der Wasser-, Energie- und Verkehrsversorgung sowie im Telekommunikationssektor. Brüssel, Abl. L 297 vom 29. Oktober 1990.
Richtlinie des Rates 91/263/EWG vom 29. April 1991 zur Angleichung der Rechtsvorschriften der Mitgliedstaaten über Telekommunikationsendeinrichtungen einschließlich der gegenseitigen Anerkennung ihrer Konformität. Brüssel, Abl. L 128 vom 23. Mai 1991.
Richtlinie 92/13/EWG des Rates vom 25. Februar 1992 zur Koordinierung der Rechts- und Verwaltungsvorschriften für die Anwendung der Gemeinschaftsvorschriften über die Auftragsvergabe durch Auftraggeber im Bereich der Wasser-, Energie- und Verkehrsversorgung sowie im Telekommunikationssektor. Brüssel, Abl. L76 vom 23. März 1992.

2. Literaturverzeichnis

Abromeit, H., 1990: "Government-industry relations in West Germany", in: M. Chick (ed.), Government, Industries, and Markets. Aldershot, 61-83.

Adler, G., 1988: "Das Kräftespiel im Markt für Telekommunikation", Nachrichtentechnische Zeitschrift 6/1988: 316-318.

Albensöder, A. (Hrsg.), 1990 (1987): Netze und Dienste der Deutschen Bundespost TELEKOM. 2. Aufl., Heidelberg.

Allmis, S., 1991: "NKÜ 2000: Das Telefonnetz wird flexibler", Funkschau 4/1991: 52-55; 5/1991: 66-69.

Ankirchner, A., 1990: "Der Einkauf von Großsystemen der Vermittlungs- und Übertragungstechnik: Wettbewerbsverfahren und vertragliche Regelungen", FTZ-Nachrichten 2/1990: 13-18.

Armbrüster, H., 1986: "Breitband-ISDN erfüllt die wachsenden Telekommunikationswünsche", telcom report 3/1986: 168-175.

Atkinson, M. M., W. D. Coleman, 1989: "Strong States and Weak States: Sectoral Policy Networks in Advanced Capitalist Economies", British Journal of Political Science 19: 47-67.

Aukes, H. A., W. Berndt, G. Tenzer, 1990: "Die neue Telekommunikationspolitik in der Bundesrepublik Deutschland - Grundsätze und Perspektiven", Jahrbuch der Deutschen Bundespost 41: 9-75.

Aurelle, B., 1986: Les télécommunications. Paris.

Barreau, J., A. Mouline, 1987a: L'industrie électronique française: 29 ans de relations Etat-groupes industriels (1958 - 1986). Paris.

Barreau, J., A. Mouline, 1987b: "La déreglementation américaine des télécommunications et l'Europe: les exemples français et britanniques", Revue d'économie industrielle 39: 170-197.

Barreau, J. (ed.), 1990: L'Etat entrepreneur. Paris.

Barreau, J., 1990: "Les relations Etat-groupes nationalisés: le formel et l'informel", in: J. Barreau (ed.), 1990, 55-98.

Barreau, J., J. Le Nay, 1990: "La mise en oeuvre des nationalisations mai 1981 - juillet 1983", in: J. Barreau (ed.), 1990, 26-36.

Bata, P., 1990a: "Les origines du Cnet", in: J.-P. Bloch, P. Bata (eds.), 1990, 15-35.

Bata, P., 1990b: "La naissance du Cnet", in: J.-P. Bloch, P. Bata (eds.), 1990, 39-69.

Bata, P., Y. Capul, M.-C. Kessler, L. Rouban, T. Vedel, 1990: "La Croissance du Cnet 1954 - 1974", in: J.-P. Bloch, P. Bata (eds.), 1990, 71-107.

Baumheier, U., 1992: Öffentliche Verwaltung und Pharmaindustrie. Muster der Zusammenarbeit bei der Sicherheitskontrolle von Arzneimitteln, der Kostendämpfung im Gesundheitswesen und der Industrieförderung in der Bundesrepublik Deutschland, Großbritannien und Frankreich. Dissertation. Universität Konstanz.

Baur, H., 1993: "Telekommunikation als Wettbewerbsfaktor", Nachrichtentechnik und Elektronik 1/1993: 19-22.

Berger, H., E. Meinel (Hrsg.), 1986: Der Aufbau der Fernmeldenetze aus der Sicht der Industrie. Heidelberg.

Berger, H., C. B. Blankart, A. Picot (Hrsg.), 1990: Lexikon der Telekommunikationsökonomie. Heidelberg.

Berger, S., 1981: "Lame Ducks and National Champions: Industrial Policy In The Fifth Republic", in: W. G. Andrews, S. Hoffmann (eds.), The Impact of the Fifth Republic on France. Albany, 160-178.

Bertho, A., 1990: "Le Cnet dans le système de recherche publique", in: J.-P. Bloch, P. Bata (eds.), 1990, 257-281.

Bertho, C., 1981: Télégraphes et téléphones - de Valmy au microprocesseur. Paris.

Bertho-Lavenir, C., 1988: "The telephone in France 1879 to 1979: National characteristics and international influences", in: R. Mayntz, T. P. Hughes (eds.), 1988, 155-178.

Bertho-Lavenir, C. (ed.), 1991: L'Etat et les télécommunications en France et à l'étranger 1837 - 1987. Genève.
Bessières, H., 1989a: "PTT: La réforme introuvable", Télécoms Magazine 27/1989: 68-73.
Bessières, H., 1989b: "La réorganisation des PTT et le Rapport Prévot", Télécoms Magazine 28/1989: 46-51.
Bessières, H., 1990: "La prééminence de l'État est renforcée", Télécoms Magazine 36/1990: 51-61.
Bessières, H., 1991: "Ou vont les milliards de France Télécom?", Télécoms Magazine 6/1991: 32-34.
Blaise, J.-B., M. Fromont, 1992: Das Wirtschaftsrecht der Telekommunikation in Frankreich. Baden-Baden.
Bloch, J.-P., P. Bata (eds.), 1990: Le Centre National d'Etudes des Télécommunications 1944 - 1974. Paris.
Bloch-Lainé, F., 1976: Profession: fonctionnaire. Paris.
Bodiguel, J., J.-L. Quermonne, 1983: La haute fonction publique sous la République. Paris.
Bohm, J., F., Hillebrand, 1981: "Der DATEX-Dienst mit Paketvermittlung (Datex-P), ein neuer Fernmeldedienst der Deutschen Bundespost", Zeitschrift für das Post- und Fernmeldewesen 1/1981: 12-18.
Böhme, R., 1989: Die informations- und kommunikationstechnische Industrie und Krisenüberwindung in der Bundesrepublik Deutschland. Frankfurt a. M. etc.
Bonnetblanc, G., 1985: Les Télécommunications françaises: Quel statut pour quelle entreprise. Paris.
Bonson, H., 1968: "Die Zuständigkeiten für die Beschaffung im Fernmeldewesen", Zeitschrift für das Post- und Fernmeldewesen 4/1986: 129-131.
Borchardt, K., A. Gottschalk, D. Hülsmeier, H.-J. Michalski, 1986: "Der Telekommunikationskomplex", in: IMSF (Institut für Marxistische Studien und Forschungen) (Hrsg.), Staatsmonopolistische Komplexe in der Bundesrepublik Deutschland. Köln, 217-246.
Borrus, M. G. et al., 1985: Telecommunications Development in comparative perspective. The new Telecoms in Europe, Japan and the U.S. Berkeley: BRIE Working Papers No. 14.
Brénac, E., B. Jobert, P. Mallain, G. Payen, Y. Toussaint, 1985: "L'entreprise publique comme acteur politique: la DGT et la genèse du plan câble", Sociologie du Travail 27: 304-315.
Brénac, E., B. Jobert, P. Mallain, G. Payen, Y. Toussaint, 1986: La DGT et le plan câble. Université des Sciences Sociales de Grenoble, C.E.P.S. - I.R.E.P. und C.E.R.A.T. - I.E.P. Vervielfältigter Arbeitsbericht.
Broß, P., W. Pickavé, 1987: "Die Anwendung im Mittelpunkt - Das Breitbandvorläufernetz der Deutschen Bundespost", Zeitschrift für das Post- und Fernmeldewesen 3/1987: 16-18.
Bruder, W., N. Dose, 1986: "Forschungs- und Technologiepolitik in der Bundesrepublik Deutschland", in: W. Bruder (Hrsg.), Forschungs- und Technologiepolitik in der Bundesrepublik Deutschland. Opladen, 11-75.
Buchheim, D., 1990: "Vorstellungen zum beschleunigten Ausbau des Fernmeldenetzes der DP", in: E. Witte (Hrsg.), 1990, 19-36.
Bundesministerium für das Post- und Fernmeldewesen (BMPF), 1984a: Konzept der Deutschen Bundespost zur Weiterentwicklung der Fernsprechinfrastruktur. Bonn.
Bundesministerium für das Post- und Fernmeldewesen (BMPF), 1984b: ISDN - die Antwort der Deutschen Bundespost auf die Anforderungen der Telekommunikation von morgen. Bonn.
Bundesministerium für das Post- und Fernmeldewesen (BMPF), 1986a: Mittelfristiges Programm für den Ausbau der technischen Kommunikationssysteme. Bonn.
Bundesministerium für das Post- und Fernmeldewesen (BMPF), 1986b: Chance und Herausforderung der Telekommunikation in den 90er Jahren. Bonn.
Bundesministerium für das Post- und Fernmeldewesen (BMPF) (Hrsg.), 1988: Konzeption der Bundesregierung zur Neuordnung des Telekommunikationsmarktes. Heidelberg.

Bundesministerium für das Post- und Fernmeldewesen (BMPF) (Hrsg.), 1989: Reform des Post- und Fernmeldewesens. Gesetz zur Neustrukturierung des Post- und Fernmeldewesens und der Deutschen Bundespost. Heidelberg.

Bundesministerium für Forschung und Technologie (BMFT), Bundesministerium für das Post- und Fernmeldewesen (BMPF), 1979: Technische Kommunikation. Programm 1978-1982. Bonn.

Bundesministerium für Forschung und Technologie (BMFT), Bundesministerium für Wirtschaft (BMWi), 1989: Zukunftskonzept Informationstechnik. Bonn.

Bundesministerium für Post und Telekommunikation (BMPT), 1992: Lizenzierung und Regulierung im Mobil- und Satellitenfunk. Bonn.

Bundesrechnungshof, 1981: Bemerkungen des Bundesrechnungshofes zur Bundeshaushaltsrechnung (einschließlich der Bundesvermögensrechnung) für das Haushaltsjahr 1979. Bonn: Deutscher Bundestag, 9. Wahlperiode, Drucksache 9/978.

Bundesregierung, 1984: Informationstechnik. Konzeption der Bundesregierung zur Förderung der Entwicklung der Mikroelektronik, der Informations- und Kommunikationstechniken. Bonn: Deutscher Bundestag, 10. Wahlperiode, Drucksache 10/1281.

Bureau Exécutif du Parti Socialiste, 1981: Orientation générales pour une politique industrielle de l'électronique, de l'informatique et des télécommunications. Paris, 11 février 1981.

Bustarret, H., 1972: "Pour une politique industrielle des télécommunications", L'écho des recherches 67: 38-47.

Campbell, J. L., J. R. Hollingsworth, L. N. Lindberg (eds.), 1991: Governance of the American Economy. Cambridge, Mass.

Carré, P., 1990a: "Le développement du réseau téléphonique en Allemagne jusqu'au premier conflit mondial: une comparaison avec la France est-elle possible?", in: Y. Cohen, K. Manfrass (Hrsg.), 1990, 251-262.

Carré, P., 1990b: "France Télécom: culture d'entreprise et mémoire", Revue française des télécommunications 75: 54-65.

Caty, G.-F., H. Ungerer, 1984: "Les télécommunications nouvelles frontière de l'Europe", Futuribles 12: 29-50

Cawson, A., 1986: Corporatism and Political Theory. Oxford.

Cawson, A., K. Morgan, D. Webber, P. Holmes, A. Stevens, 1990: Hostile Brothers. Competition and Closure in the European Electronics Industry. Oxford.

Cawson, A., P. Holmes, A. Stevens, 1987: "The Interaction between Firms and the State in France: The Telecommunications and Consumer Electronics Sectors", in: S. Wilks, M. Wright (eds.), 1987, 10-34.

Charon, J.-M., 1988: "France Télécom se divise sur le câble", Médiaspouvoirs Juillet 1988: 81-89.

Charon, J.-M., B. Guyot, B. Miège, I. Paillart, J. P. Simon, F. Rabaté, 1987: L'enfance du câble. Deuxième partie: rapport de synthèse. Étude réalisée pour le département Usages Sociaux de la Télécommunications. Issy les Moulineaux: Centre Nationale d'Études des Télécommunications. Unveröffentlichter Arbeitsbericht.

Charon, J.-M., E. Cherki, 1984: Vélizy ou les premiers pas de la télématique grand public. Étude réalisée pour le Ministère de l'industrie (CPE) et la Direction Générale des Télécommunications (SPES). Paris: Ecole des Hautes Études en Sciences Sociaux, Centre d'étude des mouvements sociaux. Unveröffentlichter Arbeitsbericht.

Chauvet, P., P. Drujon, 1985: "Le câble, une télé au pluriel", Politique Aujourd'hui janvier/février 1985: 133-137.

Clerc, D., 1987: "L'intervention de l'Etat dans le secteur industriel", Recherche sociale 103: 67-73.

CNET (Centre national d'études des télécommunications), verschiedene Jahrgänge: Rapport annuel. Issy-les-Moulineaux.

CODITEC (Commission de distribution de télévision par réseaux câbles - Groupement des industriels électroniques), 1981: Les réseaux câblés audiovisuels. Paris.

Cohen, E., M. Bauer, 1985: Les grandes manoeuvres industrielles. Paris.
Cohen, E., 1990: "L'Etat et le Secteur des Télécommunications: 'Du Mercantilisme High Tech' à l'Institution du Marché", L'Année Sociologique 1990: 125-154.
Cohen, E., 1992: Le Colbertisme "high-tech". Economie des Telecom et du Grand Projet. Paris.
Cohen, S., 1982: "France: Industrial Policy in the Entrepreneurial State", Journal of Contemporary Business 11: 97-112.
Cohen, S., S. Halimi, J. Zysman, 1986: "Institutions, Politics, and Industrial Policy in France", in: C. E. Barfield, W. A. Schambra (eds.), The Politics of Industrial Policy. Washington, 106-127.
Cohen, Y., K. Manfrass (Hrsg.), 1990: Frankreich und Deutschland. Forschung, Technologie und industrielle Entwicklung im 19. und 20. Jahrhundert. München.
Cordel, W., 1972: "Erfolgreicher einkaufen - ein Organisationsproblem", Zeitschrift für das Post- und Fernmeldewesen 9/1972: 297-305.
Coustel, J. P., 1986: "Telecommunications services in France. The regulated monopoly and the challenge of competition", Telecommunications Policy 10: 229-243.
Curien, N., M. Gensollen, 1987: "Determing demand for new telecommunications services", in: OECD (ed.), 1987, 135-143.
Czada, R., 1990: "Wirtschaftspolitik: Institutionen, Strategien, Konfliktlinien", in: K. Beyme, M. G. Schmidt (Hrsg.), Politik in der Bundesrepublik Deutschland. Opladen, 283-308.
Czada, R., 1992: Administrative Interessenvermittlung... am Beispiel der kerntechnischen Sicherheitsregulierung in den Vereinigten Staaten und der Bundesrepublik. Habilitationsschrift. Universität Konstanz.
Dafsa analyse, 1984: L'industrie des télécommunications dans le monde. Collection 'analyses de secteurs', troisième trimestre 1984. Paris.
Dang Nguyen, G., 1985: "Telecommunications: a challenge to the old order", in: M. Sharp (ed.), Europe and the New Technologies. London, 87-131.
Dang Nguyen, G., 1988: "Telecommunications in France", in: J. Foreman-Peck, J. Müller (eds.), 1988, 131-153.
Dannebom, U., W. Fach, A. Huwe, G. Simonis, 1984: "Das 'Modell Frankreich'. Politik und Ökonomie im etatistischen System'", Politische Vierteljahresschrift 25: 31-52.
Darmon, J., 1985: Le grand dérangement. La guerre du téléphone. Paris.
DBP Telekom, 1991a: Ein Jahr der Wende, ein Jahr des Aufbruchs. Bericht über das Geschäftsjahr 1990. Bonn.
DBP Telekom, 1991b: Die wichtigsten statistischen Daten zum Geschäftsjahr 1990 (Beilage zum Geschäftsbericht 1990 der DBP Telekom). Bonn.
DBP Telekom, 1992a: Große Aufgaben. Wichtige Fortschritte. Das Geschäftsjahr 1991. Bonn.
DBP Telekom, 1992b: Die wichtigsten statistischen Daten zum Geschäftsjahr 1991 (Beilage zum Geschäftsbericht 1991 der DBP Telekom). Bonn.
DBP Telekom, 1992c: Zukunftsprojekt "Telekom Kontakt". Bonn.
de Baecque, F., J.-L. Quermonne (eds.), 1982: Administration et politique sous la Cinquième République. Paris.
de Guers, A., 1987: Casse avenue de Ségur. La France dans la guerre des communications. Paris.
Delcros, B., 1985: "Le cadre juridique de la télédistribution en France", L'actualité juridique - Droit administratif 5: 242-253.
Delfs, J. (Hrsg.), 1984: Das Finanzwesen der Deutschen Bundespost. Teilband 1: Haushalt und Finanzen. Heidelberg.
Deloraine, M., 1974: Des ondes et des hommes. Jeunesse des télécommunications et de l'ITT. Paris.
Detjen, G., 1985: Betriebswirtschaftslehre des Post- und Fernmeldewesens. Band 2. Gelsenkirchen-Buer.
Deutsche Bundespost, 1981: "Stellungnahme der Deutschen Bundespost zur Kurzfassung des Sondergutachtens der Monopolkommission 'Die Rolle der Deutschen Bundespost im Fernmeldewesen'", in: F. Arnold (Hrsg.), Endeinrichtungen der öffentlichen Fernmeldenetze. Heidelberg, 165-211.

Diederich, H., et al. (Hrsg.), 1987: Die Deutsche Bundespost im Spannungsfeld der Wirtschaftspolitik. Heidelberg.
Dieterle, H., 1991: Die Aufholjagd im Kampf um den Chip. Konstanz.
Dingeldey, R., 1974a: "Einheitstechnik und Beschaffungswettbewerb im Fernmeldewesen", Zeitschrift für das Post- und Fernmeldewesen 9/1974: 297-301.
Dingeldey, R., 1974b: "Fernmeldetechnisches Zentralamt Darmstadt. Entstehung, Organisation und Aufgaben", Archiv für das Post- und Fernmeldewesen 26: 200-207.
Dingeldey, R., 1989: "Das Poststrukturgesetz - auch eine Folge des Einzugs der Mikroelektronik in die Telekommunikation", Nachrichtentechnische Zeitschrift 8/1989: 509.
Direction Générale des Télécommunications, 1988: France Télécom en direct. Paris.
Direction Générale des Télécommunications, verschiedene Jahrgänge: Rapport d'activité. Paris.
Direction Générale des Télécommunications, verschiedene Jahrgänge: Statistiques. Paris.
Dohmen, A., 1976: "Die Deutsche Bundespost als Auftraggeberin der Elektroindustrie", in: Institut für Bilanzanalysen GmbH (Hrsg.), 1976, 43-49.
Dohmen, A., 1977: Die Marktbeziehungen zwischen Wirtschaft und Deutscher Bundespost. Bonn: Bundesministerium für das Post- und Fernmeldewesen. Unveröffentlichtes Manuskript.
Dohmen, A., 1980: "Die Einkaufspolitik der Deutschen Bundespost im Fernmeldewesen", Zeitschrift für das Post- und Fernmeldewesen 9/1980: 22-29.
Dohmen, A., 1982: "Der Auslandseinkauf der Deutschen Bundespost", Archiv für das Post- und Fernmeldewesen 34: 365-399.
Dohmen, A., 1984: "Einkauf und Materialwirtschaft der DBP", in: J. Delfs (Hrsg.), 1984, 194-248.
Dohmen, A., 1985: "Handlungsformen und Rechtsschutzfragen bei der Vergabe öffentlicher Aufträge", Jahrbuch der Deutschen Bundespost 36: 198-257.
Dolata, U., 1991: "Ein staatlich geschützter Irrtum weltmarktorientierter Modernisierungspolitik?", in: H. Kubicek (Hrsg.), 1991, 181-200.
Dondoux, J., 1975: "Bilan", L'écho des recherches 79: 2-3.
Dondoux, J., 1983: "Does monopoly means stagnation?", Telecommunications Policy 7: 268-270.
Dondoux, J., 1986: "Stratégie de service public", Le Jaune et la Rouge, no. spécial 'Les télécommunications': 9-14.
Dörrenbächer, C., 1988: "Telecommunications in West Germany", Telecommunications Policy 12: 344-352.
Dowling, M., 1991/1992: "Mehrwertdienste in Deutschland und USA. Zukunftsmarkt für private Anbieter", Funkschau 26/1991: 42-48; 1/1992: 46-49.
Drescher, J., 1992: Die nachrichtentechnische Industrie in den neuen Bundesländern - ein Beispiel für erfolgreiche Strukturanpassung. Wissenschaftliches Institut für Kommunikationsdienste, Bad Honnef: Diskussionsbeitrag Nr. 82.
Dyson, K., 1982: "West Germany: The Search for a Rational Consensus", in: J. Richardson (ed.), 1982, Policy Styles in Western Europe. London, 17-46.
Dyson, K., P. Humphreys, 1985: "The new media in Britain and France - two versions of heroic muddle?" Rundfunk und Fernsehen 35: 362-379.
Dyson, K., P. Humphreys (eds.), 1990: The Political Economy of Communications. International and European Dimensions. London, New York.
Dyson, K., P. Humphreys, 1990: "Introduction: Politics, Markets and Communication Policies", in: K. Dyson, P. Humphreys (eds.), 1990, 1-32.
Dyson, K., P. Humphreys, 1990: "Conclusion", in: K. Dyson, P. Humphreys (eds.), 1990, 229-243.
Ebisch, H., J. Gottschalk, 1977 (1962): Preise und Preisprüfungen bei öffentlichen Aufträgen. München.
Eckert, J., 1991: "Internationale und europaweite Normung", Nachrichtentechnische Zeitschrift 6/1991: 408-415.

Eggers, E., 1980: Darstellung und wettbewerbspolitische Würdigung des Nachfrageverhaltens der Deutschen Bundespost im Fernmeldebereich. Gutachten im Auftrag der Monopolkommission. Unveröffentlichtes Manuskript.
Elias, D., 1977a: "Entwicklungstendenzen im Bereich des Fernmeldewesens", Jahrbuch der Deutschen Bundespost 28: 31-75.
Elias, D., 1977b: Begrüßung, in: FTZ (Hrsg.), 1977, 9-12.
Elias, D. (Hrsg.), 1982: Telekommunikation in der Bundesrepublik Deutschland 1982. Heidelberg.
Elias, D., R. Tietz, 1974: "Die organisatorische Neuordnung der nachrichtentechnischen Forschung bei der Deutschen Bundespost", Jahrbuch des elektrischen Fernmeldewesens 25: 328-341.
Encaoua, D., P. Koebel, 1987: "Réglementation et déréglementation des télécommunications: Leçons anglo-saxon et perspectives d'évolution en France", Revue économique 2: 475-520.
Enquete-Kommission "Neue Informations- und Kommunikationstechniken" (EKNIK), 1983: Zwischenbericht. Bonn: Deutscher Bundestag, 9. Wahlperiode, Drucksache 9/2442.
Ergas, H., 1983: Industrial Policy in France. Paper for the Seminar on Industrial Policy and Structural Adjustment, Naples, April 21st - 22nd.
Eske-Christensen, B., K. Schreier, D. Stroh, 1991: "Intelligente Netze: Basis für flexible Telecom-Dienste", Funkschau 12/1991: 54-59.
Feigenbaum, H. B., 1985: The Politics of Public Enterprise. Oil and the French State. Princeton.
Fieten, R., C. Hahne, 1992: "Telekommunikationsausrüster im Spannungsfeld liberalisierter Märkte und technologischer Entwicklung", Zeitschrift für Organisation 2/1992: 64-73.
Foreman-Peck, J., J. Müller, 1987: Procurement and Pricing in European Central Office Switching: On the Way Towards New Arrangements?, Paper prepared for European Telecommunications Policy Research Programme, Windsor, July 6-7, 1987.
Foreman-Peck, J., J. Müller (eds.), 1988: European Telecommunications Organisations. Baden-Baden.
France Télécom, verschiedene Jahrgänge: Rapport d'activité. Paris.
France Télécom, verschiedene Jahrgänge: Statistiques. Paris.
France Télécom, 1989: Un avenir d'avance. Paris.
France Télécom, 1990: Les télécommunications françaises. Paris.
France Télécom, 1991: France Telecom - An Insider's Guide. Paris.
Freeman, G. P., 1985: "National Styles and Policy Sectors: Explaining Structured Variations", Journal of Public Policy 5: 497-519.
Friedberg, E., 1979: Staat und Industrie in Frankreich. Veröffentlichungsreihe des Internationalen Instituts für Management und Verwaltung. Wissenschaftszentrum Berlin: Discussion Papers IIM/79-10. Mai 1979.
Friedrichsen, H.-P., 1986: "Die Bedeutung der neuen Telekommunikationstechniken für Wirtschaft und Gesellschaft", in: H. Berger, E. Meinel (Hrsg.), 1986, 63-70.
FTZ (Fernmeldetechnisches Zentralamt der Deutschen Bundespost) (Hrsg.), 1977: 50 Jahre Fernmeldewesen - 50 Jahre Professorenkonferenz. Darmstadt.
Fuchs, G., 1991: "La collaboration entre exploitants et industrie dans le développement des câbles amplifiés, histoire de la SAT avant 1940", in: C. Bertho-Lavenir (ed.), 1991, 175-184.
Gabel, J., 1979: "Das Tor zur digitalen Fernsprechtechnik steht offen", Nachrichtentechnische Zeitschrift 2/1979: 213-214.
Gabler, H., 1989: "ETSI - European Telecommunications Standards Institute", Nachrichtentechnische Zeitschrift 9/1989: 574-579.
Galambos, L., 1988: "Looking for the Boundaries of Technological Determinism: A Brief History of the U.S. Telephone Systeme", in: R. Mayntz, T. P. Hughes (eds.), 1988, 135-153.
Gallist, D., 1992: "Das vereinigte Unternehmen Telekom - eine Einheit von Mitarbeitern", in: G. Tenzer, H. Uhlig (Hrsg.), 1992, 43-58.
Garbe, G., 1969: "Die Bundespost, ein modernes Wirtschaftsunternehmen", Archiv für das Post- und Fernmeldewesen 21: 562-578.

Gawron, N., H.-D. Reichhardt, R. Bark, 1992: "Über den Netzausbau in Ostdeutschland zu einem einheitlichen Telekommunikationsnetz in ganz Deutschland", in: G. Tenzer, H. Uhlig (Hrsg.), 1992, 71-112.
Genschel, P., R. Werle, 1992: From National Hierarchies to International Standardization: Historical and Modal Changes in Coordination of Telecommunications. Max-Planck-Institut für Gesellschaftsforschung, Köln: MPIFG Discussion Paper 92/1.
Gerschenkron, A., 1962: Economic Backwardness in Historical Perspective. Cambridge, Mass.
Giraud, C., 1987: Bureaucratie et changement. Le cas de l'administration des télécommunications. Paris.
Gissel, H., 1986: "Information und Kommunikation in Wirtschaft und Gesellschaft", in: H. Berger, E. Meinel (Hrsg.), 1986, 1-26.
Glowinski, A., 1980: Télécommunications: Objectif 2000. Paris.
Gouiffès, J.-Y., M. Roulet, 1983: "La charte de gestion à moyen terme des Télécommunications", Revue française des télécommunications 47: 14-18.
Graf, G., 1981: Probleme der Nachfragemacht öffentlicher Abnehmer. Frankfurt a.M., Bern.
Grande, E., 1989: Vom Monopol zum Wettbewerb? Die neokonservative Reform der Telekommunikation in Großbritannien und der Bundesrepublik Deutschland. Wiesbaden.
Green, D., 1984: "Industrial Policy and Policy-Making, 1974-82", in: V. Wright (ed.), 1984, 139-158.
Grémion, C., 1979: Profession: décideur. Pouvoir des hauts fonctionnaires et réforme de l'Etat. Paris.
Griset, P., 1989: "Le développement du téléphone en France depuis les années 1950", Vingtième siècle decembre 1989: 41-53.
Griset, P., 1990: "Les relations du Cnet avec l'industrie", in: J.-P. Bloch, P. Bata (eds.), 1990, 283-313.
Gröner, H., 1987: "Beschaffungspolitik der DBP und Ordnungspolitik", in: H. Diederich et al. (Hrsg.), 1987, 317-357.
Grupp, H., T. Schnöring (Hrsg.), 1990: Forschung und Entwicklung für die Telekommunikation. Internationaler Vergleich mit zehn Ländern. Band 1. Berlin, Heidelberg etc.
Grupp, H., T. Schnöring (Hrsg.), 1991: Forschung und Entwicklung für die Telekommunikation. Internationaler Vergleich mit zehn Ländern. Band 2. Berlin, Heidelberg etc.
Gscheidle, K., 1980: "Die Deutsche Bundespost im Spannungsfeld der Politik - Versuch einer Kursbestimmung", Jahrbuch der Deutschen Bundespost 31: 9-40.
Günther, W., H. Uhlig, 1992: Telekommunikation in der DDR. Die Entwicklung von 1945 - 1989. Wissenschaftliches Institut für Kommunikationsdienste, Bad Honnef: Diskussionsbeitrag Nr. 90.
Haaren, K. van, 1986: "Sichert die Post - Rettet das Fernmeldewesen", Gewerkschaftliche Monatshefte 11/1986: 678 - 687.
Hagedorn, J., 1991: Changing Patterns of Inter-Firm Strategic Technology Alliances in Information Technologies and Telecommunications. Wissenschaftliches Institut für Kommunikationsdienste, Bad Honnef: Diskussionsbeitrag Nr. 72.
Haid, A., J. Müller, 1988: "Telecommunications in the Federal Republic of Germany", in: J. Foreman-Peck, J. Müller (eds.), 1988, 155-180.
Haist, W., 1981: "Beschleunigte Einführung der optischen Nachrichtentechnik im Ortsnetz?", Zeitschrift für das Post- und Fernmeldewesen 7/1981: 4-8.
Hall, P., 1983: "Policy Innovation and the Structure of the State: The Politics-Administration Nexus in France and Britain", The Annals of the American Academy of Political and Social Science 466: 43-59.
Hall, P., 1986: Governing the Economy. Cambridge, Oxford.
Hall, P., 1990: "The State and the Market", in: P. Hall, J. Hayward, H. Machin (eds.), Developments in French Politics. London etc., 171-1987.
Hardt, E., W. Schmücking, 1992: "Der Beitrag der Siemens AG zur Realisierung des Aufbauprogramms", in: G. Tenzer, H. Uhlig (Hrsg.), 1992, 227-249.

Harmsen, D.-M., H. Grupp, 1990: "Vereinigte Staaten von Amerika", in: H. Grupp, T. Schnöring (Hrsg.), 1990, 41-140.
Hars, H.-J., 1989: "Die Infrastruktur der Fernmeldenetze", Archiv für deutsche Postgeschichte 1989: 58-71.
Hassenteufel, P., 1994: La profession medicale face à l'Etat. Une comparaison France/Allemagne. Thèse pour le doctorat en science politique. Université Paris I. Département de science politique de la sorbonne.
Hauer, M., A. Huwe, 1984: "Gemeinsamer Weg in die technische Zukunft? Telematik in Deutschland und Frankreich - Probleme der Kooperation", Dokumente 40: 231-248.
Hauff, V., F.W. Scharpf, 1975: Modernisierung der Volkswirtschaft. Technologiepolitik als Strukturpolitik. Frankfurt a.M., Köln.
Hayward, J., 1984: "From Planning the French Economy to Planning the French State: The Theory and Practise of the Priority Action Programmes", in: W. Wright (ed.), 1984, 159-177.
Hayward, J., 1987 (1973, 1983): Governing France. The One and Indivisible Republic. 3. Aufl., London.
Herrmann, E., 1986: Die Deutsche Bundespost. Kommunikationsunternehmen zwischen Staat und Wirtschaft. Baden-Baden.
Hesse, J. J., A. Benz, 1990: Die Modernisierung der Staatsorganisation. Institutionenpolitik im internationalen Vergleich: USA, Großbritannien, Frankreich, Bundesrepublik Deutschland. Baden-Baden.
Heuermann, A., 1987: "Formen von Diensten der DBP", in: H. Diederich et al. (Hrsg.), 1987, 79-104.
Heuermann, A., K.-H. Neumann, 1985: Die Liberalisierung des britischen Telekommunikationsmarktes. Berlin etc.
Hills, J., 1986: Deregulating Telecoms. Competition and Control in the United States, Japan and Britain. London.
Hoffmann, K., 1984: "Digitale Vermittlungstechnik bei der Deutschen Bundespost. Das Präsentationsverfahren", Jahrbuch der Deutschen Bundespost 35, 9-50.
Hoffmann, K., 1983: "Digitale Vermittlungstechnik im Fernsprechnetz der Deutschen Bundespost", Zeitschrift für das Post- und Fernmeldewesen 11/1983: 4-8.
Hoffmann, K., O. Hilz, 1980: "Digitale Vermittlungstechnik vor der Einführung im Fernsprechnetz der Deutschen Bundespost", Zeitschrift für das Post- und Fernmeldewesen 4/1980: 16-18.
Hoffmann, S., 1965: "Paradoxes of the French political community", in: S. Hoffmann et al. (eds.), In Search of France. New York, 1-117.
Hollingsworth, J. R., 1991: "Die Logik der Koordination des verarbeitenden Gewerbes in Amerika", Kölner Zeitschrift für Soziologie und Sozialpsychologie: 16-43.
Hollingsworth, J. R., L. N. Lindberg, 1985: "The governance of the American economy: the role of markets, clans, hierarchies, and associative behavior", in: W. Streeck, P. C. Schmitter (eds.), Private Interest Government. London etc., 221-252.
Horn, E.-J., 1987: "Germany: a market-led process", in: F. Duchêne, G. Shepherd (eds.), Managing Industrial Change in Western Europe. London, 41-75.
Horstmann, E., 1952: 75 Jahre Fernsprecher in Deutschland 1877-1952. Ein Rückblick auf die Entwicklung des Fernsprechers in Deutschland und auf seine Erfindungsgeschichte. Bonn: Bundesminsterium für das Post- und Fernmeldewesen.
Humphreys, P., 1990: "The Political Economy of Telecommunications in France: a Case Study of 'Telematics'", in: K. Dyson, P. Humphreys (eds.), 1990, 198-228.
IDATE, 1987: Analyses Industrielles: Alcatel NV. Montpellier.
IFO, 1983: Gesamtwirtschaftliche und sektorale Perspektiven der Telekommunikation in der Bundesrepublik Deutschland. München, Institut für Wirtschaftsforschung.
Institut für Bilanzanalysen GmbH (Hrsg.), 1976: Die Elektroindustrie in der Bundesrepublik Deutschland. Frankfurt a.M..
Jannès, H., 1970: "L'industrie téléphonique est cinq fois trop restreinte", Perspectives: 7.2.1970.

Janßen, R., R. Kießler, R. Wohlfahrt, 1985: Betriebswirtschaftslehre des Post- und Fernmeldewesens. Gelsenkirchen-Buer.
Jobert, B., 1985: "L'Etat en action. L'apport des politiques publiques", Revue française de Science Politique 35: 654-682.
Jobert, B., P. Muller, 1987: L'Etat en action. Paris.
Jörn, F., 1992: "Intelligente Netze: Zwischen Tele-Juke-Box und Bettgeflüster", Funkschau 12/1992: 40-45.
Käferle, W., 1990a: "Einkaufspolitik der Deutschen Bundespost", in: H. Berger et al. (Hrsg.)., 1990, 94-97.
Käferle, W., 1990b: "Auslandseinkauf der Deutschen Bundespost", in: H. Berger et al. (Hrsg.), 1990, 12.
Kanzow, J., 1981: "Bigfon - alle Fernmeldedienste auf einer Glasfaser", Zeitschrift für das Post- und Fernmeldewesen 11/1981: 22-26.
Katzenstein, P. (ed.), 1978: Between Power and Plenty. Madison, Wisconsin.
Katzenstein, P., 1978a: "Introduction: Domestic and International Forces and Strategies of Foreign Economic Policy", in: P. Katzenstein (ed.), 1978, 3-22.
Katzenstein, P., 1978b: "Conclusion: Domestic Structures and Strategies of Foreign Economic Policy", in: P. Katzenstein (ed.), 1978, 295-336.
Katzenstein, P., 1987: Policy and Politics in West Germany. The Growth of a Semisovereign State. Philadelphia.
Kessler, M.-C., 1986: Les grands corps de l'Etat. Paris.
Keßler, A., 1955: "Das Fernmeldetechnische Zentralamt", Zeitschrift für das Post- und Fernmeldewesen 11/1955: 455-467.
Klein, G., 1991: "Der Ausbau der Telekommunikationsinfrastruktur durch die Deutsche Bundespost: Stand und Ausblick", in: E. Grande, R. Kuhlen, G. Lehmbruch, H. Mäding (Hrsg.), Perspektiven der Telekommunikationspolitik. Opladen, 16-42.
Klumpp, D., C. Rose, 1991: "ISDN - Karriere eines technischen Konzepts", in: W. Fricke (Hrsg.), Jahrbuch Arbeit und Technik 1991. Bonn, 103-114.
Knieps, G., 1985: Entstaatlichung im Telekommunikationsbereich. Tübingen.
Knieps, G., 1987: "Dienstleistungspolitik der DBP und Ordnungspolitik", in: H. Diederich et al. (Hrsg.), 1987, 129-175.
Knieps, G., J. Müller, C. C. Weizsäcker, 1981: Die Rolle des Wettbewerbs im Fernmeldebereich. Baden-Baden.
Köhler, D., 1990: "Konzept zur Datenkommunikation der Deutschen Post", in: E. Witte (Hrsg.), 1990, 51-59.
Kommission der Europäischen Gemeinschaften, 1987: Auf dem Wege zu einer dynamischen europäischen Volkswirtschaft. Grünbuch über die Entwicklung des gemeinsamen Marktes für Telekommunikationsdienstleistungen und Telekommunikationsgeräte. Brüssel, Dok. KOM(87) 290 endg. vom 30. Juni 1987.
Kommission der Europäischen Gemeinschaften, 1990: Grünbuch der EG-Kommission zur Entwicklung der europäischen Normung: Maßnahmen für eine schnellere technologische Integration in Europa. Brüssel, Dok. KOM(90) 456 vom 8. Oktober 1990.
Kommission der Europäischen Gemeinschaften, 1993: Mitteilung der Kommission der Europäischen Gemeinschaften an den Rat und das Europäische Parlament über die Konsultation zur Lage der Telekommunikationsdienste. Entwurf für eine Entschließung des Rates zur Prüfung der Lage im Bereich der Telekommunikation und über die notwendigen künftigen Entwicklungen in diesem Bereich. Brüssel, Dok. KOM(93) 159 endg., Ratsdok. 6362/93.
Kommission für den Ausbau des technischen Kommunikationssystems (KtK), 1976a: Telekommunikationsbericht. Bonn.
Kommission für den Ausbau des technischen Kommunikationssystems (KtK), 1976b: Bestehende Fernmeldedienste. Anlageband 3 zum Telekommunikationsbericht. Bonn.
Kopp, W., 1990: Der Markt für Übertragungseinrichtungen der Telekommunikation. München.

Kröske, J., 1991: "DBP Telekom: German Operator's Procurement Policy", Funkschau 21/1991 I Special: 16-22.
Kubicek, H. (Hrsg.), 1991: Telekommunikation und Gesellschaft. Kritisches Jahrbuch der Telekommunikation. Karlsruhe.
Kubicek, H., A. Rolf, 1986 (1985): Mikropolis. Mit Computern in die "Informationsgesellschaft". 2. Aufl., Hamburg.
Kubicek, H., P. Berger, 1990: Was bringt und die Telekommunikation? ISDN - 66 kritische Antworten. Frankfurt a.M., New York.
Kühn, D., 1971: "Die neue Unternehmensverfassung der Deutschen Bundespost", Jahrbuch des Postwesens 21: 9-101.
Kuhn, E., 1986: "Überblick über die Entwicklung der ordnungspolitischen Diskussion im Bereich der Telekommunikation", in: Zeitschrift für öffentliche und gemeinwirtschaftliche Unternehmen 9: 196-185.
L'année politique, économique, sociale et diplomatique, verschiedene Jahrgänge. Paris.
Lacout, M. (ed.), 1982: Les télécommunications françaises. Paris.
Lange, M., 1979: "Förderung der technischen Kommunikation", Nachrichtentechnische Zeitschrift 4/1979: 218-223.
Lange, M., H. Wichards, 1982: "Die nachrichtentechnische Forschung und Entwicklung in der Bundesrepublik Deutschland" in: D. Elias (Hrsg.), 1982, 141-154.
Lavallard, F., 1983: "L'histoire du Cnet", in: Revue française des télécommunications no. hors série, octobre 1983: 79-86.
Le Bolloc'h, C., 1986: La politique industrielle française en matière d'électronique. Thèse de Doctorat de l' Université Paris XIII. Juin 1986.
Le Diberder, A., 1983: La production des réseaux de télécommunications. Paris.
Lehmbruch, G., 1985: "Sozialpartnerschaft in der vergleichenden Politikforschung", in: Journal für Sozialforschung 25: 285-304.
Lehmbruch, G., 1987: "Administrative Interessenvermittlung", in: A. Windhoff-Héritier (Hrsg.), Verwaltung und ihre Umwelt. Festschrift für Thomas Ellwein zum 60. Geburtstag. Opladen, 11-32.
Lehmbruch, G., 1991: "The Organization of Society, Administrative Strategies, and Policy Networks", in: R. Czada, A. Windhoff-Héritier (eds.), Political Choice. Institutions, Rules, and the Limits of Rationality. Frankfurt a. M., Boulder, Colorado, 121-158.
Lehmbruch, G., O. Singer, E. Grande, M. Döhler, 1988: "Institutionelle Bedingungen ordnungspolitischen Strategiewechsels im internationalen Vergleich", in: M. G. Schmidt (Hrsg.), Staatstätigkeit. International und historisch vergleichende Analysen. PVS-Sonderheft 19. Opladen, 251-283.
Libois, L.-J., 1983: Genèse et croissance des télécommunications. Paris et al.
Longuet, G., 1987: "La bataille mondiale des télécoms", Politique internationale 34: 193-202.
Lorenzi, J. H., E. Le Boucher, 1979: mémoires volées. Paris.
Lucas, P., 1990: "La commutation électronique", in: J.-P. Bloch, P. Bata (eds.), 1990, 186-199.
Marchand, M., 1987: La grande aventure du Minitel. Paris.
Mayntz, R., T. Hughes (eds.), 1988: The Development of Large Technical Systems. Frankfurt a.M..
Mayntz, R., V. Schneider, 1988: "The Dynamics of System Development in a Comparative Perspective: Interactive Videotex in Germany, France and Britain", in: R. Mayntz, T. Hughes (eds.), 1988, 263-298.
Meier, A., 1976: "Neue Marktpolitik im Fernsprechdienst", in: Zeitschrift für das Post- und Fernmeldewesen 7/1976: 22-25.
Meierrose, R., G. Wiegand, 1965: "Grundsatzfragen der Vergabe und Preisbildung bei der Deckung des fernmeldetechnischen Bedarfs der Deutschen Bundespost", Jahrbuch des elektrischen Fernmeldewesens 16: 9-80.
Messerlin, P., 1987: "France: the ambitious state", in: F. Duchêne, G. Shepherd (eds.), Managing Industrial Change in Western Europe. London, 76-110.

Mestmäcker, E.-J. (Hrsg.), 1980: Kommunikation ohne Monopole. Baden-Baden.
Mestmäcker, E.-J., 1980: "Fernmeldemonopol und Nachfragemacht - Wirtschaftliche und ordnungspolitische Probleme der hoheitlichen und unternehmerischen Funktionen der DBP", in: E.-J. Mestmäcker (Hrsg.), 1980, 161-200.
Mettler-Meibom, B., 1983: "Versuche zur Steuerung des technischen Fortschritts. Die technologiepolitischen Entscheidungen der Kommission für den Ausbau des technischen Kommunikationssystems, KtK", Rundfunk und Fernsehen 33: 24-40.
Mettler-Meibom, B., 1986: Breitbandtechnologie. Opladen.
Meyrhofer, H., D. Hansmann, H.W. Rieper, R. Sperl, W. Roggenkamp, O. Dünnebier, 1982: "Aus der Arbeit der Abteilung L 2 - Beschaffung", FTZ-Nachrichten 4/1982: 2-21.
Mix & Genest, 1954: 75 Jahre Mix & Genest 1879 - 1954. Stuttgart.
Mlecek, U., 1989: "Forschung bei der Deutschen Bundespost", Archiv für deutsche Postgeschichte 1989: 103-108.
Möhring, D., 1976: "Die deutsche Fernmeldeindustrie - Partner der Deutschen Bundespost", in: Institut für Bilanzanalysen (Hrsg.), 1976, 37-42.
Monopolkommission, 1981: Die Rolle der Deutschen Bundespost im Fernmeldewesen. Sondergutachten Band 9. Baden-Baden.
Monopolkommission, 1991: Zur Neuordnung der Telekommunikation. Sondergutachten Band 20. Baden-Baden.
Möschel, W., 1988: "Wenig Lust zur Reform", in: Die Zeit 1.1.1988: 20.
Mouline, A., 1990: "Les stratégies industrielles des groupes nationalisés: contraintes nationales et insertion dans l'économie mondiale", in: J. Barreau (ed.), 1990, 99-134.
Moulon, J.-M., 1974: "Développement des matériels de Télécommunications par des marchés confiés à l'Industrie", L'Écho des Recherches 75: 4-11.
Müller, E., 1956: "Grundsatzfragen im Vergabe- und Beschaffungswesen der Deutschen Bundespost", Zeitschrift für das Post- und Fernmeldewesen 17/1956: 645-651.
Müller, J., I. Vogelsang, 1979: Staatliche Regulierung. Regulated Industries in den USA und Gemeinwohlbindung in wettbewerblichen Ausnahmebereichen in der Bundesrepublik Deutschland. Baden-Baden.
Müller, J., J. Foreman-Peck (eds.), 1987: Liberalizing Telecommunications. Volume 1. Commission of the European Communities. Directorate-General für Science, Research and Development. FAST (Forecasting and Assessment in Science and Technology) No. 202-B. November 1987 (Document interne).
Muller, P., 1992: "Entre local et l'Europe: La crise du modèle français de politiques publiques", Revue Française de Science Politique 42: 275-297.
Müller, T., 1982: "Die Deutsche Bundespost als Auftraggeber", Zeitschrift für das Post- und Fernmeldewesen 4/1982: 52-55.
Musso, P., 1984: Le dispositif institutionnel et financier pour la réalisation des réseaux câblés. Issy-les-Moulineaux: Centre national d'études des télécommunications, 8.10.1984. Unveröffentlichter Arbeitsbericht.
Narjes, K.-H., 1988: "Towards a European Telecommunications Community", Telecommunications Policy 12: 106-108.
Neu, W., 1990: "Staatliche Förderung im Schwebezustand", Funkschau 16/1990: 42-44.
Neu, W., K.-H. Neumann, T. Schnöring, 1987: Trade Patterns, Industry Structure and Industrial Policy in Telecommunications, Telecommunications Policy 11: 31-44.
Neumann, K.-H., 1987: Die Neuorganisation der Telekommunikation in Japan. Berlin etc.
Neumann, K.-H., T. Schnöring, 1986: "Das ISDN - Ein Problemfeld aus volkswirtschaftlicher und gesellschaftspolitischer Sicht", Jahrbuch der Deutschen Bundespost 37: 51-86.
Neumann, W., H. Uterwedde, 1986: Industriepolitik: Ein deutsch-französischer Vergleich. Opladen.
Neumann, W., H. Uterwedde, 1990: "Industrie- und Technologiepolitik in Frankreich und der Bundesrepublik seit 1945", in: Y. Cohen, K. Manfrass (Hrsg.), 1990, 433- 449.

Noam, E., 1988: "Die Entwicklung der Telekommunikation in den Vereinigten Staaten seit der Entflechtung von AT&T", Zeitschrift für das Post- und Fernmeldewesen 12/1988: 4-15.
Nora, S., A. Minc, 1979: Die Informatisierung der Gesellschaft. Frankfurt a.M. (franz. Fassung: Paris 1978).
Nouvion, M., 1982: L'automatisation des télécommunications. Lyon.
o.V., 1957: "Kann die Deutsche Bundespost beim Ausbau ihres Fernmeldenetzes die sog. 'Einheitstechnik' beibehalten?", Zeitschrift für das Post- und Fernmeldewesen 8/1957: 290.
OECD, 1983: Telecommunications. Pressures and Policies for Change. Paris.
OECD (ed.), 1987: Trends of Change in Telecommunications Policy. Paris.
OECD, 1988: The Telecommunications Industry. The Challenge of Structural Change. Paris.
OECD, 1991: Les équipements de télécommunications: transformation des marchés et des structures des échanges. Paris.
Ohmann, F., 1986: "Netzpolitik der Deutschen Bundespost, Wirtschafts- und Medienpolitik", in: H. Berger, E. Meinel (Hrsg.), 1986, 27-40.
Orlik, G., 1971: Die Deutsche Bundespost im Spannungsfeld gegensätzlicher Anforderungen. Dissertation, München.
Ottenbreit, W. P., 1992: "Wie stellt sich die DBP Telekom auf die europäischen IT&T-Programme ein", Nachrichtentechnische Zeitschrift 3/1992: 194-196.
Pappalardo, A., 1980: "Die Stellung der Fernmeldemonopole im EWG-Recht", in: E.-J. Mestmäcker (Hrsg.), 1980, 201-217.
Patterson, W. E., D. Southern, 1991: Governing Germany. Cambridge, Mass.
Peters, W., 1982: "Erwartungen an den Fernmeldeingenieur einer Verwaltung", Zeitschrift für das Post- und Fernmeldewesen 12/1982: 44-54.
Petzold, H., 1990: "Deutsch-französische Rivalität bei der Errichtung des europäischen Telefonnetzes nach dem Ersten Weltkrieg", in: Y. Cohen, K. Manfrass (Hrsg.), 1990, 263-280.
Pinaud, C., 1985: Entre nous, les téléphones. Paris.
Plagemann, J., 1992: Die erwerbswirtschaftliche Betätigung der Deutschen Bundespost durch Eigengesellschaften. Berlin.
Pospischil, R., 1988: Ansätze zur Neuorganisation des französischen Fernmeldewesens. Wissenschaftliches Institut für Kommunikationsdienste, Bad Honnef: Diskussionsbeiträge zur Telekommunikationsforschung Nr. 39.
Prévot, H., 1989a: Rapport de synthèse remis par Hubert Prévot à Paul Quilès, ministre des Postes, des Télécommunications et de l'Espace à l'issue du débat public sur l'avenir du service public de la Poste et des Télécommunications. Paris: Ministère des Postes, des Télécommunications et de l'Espace, 31 juillet 1989.
Prévot, H., 1989b: Zusammenfassung des abschließenden Berichts. Paris: Ministère des Postes, des Télécommunications et de l'Espace, 31 juillet 1989.
Quatrepoint, J.-M., 1987: Histoire secrète des dossiers noirs de la Gauche. Paris.
Rausch, J.-M., 1987: Rapport d'information fait au nom de la mission d'information, sur l'avenir des télécommunications en France et en Europe, autorisée par le Sénat le 11 juillet 1986. Sénat, Document No. 250, annexé au procès-verbal de la séance du 2 juin 1987. Paris.
Redlin, H.-U., 1982: "Die Organisation des Fernmeldewesens in der Bundesrepublik Deutschland", in: D. Elias (Hrsg.), 1982, 11-24.
Regierungskommission Fernmeldewesen, 1987: Neuordnung der Telekommunikation. Bericht der Regierungskommission Fernmeldewesen. Heidelberg.
Rehfeldt, U., 1985: "Die Modernisierung und die Schwerkraft der Verhältnisse", Dokumente 41: 318-326.
Reuter, M., J. Eck, 1989: "Die organisatorische und personelle Entwicklung des FTZ", Archiv für deutsche Postgeschichte 1989: 18-27.
Ricke, H., 1990a: "Deutsche Bundespost Telekom - Gut vorbereitet in den Wettbewerb", Süddeutsche Zeitung 24.4.1990: IV.
Ricke, H., 1990b: "Wo stehen wir heute? Eine Standortbestimmung für die DBP Telekom", Zeitschrift für Post und Telekommunikation 6/1990: 4-9.

Ricke, H., 1992: "Neues FuE-Konzept der DBP Telekom", in: Nachrichtentechnische Zeitschrift 5/1992: 388-389.
Rieper, H.-W., H.-H. Meyer, 1991: "Der zentrale Einkauf übertragungstechnischer Einrichtungen bei der DBP TELEKOM", in: H. Pooch, B. Seiler (Hrsg.), Taschenbuch der Telekom Praxis 1991. Berlin, 388-458.
Rittershofer, W., 1977: "Die Investitionspolitik der Deutschen Bundespost - Dilemma zwischen beschäftigungspolitischen Notwendigkeiten und Verpflichtung zur Eigenwirtschaftlichkeit", WSI Mitteilungen 6/1977: 401-416.
Roggenkamp, W., 1990: "Das 'Schnittstellenkonzept' des Einkaufs für die Einführung neuer Gegenstände", FTZ-Nachrichten 2/1990: 62-69.
Rommel, W., 1991: Die Reform des Post- und Fernmeldewesens in Frankreich. Wissenschaftliches Institut für Kommunikationsdienste, Bad Honnef: Diskussionsbeiträge zur Telekommunikationsforschung Nr. 63.
Rose, C., 1987: Das Verkabelungsprogramm der französischen Linksregierung. Verwaltungswissenschaftliche Diplomarbeit. Universität Konstanz. Oktober 1987.
Rose, C., 1993: "Der Staat als Kunde und Förderer", in: R. Czada, M. G. Schmidt (Hrsg.), Verhandlungsdemokratie, Interessenvermittlung, Regierbarkeit. Festschrift für Gerhard Lehmbruch. Opladen, 229-248.
Rosenbrock, K.-H., 1982: "Mögliche Integration von Fernmeldediensten im digitalen Fernsprechnetz der Deutschen Bundespost - ISDN", Zeitschrift für das Post- und Fernmeldewesen 9/1982: 24-31.
Rottmann, M., 1987: "Die EG und das Post- und Fernmeldewesen", Zeitschrift für das Post- und Fernmeldewesen 10/1987: 31-37.
Ruges, J.-F., 1970: Le téléphone pour tous. Paris
Sally, R., 1993: "Alcatel's Relations with the French State: the Political Economy of a Multinational Enterprise", Communications et Strategies 9: 67-95.
Sandholtz, W., 1993: "Institutions and Collective Action. The New Telecommunications in Western Europe", World Politics: 242-270.
Scherer, J. (Hrsg.), 1987: Nationale und europäische Perspektiven der Telekommunikation. Baden-Baden.
Scherer, J., 1985: Telekommunikationsrecht und Telekommunikationspolitik. Baden-Baden.
Schmidt, K., O. Hilz, 1989: "Die Beteiligung der Deutschen Bundespost TELEKOM am künftigen Wettbewerb für Endeinrichtungen", in: Jahrbuch der Deutschen Bundespost 40: 237-303.
Schmidt, S. K., R. Werle, 1993: Technical Controversy in International Standardization. Max-Planck-Institut für Gesellschaftsforschung, Köln: MPIFG Discussion Paper 93/5.
Schmitter, P., W. Streeck, 1981: "The Organization of Business Interests. A Research Design to Study the Associative Action of Business in the Advanced Industrial Societies of Western Europe. Revised and Extended Version. Wissenschaftszentrum Berlin: Discussion Papers IIM/LMP 81-13. Oktober 1981.
Schmoch, U., 1990: "Frankreich", in: H. Grupp, T. Schnöring (Hrsg.), 1990, 241-314.
Schneider, V., 1989: Technikentwicklung zwischen Politik und Markt: Der Fall Bildschirmtext. Frankfurt a.M., New York.
Schneider, V., R. Werle, 1990: "International regime or corporate actor? The European Community in telecommunications policy", in: K. Dyson, P. Humphreys (eds.), 1990, 77-106.
Schniedermann, J., 1963: "Die wirtschaftliche Bedeutung der Fernmeldeindustrie in der Bundesrepublik Deutschland und in Westberlin", Jahrbuch des elektrischen Fernmeldewesen 14: 396-410.
Schnöring, T., 1988: Die deutsche informations- und kommunikationstechnische Industrie und ihre internationale Wettbewerbsposition. Wissenschaftliches Institut für Kommunikationsdienste, Bad Honnef: Diskussionsbeiträge zur Telekommunikationsforschung Nr. 34.
Schnöring, T., 1991: "Wettbewerbsverzerrungen durch unterschiedliche nationale FuE-Systeme - ein Problem des europäischen Binnenmarkts für Telekommunikationsgeräte". Vortrag auf der Online '91 am 4.-8.2.1991 in Hamburg. Manuskript.

Schnöring, T. 1992: Entwicklungstrends auf den europäischen Telekommunikationsmärkten. Wissenschaftliches Institut für Kommunikationsdienste, Bad Honnef: Diskussionsbeiträge zur Telekommunikationsforschung Nr. 102.
Schnöring, T., W. Neu, 1991: "Bundesrepublik Deutschland", in: H. Grupp, T. Schnöring (Hrsg.), 1991, 255-411.
Schön, H., 1986: "ISDN und Ökonomie", Jahrbuch der Deutschen Bundespost 37: 9-49.
Schön, H., E. Auer, W. Hummel, 1992: "Aufbau des Telefonnetzes in den neuen Bundesländern und die Integration der Teilnetze Ost und West", in: G. Tenzer, H. Uhlig (Hrsg.), 1992, 113-165.
Schön, H., K.-H. Neumann, 1985: "Mehrwertdienste (Value Added Services) in der ordnungspolitischen Diskussion", Jahrbuch der Deutschen Bundespost 36: 5-54
Schulte-Braucks, R., 1987: "Ordnungspolitische und gemeinschaftsrechtliche Aspekte der europäischen Telekommunikationspolitik", in: J. Scherer (Hrsg.), 1987, 82-102.
Schwarz-Schilling, C., 1984: "Die Verantwortung der Führungskräfte", Zeitschrift für das Post- und Fernmeldewesen 10/1983: 4-8.
Schwarz-Schilling, C., 1986: Rede anläßlich des Symposiums '86: Mittelfristiges Programm für den Ausbau des technischen Kommunikationssystems am 17.1.1986. Bonn: Bundesministerium für das Post- und Fernmeldewesen. Manuskript.
Schwedes, H., 1971: Konjunkturpolitik mit Fernmeldeinvestitionen? Berlin.
Seidel, M., 1978: "Zukünftige Kommunikationssysteme: 50 Jahre HHI", Nachrichtentechnische Zeitschrift 8/1978: 556-558.
SEL, 1978: 100 Jahre SEL. Von Mix & Genest und C. Lorenz zur Standard Elektrik Lorenz AG. Stuttgart. Unveröffentlichtes Manuskript.
SEL, 1988: Taschenbuch der Nachrichtentechnik. Stuttgart
Shearman, C., 1986: "European Collaboration in Computing and Telecommunications: A Policy Approach", West European Politics 9: 147-162.
Shonfield, A., 1965: Modern Capitalism. The Changing Balance of Public and Private Power. London etc.
Sielcken, W., 1929: Die Deutsche Telephon- und Telegraphen-Industrie. Dissertation, Hamburg.
Siemens AG, verschiedene Jahrgänge: Geschäftsberichte. München.
Smith, W. R., 1989: "'We can make the Ariane, but we can't make washing machines': the state and industrial performance in post-war France", Contemporary France 3: 175-202.
Snow, M. (ed.), 1986: Telecommunications Regulation and Deregulation in Industrialized Democracies. New York.
Snow, M., 1986: "Communications Policy in Seven Developed Countries: Introduction, Background, and Conclusions", in: M. Snow (ed.), 1986, 3-19.
Steinacker, M., A. Westphal, 1985: Sozialistische Wirtschaftspolitik in Frankreich. Berlin.
Steuer, U., 1986: Zukunft statt Wende. Bonn.
Stoetzer, M.-W., 1991: Der Markt für Mehrwertdienste: Ein kritischer Überblick. Wissenschaftliches Institut für Telekommunikationsdienste, Bad Honnef: Diskussionsbeitrag Nr. 69.
Stoiber, E., 1987: "Die Bürgerpost soll bleiben", in: Bayernkurier 26. 9. 1987: 1.
Stolle, C., 1990: "Die Öffnung der nationalen Märkte für Fernmeldematerial: Europa 1992 steht vor der Tür", FTZ-Nachrichten 2/1990: 74-81.
Suleiman, E. N., 1974: Politics, Power, and Bureaucracy in France. Princeton.
Suleiman, E. N., 1978: Elites in French Society. Princeton.
Taubitz, H.-P., 1990: Die Unternehmenskultur der Deutschen Bundespost. Heidelberg.
Temin, P., 1987: The Fall of the Bell System. Cambridge.
Tenzer, G., 1982: "Stärkerer Verbund von Post- und Fernmeldewesen. Überlegungen zu einem neuen Selbstverständnis der Deutschen Bundespost", Zeitschrift für das Post- und Fernmeldewesen 12/1982: 26-31.
Tenzer, G., 1990: "Die Deutsche Bundespost Telekom. Aufbruch eines neuen Unternehmens", Zeitschrift für Post und Telekommunikation 1/1990: 4-9.
Tenzer, G., 1991a: Glasfaser bis zum Haus - Fibre to the Home. Heidelberg.

Tenzer, G., 1991b: "Glasfaser - Pilotprojekt noch vor Mitte 1991", Funkschau 1/1991: 44-48.
Tenzer, G., H. Uhlig (Hrsg.), 1992: Telekom 2000. Moderne Telekommunikation für die neuen Bundeländer. Heidelberg.
Tenzer, G., H. Uhlig, 1992: "Ausgangssituation und Entwicklungsstrategie", in: G. Tenzer, H. Uhlig (Hrsg.), 1992, 1-42.
Théry, G., 1978: "Gestion d'un réseau en croissance rapide", Revue française des télécommunications 26: 21-28.
Thomas, F., 1988: "The Politics of Growth: The German Telephone System", in: R. Mayntz, T. Hughes (eds.), 1988, 179-214.
Thomas, F., 1989: "Korporative Akteure und die Entwicklung des Telefonsystems in Deutschland 1877 bis 1945", Technikgeschichte 56: 39-65.
Tscherniak, O., 1988: "France Télécom se penche sur son image", Revue française des télécommunications 72: 28-37.
Tudesq, A.-J., 1990: "L'innovation technologique et les résistances institutionelles et sociales: Le plan câble en France", Réseaux - Revue interdisciplinaire de philosophie morale et politique: 99-113.
Ueckert, J., 1981: "Die Einheitstechnik im Unternehmensbereich Fernmeldewesen der Deutschen Bundespost", Archiv für das Post- und Fernmeldewesen 33: 175-180.
Ungerer, H., 1987: "Telematik: Das Ende der nationalen Telekommunikationspolitik?", in: J. Scherer (Hrsg.), 1987, 18-29.
Ungerer, H., 1989: Telekommunikation in Europa. Brüssel, Luxemburg.
Uterwedde, H., 1987: "Die 'liberale Wende' in der Wirtschaft Frankreichs: Eine Welle von Reprivatisierungen - und was sonst?", Dokumente 44: 252-258.
Uterwedde, H., 1988: Die Wirtschaftspolitik der Linken in Frankreich. Programme und Praxis 1974 - 1986. Frankfurt, New York.
Vaneau, F., 1979: "Quel avenir pour les télécommunications?", Economie et Politique 11: 55-80.
Vedel, T., 1988: "La déréglementation des télécommunications en France: politique et jeu politique", in: Institut Français des Sciences Administratives, Les Déréglementations. Paris, 281-312.
Vedel, T., 1991a: "La Réforme des P et T", in: Universalia 1990. Paris, 273-275.
Vedel, T., 1991b: "Les filiales de l'État dans le domaine des télécommunications depuis 1945: Des colonies à la déréglementation", in: C. Bertho-Lavenir (ed.), 1991, 129-160.
Vedel, T., W. H. Dutton, 1990: "New media politics: shaping cable television in France", Media, Culture and Society 12: 491-524.
Vetter, R., 1984: Neue Telekommunikationstechnologien und Postmonopol. Frankfurt a. M., Bern.
Voge, J.-P., 1986: "A Survey of French Regulatory Police", in: M. Snow (ed.), 1986, 106-130.
Vogel, D., 1986: National Styles of Regulation. Ithaca, London.
von Nitsch, H., 1984: "Ausgewählte finanzwirtschaftliche Fragen", in: J. Delfs (Hrsg.), 1984, 265-280.
von Peschke, H.-P., 1981: Elektroindustrie und Staatsverwaltung am Beispiel Siemens 1847-1914. Frankfurt a.M., Bern.
von Siemens, G., 1961a: Der Weg der Elektrotechnik - Geschichte des Hauses Siemens. Band 1: Die Zeit der freien Unternehmung 1847-1910. Freiburg, München.
von Siemens, G., 1961b: Der Weg der Elektrotechnik - Geschichte des Hauses Siemens. Band 2: Das Zeitalter der Weltkriege 1910-1945. Freiburg, München.
Webber, D., 1986: "Die ausbleibende Wende bei der Deutschen Bundespost", Politische Vierteljahreschrift 27: 397-414.
Weber, M., 1992: "Dem Kunden zugewandt", in: G. Tenzer, H. Uhlig (Hrsg.), 1992, 167-180.
Weizsäcker, C.C, 1980: "Wirtschaftspolitische Begründung und Abgrenzung des Fernmeldemonopols", in: E.-J. Mestmäcker (Hrsg.), 1980, 127-137.
Werle, R., 1990: Telekommunikation in der Bundesrepublik. Expansion, Differenzierung, Transformation. Frankfurt a.M., New York.

Wessel, H. A., 1982: "Der Deutsche Schwachstromkabel-Verband. Vorgeschichte und Gründung sowie Entwicklung in den ersten Jahren seines Bestehens (1876-1917)", Zeitschrift für Unternehmensgeschichte 27: 22-44.
Wiechert, E., 1986: "Das Recht des Fernmeldewesens der Bundesrepublik Deutschland - Staatliche Aufgabe und private Betätigung im Fernmeldewesen nach dem geltenden Recht", Jahrbuch der Deutschen Bundespost 37: 119-163.
Wieland, B., 1985: Die Entflechtung des amerikanischen Fernmeldemonopols. Berlin etc.
Wigand, G., 1968: "Die öffentliche Hand sorgt für den Wettbewerb", Blick durch die Wirtschaft 3.10.1968: 5.
Wilks, S., M. Wright (eds.), 1987: Comparative Government-Industry-Relations. Western Europe, the United States and Japan. Oxford.
Willrett, H., 1990: "Öffentliche Vermittlungstechnik", Nachrichtentechnische Zeitschrift ntz-Special: 300-305.
Witte, E., 1984: "Telekommunikationspolitik", Jahrbuch für Sozialwissenschaft 35: 332-343.
Witte, E., 1990 (Hrsg.): Telekommunikation in der DDR und der Bundesrepublik. Heidelberg.
Witte, E., H.-P. Taubitz, 1987: "Finanzierungspolitik der DBP - Eigenkapitalausstattung und Ablieferung an den Bund", in: H. Diederich et al. (Hrsg.), 1987, 391-402.
Wohlfahrt, R., 1980: "Die Deutsche Bundespost im Spannungsfeld der öffentlichen Wirtschaft", Zeitschrift für das Post- und Fernmeldewesen 7: 4-9.
Wright, V. (ed.), 1984: Continuity and Change in France. London.
Zeidler, G., 1986a: Kommunikations- und Informationstechnik. Stuttgart: SEL AG.
Zeidler, G., 1986b: "Netzwerk der Innovationen", in: H. Berger, E. Meinel (Hrsg.), 1986, 41-62.
Zeidler, G., 1988: Neuorientierung der Telekommunikation in Europa. Vortrag anläßlich der Telematica '88. Stuttgart: SEL AG.
Zeidler, G., 1992: "Der Beitrag der Standard Elektrik Lorenz AG zur Realisierung des Aufbauprogramms", in: G. Tenzer, H. Uhlig (Hrsg.), 1992, 201-226.
Ziegler, J. N., 1989: The State and Technological Advance: Political Efforts for Industrial Change in France and the Federal Republic of Germany, 1972-1986. Dissertation. Cambridge
Zimmermann, J., 1991: "Das Intelligente Netz: Neue Wege nach der Postreform", Funkschau 10/1991: 34-39.
Zimmermann, R., 1979: "Bildschirmtext und Videotext - Weiterentwicklung und Nutzung", Nachrichtentechnische Zeitschrift 5/1979: 302-306.
Zurhorst, B., 1981: "Die Finanzwirtschaft der Bundespost", Zeitschrift für öffentliche und gemeinwirtschaftliche Unternehmen 4 (Beiheft 4): 8-18.
ZVEI (Zentralverband Elektrotechnik- und Elektronikindustrie e. V., Fachverband Informations- und Kommunikationstechnik), 1991: Industriepolitisches Diskussionspapier des ZVEI Fachverband I+K zum Thema "Anhaltende internationale Wettbewerbsverzerrungen in der Telekommunikation". Frankfurt, 10. Oktober 1991.
Zysman, J., 1975: "Between the market and the state: dilemmas of french policy for the electronic industry", Research Policy 3: 312-336.
Zysman, J., 1977: Political Strategies for Industrial Order. State, Market, and Industry in France. Berkeley, Los Angeles, London.
Zysman, J., 1983: Governments, Markets, and Growth. Financial Systems and the Politics of Industrial Change. Ithaca, London.

If you have any concerns about our products,
you can contact us on
ProductSafety@springernature.com

In case Publisher is established outside the EU,
the EU authorized representative is:
Springer Nature Customer Service Center GmbH
Europaplatz 3, 69115 Heidelberg, Germany

Printed by Libri Plureos GmbH
in Hamburg, Germany